entdecken und verstehen 7/8

Geschichte und Politik

Niedersachsen

Differenzierende Ausgabe

Erarbeitet von
Cornelia Claußen
Sinje Eichner
Manuel Köhler
Anja König
Oliver Luckhard
Manuel Panow
Maren Stindt-Hoge

Cornelsen

entdecken und verstehen

Unter Verwendung von Beiträgen von: Heike Bruchertseifer, Kathrin Figge, Markus Gumbiller, Liesel Herkenrath, Wolfgang Humann, Dr. Elisabeth Köster, Prof. Dr. Hans-Gert Oomen, Dr. Dieter Potente
Projektleitung: Dr. Uwe Andrae
Redaktion: Jürgen Patner, Matthias Vogel
Bildassistenz: Anne-Katrin Dombrowsky

Umschlaggestaltung: Rosendahl, Berlin
Layout und technische Umsetzung: zweiband.media GmbH, Berlin
Coverbilder: Shutterstock.com/Soon Wee hong (Schiffsschraube); Shutterstock.com/Michael Steden (Buchausschnitt)

Die kostenlosen Zusatzangebote in der Cornelsen Lernen App sind nicht Gegenstand der Prüfung und Genehmigung des Schulbuchs durch das Kultusministerium.

www.cornelsen.de

1. Auflage, 2024

Alle Drucke dieser Auflage sind inhaltlich unverändert und können im Unterricht nebeneinander verwendet werden.

Druck und Bindung: Mohn Media Mohndruck, Gütersloh

ISBN 978-3-06-066290-6 (Schülerbuch)
ISBN 1100027804 (E-Book)

PEFC-zertifiziert
Dieses Produkt stammt aus nachhaltig bewirtschafteten Wäldern und kontrollierten Quellen
PEFC/04-31-1033
www.pefc.de

Inhaltsverzeichnis

Kapitel 3 Wandel durch Industrialisierung 68

Kapitel 4 Einigkeit und Freiheit? Nationalstaaten im 19. Jahrhundert 100

Kapitel 5 Vom Imperialismus zum Ersten Weltkrieg 130

Kapitel 6 Die Weimarer Republik 156

a
ZUM
WAHLRAUM

MEHR DEMOKRATIE
GESELLSCHAFTSRAT JETZT

Kapitel 9 Gerechtigkeit für alle? 232

Kapitel 10 Leben, um zu arbeiten, oder arbeiten, um zu leben? 258

Anhang

So arbeitet ihr mit diesem Buch ...

Liebe Schülerinnen, liebe Schüler,
wir möchten euch kurz die unterschiedlichen Seiten dieses Buchs vorstellen.

Auftaktseiten

Jedes Kapitel startet mit einem großen Bild, das einen historischen Schauplatz oder etwas Interessantes zum jeweiligen Thema zeigt. Ihr könnt Eindrücke sammeln und Vorwissen zusammentragen.

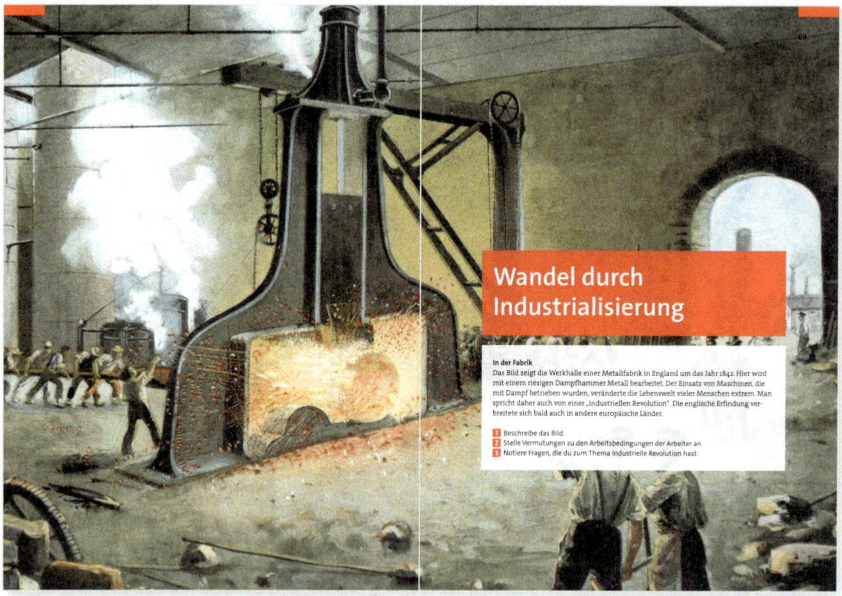

Orientierung

Hier könnt ihr euch einen zeitlichen und räumlichen Überblick verschaffen. Ein Wegweiser zeigt euch den Weg durch das Kapitel.

Methode

Diese Seiten unterstützen euch bei der Informationsbeschaffung. Ihr könnt Schritt für Schritt erlernen, wie ihr aus verschiedenen Quellen Informationen entnehmen, diese verarbeiten und schließlich eure Lernergebnisse präsentieren könnt.

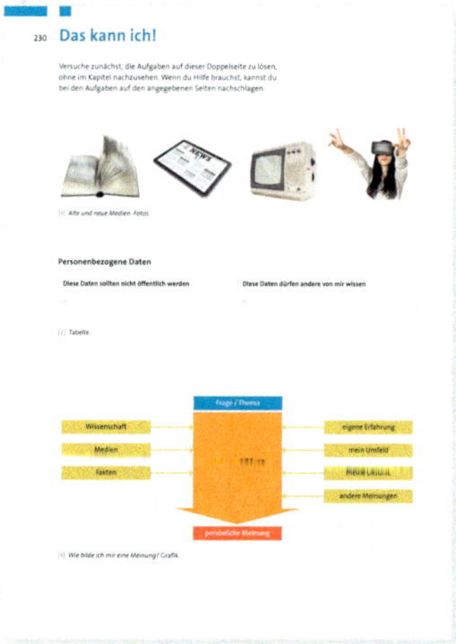

Das kann ich!

Jedes Kapitel endet mit einem „Kompetenz-Check". Hier könnt ihr euer Wissen und Können testen und die neu erworbenen Kompetenzen anwenden.

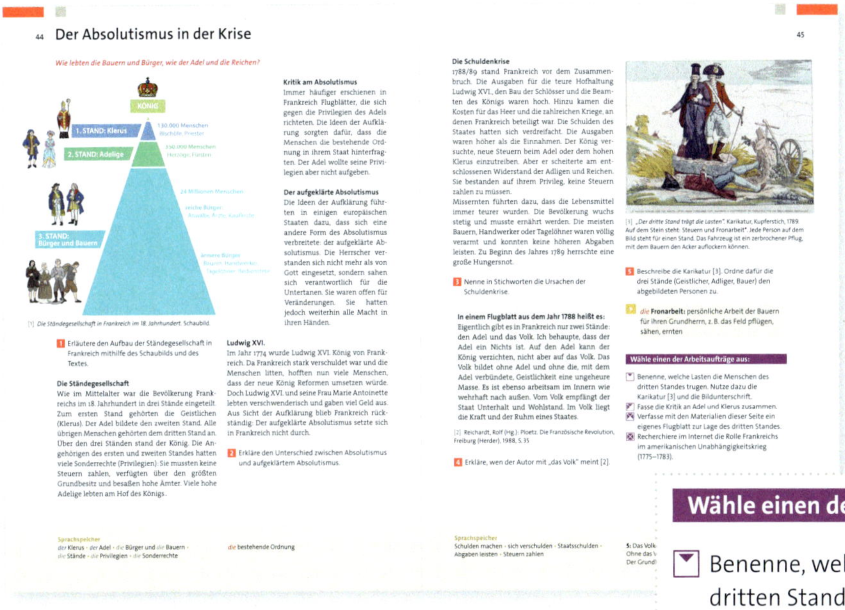

Differenzierungs- und Förderangebot

Auf vielen Doppelseiten gibt es einen Kasten mit Wahlaufgaben. Hier könnt ihr einen Arbeitsauftrag auswählen. Die Aufgaben mit ◩ sind etwas leichter, die Aufgaben mit ◪ oder ⊠ etwas schwieriger zu lösen. Die Aufgaben mit ◘ sind für das Förderniveau. Außerdem findet ihr noch unter „Was du noch tun kannst …" weiterführende Anregungen.

Wähle einen der Arbeitsaufträge aus:

- Benenne, welche Lasten die Menschen des dritten Standes trugen. Nutze dazu die Karikatur [3] und die Bildunterschrift.
- Fasse die Kritik an Adel und Klerus zusammen.
- Verfasse mit den Materialien dieser Seite ein eigenes Flugblatt zur Lage des dritten Standes.
- Recherchiere im Internet die Rolle Frankreichs im amerikanischen Unabhängigkeitskrieg (1775–1783).

Themendoppelseiten

Oben auf der linken Seite findet ihr eine Leitfrage, worum es auf dieser Doppelseite geht. Oft kommen in den Texten Begriffe vor, die näher erklärt werden müssen. Diese Begriffe sind mit einem Sternchen* versehen und werden in einem Kasten ausführlich erklärt. Auf jeder Inhaltsseite findet ihr Bilder, Schaubilder oder Diagramme. Alle Materialien könnt ihr mithilfe der Aufgaben erarbeiten. Außerdem findet ihr auf den Seiten unten einen gelben **Sprachspeicher**. Hier stehen Wörter, Wortgruppen oder Hinweise als sprachliche Unterstützung zum Textverständnis oder zur Bearbeitung der Aufgaben.

Cornelsen Lernen-App

Mit der neuen Cornelsen Lernen-App könnt ihr digitales Begleitmaterial zu den Schulbuchseiten herunterladen.

Das Lexikon

Das Lexikon bietet euch alle wichtigen Fachbegriffe in alphabetischer Reihenfolge mit Erklärungen. Hier könnt ihr nachlesen und euch informieren.

A

Abgeordneten, *die:* Politiker, die im Parlament (z. B. Landtag, Bundestag) sitzen, um dort die Interessen ihrer Partei und der Menschen, die sie gewählt haben, zu vertreten.

Ablass|handel, *der:* Handel, bei dem sich die Menschen im Mittelalter von ihren Sünden freikaufen konnten. Sie gaben der katholischen Kirche Geld und erhielten dafür einen sogenannten Ablassbrief.

Absolutismus, *der:* Die Epoche im 17. und 18. Jahrhundert, in der Ludwig XIV. und seine Regierungsform in Europa als Vorbild

Dein Buch findest du auch in der Cornelsen Lernen App

Siehst du eines dieser Symbole in deinem Buch, kannst du in deiner App …

	Üben	Teste Dich	
alle Hörspiele und Videos zu deinem Buch aufrufen.	interaktive Übungen zur Fachsprache in Geschichte und Politik machen.	dein Wissen am Ende des Kapitels überprüfen.	die Lösungen zu den Aufgaben der „Das kann ich!"-Seiten finden.

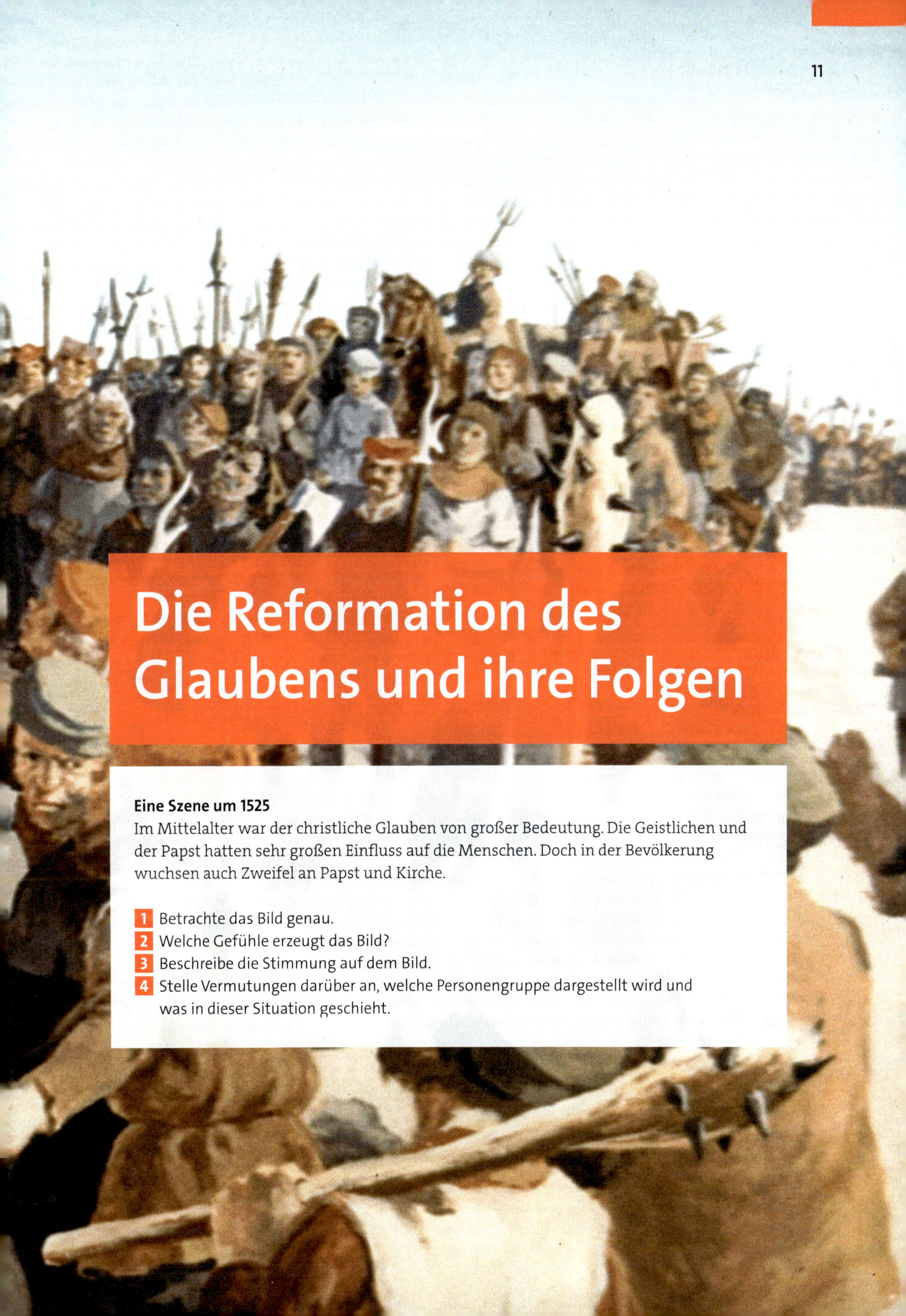

Die Reformation des Glaubens und ihre Folgen

Eine Szene um 1525

Im Mittelalter war der christliche Glauben von großer Bedeutung. Die Geistlichen und der Papst hatten sehr großen Einfluss auf die Menschen. Doch in der Bevölkerung wuchsen auch Zweifel an Papst und Kirche.

1 Betrachte das Bild genau.

2 Welche Gefühle erzeugt das Bild?

3 Beschreibe die Stimmung auf dem Bild.

4 Stelle Vermutungen darüber an, welche Personengruppe dargestellt wird und was in dieser Situation geschieht.

Schauplatz Der Verkauf von Ablassbriefen

[1] *„Tetzel's Ablasskram“.* Nach Zeichnung von Josef Mathias von Trenkwald, Holzstich, um 1860.

1 Gib den Inhalt der Sprechblasen in deinen Worten wieder.

2 „Der Tod war für die Menschen um 1500 allgegenwärtig.“ Erkläre diese Aussage.

Die Bedeutung des Glaubens

Der Glaube, der Papst und die Kirche hatten um 1500 eine sehr große Bedeutung für die Menschen. Die Menschen waren fromm und glaubten, dass sie für ein gutes, gottgefälliges* Leben in den Himmel kommen würden.

* **gottgefällig:** so, dass es Gott gefällt

Ein schlechtes Leben würde von Gott dagegen nach dem Tod mit Qualen im Fegefeuer* oder sogar ewigen Leiden in der Hölle bestraft. Das machte den Menschen große Angst, denn die Lebenserwartung war gering und der Tod trat oft sehr plötzlich ein. Viele Krankheiten waren damals kaum behandelbar. Krankheiten wie die Pest brachen aus und viele Menschen litten Hunger. Außerdem wurden immer wieder Kriege geführt.

Sündenerlass

Hilfe suchten die Menschen deshalb im Gebet zu den Heiligen. Sie spendeten Geld an Klöster, damit Mönche und Nonnen für ihre Seelen beteten. Der Papst und die katholische Kirche boten den Menschen sogenannte Ablassbriefe an. Wer diese Briefe für sich oder für andere kaufte, brauchte keine Angst vor der Bestrafung der Sünden* haben. Das versprachen die Ablassprediger und der Papst. Das Geld der Gläubigen wurde dann aber genutzt, um z. B. den Petersdom in Rom zu bauen, um Schulden zu bezahlen und für den Kauf teurer Bücher und Gemälde.

* *die* **Sünde:** schlechte Tat, böse Gedanken

der **Ablass:** Erlass/Vergebung der Sünden

das **Fegefeuer:** Das ist nach katholischem Glauben der Ort, an dem die Seelen von ihren Sünden gereinigt werden, bevor sie in den Himmel aufsteigen dürfen.

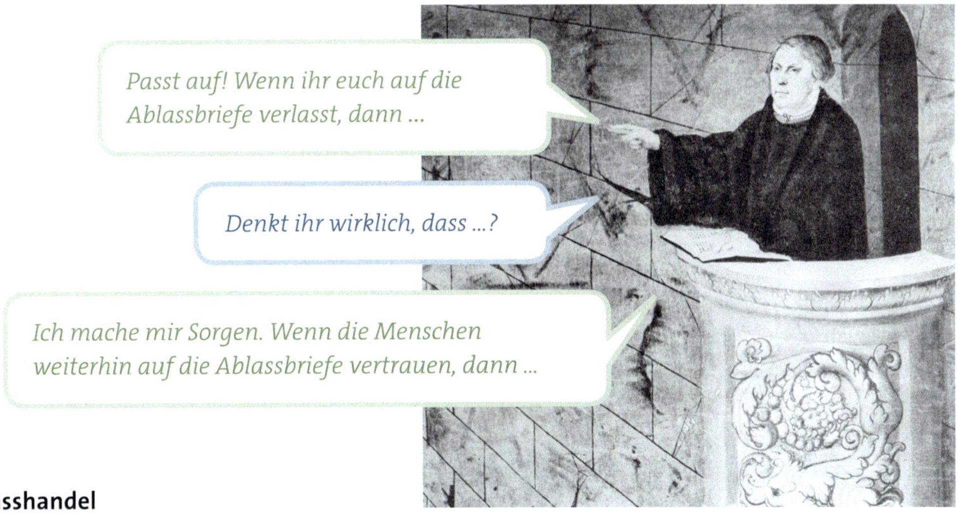

[2] *Martin Luther als Prediger,* Gemälde von Lucas Cranach dem Älteren, 1547, Ausschnitt, Cranach-Altar, Stadtkirche Sankt Marien, Wittenberg.

Kritik am Ablasshandel

Der Handel mit Ablassbriefen wurde auch von einigen Geistlichen kritisiert. Der berühmteste Kritiker war Martin Luther. Er lebte selbst als Mönch in einem Kloster und studierte dort Theologie („die Lehre von Gott") und Philosophie. Über die Frage, ob Gott den Sündern vergeben wird, dachte er lange nach. Er suchte nach Antworten in der Bibel.

Der Mönch Myconius, der sich Luther anschloss, schrieb 1527:

... 1517 kamen etliche mit den gekauften Ablassbriefen zu Martin ... und beichteten. Als sie dabei aber sagten, dass sie weder von Ehebruch*, Wucher* noch unrechtem Gut* und dergleichen Sünde und Bosheit ablassen wollten, da sprach sie Martin Luther nicht frei von ihren Sünden. ... Da beriefen sie sich auf die Ablassbriefe. Diese wollte Luther nicht anerkennen. Er berief sich auf die Aussagen der Bibel: Wenn ihr eure Sünden nicht bereut und Buße* tut, werdet ihr alle umkommen. ...

[3] Fausel, Heinrich (Hrsg. und Übers.): Martin Luther, München, Siebenstern, 1967, S. 191

* *der* **Ehebruch:** Sex außerhalb der Ehe

der **Wucher, wuchern:**
zu hohe Preise verlangen

unrechtes Gut: etwas zu Unrecht besitzen

Buße tun: einen Fehler zugeben und dafür die Strafe auf sich nehmen

3 Lies die Quelle. Überlege, was Luther den Menschen antworten könnte. Vervollständige die Sätze.

Luther macht sich Sorgen

Als Luther sah, dass immer mehr Männer und Frauen Ablassbriefe kauften, glaubte er, etwas dagegen tun zu müssen.
Er glaubte nicht daran, dass Sünden gegen die Zahlung einer Gebühr vergeben werden würden. Nach Luthers Auffassung konnte nur Gott selbst, und nicht der Papst und seine Ablassprediger, darüber urteilen und entscheiden, wer in den Himmel kommt. Daher machte Martin Luther sich große Sorgen um die Gläubigen. Er befürchtete, dass Gott ihnen ihre Sünden nicht vergeben würde. Ohne Vergebung müssten die Menschen lange im Fegefeuer oder ewig in der Hölle leiden.

Wähle einen der Arbeitsaufträge aus:

- Formuliere ein Gespräch zwischen zwei Bürgern, die sich über den Ablasskauf uneinig sind.
- Schreibe auf, was Tetzel während des Ablassverkaufes gedacht haben könnte.
- Luther verweigert den Sündenerlass. Formuliere die Gedanken einer Person, deren Sünden nicht erlassen wurden.

Üben

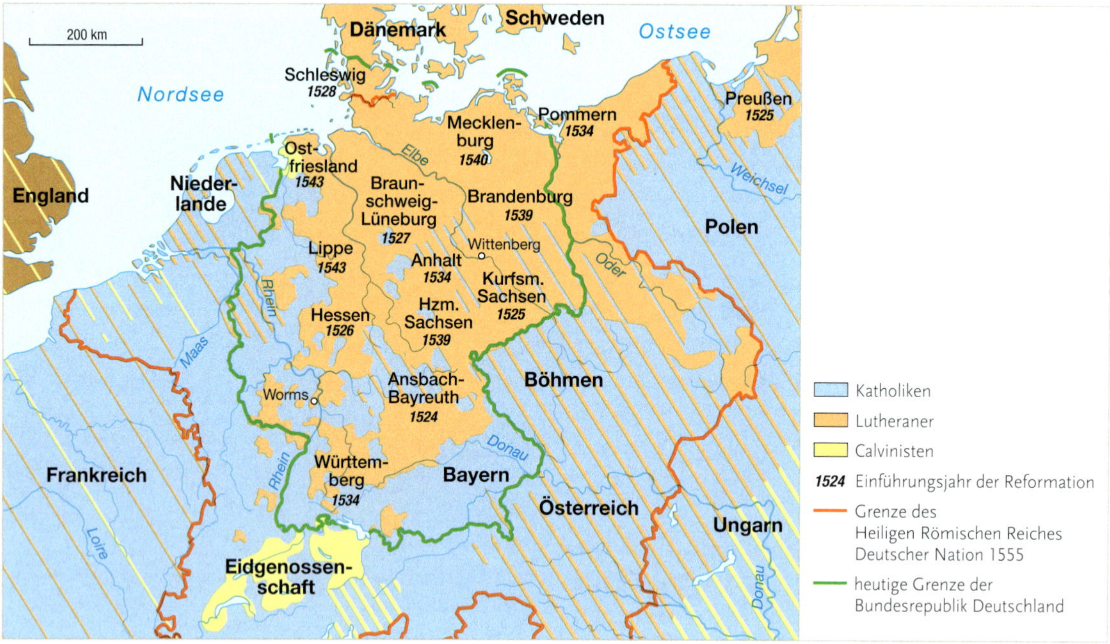

[1] *Konfessionen in Deutschland um 1555.* Karte.

Krisen und Zweifel
In der Zeit von 1500 bis 1600 gab es viele Krisen und Veränderungen in Europa. Viele Herrscher kämpften gegeneinander um die Macht. Für die übrigen Menschen blieb das Leben schwer. Die vielen Bauern litten weiter unter den Abgaben und Diensten, die sie für Grundherren und Kirche zu leisten hatten. Diese Not der Menschen hatte zur Folge, dass immer mehr von ihnen den Aussagen und Regeln der Geistlichen und des Papstes misstrauten.

Die Kirche wird reformiert
Es gab einige Gelehrte, die eine erneuerte Form, eine Reform der Gottesdienste und des christlichen Lebens forderten. Der Mönch Martin Luther veröffentlichte seine Kritik an der Kirche im Jahr 1517. Seine Ideen wurden vielen Menschen auch aufgrund der schnellen Verbreitung, die inzwischen durch den Buchdruck möglich war, bekannt. Das führte zu einer Spaltung in die katholische und evangelische Kirche. Andere Gelehrte nahmen Luthers Ansichten auf und ergänzten sie um ihre eigenen religiösen Ansichten. So entwickelten sich noch weitere reformierte Glaubensrichtungen und Glaubensgemeinschaften, die Konfessionen* genannt werden.

Kriege und Frieden
Die Reformation führte zu vielen Auseinandersetzungen. Menschen bekämpften einander, um den ihrer Meinung nach wahren Glauben zu verbreiten. Ab dem Jahr 1555 konnte der Landesherr bestimmen, welchem Glauben seine Untertanen angehören sollten. Erst fast 100 Jahre später, im Jahr 1648, galt die Religionsfreiheit im Heiligen Römischen Reich Deutscher Nation. Misstrauen und Ablehnung blieben aber weiter zwischen den Konfessionen bestehen.

* *die* **Konfession:** Zugehörigkeit zu einer bestimmten Religionsgemeinschaft des christlichen Glaubens

1 Benenne das Thema der Karte.

2 Vergleiche die Grenzen vom Heiligen Römischen Reich Deutscher Nation mit der Grenze der Bundesrepublik Deutschland. Was fällt dir auf?

3 Beschreibe die Verteilung der Konfessionen im Jahr 1555.
Starthilfe: *Im Nordosten des Reiches waren die meisten Menschen …*
In Ostfriesland gehörten die Menschen …

4 Erkläre, warum sich aus der dargestellten Situation Konflikte entwickeln konnten.

Die Reformation des Glaubens und ihre Folgen

▶ **1483**
Geburt Martin Luthers

▶ **1505**
Martin Luthers Eintritt ins Kloster

▶ **1509**
Geburt Johannes Calvins

▶ **1517**
Luthers Thesenanschlag in Wittenberg

▶ **1521**
Reichstag in Worms

▶ **1522**
Luthers Bibelübersetzung in deutscher Sprache erscheint

▶ **1525**
Zwölf Artikel/Forderungen der Bauern

▶ **1524/1525**
Bauernkrieg

▶ **1525**
Schlacht bei Frankenhausen

▶ **1555**
Augsburger Religionsfrieden

▶ **1618**
Prager Fenstersturz

▶ **1618 – 1648**
Dreißigjähriger Krieg

▶ **1645**
Beginn der Friedensverhandlungen in Münster und Osnabrück

▶ **1648**
Westfälischer Frieden

Luther kritisiert Papst und Kirche

Wogegen richtet sich Luther?

Ablassbriefe bewirken nichts!

Priester sollen heiraten dürfen.

Bei Gott sind alle willkommen! Gott vergibt all denen, die ihre Sünden ehrlich bereuen.

Gottesdienste sollen in Deutsch und nicht in Latein durchgeführt werden.

Nur das, was in der Bibel steht, ist von Bedeutung, denn Papst und Priester können irren!

[1] *Martin Luther als Mönch*, Gemälde von Lucas Cranach dem Älteren, 1522/1524.

1 Überlege, was diese Ansichten und Veränderungen für einfache Bürger und Bürgerinnen bedeuten könnten.

Martin Luther will die Kirche erneuern

Der Anlass von Luthers Kritik war der Verkauf von Ablassbriefen. Seine Unzufriedenheit mit der Kirche hatte aber weitere Ursachen. Martin Luther verfasste deshalb ein Schreiben mit 95 Argumenten (Thesen), sie richteten sich zumeist gegen den Ablasshandel. Er wollte damit keine neue Religionsgemeinschaft gründen, sondern die katholische Kirche reformieren, also erneuern. Den Papst ärgerte besonders, dass Luther behauptete, dass auch ein Papst sich irren könnte. Da der Papst sich als der Stellvertreter von Jesus Christus auf der Erde ansah, machte diese Aussage den Papst sehr wütend. Sie schränkte seine Macht ein, weil diese Meinung es erlaubte, an den Aussagen des Papstes zu zweifeln.

* *die* **Reformation:** Erneuerung

2 Formuliere den Inhalt der Thesen [2] in eigene Worte um.

3 Nimm Stellung zu den Thesen. Stimmst du zu?

Aus Luthers 95 Thesen:

45. Man muss die Christen lehren: Wer einen Bedürftigen sieht, sich nicht um ihn kümmert und für Ablässe etwas gibt, der erwirbt sich nicht Ablässe des Papstes, sondern Gottes Verachtung.

86. Wiederum: Warum baut der Papst, dessen Reichtümer heute weit gewaltiger sind als die der mächtigsten Reichen, nicht wenigstens die eine Basilika des Heiligen Petrus mehr von seinen eigenen Geldern als von denen der armen Gläubigen?

[2] Junghans, Helmar (Hrsg.): Die Reformation in Augenzeugenberichten, Übers.: Lau, Franz; Junghans, Helmar, Düsseldorf 1973, S. 58

Eine Idee verbreitet sich

Luthers Thesen und Ideen verbreiteten sich durch den Buchdruck schnell. Druckerzeugnisse konnten günstig hergestellt und vervielfältigt werden. Papst Leo X. verlangte von Luther, die 95 Thesen als Irrtum zu bezeichnen und sie zurückzunehmen. Luther lehnte das ab. Der Papst verbannte Luther daraufhin aus dem Schutz der Kirche. Christen durften mit Luther nun keinen Kontakt mehr haben. In der damaligen Zeit war dies eine sehr schwere Strafe, denn die Menschen waren sehr gläubig.

Sprachspeicher

sich gegen etwas richten · eine Religionsgemeinschaft gründen · jemanden verbannen · jemandes Macht einschränken · Thesen veröffentlichen

3: Ich finde Luthers Thesen überzeugend / gut / nicht verständlich / überheblich, weil ...
Besonders wichtig finde ich, dass Luther ...

[3] *Lutherstube auf der Wartburg in Eisenach*, Foto, 2022.

[4] *Lutherdenkmal in Eisenach*, Foto, 2022.

Der Kaiser reagiert

Der Kaiser brauchte die Unterstützung des Papstes und der Fürsten seines Reiches, um seine Macht auszuüben. Da aber einige Fürsten der Meinung Luthers waren, entstanden Konflikte und Proteste im Reich. Kaiser Karl V. verlangte im Jahr 1521 deshalb auch, dass Luther seine Thesen widerruft. Doch nach einem Tag Bedenkzeit lehnte Luther dies auf dem Reichstag in Worms erneut ab. Der Kaiser verhängte daraufhin die Reichsacht* über Luther. Luther war „vogelfrei*".

* *die* **Reichsacht:** ein Ausschluss aus der Gemeinschaft, jeder darf den Geächteten straflos töten

vogelfrei sein: nicht mehr beschützt werden, ungestraft getötet werden können

Der Kurfürst von Sachsen entschied sich, Luther zu helfen. Luther wurde auf dem Rückweg aus Worms zum Schein entführt. Der Kurfürst versteckte Luther auf der Wartburg in Eisenach. Auf der Burg arbeitete Luther weiter. Er übersetzte die Bibel in die deutsche Sprache.

4 Erkläre, weshalb die Anhänger Luthers und der Reformation **Protestanten** genannt wurden.

5 Es gibt viele Lutherdenkmäler und Erinnerungsorte. Kannst du dir erklären, warum Martin Luther noch heute von vielen Menschen verehrt wird?

Die Bibelübersetzung

Luther wollte, dass jeder Mensch die Bibel verstehen kann. Jeder getaufte Gläubige sollte selbst verstehen können, was in der Bibel steht, um Christus und Gott näher zu sein. Außerdem sollten die Christen vor falschen Bibelauslegungen durch die Priester oder die katholische Kirche geschützt werden. Die Lutherbibel hatte noch einen weiteren Effekt. Sie vereinheitlichte die Schreibung deutscher Wörter. Bislang gab es kein Wörterbuch. Man schrieb, wie man dachte oder es in dem eigenen Dialekt klang. Seit der Lutherbibel gab es eine Schreibweise, die von vielen übernommen wurde.

Wähle einen der Arbeitsaufträge aus:

- Beschreibe, was Martin Luther erreichen wollte. **Starthilfe:** *Martin Luther wollte …*
- Stelle aus Luthers Sicht gegenüber, was für und was gegen ein Widerrufen der Thesen sprechen könnte.
- Erläutere die Rolle des Buchdrucks für die Reformation (siehe dazu S. 24).

Sprachspeicher
seine Thesen widerrufen • seine Aussagen zurücknehmen • etwas anderes behaupten

: *die* Kirche erneuern, *die* Gläubigen schützen

Üben

Methode Flugblätter entschlüsseln

Flugblätter konnten mithilfe des Buchdrucks günstig und schnell vervielfältigt werden. Menschen, die nicht lesen konnten, konnte man mit bildhaften Aussagen, Meinungen und Aufrufen erreichen. Die bildhaften Darstellungen sind für uns nicht einfach zu „lesen“. Oft werden Symbole benutzt, die wir heute nicht mehr verstehen.

Symbol	Es steht für ...
dreigestufte Bischofsmütze	Papst
Esel	Dummheit
Wolf	Gier, Gefräßigkeit
Schaf	Folgsamkeit, Dummheit
Fuchs	Hinterlist
Hahn	teuflisches Verhalten

Farben können auch eine Rolle spielen. Auch die Größe der Bildgegenstände hat eine Bedeutung. Die Menschen zu Luthers Zeiten wussten dies.
Selbst wenn wir heute nicht sofort alles verstehen, können wir aus den Flugblättern viel über die Zeit herausfinden. Um ein Flugblatt zu entschlüsseln, solltest du systematisch vorgehen. Folgende Arbeitsschritte können dir dabei helfen.

1 Betrachte Bild 1. Was fällt dir auf? Was denkst du? Was fühlst du?
2 Gehe die Schritte 1 – 3 durch und notiere deine Antworten. Besprich dich mit einem Partner oder einer Partnerin.
3 Vergleicht eure Antworten mit der Musterlösung.

[1] *Flugblatt über Papst Alexander VI. (1492 – 1503),* über der Figur steht „Ich bin Papst“. unbekannter Künstler, um 1520.

1. Schritt Das Thema herausfinden

- Wann ist das Flugblatt entstanden?
- Wer hat es erstellt?
- Welchen Titel hat es?
- Welche Personen oder Gegenstände kannst du direkt erkennen?

2. Schritt Die Bildelemente benennen und ihre Bedeutung erklären

- Wer oder was steht im Vordergrund, wer oder was steht im Hintergrund?
- Welche Symbole werden verwendet (Tiergestalten, Farben, Fabelwesen ...)?
- Welche Bedeutung haben diese Symbole?
- Welche Haltung hat der Verfasser zu dem Dargestellten? Ist die Zeichnung freundlich oder boshaft?
- Gibt es einen Text auf dem Flugblatt? Was steht dort?

3. Schritt Die Aussageabsicht formulieren und beurteilen

- Welche Wirkung hat das Flugblatt auf den Betrachter oder die Betrachterin?
- Für wen wurde es vermutlich gestaltet?
- Was wollte der Verfasser vermitteln?
- Was weißt du über die Zeit und die Situation, in der es entstand?
- Was denkst du über die Gestaltung und die Aussage des Flugblatts?

Lösungsvorschlag für Bild [1]

zum Schritt 1 **Um dieses Thema geht es**

- Das Flugblatt entstand um 1500.
- Der Verfasser ist unbekannt.
- Es zeigt eine Person.
- Diese Person sieht aus wie eine Mischung aus einem Menschen und einem Ungeheuer.
- Sie trägt einen Mantel, hat eine brennende Krone auf dem Kopf und hält eine besondere Mistgabel mit Widerhaken mit einer Seilschlaufe in der Hand.
- An den Füßen trägt die Gestalt Schuhe, die mit Kreuzen verziert sind.

zum Schritt 2 **Bildelemente benennen und deuten**

- Es wird nur diese Person abgebildet.
- Das Ungeheuer mit den Krallen und dem Monstergesicht soll die Bösartigkeit und Gefährlichkeit des Wesens zeigen.
- Die Kopfbedeckung steht für den Papst.
- Die Schuhe weisen darauf hin, dass es sich um eine Person aus dem Stand der Geistlichen handelt.
- Der Mantel ist reich verziert und zeigt, dass die Person reich ist.
- Dreizack und Schlaufe sind Werkzeuge, mit denen man verletzen und töten kann.
- Der Verfasser zeichnet die Person absichtlich sehr gruselig und verachtend.
- Der Text lautet „Ego sum Papa" („Ich bin Papst").

zum Schritt 3 **Diese Erkenntnisse kann ich aus dem Flugblatt ziehen**

- Die Gestalt wirkt bedrohlich und Furcht einflößend.
- Es wurde für Menschen gestaltet, die nicht lesen können.
- Der Betrachter soll erkennen, dass der Papst böse und gefährlich, vielleicht sogar teuflisch ist.
- Das Flugblatt ist entstanden, als die katholische und evangelische Kirche sich getrennt haben.
- Es ist sehr wirkungsvoll und eindeutig. Es zeigt die Verachtung des Künstlers für den Papst.

[2] *Des Teufels Dudelsack*, Holzschnitt von Erhard Schön, um 1530.

Der Text unten rechts im Bild [2] besagt in heutiger Sprache ungefähr dies:
„Ich, der Teufel, hatte früher viele Pfeifen (die Mönche), durch die ich Märchen, Träume und Fantasien verbreiten konnte. Jetzt sind viele Klöster zerstört. Und Mönche, durch die ich gesprochen habe, gibt es nicht mehr so viele. Aber vielleicht ändert sich das auch wieder und ich kann meine teuflischen Botschaften erneut durch die Mönche verbreiten lassen."

Tipp: Der Mönch ist hier ein Symbol für die papsttreue katholische Kirche.

4 Arbeite nun allein. Werte mithilfe der Arbeitsschritte Bild 2 aus.
Starthilfe: *Zu sehen ist der Kopf eines Mönchs, der als Dudelsack benutzt wird. ...*

Die Bauern stellen Forderungen

Welche Auswirkung hatte die Reformation auf die einfache Bevölkerung?

1 Beschreibe die dargestellte Szene [1]. Nutze dafür diese Begriffe: Abgaben leisten, unfreier Bauer, Grundherr.

Unzufriedene Bauern

Zur Zeit Martin Luthers waren drei von vier Menschen im Reich Bauern oder Bäuerinnen. Die Situation der Bauern hatte sich seit dem Mittelalter nicht verbessert. Vielen Bauern ging es schlechter als in den Jahrhunderten zuvor. Das lag daran, dass viele Bauernhöfe aufgrund der Erbteilung* immer kleiner geworden waren.

* *die* **Erbteilung:** Der Bauernhof wird nach dem Tod des Bauern unter den Söhnen aufgeteilt.

Die Rechte der Bauern wurden durch die Grundherren immer weiter eingeschränkt. Der Gemeindewald und die Gemeindewiesen, die sogenannte Allmende, stand den Bauern oft nicht mehr kostenlos zur Verfügung, weil der Grundherr beide selbst nutzen wollte. Die Grundherren verboten die Jagd, das Fischen und das Holzschlagen. Es fiel den Bauern immer schwerer, ihre Familien von ihrem Hof zu ernähren. Abgaben und Frondienste mussten sie auch leisten. Die Bauern wurden immer verzweifelter und ihre Wut auf die Grundherren wuchs.

Die Bauern hören von Luthers Lehre

Die Schriften Luthers verstärkten die Unzufriedenheit der Bauern noch. Luther hatte geschrieben, dass Christen nur dem Wort Gottes verpflichtet sind und dass sie frei sind. Luther hatte damit gemeint, dass alle Menschen frei und gleich vor Gott sind. Einige Bauern übertrugen diese Aussage auch auf ihr alltägliches Leben und wollten deshalb nicht mehr hinnehmen, dass die Grundherren alles bestimmen konnten.

Bauern fragten sich, wie die Herren ihre höhere Stellung in der Gesellschaft und im Staat begründeten. Ein Protestspruch der Bauern dieser Zeit lautete: **„Als Adam grub und Eva spann, wo war denn da der Edelmann?“**

In Süddeutschland begannen 1524 die ersten Aufstände von Bauern, die sich über große Teile des Reiches ausbreiteten.

2 Erkläre in eigenen Worten, was dieser Protestspruch aussagte.

[1] *Bauern und Grundherrn.* aus: Rodericus Zamorensis, Spiegel des menschlichen Lebens, unbekannter Künstler, Augsburg, um 1476.

Sprachspeicher
graben: er/sie/es grub, er/sie/es hat gegraben ▪
spinnen: er/sie/es spann, er/sie/es hat gesponnen

[2] *Bauern fordern Freiheit*, kolorierter Holzschnitt, 1522.

Ich bin ...

Ich finde, dass ...

Deshalb müssen die Grundherren ...

Ich fordere ...

Forderungen der Bauern an die Grundherren:

1. Jede Gemeinde soll das Recht haben, ihren Pfarrer zu wählen und abzusetzen, wenn er sich unrecht verhält. Er soll nur predigen, was so auch in der Bibel steht.
2. Vom Korn soll weiterhin ein Zehntel abgegeben werden. Von ihm soll auch der Pfarrer bezahlt werden. Der Viehzehnt soll aber abgeschafft werden.
3. Leibeigenschaft* und Hörigkeit* sollen abgeschafft werden, da alle Menschen frei geboren sind. Den Herren soll aber trotzdem gehorcht werden.
4. Alle sollen jagen und fischen dürfen.
5. Jeder soll aus den Gemeindewäldern Bau- und Brennholz nehmen dürfen.
6. Die unbezahlten Dienste für den Herrn sollen wieder so verringert werden, wie sie früher waren.

12. Wenn eine Forderung nicht mit der Bibel vereinbar ist, dann nehmen wir sie zurück.

[3] Autorentext, sprachlich vereinfacht und gekürzt nach den zwölf Artikeln der Bauernschaft von 1525.

3 Beschreibe das Bild [2].

4 Vergleiche die Bilder [1] und [2] miteinander. Achte dabei besonders auf Körperhaltung, Bewegungsrichtung, Kleidung und Ausstattung.

5 Ergänze die Satzanfänge [2].

* *die* **Leibeigenschaft, leibeigen sein:** einem anderen Menschen gehören

die **Hörigkeit, hörig sein:** Der Grundherr darf über den Bauern und seine Familie bestimmen.

6 Erstelle eine Tabelle. Sortiere die Forderungen der Bauern [3] in Stichworten:

Religiöse Forderungen	Politische Forderungen	Wirtschaftliche Forderungen
...	...	...

Wähle einen der Arbeitsaufträge aus:

- Nenne drei Forderungen der Bauern, über die du dich als Grundherr geärgert hättest.
- Weise mithilfe der Artikel nach, dass die Bauern sehr gläubig waren.
- Formuliere Gedanken eines Bauern, der überlegt, sich den Aufständischen anzuschließen.

Sprachspeicher
Frondienste und Abgaben leisten > dem Grundherrn hörig sein

6: Einige Forderungen können mehreren Spalten zugeordnet werden.

Die Bauern kämpfen gegen die Obrigkeit

Ist dieser Krieg gerechtfertigt und gerecht?

1 Vervollständige diesen Satz: Die Karte zeigt ...

2 Finde das Gebiet auf einer aktuellen Deutschlandkarte.

3 Beschreibe, wie sich die Aufstände geografisch ausgeweitet haben.

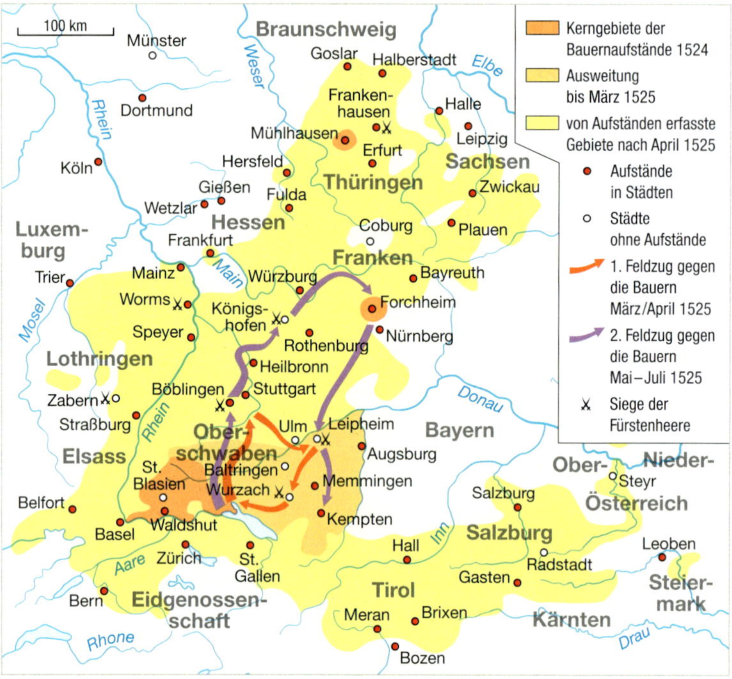

[1] *Bauernaufstände und Bauernkrieg 1524/1525*, Karte.

Der Buchdruck fördert die Aufstände

Der Buchdruck half dabei, die zwölf Artikel der Bauern zu verbreiten. Die Forderungen sprachen viele Bauern an. Sie schlossen sich deshalb der Protestbewegung an. Auf diese Weise kam es in vielen Teilen des Reichs zu Aufständen.

Der Bauernkrieg beginnt

1524/1525 wurde aus den kleinen Aufständen eine große Erhebung der Bauern gegen die Obrigkeit*. Aber die Bauern hatten keine militärische Erfahrung. Die Herren gaben vor, verhandeln zu wollen. Die Bauern ließen sich auf diese Verhandlungen ein. Damit gewannen die Herren Zeit und sie konnten so ihre eigenen Truppen ausrüsten und organisieren.

* *die* **Obrigkeit:** die Herren, der Adel

strategisch: genau geplant

Ein verlorener Kampf

Die Bauern kämpften mit dem, was ihnen zur Verfügung stand: Mistgabel, Dreschpflegel, Sichel, Schwert, Morgenstern. In ihrer Wut plünderten sie Klöster, Schlösser und die reich verzierten Kirchen.

Obwohl die Bauern mit allen Mitteln kämpften, wurden sie vernichtend geschlagen. Die Truppen der Herren waren besser ausgerüstet und gingen strategischer* vor. 70.000 Bauern wurden im Kampf getötet. Überlebende Bauern mussten ihren Herren Entschädigungen zahlen. Die Anführer der Bauern wurden hingerichtet.

4 Fasse zusammen: Warum verloren die Bauern diesen Krieg?

Sprachspeicher
sich den Protesten anschließen, sich erheben •
an einer Erhebung teilnehmen

[2] *Von dem Hass des Volkes.* Reproduktion nach einem Holzschnitt von 1532, 1894.

5 Betrachte das Bild. Beachte den Titel und das Entstehungsdatum des Holzschnitts.

6 Benenne die verschiedenen Personengruppen.

7 Schildere in deinen Worten, was du aus dem Bild über die Vergangenheit erfährst.

Luther und die Bauern

Die Schriften Luthers motivierten die Bauern, sich gegen ihre Herren zu erheben.

Luther äußerte sich im April 1525 zu den Aufständen der Bauern:

Die zwölf Artikel handeln alle von weltlichen, zeitlichen Dingen. Ihr [Bauern] sagt, dass ihr nicht länger Unrecht leiden wollt. Das Evangelium [die Bibel] handelt nicht von diesen weltlichen Dingen. Ihr Bauern habt gegen euch die Heilige Schrift und die Erfahrung, dass ein Aufruhr noch nie ein gutes Ende genommen hat. Denkt an das Wort der Bibel (Matth. 26,52): Wer das Schwert nimmt, soll durch das Schwert umkommen.

Luther schrieb außerdem im Jahr 1525:

Erstens haben sie ihrer Obrigkeit Treue und Ergebenheit geschworen, untertänig und gehorsam zu sein, wie Gott das gebietet. [...] Da sie aber diesen Gehorsam mutwillig brechen und sich dazu gegen ihre Herren stellen, haben sie dadurch Leib und Seele verwirkt [verloren].

[3] Bornkamp, Karin; Ebeling, Gerhard (Hrsg.): Martin Luther Ausgewählte Werke, Bd. 1, Frankfurt/M., 1982, S. 133 ff

8 Erkläre, was Luther über die Aufstände der Bauern denkt. Wie begründet er seine Haltung?

Wähle einen der Arbeitsaufträge aus:

- Schreibe in einer Denkblase, was ein aufständischer Bauer denken könnte, wenn er die Aussagen Luthers in Text [3] hört.
- Erkläre, was die Herren im Falle eines Sieges der Bauern zu befürchten gehabt hätten.
- Diskutiert in der Gruppe: Haben die Bauern eurer Meinung nach etwas Unrechtes getan?

Sprachspeicher

5: Tipp: Auf dem Bild ist eine adlige Person zu sehen. Woran ist sie zu erkennen?

jemandem Treue schwören ▪ Unrecht leiden ▪ etwas gebieten > etwas verlangen

Üben

Wahlseite Der Buchdruck

1 Lies den Text und fasse die Inhalte der Seite mit deinen Worten zusammen. Arbeite gemeinsam mit deinem Lernpartner oder deiner Lernpartnerin. **Starthilfe:** *Nutze den Lese-Profi auf der letzten Seite im Buch.*

2 Erkläre deinen Mitschülern mithilfe des Schaubildes [1] die Abläufe beim Buchdruck.

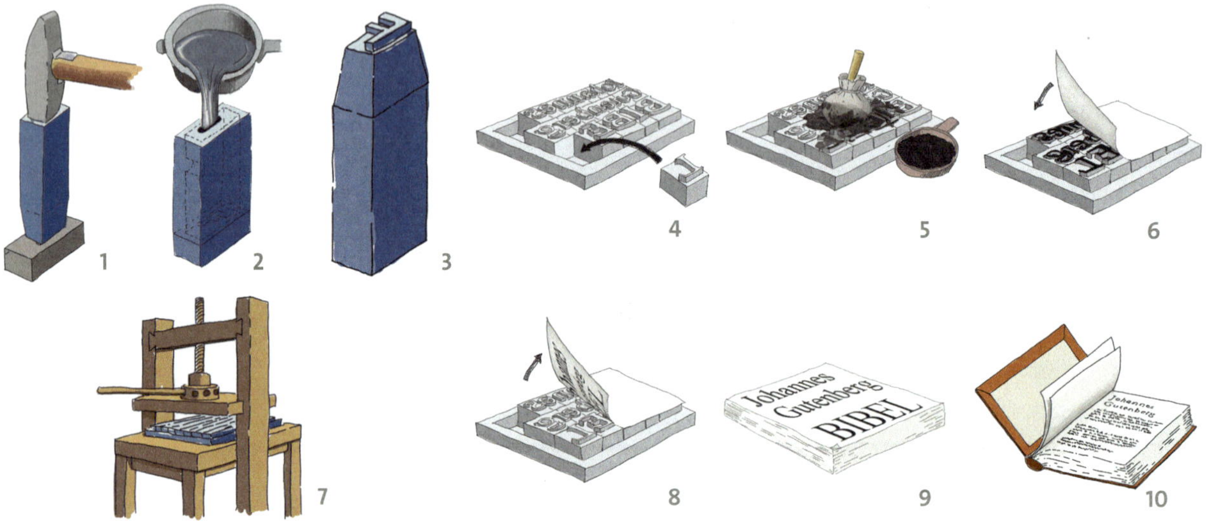

[1] *Vom einzelnen Buchstaben zum Buch: Gutenbergs Verfahren zur Produktion von Büchern,* Schaubild, 2023.

Die Erfindung des Buchdrucks um 1450

Im Mittelalter konnten sich neue Ideen oder Erfindungen nur langsam herumsprechen. **Bücher** oder andere Schriften waren **teuer**. Sie wurden meistens in Klöstern **von Hand geschrieben**. Die Anfertigung eines Buchs dauerte manchmal Jahre. Eine Bibel kostete z.B. so viel, dass man von dem Geld auch einen ganzen Bauernhof hätte kaufen können. Nur **wenige Menschen** konnten sich deshalb **Bücher leisten**.

Das änderte sich mit der Erfindung des Buchdrucks sehr schnell. Johannes Gutenberg entwickelte ein **neues Verfahren**, um Bücher zu drucken. Er goss **Einzelbuchstaben aus Metall**, mit denen sich Wörter zusammensetzen ließen (1–3). Zeile für Zeile konnten so in Spiegelschrift Texte zusammengesetzt werden (4). Mithilfe von Druckfarbe und einer Druckpresse konnten die Seiten so viele **Male vervielfältigt** werden (5–8). Gutenberg druckte als Erstes die Bibel (9–10).

Schriften und Ideen verbreiten sich

Das Drucken ging **schnell** und war viel **kostengünstiger**. Bald wurden auch wissenschaftliche und **politische Schriften** gedruckt. Sie verbreiteten sich schnell. Um 1500 gab es in Europa schon 1100 Druckereien. Bücher wurden immer **preiswerter**. In vielen Städten wurden nun **Schulen** gegründet, in denen man lesen und schreiben lernen konnte. Die **schnelle Verbreitung neuer Ideen** und Erkenntnisse veränderte das Leben und Denken der Menschen. Die Zweifel an der Kirche wuchsen.

Tipps für die Erarbeitung

- Führe gemeinsam mit deinen Mitschülerinnen und Mitschülern ein Gruppenpuzzle durch. Nutzt dazu die anderen Wahlseiten des Kapitels.

Wahlseite Der Reformator Jean Calvin

1 Informiere dich auf dieser Seite über den Reformator Jean Calvin und den Calvinismus.

2 Präsentiere deine Ergebnisse in geeigneter Form in der Klasse.

[2] *Kirche der Reformierten Gemeinde Celle, Innenraum,* Foto.

Jean Calvin

Neben Martin Luther gab es noch weitere Reformatoren, die eine Veränderung des Glaubens forderten. Einer davon war Jean Calvin (auch Johannes Calvin genannt). Seine Lehre orientierte sich zum Teil an der Lehre Luthers, sie ging aber noch darüber hinaus. Seiner Idee eines richtigen, christlichen Lebens folgen noch heute Gläubige in Gemeinden in aller Welt.

Der Glaube Calvins

Calvin glaubte, dass das Schicksal eines jeden Menschen schon von Gott vorherbestimmt war. Wer gut, fleißig, fromm und wohlhabend war, der war bereits von Gott erwählt worden. Wer sich falsch verhielt, ein schlechtes oder schweres Leben hatte, der war von Gott schon verdammt worden. Deshalb bemühten sich die Kirchenmitglieder um ein frommes, tadelloses, vorbildliches, erfolgreiches, von Sparsamkeit und Bescheidenheit geprägtes Leben. Feste, Tanz, Wirtshausbesuche waren den Gläubigen untersagt.

Wer sich falsch verhielt, wurde von einem kirchlichen Rat verurteilt. Die Menschen sollten sich mit großem Ernst nur auf Gott und den Glauben konzentrieren.

Disziplin und Kontrolle

In calvinistischen Kirchen wurde auf Prunk, Bilder und Orgelmusik verzichtet. Der Besuch des Abendmahls war Pflicht für alle Gemeindemitglieder. In der Kirche hatten nicht nur die Pfarrer zu bestimmen. Ein Ältestenrat sollte Gemeindemitglieder besuchen, sie kontrollieren, über sie urteilen und richten. Jeder Mann, der vorbildlich lebte, konnte Mitglied des Rates werden.

Auch wer wirtschaftlichen Erfolg hatte, galt in den Gemeinden als von Gott erwählt. Disziplin und Streben nach Erfolg galten als positive Eigenschaften, deshalb wurden die calvinistischen Handwerker und Kaufleute von protestantischen Landesherren sehr geschätzt.

Tipps für die Erarbeitung

- Du kannst beim Lesen die Methode Lese-Profi anwenden.

Tipps für die Präsentation

- Gestalte ein Plakat: Informiere deine Mitschüler und Mitschülerinnen über die Grundgedanken Calvins und notiere auf dem Plakat, was du am Calvinismus gut und nicht gut findest.

☒ Wahlseite Hexenglaube in der frühen Neuzeit

1 Informiere dich über den Umgang des Staates und der Kirche mit sogenannten Hexen.

2 Präsentiere deine Ergebnisse in geeigneter Form in der Klasse.

[1] *Die Hexenverbrennung in Derenburg am Harz,* Flugblatt, unbekannter Künstler, Holzschnitt, 1555.

Hexenglaube

An Hexen und Hexer glaubten zur Zeit Martin Luthers viele Menschen. Der Hexenglaube lieferte Erklärungen für alles, was den Menschen böse, schlecht, ungerecht und unerklärlich erschien. Selbst Luther predigte 1526: *Es ist ein überaus gerechtes Gesetz, dass die Zauberinnen getötet werden.* Wer als Hexe oder Hexer beschuldigt wurde, konnte seine Unschuld nur schwer beweisen. Beschuldigungen konnten genutzt werden, um Personen aus dem Weg zu räumen, die den eigenen Zielen im Weg standen. Zumeist fielen Frauen den Beschuldigungen zum Opfer.

Kaiser Karl V. erließ dieses Gesetz:
Wenn jemand ...

- anbietet, das Zaubern zu lehren,
- jemanden mit Zauberei bedroht,
- mit anderen Zauberern Kontakt hat,
- nach Meinung anderer eines dieser Dinge tut,

dann soll er unter Folter verhört werden.

Aber dieses Gesetz wies Mängel auf, die bereits von den Zeitgenossen kritisiert wurden. In Europa wurden vermutlich bis zu 60000 Menschen als Hexe oder Hexer hingerichtet. Die letzte Hexenverbrennung fand hier im Jahr 1807 statt.

Friedrich von Spee veröffentlichte seine Kritik an den Hexenprozessen 1631, ohne seinen Namen zu nennen:

Häufig sind die Richter, denen die Hexenprozesse anvertraut werden, schamlose, niederträchtige Menschen: Die Folter wird oft übermäßig und grausam angewandt; viele Indizien sind unzuverlässig und gefährlich ... Es ist besser, dreißig und noch mehr Schuldige laufen zu lassen, als auch nur einen Unschuldigen zu bestrafen ... Die Gefolterten sagen zu allem ja, und weil sie dann nicht zu widerrufen wagen, müssen sie alles mit dem Tod besiegeln.

[2] zit. n. Behringer, Wolfgang: Hexen und Hexenprozesse in Deutschland, München, 2000, S. 124, vereinfacht

Tipps für die Erarbeitung

- Du kannst beim Lesen die Methode Lese-Profi anwenden.

Tipps für die Präsentation

- Du kannst ein Streitgespräch verfassen, in dem ein Befürworter und ein Kritiker der Hexenverfolgung miteinander streiten.

☒ Wahlseite Die Gegenreformation

1 Informiere dich auf dieser Seite darüber, wie die katholische Kirche auf die Reformation reagierte.

2 Präsentiere deine Ergebnisse in geeigneter Form in der Klasse.

Die Beschlüsse der Gegenreformation

Die Ideen der Reformatoren breiteten sich mithilfe des Buchdrucks sehr schnell aus. Für viele Landesherren war der neue evangelische Glauben attraktiv, weil er es ihnen erlaubte, den Besitz der katholischen Kirche zu übernehmen. Die katholische Kirche wollte der Reformation entgegenwirken. Auf einer Versammlung der höchsten katholischen Geistlichen 1563 in Norditalien einigten sich die Teilnehmer auf Regeln und Neuerungen, die eine Gegenreformation einleiten sollte.

Einige Beschlüsse des Konzils von Trient (1545–1563):

- Grundlage des Glaubens ist nicht allein die Bibel, sondern auch die Überlieferung der Kirchenlehrer.
- Nur die Kirche hat das Recht, die Bibel auszulegen.
- Der Mensch verdient Gottes Gnade nicht nur durch den Glauben, sondern auch durch gute Werke.
- Der Missbrauch des Ablasses wird verboten.
- Latein soll Sprache des Gottesdienstes und der Bibel sein.
- Nur der Papst ist berufen, die Kirche zu leiten.

Die Jesuiten

Die katholische Kirche erkannte, dass die Bildung und Ausbildung junger Menschen den Glauben verbreiten und stärken konnte. Der katholische Jesuitenorden sollte dabei helfen. Anders als die anderen Orden kleideten sich die Jesuiten nicht mit einer besonderen Tracht. Aber sie legten dieselben Gelübde ab: Sie gelobten Armut, Keuschheit und Papsttreue. Sie arbeiten als Lehrer in Schulen und Universitäten. Gezielt wurden sie eingesetzt, um die Söhne von Fürsten zu erziehen. Sie waren den Mächtigen auf diese Weise nah und konnten einen leichtfertigen Übertritt zum evangelischen Glauben verhindern.

[1] *Katholische Kirche in Birnau*, Foto, 2014.

Die Inquisition (lateinisch „Untersuchung")

Inquisitoren hatten die Aufgabe, Ketzer (Falschgläubige) zu verfolgen und wieder vom katholischen Glauben zu überzeugen. Seit der Verbreitung von Büchern war es eine wichtige Aufgabe der Inquisition, Bücher zu zensieren und zu verbieten, die den katholischen Glauben in Zweifel ziehen könnten. Die Inquisitoren wandten auch Gewalt an, um ihre Ziele durchzusetzen. Sie folterten, verurteilten, bestraften, verstümmelten. Sie richteten Menschen hin, um Angst zu erzeugen und den katholischen Glauben wieder zu stärken. Von den Prozessen der Inquisition gibt es zahlreiche Akten. Diese Dokumente wurden lange von der katholischen Kirche geheim gehalten.

Tipps für die Erarbeitung

- Vergleiche die Beschlüsse des Konzils mit deinem Wissen über die Reformation.
- Recherchiere im Internet zu den Jesuiten in der Gegenwart.

Tipps für die Präsentation

- Gestalte eine Mindmap zur Gegenreformation als Tafelbild oder Plakat, die du der Klasse vorstellst und erklärst.

Der Dreißigjährige Krieg

Warum kam es zum Dreißigjährigen Krieg?

[1] *Der Prager Fenstersturz am 23. Mai 1816.* Matthäus Merian, aus dem Theatrum Europaeum, Kupferstich, 1637.

1 Beschreibe das Bild [1].

Kriegsausbruch

Die Reformation sorgte für eine Spaltung innerhalb des Christentums. Auf der einen Seite gab es die Katholiken und auf der anderen Seite die Protestanten. Trotz des Friedens von Augsburg 1555 (hier wurden Katholiken und Protestanten als gleichberechtigt anerkannt) bestand weiterhin große Uneinigkeit zwischen diesen beiden Gruppen und es kam wiederholt zu Konflikten. Diese hatte ihren Höhepunkt 1618, als sich protestantische Adlige in Böhmen dem katholischen Kaiser widersetzten. Dieser schränkte die Rechte der protestantischen Adligen ein. Aus Wut darüber drangen diese dann in die Burg des Königs ein und warfen drei seiner Beamten aus dem Fenster. Sie überlebten, da sie auf einem Misthaufen landeten. Die Folge war der Ausbruch eines grausamen Kriegs, der 30 Jahre andauern sollte.

Vom deutschen zum europäischen Krieg

Von Böhmen aus breitete sich der Konflikt über weite Teile Europas aus und hatte zur Folge, dass die Zahl der Kriegsparteien größer wurde. Im Verlauf des Kriegs bildeten sich zwei wesentliche Bündnisse.

Zum einen gab es die **Liga**, ein Bündnis katholischer Fürsten unter der Führung Maximilians I. von Bayern, die dem Kaiser und seinem Verbündeten Spanien nahestanden. Das andere Bündnis war die **Union**, sie stand dem französischen König nahe und war ein Bündnis aus protestantischen Fürsten unter der Führung Friedrichs V. von der Pfalz. Der Union schlossen sich später England, Dänemark und Schweden an. Zu Beginn des Konflikts stand noch die Frage nach der Angehörigkeit zu einem bestimmten Glauben im Zentrum. Später ging es den Parteien immer mehr um Macht und Einfluss und darum, wer in Europa das Sagen hatte.

Sprachspeicher

jemand hat das Sagen, will bestimmen

[2] *Kaiser Ferdinand II.*

Ich kann nicht zulassen, dass die Fürsten immer mächtiger werden. Da wird mein großes Reich, das ich geerbt habe, schnell auseinanderfallen. Ich muss zeigen, dass der Kaiser das Sagen hat. Ein Kaiser, eine Religion!

Bisher war Ferdinand König von Böhmen. Aber der kümmerte sich nicht darum, dass die Adligen in Böhmen das Recht hatten, bei der Regierung kräftig mitzubestimmen. Er hat sogar die Bauern auf seinen Gütern gezwungen, den katholischen Glauben anzunehmen. Da haben die böhmischen Adligen mich zu ihrem König gewählt.

[3] *Friedrich von der Pfalz.*

[4] *König Gustav Adolf von Schweden.*

Wir Schweden werden in den deutschen Krieg eingreifen. Schließlich müssen wir unsere Glaubensbrüder, die Protestanten, unterstützen. Und außerdem ist das eine gute Gelegenheit, ein Stück Norddeutschland dazuzubekommen.

Dieser Krieg ist für Frankreich eine gute Gelegenheit, dafür zu sorgen, dass die Familie Ferdinands, die Habsburger, ihre Macht in Europa nicht weiter ausbauen. Für uns ist es gut, wenn wir uns mit Schweden zusammentun. Gustav Adolf ist zwar Protestant, egal. Vielleicht können wir Gebiete am Rhein erobern.*

[5] *Kardinal Richelieu (Frankreich).*

[6] *Bauern.*

Wir wollen keinen Krieg! Wir Bauern wollen nur in Ruhe unsere Felder bestellen. Die Soldaten nehmen uns alles, die Vorräte und das Vieh. Viele von uns verhungern. Der Krieg wird auf unseren Rücken ausgetragen. Wir sind es doch, die die Zeche bezahlen müssen.

[2–6] *Autorentext*

* *die* **Habsburger:** eine mächtige Adelsfamilie, Familie von Kaiser Ferdinand II.

2 Untersuche die Texte 2–6 und stelle fest, welches Kriegsziel jeweils genannt ist bzw. welche Einstellung zum Krieg der Sprecher äußert.

3 Stelle die Personen mit ihren Zielen gegenüber. Verwende dabei z. B. eine Tabelle.

Wähle einen der Arbeitsaufträge aus:

- Lies die Stellungnahmen auf dieser Seite und notiere, wer von dem Krieg profitiert.
  Starthilfe: *Der Krieg nützte ...*
- Wähle eine der Personen aus und beschreibe, welche Ziele sie mit dem Krieg verfolgt.
- Erkläre die Aussage, dass es sich bei dem Dreißigjährigen Krieg nicht nur um einen Glaubenskrieg handelte.

Sprachspeicher
die Zeche bezahlen müssen > die Rechnung bezahlen müssen oder die Folgen tragen müssen

☒: Fertige eine Tabelle an, in der du Gründe für den Krieg sammelst, die nichts mit religiösen Gründen zu tun haben.

Der Westfälische Frieden

Welches Ergebnis hatte der Krieg?

[1] *Der Friedensbote reitet über Gräber und Schlachtfelder hinweg,* Flugblatt, 1648.

1 Im Bild [1] befinden sich Begriffe und Ortsnamen. Was sagen sie über den Krieg aus?

Endlich Frieden!

Als die Gegner erkannten, dass dieser Krieg wohl keinen eindeutigen Sieger bringen würde, war das Land in weiten Teilen verwüstet. Das Militär war müde und viele Menschen waren durch Hunger und Seuchen gestorben.

1648 wurde nach fünfjährigen Verhandlungen in den westfälischen Städten Münster und Osnabrück ein Friedensvertrag unterzeichnet.

In vielen Städten wurde die Nachricht über den Frieden mit Festen gefeiert. Der Westfälische Frieden beendete die Glaubenskriege in Europa und leitete eine lange Zeit des Friedens ein.

Ein Augenzeuge schrieb am Ende des Kriegs:

Da liegen sie (die Städte) verbrannt, zerfallen, zerstört. Die Kirchen, sie haben sie verbrannt oder zu Pferdeställen gemacht. Auf den Dörfern sieht man keine Menschen, nicht mal Vieh. In allen Dörfern sind die Häuser voll von Leichnamen und Tierkadavern. Niemand ist da, um sie zu begraben oder wegzuschaffen.

[2] Guggenbühl, Gottfried; Huber, Hans C.: Quellen zur allgemeinen Geschichte, Bd. 3, Zürich, 1956, S. 190 f.

Sprachspeicher

die Soldaten verwüsten das Land • etwas vollständig zerstören

1: Stelle dir die Frage, warum in der Abbildungen Städte aus anderen Ländern genannt werden.

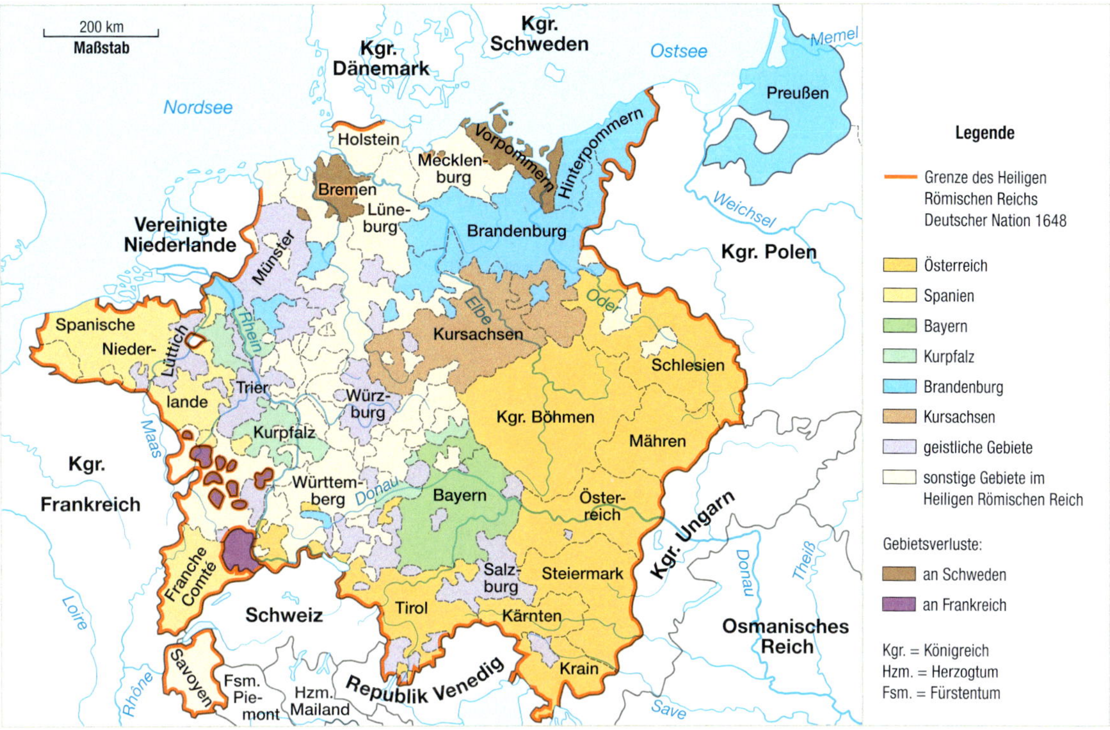

[2] *Das Heilige Römische Reich Deutscher Nation nach dem Westfälischen Frieden 1648, Karte.*

Tiefgreifende Veränderungen

Ein Ergebnis des Friedens zeigt sich in der Karte [2]. Das Deutsche Reich zerfiel in viele Kleinstaaten. Die Fürsten waren nun politisch völlig selbstständig. Abgesehen davon gab es noch weitere Veränderungen:

- Neue Gesetze konnte der Kaiser nur noch mit der Zustimmung der Fürsten erlassen.
- Wenn ein Fürst seine Religionsangehörigkeit wechselte, galt dies nicht mehr für seine Untertanen.
- Die Schweiz und die Niederlande wurden unabhängig.
- Frankreich und Schweden erhielten Gebiete des Reichs.

2 Betrachte die Karte. Welche Gebiete bestehen heute noch als Bundesländer? Notiere.

3 Recherchiere im Internet über die Steckenpferde in Osnabrück.

[3] *Steckenpferdreiten in Osnabrück*, Foto, 2021.

Wähle einen der Arbeitsaufträge aus:

- Betrachte das Bild [1] und notiere die ersten drei Begriffe, die dir dazu einfallen.
- Schreibe einen Bericht über die Zustände in Deutschland nach dem 30-jährigen Krieg.

Sprachspeicher
etwas zerfällt in seine Einzelteile • etwas bricht auseinander

Das kann ich!

Versuche zunächst, die Aufgaben auf dieser Doppelseite zu lösen, ohne im Kapitel nachzusehen. Wenn du Hilfe brauchst, kannst du bei den Aufgaben nachschlagen. Dort sind in Klammern die Seiten angegeben.

die Reformation	Bündnis der protestantischen Fürsten
die These	Anhänger der reformierten Glaubensrichtung
die Liga	rechtlos sein, jeder darf diese Person töten, ohne dafür bestraft zu werden
der Ablassbrief	Liste mit den Forderungen der Bauern
der Prager Fenstersturz	ein Argument, eine Behauptung, eine Aussage
vogelfrei sein	Bündnis der katholischen Fürsten
der Protestant	Anlass des 30-jährigen Krieges
die zwölf Artikel	Der Kauf sollte angeblich die Vergebung der Sünden bewirken.
die Union	Erneuerung, Verbesserung

[1] Begriffe und ihre Bedeutung.

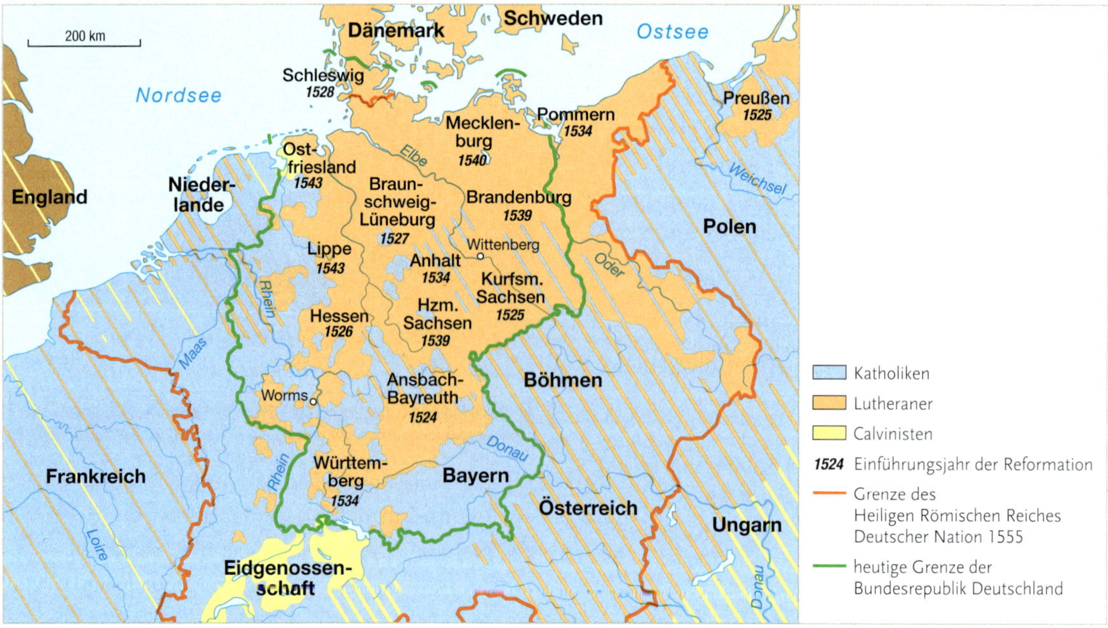

[2] *Konfessionen in Deutschland um 1555.* Karte.

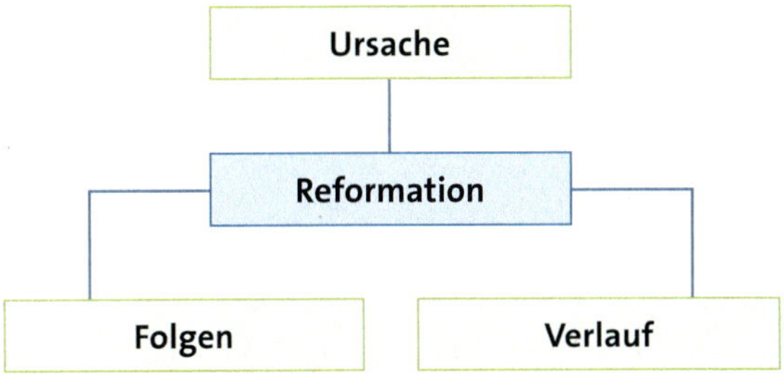

[3] Mindmap.

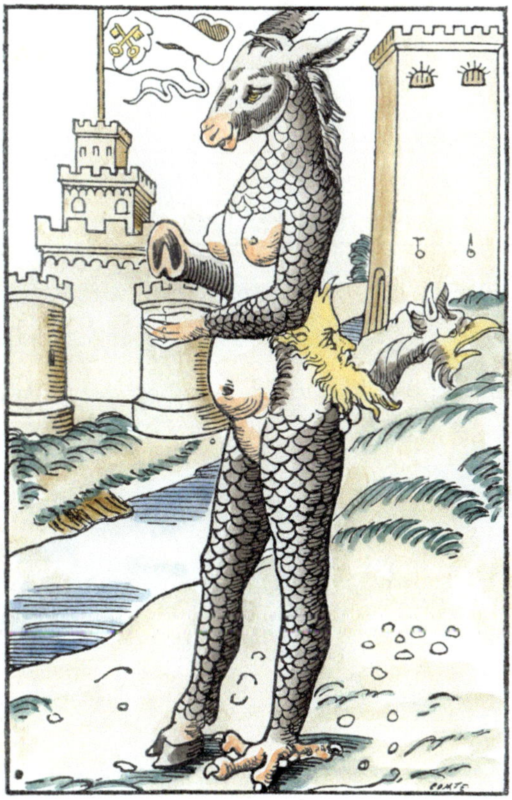

[4] *Papstesel*, Werkstatt von Lucas Cranach dem Älteren, Holzschnitt, 1523.

Sachkompetenz

1 Ordne den Begriffen die jeweils passende Erklärung zu.

2 Analysiere die Karte [2]. Achte dabei besonders auf die Farbgebung und die Beschriftung.

3 Ergänze die Mindmap zur Reformation [3]. Benenne ihre Ursachen, den Verlauf und ihre Folgen.

4 Schreibe aus der Sicht eines Bauern im Jahre 1524 eine Rede. Formuliere die Gründe deiner Unzufriedenheit und einige deiner wichtigsten Forderungen. (S. 20/21)

Methodenkompetenz

5 Entschlüssele das Flugblatt „Der Papstesel“ [4] in drei Schritten. (S. 18/19)

Urteilskompetenz

6 Beurteile die Bedeutung des Buchdrucks für den Erfolg der Reformation. (S. 24)

7 Nimm Stellung zu der Aussage „Der Dreißigjährige Krieg war ein Religionskrieg“. (S. 28/29)

Orientierungskompetenz

8 Diskutiert die Aussagen des Geleitwortes [5]. Sind sie zutreffend?

In einer Schrift zum Luthergedenkjahr 2017 hieß es:

... So führte die Reformation letztlich zu einer Spaltung der Kirche und einer Spaltung der deutschen Gebiete in katholische und protestantische. Aber die Reformation berührte nicht nur Kirche und Theologie, sondern auch Bildung, Gesellschaft oder Politik – praktisch alle Lebensbereiche wurden durch die Reformation und ihre Auswirkungen beeinflusst, bis heute.

[5] *Was ist die Reformation?*, Stiftung Luthergedenkstätten in Sachsen-Anhalt; https://www.luther2017.de/wiki/reformationstag-2017/was-ist-die-reformation/index.html, Zugriff 29.6.2023

Die Französische Revolution

Der Sturm auf die Bastille

Am 14. Juli 1789 eroberte das Volk von Paris das Staatsgefängnis – die Bastille. Mit diesem Ereignis begann die Französische Revolution. Die Menschen kämpften für Freiheit, Gleichheit und Brüderlichkeit. Bald erfasste die Revolution ganz Europa.

1 Beschreibe das Bild.
2 Erläutere, was du unter den Begriffen Freiheit, Gleichheit und Brüderlichkeit verstehst.
3 Was verbindest du mit dem Begriff Revolution? Sammelt in der Klasse eure Ideen.

Schauplatz Der Sturm auf die Bastille

[1] *Camille Desmoulins ruft das Volk zu den Waffen.* Unbekannter Künstler. Druck um 1900.

1 Beschreibe die Bildquelle [1]. Achte vor allem auf die Körperhaltung der Menschen.

Große Unruhe in Frankreich

Im Juli 1789 lag eine große Unruhe über der französischen Hauptstadt Paris. Die Menschen in ganz Frankreich waren schon seit langer Zeit unzufrieden mit der Herrschaft des Königs. Auch das Brot war knapp geworden und kostete doppelt so viel wie in normalen Zeiten. Der König half dem Volk aber nicht. Stattdessen ließ er nun Soldaten an den Stadtgrenzen von Paris aufmarschieren. Die Menschen fühlten sich bedroht und begannen, sich zu bewaffnen.

Immer wieder sprachen Redner zum aufgebrachten Volk und kritisierten die Lage im Land. Der Journalist und Rechtsanwalt Camille Desmoulins war einer von ihnen. Er soll gerufen haben: „Zu den Waffen! Zu den Waffen!" Die Menschen, die ihm zuhörten, folgten seinem Aufruf. Sie liefen durch die Straßen, nahmen Steine und erbeuteten Gewehre und Kanonen. Immer mehr Menschen schlossen sich ihnen an.

Die Revolution beginnt

Am 14. Juli 1789 zogen mehrere Tausend Bürger und Soldaten zur Bastille, dem Staatsgefängnis in Paris. Für viele Menschen war die Burg ein Symbol für die absolute Macht des Königs. Es hieß, dass er dort seine Gefangenen einsperrte. Die Menschen hofften, in der Bastille Schießpulver für ihre Waffen zu erbeuten.

Camille Desmoulins berichtet am 16. Juli 1789 in einem Brief vom Sturm auf die Bastille:

Kaum hat man Waffen, so geht es zur Bastille. Man knallt ein oder zwei Stunden drauflos, man schießt herunter, wer sich auf den Türmen sehen lässt. Der Gouverneur ergibt sich und lässt die Zugbrücke herunter. Ich war beim ersten Kanonenschlag herbeigeeilt, aber – es grenzt ans Wunderbare – um halb drei Uhr war die Bastille schon eingenommen! Man nimmt den Gouverneur gefangen. Er wird so geschlagen, dass es mit ihm zu Ende gehen will. Man gibt ihm den Rest. Dann schneidet man ihm den Kopf ab. Den trägt man auf der Spitze einer Pike.

[2] zit. n. Schneider, Gerhard: Die Französische Revolution 1798–1799, Schwalbach/Ts., 2012, S. 49, gekurzt u. vereinf.

2 Erkläre, wie es zum Sturm auf die Bastille kam.

3 Arbeite heraus, was Desmoulins über den Sturm auf die Bastille berichtet [2].

[3] *Bewaffnete Bürger tragen ein Schild mit der Aufschrift „Freiheit oder Tod".* Unbekannter Künstler, Gemälde, 18. Jahrhundert.

4 Nenne die Waffen, die du in [3] sehen kannst.

5 Nimm Stellung zum Vorgehen der Bürger nach der Erstürmung der Bastille: Wie verhielten sie sich, nachdem sie in die Burg eingedrungen waren?

Der englische Arzt Edward Rigby berichtet in einem Brief, was er nach der Erstürmung der Bastille auf den Straßen gesehen hat:

Die Bastille ist eingenommen und die Tore sind offen. Auf einen Schlag brach der Jubel los: Jede erdenkliche Art, in der sich die entzückendsten Freudengefühle äußern können, waren zu sehen. Rufe und Schreie, Springen und Umarmen, Lachen und Weinen. Jeder Ton und jede Geste zeigten in der bunten Menge eine so augenblickliche und einstimmige Freude, wie es nie zuvor von Menschen erlebt worden ist.

[4] zit. n.: Paschold, Chris E.; Gier, Albert: Die Französische Revolution. Ein Lesebuch, Stuttgart 1979, S. 49.

6 Beschreibe die Stimmung der Menschen nach der Einnahme der Bastille mithilfe von [4].

Der Nationalfeiertag

Der 14. Juli ist seit 1880 Nationalfeiertag in Frankreich. Die Franzosen erinnern an den Sturm auf die Bastille und den Beginn der Revolution. Sie feiern ihn als Tag der Freiheit. An diesem Tag sind die Geschäfte und Schulen geschlossen. In vielen Städten finden Konzerte, große Feiern und Feuerwerke statt. In Paris gibt es eine Militärparade. Soldaten marschieren in Uniformen durch die Straßen. Der Staatspräsident und viele Gäste schauen zu.

[5] *Militärparade am Nationalfeiertag in Paris.* Foto 2021.

Wähle einen der Arbeitsaufträge aus:

- Lies die Texte auf Seite 36 und nutze den Lese-Profi auf der letzten Seite im Buch. Beschreibe die Ereignisse am 14. Juli 1789.
  Starthilfe: *Es herrschte eine große Aufregung, weil ... Die Bürger waren wütend auf ... Sie griffen zu den Waffen, um ...*
- Erläutere mit den Materialien der Doppelseite, warum der 14. Juli Nationalfeiertag in Frankreich ist.
- Verfasse mit den Materialien dieser Doppelseite den Bericht eines Augenzeugen. Du warst am Sturm auf die Bastille beteiligt und beschreibst die Ereignisse und deine Gefühle.

Orientierung

[1] *Europa um 1740.* Karte.

1 Beschreibe mit Karte [1] die Grenze des (rot umrandeten) Heiligen Römischen Reichs.

2 Vergleiche die Länder Europas mit einer heutigen Karte. Nimm deinen Atlas zu Hilfe.

Der Absolutismus

Seit 1661 regierte in Frankreich König Ludwig XIV. Er nannte sich selbst „Sonnenkönig" und hielt alle Macht in seinen Händen. Er fühlte sich von Gott für sein Amt als König bestimmt. Er traf alle Entscheidungen, er gab alle Befehle und musste sich vor niemandem für seine Entscheidungen rechtfertigen. Alle anderen Menschen waren seine Untertanen. Diese Form der unbegrenzten Herrschaft wird als „absolute Herrschaft" oder „Absolutismus" bezeichnet.

Der Absolutismus wurde von vielen anderen Königen in Europa als Herrschaftsform übernommen. Im darauffolgenden 18. Jahrhundert wurde der Absolutismus aber zunehmend infrage gestellt. Die Kritiker forderten Freiheit und Gleichheit für alle Menschen und die gerechte Verteilung der Macht im Staat.

3 Stelle Vermutungen an, warum der Absolutismus zunehmend kritisiert wurde.

Die Zeit der Aufklärung

Im 17. und 18. Jahrhundert stellten immer mehr Philosophen und Wissenschaftler die göttliche Ordnung infrage. Warum hat der König alle Macht? Kommt diese wirklich von Gott? Die Aufklärer stellten Vernunft und Wissen in den Vordergrund. Nicht allein der Glaube sollte die Entscheidungen der Menschen bestimmen. Diese neue Art zu denken, wird als „Aufklärung" bezeichnet. Sie war eine der Ursachen dafür, dass die Revolution ausbrechen konnte.

Mit dem Sturm auf die Bastille am 14. Juli 1789 begann die Französische Revolution*. Das Volk kämpfte für Menschenrechte und politische Mitsprache. Die Ideen der Französischen Revolution – Freiheit, Gleichheit, Brüderlichkeit – verbreiteten sich in weiten Teilen Europas.

* *die* **Revolution:** ein Umsturz oder Umsturzversuch, der auf eine radikale Veränderung der politischen und gesellschaftlichen Verhältnisse abzielt und oft gewaltsam ist

4 Erkläre, was du unter dem Begriff „Aufklärung" verstehst.

5 Stelle Vermutungen an, warum die Aufklärung eine Ursache für die Revolution war.

Üben

▸ **ab 1661**
Absolutismus

▸ **1789**
Beginn der Französischen Revolution
5. Mai: Versammlung der Generalstände
20. Juni: Schwur im Ballhaus
14. Juli: Sturm auf die Bastille
26. August: Erklärung der Menschen- und Bürgerrechte

▸ **1793–1794**
Schreckensherrschaft der Jakobiner

▸ **ab 1804**
Napoleon erobert Europa

▸ **1815**
Schlacht bei Waterloo

Die Französische Revolution

Der Absolutismus in Frankreich

Wie zeigte der französische König seine Macht?

[1] *Ludwig XIV. (1638–1715), König von Frankreich.* Gemälde von Hyacinthe Rigaud, 1701. Es ist 2,8 m hoch und 1,9 m breit.

1 Beschreibe die Bildquelle [1]. Achte besonders auf die Kleidung, das Gesicht und die Körperhaltung des Königs.

2 Ludwig XIV. möchte sich auf dem Bild als mächtiger Herrscher zeigen. Was könnte er dem Maler gesagt haben, wie dieser ihn malen soll?
Starthilfe: *Ich möchte besonders mächtig aussehen. Dafür sollst du mich ...*

Der Absolutismus

Vor der Französischen Revolution wurden die Staaten Europas von Königen und Fürsten beherrscht. Diese Herrscher hatten die Macht über ihr Land und ihre Untertanen. Der König konnte Gesetze beschließen und umsetzen lassen. Er war gleichzeitig auch der oberste Richter und befahl die Armee. Der Herrscher wurde nicht gewählt. Man glaubte, dass er von Gott als Herrschender bestimmt wurde (Gottesgnadentum). Ludwig XIV. gilt als bedeutendster Vertreter dieser Herrschaftsform, in der ein Mensch alle Macht hat (Absolutismus). Er war das Vorbild vieler anderer absoluter Herrscher in Europa. Ludwig XIV. wählte das Symbol der Sonne für sein Haus. Man nennt ihn deshalb auch den „Sonnenkönig".

Aufbau der absoluten Herrschaft

Ludwig XIV. festigte seine Macht mit drei Säulen, auf denen seine Herrschaft beruhte:

1. **Beamte:** Treue Diener führten die Forderungen des Königs aus. Sie sorgten z.B. dafür, dass die Untertanen Steuern bezahlten und an den Grenzen Zölle gezahlt wurden.
2. **Militär:** Soldaten wurden nicht nur in Kriegszeiten einberufen, sondern waren ständig einsatzbereit („stehendes Heer"). Ludwig XIV. hatte 400.000 Soldaten und führte zahlreiche Kriege.
3. **Kirche:** Ein absoluter Herrscher fühlte sich als König von Gottes Gnaden. Bischöfe oder andere hohe Geistliche waren oft als Berater oder Minister des Königs tätig.

3 Zeichne ein Schaubild zum Aufbau der absoluten Herrschaft Ludwigs XIV.
Starthilfe: *Über drei Säulen sollte Ludwig XIV. stehen.*

4 Stelle Vermutungen an, warum Ludwig XIV. die Sonne zu seinem Symbol erklärte.

[2] *Die Sonne am Königsgitter von Schloss Versailles.* Rekonstruktion nach Vorbild des 1794 zerstörten Gitters. Foto, 2008.

Sprachspeicher

1/2: Stolzer Gesichtsausdruck · Krone · überlegene Körperhaltung · Perücke · Brokatmantel mit Hermelinpelz · goldene Kette · Zepter · Schwert

die Herrschaft · über jemanden herrschen · jemanden beherrschen

[3] *Blick auf Schloss Versailles.* Ölgemälde (Ausschnitt) von Pierre-Denis Martin, 1722.

Größe:	Das Schloss war über 50.000 m^2 groß. Hinzu kam der 715 Hektar große Schlossgarten.
Zimmer:	Es gab rund 1300 Zimmer. Die Gemächer Ludwigs XIV. befanden sich genau in der Mitte des Gebäudes.
Bewohner:	Dort lebten um die 5000 Personen. Weitere 5000 Menschen, die dem König dienten, lebten in der nahen Stadt Versailles.
Baumaterial:	Das Gebäude besteht aus Stein. Dazu kommen aufwendige Deckenmalereien, Verzierungen in Gold und Marmor, Bronzekronleuchter usw.
Entfernung bis Paris::	20 km; drei Stunden mit der Pferdekutsche, zu Fuß länger
Das Schloss ist heute ein Museum.	

[4] *Steckbrief Schloss Versailles.*

Barocke Pracht

Um seine Macht zu zeigen, ließ sich der König von Frankreich das prächtige Schloss Versailles in der Nähe von Paris bauen. Hier lebten mehrere Tausend Menschen. Denn der König war von zahlreichen adligen Frauen und Männern umgeben. Jede Woche gab es Konzerte, Theateraufführungen oder Opern. Der prächtige Kunststil des Absolutismus in der Architektur, Malerei, Literatur und Musik wird als „Barock" bezeichnet. Viele Herrscher in Europa ahmten das französische Vorbild nach und gaben für ihre Schlösser und das Leben am Hof viel Geld aus. Das führte oft zur Verarmung des Landes und der Untertanen.

5 Erkläre, wie Ludwig XIV. mit dem Schloss Versailles seine Macht zeigt.

Wähle einen der Arbeitsaufträge aus:

- Lies den Text oben über Barocke Pracht und berichte: Was hätte dir dort gefallen, was nicht?
- Ergänze den Steckbrief über das Schloss Versailles durch eine Internetrecherche.
- Schreibe aus der Sicht eines Adeligen am Hofe Ludwigs XIV. in Versailles einen Brief. Berichte von der Größe und Pracht des Schlosses und den Unternehmungen am Hofe.

Sprachspeicher

Schloss Versailles · Barock · Pracht · Glanz · Herrlichkeit · am Hofe des Königs

: Geliebte Schwester, seit einigen Wochen lebe ich am Hofe und noch immer bin ich ganz geblendet von der Herrlichkeit des Lebens im Schloss Versailles. ...

Üben

Die Aufklärung revolutioniert das Denken

Wie frei ist der Mensch?

[1] *Erster bemannter Flug mit einem Heißluftballon am 21. November 1783 in Paris.* Zeichnung. 1885..

1 Beschreibe Bild [1].

Wissenschaft im Umbruch

Das 18. Jahrhundert ist geprägt von neuen Entdeckungen und Ideen. Wissenschaftler dachten: Wenn man Vorgänge in der Natur genau beobachtet und aus diesen Beobachtungen vernünftige Schlüsse zieht, dann kann man erkennen, was wahr oder falsch ist. In dieser Zeit kam es auch zu lebensverändernden Erfindungen: das Thermometer, der Blitzableiter, die Pockenimpfung, der bemannte Heißluftballon oder das Wasserklosett, das später im Schloss Versailles eingebaut wurde.

2 Wähle eine Erfindung aus. Stelle Vermutungen an, welche Veränderungen die Erfindung für die Menschen in der damaligen Zeit bedeutete.

Der Mensch: Bürger oder Untertan?

Warum besitzt der König alle Gewalt? Wurde er tatsächlich von Gott bestimmt? Warum sind die Menschen Untertanen? Diese Fragen stellten sich Philosophen*, die davon ausgingen, dass alle Menschen mit Vernunft begabt sind und von Natur aus die gleichen Rechte besitzen. Sie hinterfragten die Rolle der Kirche und die absolute Macht des Königs. Vernunft und Wissen sollten das Handeln der Menschen bestimmen. Diese neue Denkrichtung wird als Aufklärung* bezeichnet.

Der Hofprediger Ludwigs XIV., Jaques Bossuet, schrieb 1682:

Die Menschen werden alle als Untertanen geboren. Der Herrscher blickt von einem höheren Standpunkt aus. Man darf darauf vertrauen, dass er weiter sieht als wir. Deshalb muss man ihm ohne Murren gehorchen. Derjenige, der dem Fürsten den Gehorsam verweigert, wird als Feind der menschlichen Gesellschaft zum Tode verurteilt.

[2] Dickmann, Fritz: Geschichte in Quellen, München (BSV), 1970, S. 429 f., vereinfacht.

Der Philosoph Denis Diderot (1713–1784) schrieb 1751:

Kein Mensch hat von der Natur das Recht erhalten, über andere Menschen zu herrschen. Die Freiheit ist ein Geschenk des Himmels und jeder Mensch hat das Recht, sie zu genießen, sobald er Vernunft besitzt.

[3] Stahleder, Erich (Hg.): Absolutismus und Aufklärung, Ebenhausen b. München (Langewiesche Brandt), 1982, S. 136 f., vereinfacht.

3 Stelle die Meinungen des Hofpredigers [2] und des Philosophen [3] gegenüber.

Sprachspeicher

mit Vernunft begabt sein • Vernunft besitzen • vernünftig denken • vernünftig handeln • alle Gewalt besitzen • alle Gewalt innehaben

3: Für Bossuet ist der Herrscher ... Diderot meint hingegen, dass der Herrscher ... Bossuet sagt, der Mensch muss ... Aber Diderot meint, ...

[4] *Staatsordnung des Absolutismus.* Schaubild.

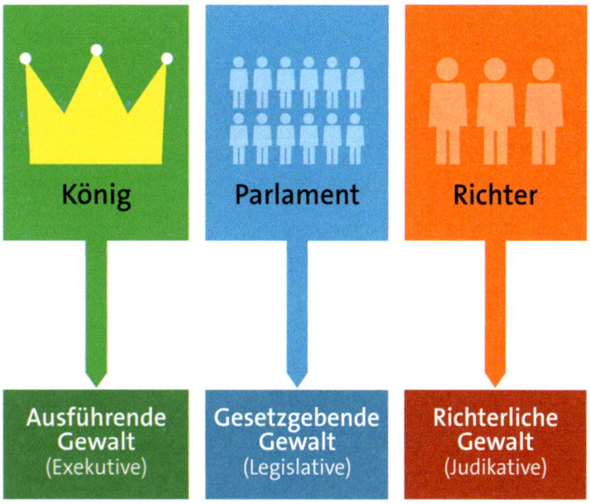

[5] *Staatsordnung nach Montesquieu.* Schaubild.

Zu viel Macht in einer Hand?

Die Aufklärer kritisierten, dass alle Macht in der Hand des Königs lag. Sie waren der Ansicht, dass die Macht geteilt werden müsste. Außerdem sollte die Macht vom Volk ausgehen.

Der Philosoph Charles de Montesquieu (1689–1755) schrieb 1748 in seinem Buch „Vom Geist der Gesetze“:

In jedem Staat gibt es drei Arten von Gewalten: die gesetzgebende Gewalt, die ausführende Gewalt und die richterliche Gewalt. Wenn die gesetzgebende Gewalt mit der ausführenden Gewalt in einer Person vereinigt ist, dann gibt es keine Freiheit. Es gibt auch keine Freiheit, wenn die richterliche Gewalt nicht von der gesetzgebenden und von der ausführenden Gewalt getrennt ist.

[6] Hartig, Irmgard A.; Hartig, Paul (Hg.): Die Französische Revolution, Stuttgart (Klett), 1990, o. S., vereinfacht.

* *der* **Philosoph:** (griech. philósophos: Gelehrter) ein Denker, der nach dem Sinn des Lebens fragt und Lebensregeln aufstellt

die **Aufklärung:** Denkrichtung, die die Vernunft des Menschen und ihren richtigen Gebrauch hervorhebt

Sprachspeicher
die drei Gewalten • *die* Staatsgewalt • *die* Gewaltenteilung

4 Gib mit Schaubild [5] und der Quelle [6] wieder, wie Montesquieu die Macht verteilen würde.

Der Philosoph Jean-Jacques Rousseau (1712–1778) schrieb 1762 in seinem Buch „Der Gesellschaftsvertrag":

Der Mensch wird frei geboren, doch überall ist er in Ketten. Auf seine Freiheit zu verzichten, heißt, auf seine Menschheit, seine Menschenrechte zu verzichten. Wenn es aber schon schwierig ist, einen großen Staat zu regieren, so ist es noch schwieriger, dass er von einem einzigen Mann gut regiert wird.

[7] zit. n. Jean-Jacques Rousseau, Der Gesellschaftsvertrag, Stuttgart, 1966, S. 30 ff., vereinfacht.

5 Arbeite die Hauptgedanken von Rousseau aus Quelle [7] heraus.

Wähle einen der Arbeitsaufträge aus:

- Nenne drei Begriffe zur Aufklärung. Lies dazu die Texte [3], [6] und [7].
- Fasse zusammen, inwiefern die Aufklärung das Denken der Menschen veränderte.
- Auf Französisch heißt die Aufklärung „Siècle des lumières“ (Jahrhundert der Lichter), auf Englisch „the Enlightenment“ (die Erleuchtung). Erkläre, warum der Begriff „Licht“ verwendet wird.

5: Eigentlich wird der Mensch ... Aber in Wirklichkeit ...
Es ist ohnehin schwer, einen Staat zu regieren, aber wenn ...
: Licht ins Dunkel bringen • etwas sichtbar machen

Der Absolutismus in der Krise

Wie lebten die Bauern und Bürger, wie der Adel und die Reichen?

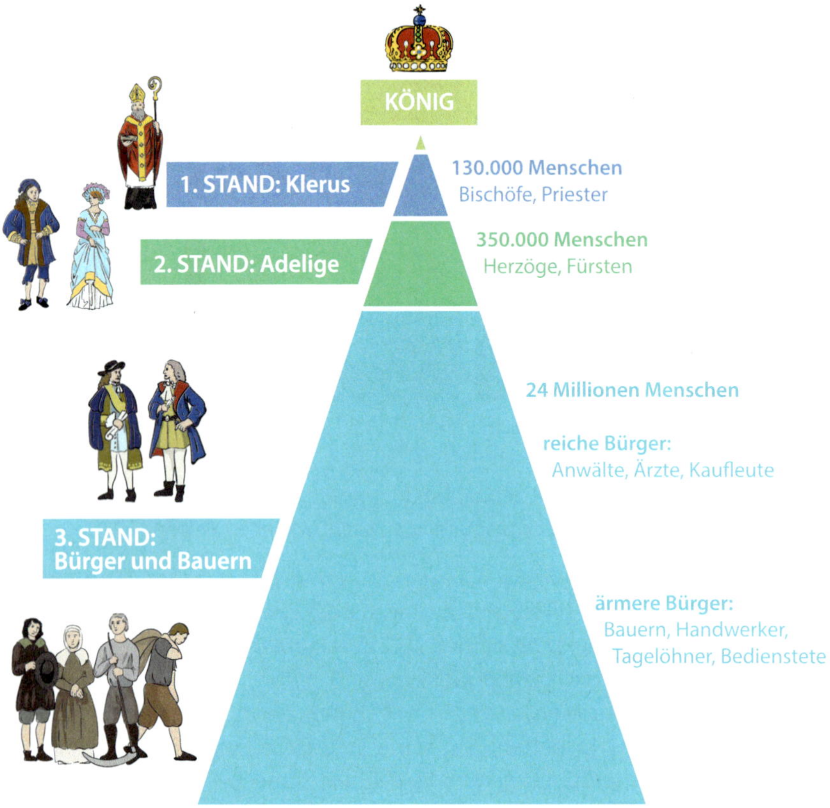

[1] *Die Ständegesellschaft in Frankreich im 18. Jahrhundert.* Schaubild.

1 Erläutere den Aufbau der Ständegesellschaft in Frankreich mithilfe des Schaubilds und des Textes.

Die Ständegesellschaft

Wie im Mittelalter war die Bevölkerung Frankreichs im 18. Jahrhundert in drei Stände eingeteilt. Zum ersten Stand gehörten die Geistlichen (Klerus). Der Adel bildete den zweiten Stand. Alle übrigen Menschen gehörten dem dritten Stand an. Über den drei Ständen stand der König. Die Angehörigen des ersten und zweiten Standes hatten viele Sonderrechte (Privilegien): Sie mussten keine Steuern zahlen, verfügten über den größten Grundbesitz und besaßen hohe Ämter. Viele hohe Adelige lebten am Hof des Königs..

Kritik am Absolutismus

Immer häufiger erschienen in Frankreich Flugblätter, die sich gegen die Privilegien des Adels richteten. Die Ideen der Aufklärung sorgten dafür, dass die Menschen die bestehende Ordnung in ihrem Staat hinterfragten. Der Adel wollte seine Privilegien aber nicht aufgeben.

Der aufgeklärte Absolutismus

Die Ideen der Aufklärung führten in einigen europäischen Staaten dazu, dass sich eine andere Form des Absolutismus verbreitete: der aufgeklärte Absolutismus. Die Herrscher verstanden sich nicht mehr als von Gott eingesetzt, sondern sahen sich verantwortlich für die Untertanen. Sie waren offen für Veränderungen. Sie hatten jedoch weiterhin alle Macht in ihren Händen.

Ludwig XVI.

Im Jahr 1774 wurde Ludwig XVI. König von Frankreich. Da Frankreich stark verschuldet war und die Menschen litten, hofften nun viele Menschen, dass der neue König Reformen umsetzen würde. Doch Ludwig XVI. und seine Frau Marie Antoinette lebten verschwenderisch und gaben viel Geld aus. Aus Sicht der Aufklärung blieb Frankreich rückständig: Der aufgeklärte Absolutismus setzte sich in Frankreich nicht durch.

2 Erkläre den Unterschied zwischen Absolutismus und aufgeklärtem Absolutismus.

Sprachspeicher

der Klerus • *der* Adel • *die* Bürger und *die* Bauern • *die* Stände • *die* Privilegien • *die* Sonderrechte

die bestehende Ordnung

Die Schuldenkrise

1788/89 stand Frankreich vor dem Zusammenbruch. Die Ausgaben für die teure Hofhaltung Ludwig XVI., den Bau der Schlösser und die Beamten des Königs waren hoch. Hinzu kamen die Kosten für das Heer und die zahlreichen Kriege, an denen Frankreich beteiligt war. Die Schulden des Staates hatten sich verdreifacht. Die Ausgaben waren höher als die Einnahmen. Der König versuchte, neue Steuern beim Adel oder dem hohen Klerus einzutreiben. Aber er scheiterte am entschlossenen Widerstand der Adligen und Reichen. Sie bestanden auf ihrem Privileg, keine Steuern zahlen zu müssen.
Missernten führten dazu, dass die Lebensmittel immer teurer wurden. Die Bevölkerung wuchs stetig und musste ernährt werden. Die meisten Bauern, Handwerker oder Tagelöhner waren völlig verarmt und konnten keine höheren Abgaben leisten. Zu Beginn des Jahres 1789 herrschte eine große Hungersnot.

3 Nenne in Stichworten die Ursachen der Schuldenkrise.

In einem Flugblatt aus dem Jahr 1788 heißt es:
Eigentlich gibt es in Frankreich nur zwei Stände: den Adel und das Volk. Ich behaupte, dass der Adel ein Nichts ist. Auf den Adel kann der König verzichten, nicht aber auf das Volk. Das Volk bildet ohne Adel und ohne die, mit dem Adel verbündete, Geistlichkeit eine ungeheure Masse. Es ist ebenso arbeitsam im Innern wie wehrhaft nach außen. Vom Volk empfängt der Staat Unterhalt und Wohlstand. Im Volk liegt die Kraft und der Ruhm eines Staates.

[2] Reichardt, Rolf (Hg.): Ploetz. Die Französische Revolution, Freiburg (Herder), 1988, S. 35

4 Erkläre, wen der Autor mit „das Volk“ meint [2].

[3] *„Der dritte Stand trägt die Lasten“.* Karikatur, Kupferstich, 1789. Auf dem Stein steht: Steuern und Fronarbeit*. Jede Person auf dem Bild steht für einen Stand. Das Fahrzeug ist ein zerbrochener Pflug, mit dem Bauern den Acker auflockern können.

5 Beschreibe die Karikatur [3]. Ordne dafür die drei Stände (Geistlicher, Adliger, Bauer) den abgebildeten Personen zu.

* *die* **Fronarbeit:** persönliche Arbeit der Bauern für ihren Grundherrn, z. B. das Feld pflügen, sähen, ernten

Wähle einen der Arbeitsaufträge aus:

- Benenne, welche Lasten die Menschen des dritten Standes trugen. Nutze dazu die Karikatur [3] und die Bildunterschrift.
- Fasse die Kritik an Adel und Klerus zusammen.
- Verfasse mit den Materialien dieser Seite ein eigenes Flugblatt zur Lage des dritten Standes.
- Recherchiere im Internet die Rolle Frankreichs im amerikanischen Unabhängigkeitskrieg (1775–1783).

Sprachspeicher
Schulden machen • sich verschulden • Staatsschulden • Abgaben leisten • Steuern zahlen

5: Das Volk leistet ...
Ohne das Volk ...
Der Grundherr

Methode Karikaturen deuten

[1] *„Es darf gehofft werden, dass das Spiel bald vorbei ist".* Französische Karikatur, unbekannter Zeichner, 1789.

Die meisten Menschen im 18. Jahrhundert konnten weder lesen noch schreiben. Wenn jemand seine Meinung verbreiten wollte, musste er Zeichnungen verwenden. Solche Zeichnungen stellen Personen, Ereignisse oder Zustände häufig übertrieben und verzerrt dar. Man nennt diese Zeichnungen Karikaturen. Sie wirken komisch. Sie sollen die Betrachtenden zum Lachen bringen und zum Nachdenken anregen.

1 Untersuche die Karikatur [1], auf der die drei Stände als Personen dargestellt sind. Die folgenden Schritte helfen dir bei der Interpretation.
Tipp: Aus der Hosentasche des Bauern hängen Zettel mit den Worten Salz- und Tabaksteuer, Frondienst, Zehnt und Militärdienst. Aus der Manteltasche des Geistlichen hängen Zettel mit den Worten Bischof, Abt, Herzog, Graf, Unterhalt und Großspurigkeit.

1. Schritt – Einen ersten Eindruck verschaffen

- Was fällt dir als Erstes auf?
- Welche **Fragen und Vermutungen** hast du?

Sprachliche Formulierungshilfen / Tipps

Als Erstes ist mir ... aufgefallen.
Zuerst habe ich ... entdeckt.
Ich würde gerne wissen, was die Tiere auf dem Boden zu bedeuten haben.

2. Schritt – Informationen zur Karikatur sammeln

- Welche Informationen kannst du über den **Künstler**, den **Titel** der Karikatur und die Entstehungszeit herausfinden?
- Auf welche **Ereignisse oder Zustände** bezieht sich die Karikatur?

Der Zeichner/Karikaturist ist ... Er lebte ...
Die Karikatur heißt ...
Die Karikatur ist im Jahr ... entstanden.
Damals war ...

3. Schritt – Die Karikatur beschreiben

- Welche **Personen, Gegenstände oder Tiere** sind im Vordergrund und im Hintergrund dargestellt?
- Wie werden die Personen, Gegenstände oder Tiere dargestellt?
- Was geschieht auf der Karikatur? Was machen die **handelnden Personen**?
- Welche **Farben oder Formen** kannst du erkennen?
- Welche **Texte** gehören zum Bild?

Im Vordergrund ist/sind ... zu sehen.
Im Hintergrund kann man ... erkennen.

Die Personen oben gucken ...
Auf dem Kopf tragen sie ...
Ihre Kleidung ist ...
Ihr Gesichtsausdruck ist ...
Am unteren Bildrand ist ...

Auf der Karikatur ist zu sehen, wie ein Mann ...
Zwei andere Männer ...
Die Karikatur ist farbig gezeichnet.
Die Farben sind kräftig/zurückhaltend/ ...
Die Karikatur heißt: ...
(Im Hintergrund steht außerdem ...)

4. Schritt – Die Karikatur deuten

- Welche **Bedeutung** haben die abgebildeten **Personen, Gegenstände oder Tiere**?
- Welche **Bedeutung** hat die Handlung?

Die Person unten könnte ... sein. Das erkennt man an ...
Die Tiere stehen für ...
Der Titel der Karikatur verweist auf ... (Ereignis, Zustand, konkrete Personen oder Gruppen usw.).
Die Person unten trägt die beiden Personen oben.
Die Personen stehen für ... Das könnte ... bedeuten.
(Im Jahr 1789 ist ... passiert. Das greift die Karikatur auf, indem sie ...)

5. Schritt – Die Karikatur bewerten

- Welche **Position** bezieht die Karikatur zum Thema?
- Ist die Kritik, die in der Karikatur geäußert wird, angemessen, übertrieben oder falsch?

Die Karikatur kritisiert/unterstützt/möchte aufmerksam machen auf ...
Meiner Meinung nach ist die Darstellung ..., denn ...

Freiheit, Gleichheit, Brüderlichkeit

Wie begann die Französische Revolution?

[1] *Der Schwur im Ballhaus am 20. Juni 1789.* Ölgemälde von Jacques Louis David, um 1791.

1 Beschreibe die Bildquelle [1]. Vermute, was dort geschieht.

Der Beginn der Revolution

Zum ersten Mal seit über 150 Jahren traten am 5. Mai 1789 die Generalstände* aus Geistlichen, Adel und Bürgertum zusammen.

Ein Abgeordneter des dritten Standes hätte davon so berichten können:

Zuerst sprach der Finanzminister über die Finanzen und Steuern. Ich hatte gedacht, wir könnten dem König von unseren Nöten und Forderungen berichten. Das wollten die vornehmen Herren aber nicht hören. Alles sollte so bleiben, wie es immer war.

Der Finanzminister verlangte neue Steuern von uns. Die Stände sollten zustimmen. Jeder Stand sollte nur eine Stimme haben: Eine für den Adel, eine für den Klerus, eine für uns. Damit waren wir aber nicht einverstanden.

Wir forderten, dass jeder Anwesende eine Stimme hatte. Die anderen Stände blockten das ab. Daraufhin erklärten wir, die 600 Vertreter des dritten Standes, uns zur Nationalversammlung. Der König ließ den Sitzungssaal sperren. Also trafen wir uns am 20. Juni in einer Turnhalle, im Ballhaus, wieder. Einige Adlige und Geistliche schlossen sich uns an. Wir schworen uns: „Wir schwören feierlich, nicht auseinander zu gehen, bis Frankreich eine Verfassung hat, die allen Franzosen die Bürgerrechte garantiert!" Begeistert umarmten wir uns.

[2] Autorentext, nach Quellen zusammengestellt.

2 Erkläre, warum der Ballhausschwur ein wichtiges Ereignis war.

* *die* **Generalstände:** In Frankreich bezeichnet der Begriff die Versammlung von Vertretern der drei Stände Adel, Geistlichkeit und Dritter Stand.

Sprachspeicher

1: Ich sehe einen Raum, der ...
Ich sehe Menschen, die ...
Ich sehe einen Mann in der Mitte, der ...

nach Stand oder Stimme abstimmen • *der* Ballhausschwur • einen Eid schwören • ein Schwur • schwören • einander versprechen

[3] *„Das Erwachen des dritten Standes"*. Anonyme Karikatur, 1789.

3 Beschreibe die Karikatur.
- Ordne den drei Personen je einen Stand zu.
- Was macht die Person rechts?
- Wie gucken die Personen links?
- Was ist im Hintergrund zu sehen?

Das Revolutionsjahr 1789

14. Juli: Der Sturm auf die Bastille

Die Nachricht von der neuen Nationalversammlung verbreitete sich im ganzen Land. An vielen Orten griffen unzufriedene Menschen zu den Waffen. In Paris wurde die Bastille gestürmt. Das war der Beginn der Revolution.

Die Revolution auf dem Land

Die Nachricht vom Sieg der Bürger von Paris verbreitete sich schnell in ganz Frankreich. Bauern zogen bewaffnet zu den Schlössern ihrer Grundherren und forderten die Papiere, in denen ihre Abgaben und Dienste aufgeführt waren und verbrannten sie. An vielen Orten wurden die Schlösser angezündet.

4. August: Die Abschaffung der Unfreiheit

Die Aufstände der Bauern setzten die Nationalversammlung unter Druck. Am 4. August hob die Nationalversammlung die Leibeigenschaft auf. Das heißt, die Bauern wurden frei. Die Grundherren waren nicht mehr die Richter auf dem Lande.

Am 26. August 1789 beschloss die Nationalversammlung die „Erklärung der Menschen- und Bürgerrechte". Meinungsfreiheit, Religionsfreiheit und die Herrschaft des Volkes waren darin festgelegt. Freiheit, Gleichheit, Brüderlichkeit wurden Schlagworte der Revolution.

4 Deute die Karikatur mithilfe des Autorentextes [2]. Verwende die Methode „Karikaturen deuten" auf S. 46/47.

5 Vergleiche deine Vorstellungen von einer Revolution mit der Begriffserklärung (S. 38).

Wähle einen der Arbeitsaufträge aus:

- Lies den Text dieser Seite und wähle ein Ereignis des Jahres 1789 aus und beschreibe es.
- Beschreibe aus Sicht eines Adligen, wie die Bauern in dein Schloss eindringen. Welche Gedanken könnten dir kommen?
- Manche Historiker sehen den Ballhausschwur als den Beginn der Revolution, andere den Sturm auf die Bastille. Erläutere, welches Ereignis du als Beginn der Revolution bezeichnen würdest.

Sprachspeicher

zu den Waffen greifen • Waffen nehmen

die Leibeigenschaft aufheben • befreien • nicht mehr abhängig sein • kein Leibeigener mehr sein • Grundherr

Üben

Die Entwicklung der Menschenrechte

Welche Menschenrechte gibt es?

Artikel 1
Die Menschen werden frei und gleich an Rechten geboren und bleiben es.

Artikel 2
Das Ziel jedes Staates ist es, die Menschenrechte zu erhalten: das Recht auf Freiheit, Eigentum, Sicherheit und auf Widerstand gegen Unterdrückung.

Artikel 3
Niemand soll herrschen, der nicht vom Volk eingesetzt ist.

Artikel 4
Freiheit heißt, alles tun zu dürfen, was keinem schadet. Nur ein Gesetz darf die Freiheit einschränken.

Artikel 6
Alle Bürger sind vor dem Gesetz gleich.

Artikel 7
Niemand darf angeklagt, verhaftet oder gefangen gehalten werden, außer, wenn es ein Gesetz vorschreibt.

Artikel 10
Niemand darf wegen seiner Ansichten oder seiner Religion verfolgt werden.

Artikel 11
Jeder Bürger darf frei reden, schreiben und drucken. Er darf diese Freiheit aber nicht missbrauchen.

[1] *Die Menschen- und Bürgerrechte von 1789 (Auswahl).* Schaubild.

Was sind Menschenrechte?

Menschenrechte sind die grundlegenden Rechte eines Menschen. Mit der offiziellen Erklärung der Menschen- und Bürgerrechte wurden diese wichtigen Rechte für Frankreich bekräftigt. Die Erklärung der Menschen- und Bürgerrechte wurde der neuen Verfassung von 1791 vorangestellt und ist damit die erste Menschenrechtserklärung in Europa.

1 Arbeite heraus, in welchen Punkten die Menschenrechte die bisherige Ordnung des Absolutismus veränderten. Achte besonders auf Artikel 3.

Von den Menschen- und Bürgerrechten zum Grundgesetz

Die Worte Freiheit, Gleichheit, Brüderlichkeit verbreiteten sich in Europa. Auch das Grundgesetz der Bundesrepublik Deutschland geht heute teilweise auf die Erklärung der Menschen- und Bürgerrechte von 1789 zurück.

Welche Menschenrechte gibt es?

Seit der Erklärung der Menschen- und Bürgerrechte wurden die Menschenrechte immer weiter ausgebaut. Heute wird das Recht auf Ernährung, Wasser oder Arbeit als Menschenrecht verstanden.

2 Stelle die Artikel der Menschen- und Bürgerrechte [1] den Artikeln des Grundgesetztes [2] in einer Tabelle gegenüber. Benenne Gemeinsamkeiten und Unterschiede.

Bürger- und Menschenrechte von 1789	Grundgesetz der Bundesrepublik Deutschland
Art. 10: Keine Verfolgung wegen der Religion	Art. 4: Freiheit des Glaubens, ungestörte Religionsausübung
...	...

Sprachspeicher
1: In Artikel 1 steht, dass ... Im Absolutismus war es aber ... ▪
In Artikel 2 heißt es, die Menschen haben ein Recht auf ... ▪
Im Absolutismus war das aber ...

Artikel 1
(1) Die Würde des Menschen ist unantastbar. Sie zu achten und zu schützen ist Verpflichtung aller staatlichen Gewalt. (2) Das Deutsche Volk bekennt sich ... zu unverletzlichen und unveräußerlichen Menschenrechten ...

Artikel 2
(1) Jeder hat das Recht auf die freie Entfaltung seiner Persönlichkeit, soweit er nicht die Rechte anderer verletzt ...
(2) Jeder hat das Recht auf Leben und körperliche Unversehrtheit. Die Freiheit der Person ist unverletzlich. In diese Rechte darf nur auf Grund eines Gesetzes eingegriffen werden.

Artikel 3
(1) Alle Menschen sind vor dem Gesetz gleich.
(2) Männer und Frauen sind gleichberechtigt. ...

Artikel 4
(1) Die Freiheit des Glaubens, des Gewissens und die Freiheit des religiösen und weltanschaulichen Bekenntnisses sind unverletzlich.
(2) Die ungestörte Religionsausübung wird gewährleistet. ...

Artikel 5
(1) Jeder hat das Recht, seine Meinung in Wort, Schrift und Bild frei zu äußern und zu verbreiten ...

Artikel 20
(2) Alle Staatsgewalt geht vom Volke aus. ... Sie wird vom Volke in Wahlen und Abstimmungen ... ausgeübt.

[2] *Auszüge aus dem Grundgesetz der Bundesrepublik Deutschland. Stand: 19. Dezember 2022.*

Gelten Menschen- und Bürgerrechte für alle?

Die Menschen- und Bürgerrechte von 1789 galten nicht für alle Menschen. Juden, Sklaven und anderen Minderheiten wurden Rechte vorenthalten. Auch Frauen hatten nicht die gleichen Rechte wie Männer. Olympe de Gouges verfasste als Ergänzung zu den Menschen- und Bürgerrechten eine eigene Schrift für die Frauen, um auf die Benachteiligung aufmerksam zu machen.

Erklärung der Rechte der Frau und Bürgerin:
1. Die Frau wird frei geboren und bleibt dem Mann an Rechten gleich.
10. Wegen seiner Meinungen braucht niemand etwas zu befürchten. Die Frau hat das Recht, auf das Schafott zu steigen. Sie muss gleichermaßen das Recht haben, als Rednerin eine Bühne zu besteigen.
13. Die Frau hat Anteil an allen beschwerlichen Arbeiten. Sie muss deshalb ebenso Anteil an der Besetzung von Stellen, Ämtern, Arbeitsplätzen haben.
16. Eine Verfassung ist nichtig, wenn die Mehrheit der Menschen, die die Nation ausmachen, an ihrer Erstellung nicht mitgewirkt hat.

[3] zit. n. https://olympe-de-gouges.infofrauenrechte/#artikel; Zugriff, 2.8.2023, gekürzt und sprachlich vereinfacht.

3 Arbeite heraus, wie de Gouges ihre Artikel 10 und 13 begründet.

Wähle einen der Arbeitsaufträge aus:

- Finde anhand des Textes auf dieser Seite heraus, für wen die Menschen- und Bürgerrechte von 1789 nicht gelten.
- Stelle Vermutungen an, was de Gouges mit Artikel 16 meinen könnte.
- Ordne den Artikeln in [1] diese Überschriften zu: Freie Meinungsäußerung, Freiheit und Gleichheit, Volksherrschaft, Gleichheit vor dem Gesetz, Schutz vor unrechtmäßiger Verhaftung, Grenzen der Freiheit, Religionsfreiheit.

Sprachspeicher
auf *das* Schafott steigen • hingerichtet werden
Rechte haben • Rechte ausüben • Rechte vorenthalten • keine Rechte haben

Wahlseite Eine adlige Dame

1 Lies den Text und fasse die Inhalte der Seite mit deinen Worten zusammen. Arbeite gemeinsam mit deinem Lernpartner oder deiner Lernpartnerin. **Starthilfe:** *Nutze den Lese-Profi auf der letzten Seite im Buch.*

2 Lege eine Tabelle an und trage dort ein, wann Liselotte von der Pfalz was getan hat. Stelle die Tabelle deinen Mitschülern vor. **Starthilfe:** *Eine Spalte der Tabelle ist für die Zeit, die andere Spalte für das, was Liselotte getan hat.*

Liselotte von der Pfalz, verheiratet mit einem Bruder des Königs Ludwigs XIV., schrieb über das Leben des Adels 1672:

...Vom Morgen bis drei Uhr nachmittags waren wir auf der **Jagd**. Als wir von der Jagd kamen, kleideten wir uns um und gingen hinauf zum Saal mit den verschiedenen **Spielen**. Hier blieben wir bis sieben Uhr abends. Anschließend gingen wir in ein **Theaterstück**, das um halb elf aus war. Als dann ging man zum **Nachtessen**, vom Nachtessen zum **Ball**, welcher bis drei Uhr morgens dauerte, und dann zu Bett. ...
Immer Montag, Mittwoch und Freitag versammeln sich **alle Frauen** um 18.00 Uhr in der **Kammer der Königin**. Dann gehen alle miteinander in einen Raum, wo die Violinen spielen für die, die **tanzen** wollen. Von da geht man in einen Salon, wo des Königs Thron ist. Da gibt es **Musik, Konzerte und Gesang**. Von da geht es in einen Saal, wo mehr als 20 **Spieltische** stehen. Dies alles dauert von 18.00–22.00 Uhr, dann geht man zum **Nachtessen**. ...

[1] zit. n. Kiesel, Helmuth (Hg.): Die Briefe der Lieselotte von der Pfalz, Frankfurt/M. (Insel), 1960, S. 32

[2] *Eine adlige Dame. Gemälde*, unbekannter Künstler. 1740.

[3] *Hofball auf Schloss Rheinsberg*. Gemälde von Adolf Menzel, 1862.

Tipps für die Erarbeitung

- Führe gemeinsam mit deinen Mitschülerinnen und Mitschülern ein Gruppenpuzzle durch. Nutzt dazu die anderen Wahlseiten des Kapitels.

Wahlseite Eine Bäuerin

1 Informiere dich auf dieser Seite über das Leben und die Ansichten einer Bäuerin.

2 Präsentiere deine Ergebnisse in geeigneter Form in der Klasse.

[1] *Die Gemüsebäuerin*. Gemälde von Jaques-Louis David, um 1790.

Bauern und Bäuerinnen im 18. Jahrhundert konnten nicht lesen und schreiben. Es gibt also kaum schriftliche Quellen aus ihrem Leben.

Arthur Young, Landwirt aus England, reiste mehrfach nach Frankreich. Im Jahr 1789 beschreibt er das Treffen mit einer französischen Bäuerin:

12. Juli 1789. Ich traf eine arme Frau, die sich beklagte, dass die Zeiten schlecht und das Land elend wären. Als ich sie nach den Ursachen fragte, antwortete sie mir: Ihr Mann habe nur ein kleines Stück Land, eine Kuh und ein elendes kleines Pferd; und doch müssten sie einen Franchar (42 Pfund) Weizen und drei Hühner an einen gnädigen Herrn und vier Franchars Hafer, ein Huhn und einen Sous (franz. Währung) an einen anderen geben. Die sehr schweren Steuern und Abgaben kämen noch dazu.

Sie hätte sieben Kinder, und die Kuh gäbe die Milch für die Suppe.

Man sagte jetzt, dass einige große Leute etwas für solche arme Menschen tun würden. Aber wer sie wären und wie es damit stünde, das wüsste sie nicht. Gott gebe uns nur bessere Zeiten, denn die Abgaben und Rechte drücken uns ganz zu Boden.

Diese Frau hätte man in einer nicht großen Entfernung für sechzig oder siebzig Jahre alt ansehen können, so sehr hatte die Arbeit ihren Körper gekrümmt und ihr Gesicht mit Runzeln überzogen. Sie war aber, wie sie sagte, erst 28 Jahre alt.

Jemand, der nicht gereist ist, kann sich keine Vorstellung von der traurigen Gestalt machen, die bei weitem der größte Teil der Frauensleute auf dem Lande in Frankreich hat. Man erkennt darin gleich auf den ersten Blick ihre harte und schwere Arbeit.

[2] zit. n. Schneider, Gerhard: Die Französische Revolution 1789-1799, Schwalbach/Ts., 2012, S. 38, gekürzt u. vereinf.

[3] *Feiernde Bauern in einer Scheune*. Gemälde, 1778. Für viele Knechte und Mägde waren Scheunen nicht nur Arbeits-, sondern auch Wohnraum.

Tipps für die Erarbeitung

- Fasse in deinen Worten zusammen, was Arthur Young berichtet. Beschreibe die Bildquellen.

Tipps für die Präsentation

- Du kannst ein Interview mit der Bäuerin, die Arthur Young trifft, führen und in der Klasse präsentieren.

Wahlseite Ein Sansculotte

1 Informiere dich auf dieser Seite über das Leben und die Ansichten eines Sansculotten.

2 Präsentiere deine Ergebnisse in geeigneter Form in der Klasse.

Was sind Sansculotten?

Sansculotte heißt übersetzt „ohne Hosen" und war als Ablehnung der üblichen dreiviertellangen Kniebundhosen des Adels gemeint. Die Revolutionäre waren vor allem Handwerker und Arbeiter. Die Sansculotten unterstützten die Jakobiner. Sie sprachen andere Menschen nicht mit „Monsieur" (Herr) an, sondern mit „Citoyen" (Bürger).

[1] *Französische Bürger tanzen um einen Freiheitsbaum.* Links ist ein Sansculotte zu sehen. Kolorierte Radierung, 1793.

[2] *Eine Sansculottin.* Kolorierte Radierung, um 1789.

Der Sansculotte Jean Baptiste Vingternier (geb. 1764) erklärte im April 1793, was ein Sansculotte ist:

Ein Sansculotte, Ihr Herren Schufte? Das ist einer, der immer zu Fuß geht, der keine Millionen besitzt, wie Ihr sie alle gerne hättet, keine Schlösser. Und der mit seiner Frau und seinen Kindern ganz schlicht im vierten oder fünften Stock wohnt. Er ist nützlich, denn er versteht ein Feld zu pflügen, zu schmieden, zu sägen, zu feilen, ein Dach zu decken, Schuhe zu machen und bis zum letzten Tropfen sein Blut für das Wohl der Republik zu vergießen. Am Abend tritt er vor seine Sektion, ... um mit all seiner Kraft die aufrichtigen Anträge zu unterstützen und jene zunichtezumachen, die von der erbärmlichen Clique der regierenden Polikaster (jemand, der über Politik spricht, ohne viel davon zu verstehen) stammen. Übrigens: Ein Sansculotte hat immer seinen Säbel blank, um allen Feinden der Revolution die Ohren abzuschneiden.

[3] zit. n. Schneider, Gerhard: Die Französische Revolution 1789–1799, Schwalbach/Ts. 2012, S. 239.

Tipps für die Erarbeitung

- Beschreibe die Lebensweise und das Aussehen der Sansculotten (Textquelle und Bildquellen).

Tipps für die Präsentation

- Schreibe als Sansculotte einen Beschwerdebrief an die Nationalversammlung. Stelle die typische Kleidung der Sansculotten vor.

☒ Wahlseite Ein Pfarrer

1 Informiere dich auf dieser Seite über das Leben und die Ansichten eines Pfarrers.

2 Präsentiere deine Ergebnisse in geeigneter Form in der Klasse.

[1] *Bauern verstecken einen Priester.* Gemälde von Charles Fortin. 1853.

Die Französische Revolution änderte viel im Leben der Geistlichen. Ihr Besitz wurde vom Staat eingezogen. Die Pfarrer und Bischöfe wurden nicht mehr vom Papst ernannt, sondern von der Regierung. Der Sonntag wurde abgeschafft und Kirchen teils geschlossen. Die Geistlichen sollten einen Eid auf die Verfassung schwören. Taten sie es nicht, mussten sie ihr Amt als Priester aufgeben, wurden verfolgt, gefangen genommen oder getötet. Viele Geistliche flohen daher ins Ausland.

Ein Dorfpfarrer erklärt, warum er den Eid nicht schwört:

Ich erkläre, dass es mir meine Religion nicht erlaubt, den Eid so, wie ihn die Nationalversammlung fordert, abzulegen. Ich will gern über die mir anvertrauten Gläubigen dieser Pfarrei wachen und dafür sorgen, dass sie der Nation und dem König treu sind und die Verfassung befolgen.

Aber was die Leitung und die Gesetze der Kirche angeht, so kenne ich keine Vorgesetzten und anderen Gesetzgeber an als den Papst und die Bischöfe.

Und wenn ich diesen Eid jemals schwöre, würde ich unseren Heiligen Vater, den Papst, nicht mehr als Oberhaupt der Kirche anerkennen.

Meine Entschlossenheit soll Euch ein Beispiel sein. Verliert eher Euer Hab und Gut, sogar Euer Leben, als Euern Glauben aufzugeben, Eure Religion und Euren Gott anzutasten.

[2] zit. n. Schneider, Gerhard: Die Französische Revolution 1789–1799, Schwalbach/Ts. 2012, S. 71.

Tipps für die Erarbeitung

- Erschließe die Bildquelle und die Textquellen. Wie erklärt der Dorfpfarrer, dass er nicht auf die Verfassung schwören kann?

Tipps für die Präsentation

- Verfasse einen Tagebucheintrag eines Priesters, der überlegt, ob er den Eid schwören oder fliehen soll. Lies den Bericht in der Klasse vor.

Die Verfassung von 1791

Was änderte die Verfassung von 1791?

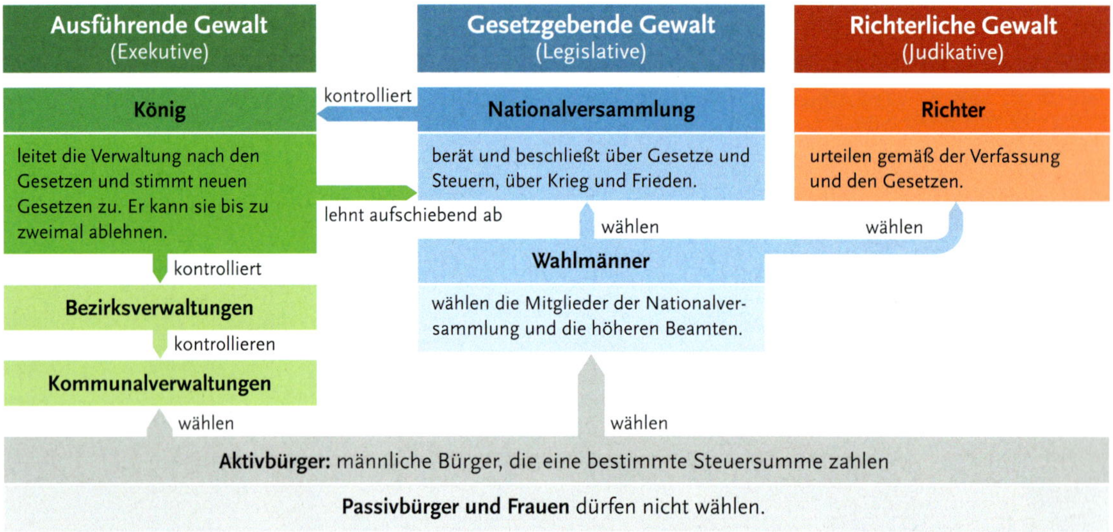

[1] *Die Verfassung von 1791.* Strukturskizze.

Die Verfassung von 1791

1789 hatte die Nationalversammlung beschlossen, eine neue Verfassung zu erarbeiten, die allen Franzosen die Bürgerrechte garantiert. 1791 trat die neue Verfassung in Kraft. Die „Menschen- und Bürgerrechte von 1789“ wurden in diese Verfassung aufgenommen. In der neuen Verfassung waren die drei Staatsgewalten aufgeteilt. Der König hatte nicht mehr die „gesetzgebende Gewalt“, aber er stand noch an der Spitze der „ausführenden Gewalt“. Die „richterliche Gewalt“ lag jetzt in der Hand von Richtern. Außerdem wurde das Wahlrecht eingeführt. Damit war die absolute Herrschaft des Königs beseitigt. Er war jetzt an die Verfassung und an Gesetze gebunden.

1 Beschreibe das Verfassungsschaubild:
- Was fällt dir als Erstes auf?
- Wer darf wählen?
- Wer wird gewählt?

2 Erkläre den Begriff „Gewaltenteilung“ mithilfe des Schaubildes.

Wer hat das Wahlrecht?

Die Verfassung von 1791 sah vor, dass die Aktivbürger Kommunalverwaltungen und Wahlmänner wählen durften. Aktivbürger waren älter als 25 Jahre und verfügten über ein bestimmtes Einkommen. Über die Einschränkung des Wahlrechts gab es Auseinandersetzungen.

In einer Pariser Zeitung hieß es:

Aber was meint ihr eigentlich mit dem so oft gebrauchten Wort „Aktivbürger“? Die aktiven Bürger, das sind die Eroberer der Bastille, das sind die, die den Acker bestellen, während die Nichtstuer im Klerus und bei Hofe trotz ihres Riesenbesitzes nichts weiter sind als kümmerliche Pflanzen.

[2] Geschichte in Quellen, Bd. 4, München (BSV), 1981, S. 304

3 Der Verfasser des Textes [2] meint mit dem „aktiven Bürger“ etwas anderes als das Wort „Aktivbürger“ in der Verfassung. Erkläre den Unterschied.

4 Arbeite die Kritikpunkte des Verfassers aus [2] heraus.

Sprachspeicher
Verfassung · Gewaltenteilung · gesetzgebende Gewalt · ausführende Gewalt · richterliche Gewalt

3: Überlege zuerst, was es bedeutet, „aktiv“ für etwas zu sein oder einzutreten.

Was ist man für ein König, wenn man vom Volk kontrolliert wird?

Ich hatte gehofft, dass die Nationalversammlung auch uns Frauen das Recht gibt, Entscheidungen zu treffen.

Die Arbeiter und Bauern müssen die ganze Macht haben.

Was habe ich armer Bauer auf dem Land schon mitzureden?

[3] *Französische Bürger nehmen Stellung zur neuen Verfassung.* Zeichnungen, 18. Jahrhundert.

5 Ordne die Personen jeweils einer Personengruppe im Verfassungsschema zu.

6 Erkläre, was die Personen an der Verfassung kritisieren.

Wähle einen der Arbeitsaufträge aus:

- Ordne die Antworten eines Mitglieds der Nationalversammlung den Personen dieser Seite zu.
  a) Man sollte schon genug verdienen, um wählen zu dürfen.
  b) Der Ehemann bestimmt für seine Frau mit.
  c) Nur wenn die Gewalten getrennt sind gibt es Freiheit in einem Staat.
- Beurteile die Einschränkung des Wahlrechts auf die „Aktivbürger". Schreibe einen Bericht, in dem du dein Urteil erklärst.
- Schreibe einen Bericht über die neue Verfassung und beurteile mithilfe der Doppelseite, ob die Gleichheit aller Franzosen gewährleistet wird.

Sprachspeicher

Entscheidungen treffen • sich für etwas entscheiden

die Gewalt ausüben • du stehst unter seiner Gewalt • *die* Macht haben, um Entscheidungen zu treffen • *das* Recht haben, um zu bestimmen

Üben

Die Schreckensherrschaft

Wie herrschten die Jakobiner?

1 Beschreibe die Bildquelle [1].
2 Stelle Vermutungen an, warum Ludwig XVI. hingerichtet wurde.

[1] *Hinrichtung des Königs Ludwig XVI. auf der Guillotine**. Kolorierte Radierung. 1793.

Die Revolutionskriege

Die anderen Staaten Europas wurden weiter von absoluten Herrschern regiert. Sie fürchteten, die Ideen der Revolution könnten sich auch in ihren Staaten ausbreiten. Deshalb planten sie einen Krieg gegen das revolutionäre Frankreich. Um dem zuvorzukommen, beschloss die französische Nationalversammlung 1792, von sich aus mit dem Krieg zu beginnen. Jahrelange Kriege zwischen den europäischen Staaten und Frankreich folgten.

Der König auf der Flucht

Ludwig XVI. bekannte sich zur Nationalversammlung. Doch bereits 1791 versuchte er, mit seiner Familie ins Ausland zu fliehen. Er wurde entdeckt und zurück nach Paris gebracht. Er wurde als Gegner der Revolution abgesetzt und verhaftet.

* *die* **Guillotine:** Maschine zum Enthaupten von Menschen, benannt nach dem französischen Arzt Guillotin

die **Jakobiner:** radikale Gruppe, benannt nach ihrem Versammlungsort, dem Kloster St. Jakob

Die Revolution wird radikaler

Nun sollte eine neue Verfassung ausgearbeitet werden (siehe Seite 60). Frankreich sollte keine Monarchie mehr sein. Das Land sollte eine Republik werden, in der der König keine Rolle mehr spielte und das Volk seine Entscheidungsträger selbst wählte.

Vor allem unter der politischen Gruppe der Jakobiner* wurde die Revolution zunehmend radikal*. Die Revolutionäre stritten darum, ob Ludwig XVI. hingerichtet werden solle. Einer der Ankläger, der Rechtsanwalt und Jakobiner Maximilien Robespierre, sagte: „Ludwig muss sterben, weil das Vaterland leben muss."

1793 wurde Ludwig XVI. wegen Hochverrats* angeklagt und hingerichtet. Frankreich war nun eine Republik – ein Staat ohne König.

3 Erkläre, was Robespierre mit seiner Aussage gemeint haben könnte.

* **radikal:** bis zum Äußersten gehend, fanatisch

der **Hochverrat:** Landesverrat, der die Sicherheit des Staates gefährdet

Sprachspeicher
sich zu etwas bekennen • etwas anerkennen • etwas akzeptieren

3: Überlege, wofür Ludwig XVI. für die Jakobiner steht.

[2] *Ein Bürger vor einem Revolutionsausschuss.* In der Hand hält er zu seiner Verteidigung ein Schreiben, das ihm die Erfüllung seiner bürgerlichen Pflichten bescheinigt. Kolorierter Kupferstich von Jean-Baptiste Huet, 1793.

Die Schreckensherrschaft der Jakobiner

Nach der Hinrichtung des Königs rissen die Jakobiner die Macht an sich. Sie forderten eine Volksherrschaft. Ihr Anführer war Maximilien Robespierre (1758–1794).

Ihre Ziele erreichten die Jakobiner mit Schrecken und Terror. So legte das „Gesetz gegen die Verdächtigen" von 1793 fest, dass alle Menschen verdächtig seien, die sich als „Feinde der Freiheit" verhielten. Ein Angeklagter, der als Verdächtiger vor dem Revolutionsausschuss stand, hatte kaum eine Chance, sich zu verteidigen. Meistens lautete das Urteil: Tod durch die Guillotine. Die Terrorherrschaft der Jakobiner kostete etwa 35.000 Menschen das Leben.

Auch Olympe de Gouges und Camille Desmoulins, die die Revolution unterstützt hatten, wurden geköpft, weil ihre Ansichten nicht mit denen der Jakobiner übereinstimmten. So setzte sich de Gouges gegen die Hinrichtung des Königs ein. Obwohl auch sie für die Republik stimmte, hielt sie es für falsch, den König zu töten.

4 Beurteile die Hinrichtung des Königs.

Die Revolution frisst ihre Kinder

Mehr und mehr brachten sich die führenden Jakobiner schließlich gegenseitig um. Man sagte: „Die „Revolution frisst ihre Kinder." Mit der Hinrichtung Maximilien Robespierres am 27. Juli 1794 endete die Terrorherrschaft.

5 Beschreibe die Bildquelle [2].

6 Stelle Vermutungen an, welche Chance der Angeklagte gehabt haben könnte. Achte dabei auf die Haltung und Gesichtsausdrücke der Männer. Begründe deine Meinung.

Wähle einen der Arbeitsaufträge aus:

- Lies den Text dieser Doppelseite und nutze dazu den Lese-Profi auf der letzten Seite im Buch. Lege dann eine Tabelle für die Jahre 1791 bis 1794 an und trage die Ereignisse ein.
- Erkläre, was mit „Die Revolution frisst ihre Kinder" gemeint sein könnte.
- Schreibe eine Anklageschrift gegen die Jakobiner und trage sie in der Klasse vor. Kritisiere darin das Verhalten der Jakobiner und erinnere an die ursprünglichen Ziele der Revolution.

Sprachspeicher

4: Benenne zunächst die Gründe, die dafür und jene, die dagegen sprechen. Formuliere dann ein eigenes Sachurteil.

mit Terror herrschen • Terror verbreiten

Methode Ein Verfassungsschema lesen

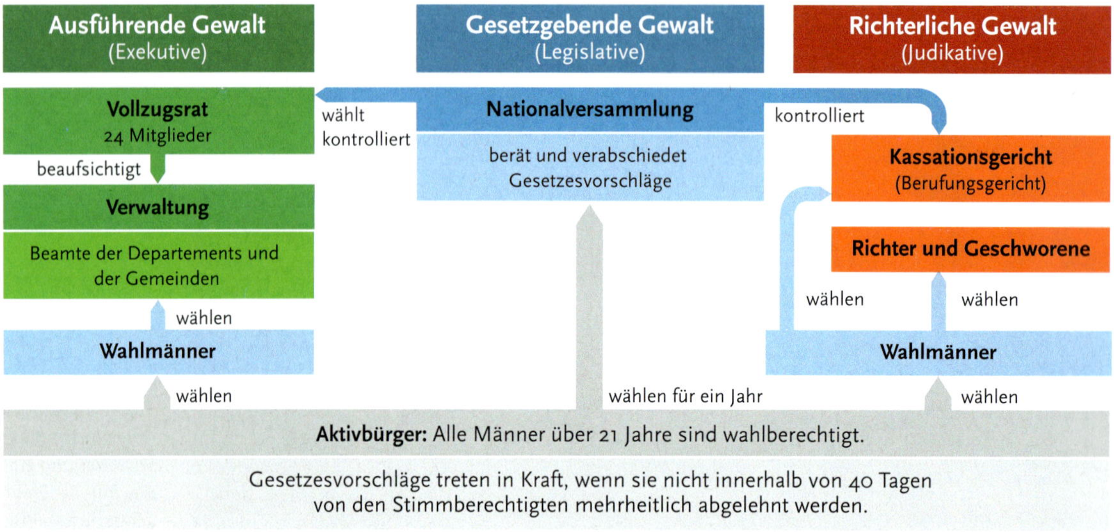

[1] *Die Verfassung von 1793.* Strukturskizze.

Eine Verfassung regelt die Machtverteilung in einem Staat. Sie ist das grundlegende Gesetz. Anhand eines Verfassungsschemas kann man erkennen, wie ein Land regiert wird. Es zeigt den Aufbau des Staates und die wichtigsten Ämter und Einrichtungen (z.B. Präsident, Parlament) und Funktionen (z.B. Gesetze beschließen). Außerdem lässt es erkennen, wer wählen darf oder von Wahlen ausgeschlossen ist.

1 Untersuche das Schema der Verfassung von 1793 [1]. Die folgenden Schritte helfen dir dabei.

2 Vergleiche die neue Verfassung von 1793 mit der Verfassung von 1791 (S. 56).

1. Schritt Den Aufbau untersuchen

- Wie **liest** man das Schema? Von unten nach oben oder andersherum? Von links nach rechts oder andersherum?
- Was sind **wichtige Bestandteile** des Schaubildes? Diese sind z. B. besonders hervorgehoben.
- Welche **Ämter und Einrichtungen** gibt es?

2. Schritt Aussagen erschließen

- Wer darf **wählen**?
- Welche Ämter werden gewählt?
- Wie kommen **Gesetze** zustande?
- Welche **Aufgaben** haben die Ämter und Einrichtungen? Beachtet hier vor allem die Pfeile und die Beschriftung der Pfeile.

Sprachliche Formulierungshilfen / Tipps

Das Verfassungsschema liest man ... Das zeigen die Pfeile, die nach ... gehen.

Wichtige Bestandteile sind ...

Außerdem gibt es ...

Wählen dürfen .... dürfen nicht wählen.
Aktivbürger wählen ...
Die Wahlmänner wählen ...
Gesetze werden von ... beschlossen.
Die Nationalversammlung kontrolliert ...
Die Verwaltung wird von ... kontrolliert.

3. Schritt Zusammenhänge herstellen

- Wie ist die Macht verteilt? Welches Amt hat besonders viel Macht?
- Wer kontrolliert wen? Wessen Macht geht auf Wahlen zurück?
- Wo sind Einflussmöglichkeiten des Volkes zu erkennen?
- Welche Gruppen dürfen nicht politisch mitbestimmen? Das kannst du entweder dem Schaubild entnehmen (z. B. Aktivbürger) oder daraus schließen, wer wählen darf. Wenn Männer ab 21 Jahren wählen dürfen, dürfen es alle unter 21 Jahren nicht.

Die ... hat besonders viel Macht, denn ...

Gewählt werden ..., ..., ... und ...
Nicht gewählt wird ...
Das Volk darf ... Das sieht man an ...

Aber eigentlich dürfen nur ... wählen.
Nicht wählen dürfen ...

4. Schritt Die Verfassung beurteilen

- Fasse zusammen, ob eine Gewaltenteilung herrscht. Wie sieht sie aus?
- Beurteile, ob es sich um eine demokratische Verfassung handelt.
- Bewerte, ob das Wahlrecht aus heutiger Sicht als demokratisch bezeichnet werden kann.

Im Verfassungsschema ist eine Gewaltenteilung zu erkennen: Die gesetzgebende Gewalt hat ..., während die ausführende Gewalt bei ... liegt.
Es handelt sich um eine demokratische Verfassung, weil ...
Es handelt sich nicht um eine demokratische Verfassung, sondern um eine ... (z. B. Monarchie).
Das Wahlrecht ist demokratisch, weil ...
Das Wahlrecht ist nicht demokratisch, weil ...
Dafür müsste ...

[2] *„Die Nationalversammlung verabschiedet die französische Verfassung am 24. Juni 1793."* Kupferstich von Isidore Stanislas Helman, um 1796.

Napoleon beherrscht Europa

Napoleon – Retter oder Zerstörer der Revolution?

[1] *Napoleon im Krönungsornat.* Ölgemälde von Francois Gerard, 1805.

1 Beschreibe die Bildquelle [1]. Vergleiche sie mit dem Bild Ludwigs XIV. auf Seite 40.

Napoleon

Napoleon Bonaparte (1769 – 1821) war ein General* der französischen Armee. Er war beim Volk beliebt und hatte in vielen Schlachten gesiegt. 1799 vertrieb Napoleon mit seinen Soldaten die französische Regierung und riss die Macht an sich. Nach der Schreckensherrschaft der Jakobiner sehnten sich die Menschen nach Ruhe, Ordnung und einem starken Herrscher an der Spitze. 1804 krönte Napoleon sich in der Pariser Kathedrale Notre-Dame selbst zum Kaiser. Frankreich war wieder eine Monarchie. War jetzt alles wieder wie vor der Revolution?

Veränderungen unter Napoleon

Napoleon erklärte die Revolution für beendet. Er brachte den Staat unter seine Kontrolle. Freie Wahlen und die Pressefreiheit* wurden abgeschafft. Die Freiheit der Person, die Gleichheit vor dem Gesetz und das Recht auf Eigentum blieben bestehen. 1804 erschien eine Gesetzessammlung, der „Code civil". Das war ein bürgerliches Gesetzbuch, in dem die Rechte der Bürger festgeschrieben waren.

2 Erstelle eine Tabelle und trage ein:

Was blieb von der Revolution?	Was wurde abgeschafft?	Was wurde neu eingeführt?
...	...	...

Über seine Ziele sagte Napoleon in einem Gespräch:

... Europa wird nicht zur Ruhe kommen, bevor es nicht unter einem einzigen Oberhaupt steht, unter einem Kaiser, der Könige als seine Beamten hat und der seinen Generälen Königreiche gibt. Wir brauchen ein europäisches Gesetz, einen europäischen Gerichtshof, eine einheitliche Münze, die gleichen Gewichte und Maße. Aus allen Völkern Europas muss ich ein Volk machen und aus Paris die Hauptstadt der Welt.

[2] zit. n. Kircheisen, F. H. (Hg.): Gespräche Napoleons, Bd. 2, Stuttgart 1912, S. 63.

*

der **General:** sehr hoher Dienstrang im Heer, Führer der Armee

die **Pressefreiheit:** Freiheit zum Schreiben und Veröffentlichen von Zeitungen, Büchern usw.

3 Fasse die Ziele Napoleons in deinen Worten zusammen.

Sprachspeicher

die Krönung · festliche Kleidung tragen · *das* Krönungsornat anlegen

das Gesetz · *das* Gesetzbuch · eine Sammlung von Gesetzen

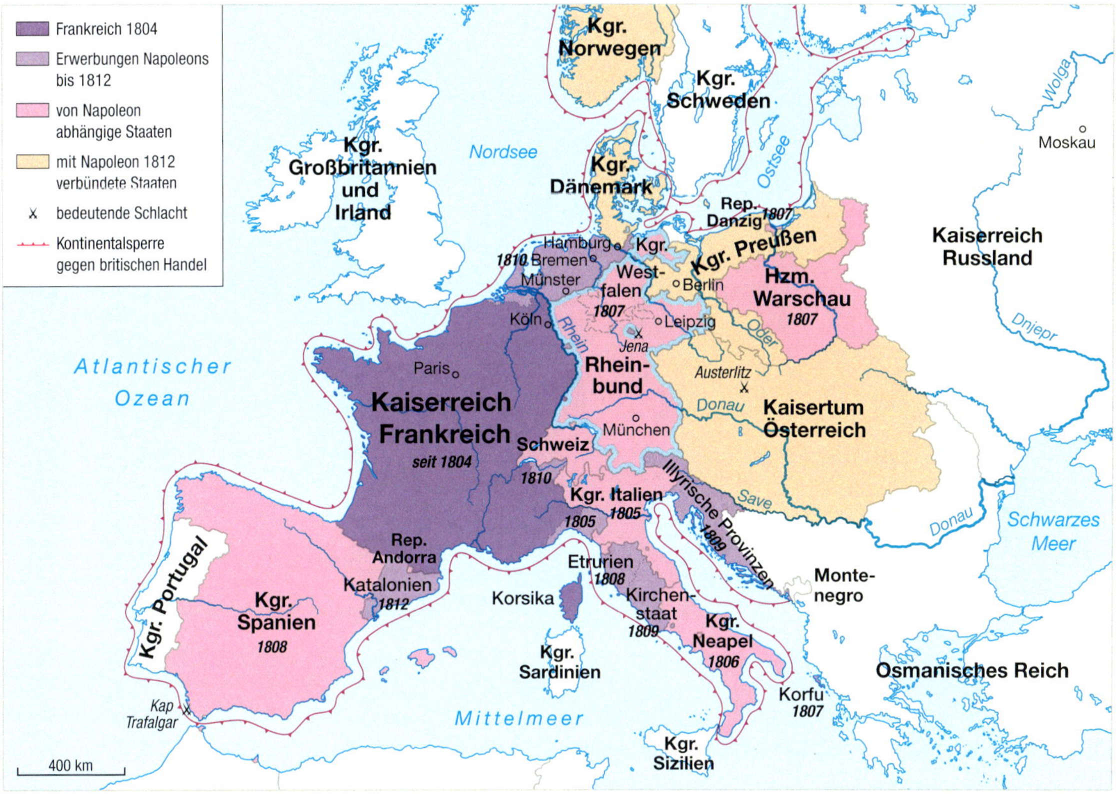

[3] *Europa unter der Herrschaft Napoleons.* Entwicklung 1804–1812. Karte.

4 Werte die Karte [3] aus. Welche Staaten waren von Napoleon abhängig? Mit welchen Staaten war er verbündet?

Europa unter der Herrschaft Napoleons

Napoleon eroberte mit seinen Truppen weite Teile Europas. In den besetzten Gebieten veränderte sich das Leben der Menschen. Sie waren jetzt frei und gleich vor dem Gesetz. Die Unfreiheit der Bauern wurde abgeschafft, die Religionsfreiheit eingeführt, Staat und Kirche getrennt.

In Deutschland wurden 300 kleine Einzelstaaten zu größeren Staaten zusammengefasst. 1806 vereinigten sich 16 deutsche Staaten zum „Rheinbund“. Sie unterstützten Napoleon.

Im selben Jahr legte der deutsche Kaiser Franz II. die Kaiserkrone nieder. Damit hörte das „Heilige Römische Reich Deutscher Nation“ nach 1000 Jahren auf zu bestehen.

5 Ordne die Veränderungen durch Napoleon in Elemente der Besatzung oder Befreiung ein.

Das Ende der Herrschaft Napoleons

Napoleons Heer erlebte bald katastrophale Niederlagen. Immer mehr Staaten schlossen sich gegen ihn zusammen. Aus dem Feldzug gegen Russland 1812 kehrten nur wenige seiner Soldaten zurück. Preußen, Russland und England besiegten Frankreich in der Völkerschlacht von Leipzig (1813) und bei Waterloo (1815) im heutigen Belgien.

Wähle einen der Arbeitsaufträge aus:

- Fasse zusammen, was du über Napoleon erfahren hast. **Starthilfe:** *Er war ein General, der …*
- Beurteile, ob die Revolution in Frankreich als gescheitert betrachtet werden kann.
- Nimm Stellung zu der Frage: „Napoleon – Beherrscher oder Befreier Europas?“

Sprachspeicher
unter der Herrschaft stehen • von jemandem beherrscht werden

: Zunächst war er … Dann wurde er … Später erklärte er sich zum …

Das Erbe der Revolution

Wie wirkt die Revolution weiter?

[1] *Notendruck der Marseillaise.* 1792.

Die französische Nationalhymne
Die französische Nationalhymne, die „Marseillaise“, wurde 1792 von Claude Rouget de Lisle (1760–1836) für die Soldaten im Krieg komponiert. 1795 wurde sie zur Nationalhymne.

Die erste Strophe der Marsellaise auf Deutsch:
Auf, Kinder des Vaterlands!
Der Tag des Ruhmes ist da.
Gegen uns wurde der Tyrrannei
Blutiges Banner erhoben.
Hört Ihr im Land
Das Brüllen der grausamen Krieger?
Sie rücken uns auf den Leib
Eure Söhne, Eure Frauen zu köpfen!

Refrain:
An die Waffen, Bürger!
Schließt die Reihen,
Vorwärts, marschieren wir!
Das unreine Blut
Tränke unser Äcker Furchen!

[2] Die Marseillaise; Text und Melodie: Claude Joseph Rouget de Lisle.

1 Erkläre mit Seite 58, was die erste Strophe der Marseillaise [2] bedeuten soll. Nutze dafür auch die Bildquelle [1].

2 Hör dir die Melodie der Marseillaise an. Schilder deinen Eindruck von der Stimmung im Lied.

Ein lebendiges Erbe
Napoleon hatte ein geeintes Europa mit Paris als Hauptstadt und einem einzigen Herrscher gefordert. Dieses Ziel hat er nicht erreicht. Doch die Idee eines vereinten Europas ist bis heute lebendig geblieben.
Bis 2019 hatten sich 28 Staaten Europas zur Europäischen Union (EU) zusammengeschlossen. 2020 ist Großbritannien aus der EU ausgetreten. Die Ziele der EU sind: Frieden, Gleichberechtigung der Staaten, Respekt für alle Sprachen und Kulturen, Bekämpfung der Armut und eine starke europäische Wirtschaft. In vielen EU-Ländern gibt es eine einheitliche Währung, den Euro.

Sprachspeicher
1: Wer sind die „Kinder des Vaterlands“?
Was könnte das „blutige Banner der Tyrannei“ sein?
Was fordert das Lied von den Zuhörenden?

zu einem Bündnis zusammenschließen • ein Bündnis bilden • aus einem Bündnis austreten

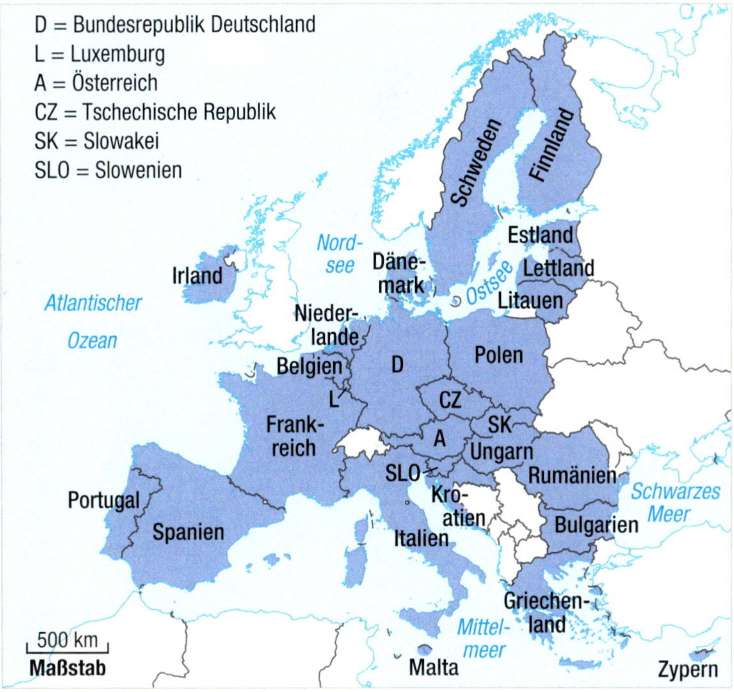

[3] *Die Mitgliedstaaten der EU.* Karte, 2021.

Kampf um Menschenrechte

Voraussetzung für die Mitgliedschaft in der EU ist die Anerkennung der Menschenrechte. Deshalb reagiert die EU, wenn ein Staat die Menschenrechte einschränkt. Zum Beispiel ist in Polen seit 2016 die Pressefreiheit und die Unabhängigkeit der Justiz bedroht.

Die polnische Regierung versucht, Presse und Justiz zu kontrollieren. Die Justiz muss aber unabhängig sein, die Presse ohne politische Kontrolle arbeiten können. Bereits seit 2016 laufen deshalb Verfahren der EU gegen Polen.

Auch die Menschen in Polen sind auf die Straße gegangen und haben für ihre Demokratie und den Rechtsstaat demonstriert. Dass Menschen aktiv werden und für ihre Rechte kämpfen, ist ebenfalls ein Erbe der Französischen Revolution.

[4] *Mehrere 10.000 Menschen demonstrierten 2021 in Polen gegen die Maßnahmen ihrer Regierung.* Foto, 2021.

Wähle einen der Arbeitsaufträge aus:

- Lies den Text Kampf um Menschenrechte und benenne, was die Voraussetzung für eine Mitgliedschaft in der EU ist. **Starthilfe:** *Die Voraussetzung für eine Mitgliedschaft in der EU ist ...*
- Erkläre, warum man vom „Erbe der Französischen Revolution" spricht, wenn die Menschen für ihre Rechte demonstrieren.
- Beurteile mithilfe der Materialien dieser Doppelseite die Bedeutung der Französischen Revolution bis heute.

Sprachspeicher

demonstrieren · *die* Demonstration · auf *die* Straße gehen · *das* Demonstrationsrecht wahrnehmen · für seine Rechte kämpfen

Das kann ich!

Versuche zunächst, die Aufgaben auf dieser Doppelseite zu lösen, ohne im Kapitel nachzusehen. Wenn du Hilfe brauchst, kannst du bei den Aufgaben nachschlagen. Dort sind in Klammern die Seiten angegeben.

- *die* Revolution
- *der* Absolutismus
- *die* Aufklärung
- *die* Republik
- *die* Schreckensherrschaft
- *die* Verfassung
- *die* Guillotine

- Staat ohne König
- Gerät zum Hinrichten von Menschen
- Phase der Revolution, in der die Jakobiner gewaltsam herrschten
- Grundgesetz eines Staates
- Denkrichtung, die die Vernunft des Menschen und ihren richtigen Gebrauch hervorhebt
- Umwälzung, Umsturz
- Herrschaftsform, in der der König uneingeschränkte Macht hat

[1] Begriffe und ihre Bedeutung.

[2] *Der Sturm auf die Bastille am 14. Juli 1789.* Gemälde von Jean-Baptiste Lallemand, um 1789.

„Habe Mut, dich deines eigenen Verstandes zu bedienen."

[3] Kant, Immanuel: Beantwortung der Frage: Was ist Aufklärung?, 1784.

[4] *„Es ist zu hoffen, dass dieses Spiel bald enden wird."*
Anonyme Karikatur, 1789.

Ansichten über Napoleon

Jedes Land hat einen anderen Blick auf Napoleon ausgehend von den Erfahrungen, die es gemacht hat. Für England ist Napoleon ein größenwahnsinniger Aggressor, den die Engländer besiegt haben. Napoleon beendete die Französische Revolution, krönte sich selbst zum Kaiser und verbreitete einige Errungenschaften der Revolution in Europa.
So führte er den Code Civil, das Gesetzbuch, das zum ersten Mal alle Menschen vor dem Gesetz gleichbehandelt, in vielen Ländern ein. Auch die Trennung von Staat und Kirche wurde unter Napoleon durchgesetzt. Er ordnete die deutschen Länder neu. Er war auch nicht alleinverantwortlich für die napoleonischen Kriege. Ihm verdanken wir ein umfangreiches Straßennetz in Mitteleuropa. Er war aber auch machtbesessen und wollte ein französisches Weltreich errichten.

[5] Autorentext.

Sachkompetenz

1 Ordne den Begriffen in [1] die jeweils passende Erklärung zu.

2 Beschreibe die Bildquelle [2]. Erläutere die Bedeutung des Ereignisses. (S. 36/37)

3 Bringe die folgenden Ereignisse in die richtige Reihenfolge. (S. 36/37, 40–45,48–51, 56–59, 62/63)
- **a** Verkündung der Menschen- und Bürgerrechte
- **b** Einberufung der Generalstände
- **c** Schreckensherrschaft der Jakobiner
- **d** Hinrichtung Ludwigs XVI.
- **e** Ballhausschwur
- **f** Schlacht bei Waterloo
- **g** Sturm auf die Bastille
- **h** Kaiserkrönung Napoleons

4 Erläutere die Idee der Gewaltenteilung und nenne die drei Gewalten. (S. 43)

Methodenkompetenz

5 Interpretiere die Karikatur [4] mithilfe der Methode „Karikaturen deuten" auf S. 46/47.

Urteilskompetenz

6 Beurteile die Bedeutung der Aussage des deutschen Aufklärers Immanuel Kant [3] für die Revolution und den Wandel in Europa. (S. 42/43)

7 Erkläre mit [5], warum Napoleon gleichzeitig als Befreier und als Besatzer verstanden werden kann. (S. 62–65)

Teste dich

Wandel durch Industrialisierung

In der Fabrik
Das Bild zeigt die Werkhalle einer Metallfabrik in England um das Jahr 1842. Hier wird mit einem riesigen Dampfhammer Metall bearbeitet. Der Einsatz von Maschinen, die mit Dampf betrieben wurden, veränderte die Lebenswelt vieler Menschen extrem. Man spricht daher auch von der „industriellen Revolution“. Die englische Erfindung verbreitete sich bald auch in anderen europäischen Ländern.

1 Beschreibe das Bild.
2 Stelle Vermutungen zu den Arbeitsbedingungen der Arbeiter an.
3 Notiere Fragen, die du zum Thema industrielle Revolution hast.

Schauplatz In der Fabrik

[1] *Stahlverarbeitung bei der Firma Krupp in Essen. Der Schmiedehammer wird mit Dampfkraft angetrieben. Ein Arbeiter (links oben) steuert mit einem Hebel die Dampfzufuhr und kontrolliert damit die Schlagfolge des Hammers.* Foto, um 1900.

1 Beschreibe das Bild [1]. **Starthilfe:** *Im Mittelpunkt des Bildes ist ein ... zu sehen.*

Arbeiter bei Krupp

Um 1900 wurden in Deutschland die ersten Fabriken gebaut. Das könnte ein Arbeiter bei der Firma Krupp um 1890 erzählt haben:

Ich bin einer von 25.000 Arbeitern der Firma Krupp in Essen. Ich wohne mit meiner Familie in einer einfachen, aber preiswerten Werkswohnung ganz in der Nähe der Fabrik. Die Arbeit beginnt morgens um 6 Uhr und dauert elf Stunden pro Tag und das an sechs Tagen in der Woche. Wer nur fünf Minuten zu spät kommt, dem wird zur Strafe der Lohn für eine ganze Stunde abgezogen.

An den Schmelzöfen ist es furchtbar heiß. Wenn der große Dampfhammer auf einen glühenden Eisenblock herabsaust, macht es einen Höllenlärm. Arbeitsunfälle passieren sehr häufig. Oft verbrennen sich Arbeiter am flüssigen Metall oder geraten mit der Hand in eine Eisenpresse.

Die Arbeit bei Krupp wird im Vergleich zu anderen Unternehmen gut bezahlt. Es gibt bei uns sogar eine eigene Krankenkasse und eine betriebliche Altersversorgung.

Aber es ist streng verboten, irgendwelche Forderungen zu stellen oder gar die Arbeit niederzulegen. Und wer in die Arbeiterpartei geht, fliegt sofort raus. Ich arbeite in der Guss-Stahlfabrik, wo Eisenbahnschienen und Rohre aus flüssigem Stahl gegossen werden. Wir fertigen auch Stahlfedern, Wagenachsen oder Schiffsschrauben an.

[2] Autorentext, nach Quellen zusammengestellt.

2 Beschreibe die Arbeit in der Firma Krupp: Was hast du über die Arbeitsbedingungen erfahren?

[3] *Arbeiter in einem Schienenwalzwerk von Krupp.* Foto, um 1900.

[4] *Mechanische Werkstatt von Krupp.* Foto, 1885.

Aufstieg der Firma Krupp

Die Guss-Stahlfabrik Krupp wurde 1811 von Friedrich Krupp in Essen gegründet. Als sein Sohn Alfred Krupp im Jahr 1812 die Firma übernahm, arbeiteten nur sieben Männer in der ziemlich verschuldeten Fabrik.

Der Durchbruch kam für Krupp 1852/53 mit der Erfindung von neuartigen, nahtlosen Radreifen für die Eisenbahn. Die Metallreifen wurden in einem Stück angefertigt und hatten keine Schweißnähte. Der Eisenbahnreifen wurde bald zum wichtigsten Produkt der Firma.

Kurze Zeit später übernahm Krupp ein neues Verfahren aus England, womit er günstig und viel schneller reinen Stahl erzeugen konnte. Krupp stellte in 20 Minuten so viel Stahl her wie sonst an einem ganzen Tag. Das war der Anfang einer günstigen Massenproduktion. Es entstanden immer mehr Fabrikhallen und Zweigwerke, auch über den Essener Raum hinaus. Bei der Gründung des Deutschen Kaiserreichs 1871 war Krupp bereits das größte Industrieunternehmen in Europa. Bis zum Beginn des Ersten Weltkrieges im Jahr 1914 wuchs die Zahl der Beschäftigten bei Krupp auf 80.000 Arbeitskräfte an.

3 Notiere in Stichworten die Entwicklung der Firma Krupp von der Gründung bis zum Ersten Weltkrieg.

[5] *Zu Beginn war die Firma noch klein: Krupp-Schmelzhütte in Essen um 1835.* Holzschnitt, Ende 19. Jahrhundert.

Wähle einen der Arbeitsaufträge aus:

- Gestalte mithilfe der Informationen aus Text [2] und der Fotos eine Mindmap mit typischen Merkmalen einer Fabrik um 1900.
- Verfasse einen Brief an deinen Bruder auf dem Land, der Arbeit in der Krupp-Fabrik finden möchte.
- Recherchiere im Internet, warum Alfred Krupp den Beinamen *Kanonenkönig* trug, und formuliere dazu einen kurzen Text.

Was du noch tun kannst:

→ Organisiert eine Betriebsbesichtigung.

Orientierung

1 Werte die Karte [1] aus:
- Wo gab es um 1900 in Deutschland Industriegebiete (Schwerindustrie, Bergbau und Textilindustrie)?
- Was fällt dir auf, wenn du das Umfeld der meisten Städte betrachtest?

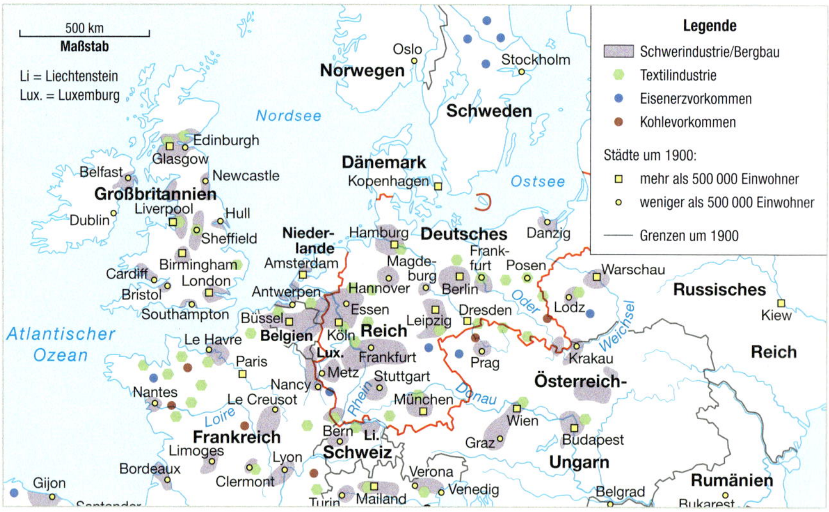

[1] *Industriegebiete in Mitteleuropa 1800–1900.* Karte.

Dampf revolutioniert die Welt

1769 verbesserte der Engländer James Watt die Dampfmaschine so, dass man sie von nun an vielfältig einsetzen konnte. Mit der Dampfmaschine konnten andere Geräte, Maschinen oder Pumpen angetrieben werden. Zum ersten Mal in der Geschichte wurde der Mensch unabhängig von der Muskelkraft oder der Energie von Wind und Wasser. Die Dampfmaschine wurde immer weiter verbessert und verbreitete sich im 19. Jahrhundert im Bergbau, in der Landwirtschaft und in Fabriken über ganz Europa.

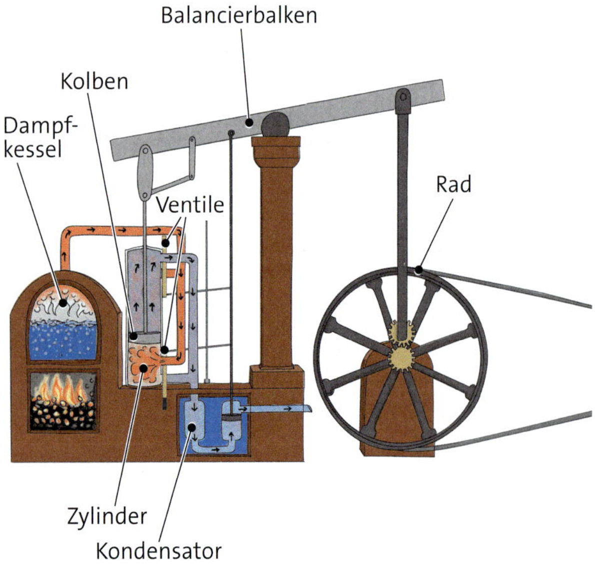

[2] *So funktioniert eine Dampfmaschine.* Zeichnung.

James Watt war clever

Um die Leistung seiner Dampfmaschine deutlich und vergleichbar zu machen, erfand Watt die Einheit PS (Pferdestärken). Der Begriff ***Pferdestärken*** war gleichzeitig eine geschickte Werbung für seine Maschinen.

2 Nenne Punkte, warum die Dampfmaschine so erfolgreich wurde.

3 Bringe die Sätze unten in eine richtige Reihenfolge, um zu zeigen, wie eine Dampfmaschine funktioniert. Beginne mit: In einem Dampfkessel wird Wasser erhitzt.

a) Aus dem Zylinder wird der Dampf in einen Kondensator gedrückt und dort mit Wasser abgekühlt. Der Dampf wird wieder flüssig.

b) Der Dampf dehnt sich aus und bewegt einen Kolben.

c) Der Dampf gelangt durch Ventile in einen Zylinder.

d) Die Auf- und Abbewegung des Kolbens bewegt einen Balancierbalken, der die Kraft auf ein Rad überträgt und somit in Drehbewegungen umsetzt.

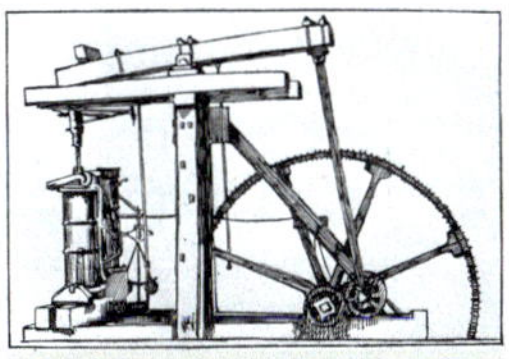

- ▶ 1769
  Dampfmaschine
- ▶ 1785
  mechanischer Webstuhl
- ▶ 1814
  Eisenbahn in England
- ▶ 1835
  Eisenbahn in Deutschland
- ▶ 1863
  erste deutsche Arbeiterpartei
- ▶ 1870
  Telegrafie
- ▶ 1881
  erste Straßenbahn
- ▶ 1883
  Sozialversicherungen
- ▶ 1885
  Automobil

- ▶ 1891
  Gleitflugzeug

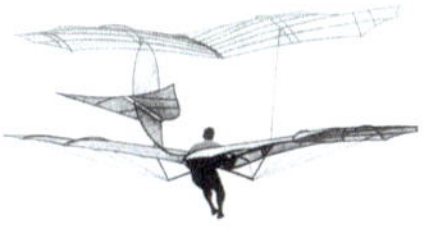

- ▶ 1913 Fließbandproduktion
- ▶ 1961 erste Roboter in Fabriken
- ▶ 1971 Personal Computer
- ▶ 1981 Internet

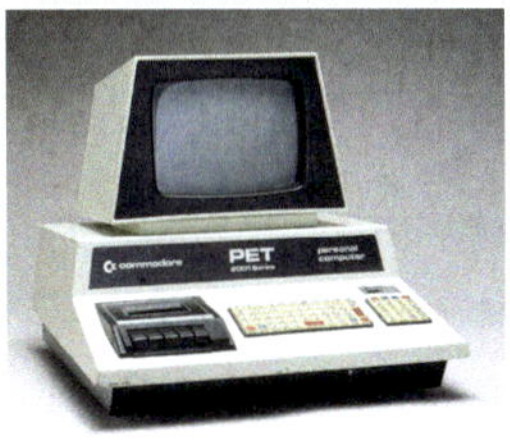

Wandel durch Industrialisierung

Die industrielle Revolution beginnt in England

Wie veränderte sich die Arbeit in der Textilindustrie?

[1] *Verarbeitung von Wolle zu Garn in Heimarbeit: Die Fäden werden zunächst auf dem Spinnrad gesponnen und dann auf eine Garnwinde gewickelt.* Stich, 19. Jahrhundert.

[2] *Die „Spinning Jenny" von 1764. Dreht man das Rad, ziehen und drehen die Spindeln die Wolle automatisch zu Fäden.* Kolorierter Druck, 1880.

In England beginnt die industrielle Revolution

Um 1750 war England ein Land wie viele andere mit kleinen Städten und sehr vielen Dörfern. Die Herstellung von Garn* und Stoffen war eine der wichtigsten Arbeitsbereiche der damaligen Zeit.
Um Stoffe herzustellen, musste man zunächst einen Faden spinnen. Diese Arbeit wurde meist von Frauen in Heimarbeit am Spinnrad erledigt [1]. Mit diesen Fäden konnte man dann Stoffe weben. Das Weben von Stoffen wurde häufig von Männern erledigt, wobei die Webstühle* meist auch im eigenen Haus standen.
Diese Art der Stoffherstellung hatte sich über Jahrhunderte kaum verändert.

1 Beschreibe die Herstellung von Stoffen in England um 1750.

* *das* **Garn:** Faden

der **Webstuhl:** ein Gerät, um aus Fäden Stoff herzustellen

Spinning Jenny

In England führten Erfindungen zu starken Veränderungen in der Textilherstellung. Die steigende Zahl der Bevölkerung zwischen 1750 und 1850 von etwa sieben Millionen auf fast 21 Millionen Menschen führte zu einer gestiegenen Nachfrage. In Heimarbeit konnte die nötige Menge nicht mehr hergestellt werden.
1764 erfand der Zimmermann und Weber James Hargreaves eine Spinnmaschine, mit der 16 Fäden auf einmal hergestellt werden konnten [2]. Er nannte die Maschine nach seiner Tochter „Spinning Jenny". Die Produktion von Garn wurde dadurch stark gesteigert. Eine Person kann daran so viel Garn spinnen wie acht Leute mit herkömmlichen Spinnrädern.

Proteste gegen die Maschine

Die Werkstatt von Hargreaves wurde bald danach von aufgebrachten Heimarbeitern gewaltsam zerstört. Zeitungen forderten das Verbot aller Maschinen, die die Arbeit von Menschen überflüssig mache. Aber durch solche Proteste ließ sich die industrielle Entwicklung nicht aufhalten.

2 Erkläre, wovor die Heimarbeiter, die die Werkstatt von Hargreaves zerstörten, Angst hatten.

Sprachspeicher
die industrielle Revolution · eine industrielle Revolution
einen Faden spinnen · am Spinnrad drehen · eine Maschine erfinden · *die* Produktion steigern · jemanden gegen sich aufbringen

[3] *Spinnmaschinen in England.* Druck, um 1840.

[4] *Vollmechanischer Webstuhl.* Kupferstich, 1830.

Mit Volldampf in die Zukunft

Durch die neuen Spinnmaschinen gab es immer mehr Garn. Daher brauchte man Möglichkeiten, dieses Garn schneller zu Stoffen zu verweben. 1785 erhielt der Engländer Edmund Cartwright ein Patent* auf einen vollmechanischen Webstuhl. Dieser wurde zunächst mit Handkurbeln und kurze Zeit später mit Dampfmaschinen angetrieben. Dampfgetriebene Webstühle [4] produzierten mehr als die vierfache Menge an Stoff im Vergleich zu ihren handgetriebenen Vorgängern.

Die vollmechanischen Webstühle veränderten in den nächsten Jahren die Arbeits- und Lebensweise vieler Menschen.

Die Textilfabriken setzen sich durch

Die neuen Maschinen waren sehr teuer und benötigten eine Dampfmaschine als Antrieb. Ein einfacher Weber konnte sich eine solche Maschine nicht mehr leisten. Es entstanden Fabriken, in denen viele Webmaschinen gleichzeitig aufgestellt wurden. Die Weber konnten nicht mehr in Heimarbeit weben, sondern arbeiteten in Folge oft als Lohnarbeiter in den Fabriken. Ihre Aufgabe bestand darin, die Maschinen einzurichten, zu bedienen und gegebenenfalls zu reparieren.

* *das* **Patent:** rechtlicher Schutz einer Erfindung

Arbeit in der Fabrik

Im Gegensatz zur Heimarbeit wurde die Arbeitszeit nun von den Betrieben und Fabrikbesitzern bestimmt. Die Arbeiter und Arbeiterinnen wurden für die Stunden bezahlt, an denen sie in den Fabriken arbeiteten. Die vorgegebene Arbeitszeit konnte täglich bis zu 16 Stunden betragen. Häufig mussten die Arbeiter und Arbeiterinnen lange Wege von ihrem Wohnort zur Fabrik zurücklegen. Die Arbeitsbedingungen waren oft von Lärm, Staub und Wärme bestimmt.

3 Beschreibe, wie sich die Arbeitswelt für viele Weber veränderte.

Wähle einen der Arbeitsaufträge aus:

- Beschreibe die Bilder [1]-[3]. **Starthilfe:** *Auf dem Bild [1] dreht die Frau das einfache Spinnrad mit der Hand. Auf Bild [2] ist eine Spinnmaschine zu sehen, die ... Auf dem Bild [3] ...*
- Erläutere, welche Vor- und Nachteile die Heimarbeit im Vergleich zur Arbeit in einer Fabrik hatte. Mache dir Gedanken über den Arbeitsweg, die Einteilung der Arbeitszeit, die Versorgung der Kinder, die Menge der hergestellten Waren und die Selbstbestimmung.
- Erstelle eine Präsentation über die Entwicklung der Textilindustrie in England in der Zeit von 1750 bis 1850.

Sprachspeicher

das Spinnrad • *die* Heimarbeit • *die* Maschinen • *das* Garn • *die* Wolle • *die* Baumwolle • Wolle zu Garn spinnen • aus Garn einen Stoff weben • ein Patent für eine Erfindung anmelden

: *das* Spinnrad drehen • eine mechanische Spinnmaschine antreiben • eine Dampfmaschine treibt einen Webstuhl an

Üben

Die industrielle Revolution kommt nach Deutschland

Wie verliefen die Anfänge der industriellen Revolution in Deutschland?

[1] *Die erste Eisenbahn in Deutschland: Abfahrt des Zuges von Nürnberg nach Fürth am 1.12.1835.* Druck, 1836.

1 Beschreibe das Bild [1]. Benutze dabei folgende Begriffe: Dampflokomotive, Wagen, Lokomotivführer, Reisende, Zuschauer.

Deutschland ein Nachzügler

Während in England die industrielle Revolution ab Mitte des 18. Jahrhunderts zu vielen Veränderungen führte, startete sie auf dem Gebiet des heutigen Deutschlands einige Jahrzehnte später. Gründe hierfür gab es viele.

Deutschland war kein einheitlicher Nationalstaat, sondern es existierten auf dem Gebiet viele unterschiedliche Staaten. Diese hatten unterschiedliche Währungen, Maße und Zölle*.

Das noch aus dem Mittelalter bestehende Zunftsystem behinderte anfangs die Gewerbefreiheit* und Berufswahl. Auch außerhalb der Zünfte war vielen Menschen eine freie Wahl des Arbeitsplatzes zu dieser Zeit nicht erlaubt. Erst durch viele Reformen wurden die Bedingungen besser und hatten einen starken wirtschaftlichen Aufschwung zur Folge.

* *der* **Zoll**/*die* **Zölle:** Abgaben auf Ein- und Ausfuhren von Waren

Die Eisenbahn als Motor der Entwicklung

1835 wurde die erste deutsche Eisenbahnstrecke zwischen Nürnberg und Fürth eröffnet [1]. Die eingesetzte Dampflokomotive *Adler* wurde in England gekauft und erreichte auf der nur sechs Kilometer langen Strecke eine Geschwindigkeit von fast 40 km/h.

In den folgenden Jahren wurde das Schienennetz zügig ausgebaut. Neben Personen wurden immer mehr landwirtschaftliche Produkte und Industriegüter befördert.

Man baute dafür Bahnhöfe, Brücken, Tunnel, Straßen und andere Infrastruktur. Für den Antrieb und den Bau der Lokomotiven und der Maschinen brauchte man Kohle, Eisen und Stahl. Es entstanden immer mehr Kohlebergwerke (Zechen) sowie Eisen- und Stahlbetriebe vor allem im Ruhrgebiet, in Schlesien und im Saarland.

2 Erläutere die Bedeutung der Eisenbahn als Motor der industriellen Revolution.

* *die* **Gewerbefreiheit:** Freiheit, sich unternehmerisch zu betätigen

Sprachspeicher

2: *Die* Eisenbahn kann als Motor der industriellen Revolution bezeichnet werden, weil ....
Personen, Güter, Produkte befördern ..., dafür brauchte man ...

[2] *Bergarbeiter in einer Kohlegrube im Ruhrgebiet.* Foto, um 1900.

[3] *In der Stahlindustrie.* Foto, um 1900.

3 Beschreibe das Bild [2].

Kohle aus dem Ruhrgebiet

Im Ruhrgebiet wurde früher Kohle im Tagebau abgebaut. Mit dem Beginn der industriellen Revolution ging man dazu über, tiefe Schächte zu graben und die Kohle in großen Tiefen abzubauen. Die Kohle wurde zum wichtigsten Energieträger für die Dampfmaschinen und Lokomotiven.

Mit der Erfindung der Dampfmaschine wurde es möglich, die tiefen Schächte mit Pumpen zu entwässern. Jetzt entstanden zahlreiche Bergwerke (Zechen). Die Bergarbeiter (Kumpel) kamen vor allem aus dem Osten Deutschlands ins Ruhrgebiet. Die Arbeit „unter Tage" war anstrengend, gefährlich und ungesund. Aber sie wurde verhältnismäßig gut bezahlt.

4 Erkläre die Bedeutung des Kohleabbaus für die industrielle Entwicklung.

Stadt/Einwohner	um 1800	1900
Bochum	1636	65.554
Dortmund	4000	250.000
Duisburg	5000	100.000

[4] *Bevölkerungsentwicklung.* Tabelle.

Eisen- und Stahlindustrie

Um Eisen und Stahl herstellen zu können, muss man zuerst das Eisen aus dem Eisenerz gewinnen. Dazu wird Eisenerz mit Koks* in einem Hochofen erhitzt. In einer chemischen Reaktion bildet sich Roheisen, das in Formen gegossen oder geschmiedet werden kann.

Im 19. Jahrhundert wurde ein Verfahren entwickelt, um aus dem Roheisen härteren Stahl zu machen, der vor allem bei der Produktion von Eisenbahnen, Autos und in der Rüstungsindustrie verarbeitet wurde.

Im 19. Jahrhundert strömten Millionen von armen Landarbeitern und Tagelöhnern vom Land in die neuen Industriezentren, um als ungelernte Arbeiter in den Bergwerken und Fabriken zu arbeiten.

* *der* **Koks:** Brennstoff, der durch Erhitzen unter Luftabschluss aus Kohle gewonnen wird

Wähle einen der Arbeitsaufträge aus:

- Betrachte Bild [1]. Schreibe in dein Heft, was die Zuschauer wohl dachten.
- Zeichne ein Diagramm zur Bevölkerungsentwicklung einer der drei Städte von [4].
- Stelle die industrielle Entwicklung in Deutschland in einem Kurzvortrag dar.

Sprachspeicher

Kohle wird abgebaut · *der* Tagebau · *das* Bergwerk · unter Tage arbeiten

Eisen aus Eisenerz gewinnen · ein neues Verfahren entwickeln · vom Land in *die* Stadt abwandern, ziehen, strömen

Erfindungen verändern das Leben

Welche Auswirkungen hatten die neuen Erfindungen?

[1] *Chemiefabrik BASF in Ludwigshafen am Rhein.* Gemälde, 1881.

1 Beschreibe das Bild [1]. **Starthilfe:** *Im Vordergrund ist der Rhein zu sehen ...*

Die Chemiefabriken

Die chemische Industrie wurde ab etwa 1850 zu einem eigenen Industriezweig. In Chemiefabriken wie *Bayer* in Leverkusen oder *BASF* in Ludwigshafen wurden z.B. künstliche Farbstoffe, neue Arzneimittel und Chemikalien für andere Firmen hergestellt. Chemisch hergestellte Produkte bildeten die Basis für weitere Erzeugnisse. Dadurch konnten neue Produkte zu oft günstigeren Preisen hergestellt werden. Viele Chemiewerke leiteten ihre Abfallstoffe ungereinigt in Flüsse ein und verschmutzten dadurch die Gewässer.

Die Elektrizität

Der Unternehmer Werner Siemens entwickelte 1866 die erste Dynamomaschine, mit der man einen Elektromotor antreiben konnte. Der Elektroantrieb machte Maschinen, Straßen- oder Eisenbahnen unabhängig von großen Dampfmaschinen. Es entstanden Kraftwerke zur Stromerzeugung. Um 1900 wurden erste Wohnungen, Büros und Fabriken mit Strom versorgt. Die elektrische Glühbirne ersetzte schon bald die alten, teuren Gasbeleuchtungen.

Der Verbrennungsmotor

Der erste Verbrennungsmotor wurde 1858 erfunden. Er lief noch mit Gas. Ab 1860 versuchten mehrere Erfinder aus Deutschland, den Motor zu verbessern: Gottlieb Daimler, Carl Benz, Nicolaus Otto und Rudolf Diesel. 1886 erfanden Daimler und Benz unabhängig voneinander das erste Auto der Welt mit Benzinantrieb. Verbrennungsmotoren mit Benzin- oder Dieselantrieb waren viel leistungsfähiger und kleiner als Dampfmaschinen. Sie setzten sich in den kommenden Jahren als Antrieb für Lkw, Busse, Flugzeuge und Schiffe durch. In wenigen Jahren ersetzten Automobile die Pferdewagen.

2 Gib wieder, wie Erfindungen das Leben der Menschen veränderten.

[2] *Benz Motorwagen Nr. 1 von 1886.* Illustration.

Sprachspeicher

etwas günstig herstellen ▪ Abwässer in Flüsse einleiten ▪ einen Motor verbessern ▪ *der* Motor wird mit Benzin angetrieben

etwas erfinden ▪ eine Erfindung machen ▪ ein neues Produkt entwickeln

[3] *Krupp-Fabrikgelände in Essen.* Postkarte, 1908.

3 Beschreibe das Bild [3]. Welche Umweltprobleme werden deutlich?

Industrienation Deutschland

Nach dem verspäteten Start der Industrialisierung in Deutschland kam es ab dem Jahre 1888 in Deutschland zu einer zweiten Industrialisierungswelle. Besonders die Chemie und Elektroindustrie, aber auch die aufkommende Automobilindustrie, spielten hierbei eine entscheidende Rolle. Erfindungen wie das Auto, das Flugzeug, das Telefon oder das Radio waren anfangs noch wenig verbreitet, machten Deutschland im Laufe der nächsten Jahrzehnte aber zur größten Industrienation in Europa. Auch in Wissenschaft und Forschung nahm Deutschland in der damaligen Zeit einen Spitzenplatz ein.

4 Beschreibe die damalige Entwicklung Deutschlands zur größten Industrienation Europas.

[4] *Die erste elektrische Straßenbahn der Welt fuhr 1881 in Berlin.* Foto.

Industrie und Umwelt

Der technische Fortschritt brachte nicht nur positive Veränderungen mit sich. Einerseits erleichterten die neuen technischen Entwicklungen das Leben. Andererseits waren massive Eingriffe in die Natur nötig, um Tunnel, Brücken, Straßen und Fabriken zu bauen. Überall, wo in Dampfmaschinen, Motoren und Kraftwerken Kohle und Kraftstoff verbrannt wurde, nahm die Luftverschmutzung zu. In den Industriegebieten stiegen Tag und Nacht Rauch und Abgase aus den Schornsteinen. Vielerorts färbte der Ruß die Häuser schwarz und machte die Menschen krank. Klimaschäden und Temperaturanstieg waren den Menschen in der damaligen Zeit aber noch nicht bekannt.

5 Erkläre in eigenen Worten die Redewendung „Industrie frisst Landschaft".

Wähle einen der Arbeitsaufträge aus:

- Stelle die Vorteile und die Nachteile der industriellen Entwicklung in einer Tabelle gegenüber.

Vorteil	Nachteile
neue Arbeitsplätze	sehr lange Arbeitszeiten
...	...

- Schreibe einen Brief an einen Verwandten auf dem Lande und berichte von den Umweltproblemen in der Industriestadt.
- ☒ Beurteile die heutige Bedeutung des Autos.

Sprachspeicher
die Umwelt wird verschmutzt, verunreinigt ·
die Luftverschmutzung

☒: Berücksichtige dabei folgende Begriffe: Mobilität, Geschwindigkeit, Unabhängigkeit.

Üben

Arbeit bestimmt das Leben

Wie lange arbeiteten die Menschen?

[1] *Kontrolle am AEG-Werktor 1 in Berlin: Pförtner, Uhr und Stempelkarten.* Foto, 1909.

Vor der industriellen Revolution

In der Zeit vor der industriellen Revolution hatten die Menschen oft keine festen Arbeitszeiten. Man arbeitete meist von Sonnenaufgang bis Sonnenuntergang und somit im Sommer länger als im Winter. Pausen konnten nach Bedarf geregelt werden. An Sonn- und Feiertagen wurde in der Regel nur das notwendigste erledigt, z. B. die Tiere gefüttert.

Die Menschen müssen sich umstellen

In den neuen Fabriken mussten sich die Menschen an feste Arbeitszeiten halten. Die teuren Maschinen brauchten Arbeiter, die sie in Betrieb hielten. Nur so konnten Waren produziert werden. Die Fabrikbesitzer verdienten mehr Geld, wenn mehr produziert wurde. In einigen Fabriken wurde daher Schichtarbeit eingeführt. Die Maschinen konnten so bis zu 24 Stunden am Tag laufen.

1 Erkläre, warum Pünktlichkeit in einer Fabrik wichtiger war als auf einem Bauernhof.

2 Begründe, warum ein Fabrikbesitzer die Menschen möglichst lange arbeiten lassen wollte.

Lange Arbeitszeiten

Die Arbeitszeiten waren zu Beginn der industriellen Revolution nicht gesetzlich geregelt. Arbeitszeiten von bis zu 16 Stunden am Tag waren üblich. Dazu kamen oft lange Wege zur Arbeit, die zu Fuß zurückgelegt werden mussten und oft über eine Stunde pro Strecke dauerten.
Gearbeitet wurde von Montag bis Samstag. Nur an Sonn- und Feiertagen hatten die Arbeiter frei. Bezahlte Urlaubstage gab es nicht.

3 Beschreibe die Entwicklung der Arbeitszeiten [2] in eigenen Worten.

Jahr	Durchschnittliche tägliche Arbeitszeit in Stunden	Durchschnittliche Wochenarbeitszeit in Stunden
um 1800	10 – 12	ca. 60 – 72
1830 – 1860	14 – 16	ca. 80 – 85
1896 – 1900	10,5	61 – 63
1911 – 1914	10	54 – 60

[2] *Entwicklung der Arbeitszeiten,* nach: Schneider, Michael: Streit um Arbeitszeit. Geschichte des Kampfes um Arbeitszeitverkürzung in Deutschland; Hrsg. Mayr, Hans; Janßen, Hans; Köln 1984, S. 191 f. Tabelle.

Sprachspeicher
pünktlich sein ▪ sich nach der Uhrzeit richten ▪ feste Arbeitszeiten einhalten ▪ eine Stempelkarte benutzen

2: Berücksichtige *die* Begriffe Gewinn, Kosten.

Auszug aus einer Fabrikordnung der Nürnberger Eisengießerei & Maschinenfabrik Klett & Companie von 1844 (in damaliger Rechtschreibung)

§ 2

Die festgesetzten Arbeitsstunden sin von 6 bis 12 Uhr Vormittags und von 1 bis 6½ Uhr Nachmittags. Von 8 bis 8½ früh wird eine Stunde zum Frühstück freigegeben ...

§ 4

Sämmtliche Arbeiter müssen sich pünktlich zur bestimmten Arbeitszeit in der Fabrik einfinden; 10 Minuten nach Glockenschlag 6 Uhr Morgens wird die Thüre geschlossen und kein Arbeiter mehr eingelassen. ...

§ 13

Alle jene Arbeiter, welche während der Arbeitszeit herumlaufen, mit einander plaudern oder schwätzen, und Nichtsthuend bei einander stehend und somit ihre Arbeit versäumen, verfallen in eine Strafe von ¼ Tag Abzug. ...

[3] Fabrikordnung von 1844; zitiert nach: Ruppert, Wolfgang; Die Fabrik, München 1983, S. 54 ff.

3 Fasse mit eigenen Worten die Inhalte der Fabrikordnung zusammen.

Urlaub? Gibt es nicht!

Freizeit war früher selten. Nicht nur die Arbeitstage waren sehr lang, es gab auch keinen bezahlten Urlaub. Erst 1903 erhielten Brauereiarbeiter in Deutschland per Tarifvertrag erstmals einen Anspruch auf drei Tage Urlaub. In den 1920er-Jahren wurden zwischen den Gewerkschaften und Arbeitgebern Tarifverträge abgeschlossen, in denen bezahlter Erholungsurlaub geregelt wird. Meist waren es aber nur ein paar Tage.

Wähle einen der Arbeitsaufträge aus:

- Sprich mit Erwachsenen über deren Arbeitszeiten und Urlaubstage. Notiere dir dazu Fragen. **Starthilfe:** *Wie lang ist die tägliche Arbeitszeit? Wie lang sind die Pausen? Wie viele Tage ...*
- Nenne, wie viele Stunden du am Tag/in der Woche zur Schule gehen („arbeiten“) musst. Wie lange hast du Ferien im Jahr?
- Versetze dich in einen Arbeiter oder eine Arbeiterin: Du kommst nach einem 16-Stunden-Tag von der Arbeit heim. Verfasse einen Tagebucheintrag.

[4] *Arbeiterinnen in einer Berliner Glühlampenfabrik.* Foto, um 1900.

Sprachspeicher

schwätzen > sich unterhalten

plaudern > sich locker unterhalten

Methode Ein Foto auswerten

[1] *In Lincolnton in North Carolina, USA, fotografierte Lewis W. Hine 1908 ein elfjähriges Mädchen in einer Spinnerei. Sie erzählte dem Fotografen, dass sie dort bereits seit über einem Jahr arbeite.* Foto.

Fotografie – eine neue Erfindung

Chemische Experimente und Jahrzehnte des Ausprobierens führten im Jahre 1839 zur Erfindung einer funktionierenden Fotografie. Anfangs war diese noch sehr aufwendig und teuer. Die Menschen mussten 45 Sekunden stillstehen, bis das Foto gemacht war. Schnappschüsse waren nicht möglich.

Zunächst wurden Fotos auf Metall oder Glasplatten aufgenommen. Die Firma Leica aus Wetzlar erfand 1914 die erste Kleinbildkamera. Seit dem Jahr 2000 setzten sich Digitalkameras in der Fotografie durch.

Die Fotografie war damals etwas spektakulär Neues. Sie verbreitete sich schnell. Auch viele Unternehmer ließen ihre Fabriken und Arbeiter fotografieren. Wie du Fotos auswerten kannst, erfährst du auf dieser Seite.

Beachte: Fotografien kann man manipulieren und bearbeiten. Denke an die Filter deiner Foto-App. Fotos entsprechen daher oft nicht der Realität.

* *die* **Legende:** Erklärung, eine ergänzende Information

Fotografien analysieren

Betrachte zunächst ausführlich das Foto [1] und die Legende* unter dem Foto.

1. Schritt Motiv beschreiben

- Was ist dargestellt: Personen, Gegenstände, Gebäude …?
- Wie ist das Bild aufgeteilt: Vordergrund, Hintergrund, Bildmitte, rechte Seite …?

2. Schritt Bedingungen klären (falls bekannt)

- Wer hat fotografiert: Fotograf/Fotografin, Privatperson; in wessen Auftrag …?
- Wann wurde die Fotografie gemacht: Jahr, Tageszeit …?
- Warum wurde die Fotografie gemacht: Anlass, Schnappschuss …?
- Wo wurde fotografiert: in einem Raum, Fotostudio, draußen …?
- Wie wurde fotografiert: Blickwinkel, Augenhöhe, von unten, von oben …?

3. Schritt Bildaussage deuten

- Welche Aussage hat das Bild?
- Welche Absicht des Fotografen ist erkennbar?

zum Schritt 1 Motiv beschreiben

Im Zentrum des Fotos ist ein junges Mädchen in einem einfachen Kleid **zu sehen**, das aus einem Fenster in die Ferne schaut. **Die Legende gibt die Information**, dass das Mädchen elf Jahre alt ist und schon seit einem Jahr in der Spinnerei arbeitet. **Auf der rechten Seite des Fotos sieht man** eine große Spinnmaschine, die Fäden herstellt. Von den Fenstern fällt Licht in den großen Raum.

zum Schritt 2 Bedingungen klären

Der Fotograf Lewis W. Hine fotografierte **im Jahr** 1908 ein junges Mädchen in einer Spinnerei. Die Spinnerei befand sich, **laut Bildunterschrift**, in Lincolnton im US-Bundesstaat North Carolina. **Das Foto entstand** auf Augenhöhe des kleinen Mädchens. Das Bild vermittelt den Eindruck eines alltäglichen Schnappschusses.

zum Schritt 3 Bildaussage deuten

Der Fotograf möchte mit dem Foto vermutlich die harte Lebenswelt vieler Kinder in der damaligen Zeit darstellen. Die Fotografie soll dabei möglichst realistisch erscheinen. Der Blick des kleinen Mädchens richtet sich durch das Fenster ins Licht und in die Welt außerhalb der harten Fabrikarbeit. Statt die Welt als Kind zu entdecken, muss sie in der Fabrik arbeiten.

1 Werte Foto [2] mithilfe der Arbeitsschritte aus.
Starthilfe: *unbekannter Fotograf, Jungen, Sitzreihen, Kohlestücke, gebeugter Rücken ...*

[2] *Jungen arbeiten auf dem Gelände eines Kohlebergwerks.*. Ihre Aufgabe ist es, mit der Hand Steine aus der Kohle zu entfernen. Der Kohlenstaub ist für die Gesundheit sehr schädlich. Die Kinder arbeiten auf Holzbrettern sitzend in großen, zugigen Hallen, oft zehn bis elf Stunden am Tag, an sechs Tagen pro Woche. Foto, ohne Jahr.

Wahlseite Arbeiterkinder

1 Lies den Text und fasse die Inhalte der Seite mit deinen Worten zusammen. Arbeite gemeinsam mit deinem Lernpartner oder deiner Lernpartnerin. **Starthilfe:** *Nutze den Lese-Profi auf der letzten Seite im Buch.*

2 Berichte deinen Mitschülern welche Kleidung Jungen und Mädchen um 1900 trugen, wie lange sie arbeiten mussten und wie sie wohnten.

[1] *Jungen in einer Textilfabrik, USA.* Foto, 1909.

[2] *Mädchen verkaufen Zeitungen, USA.* Foto, um 1910.

Arbeiterkinder

Weil die **Löhne sehr niedrig** waren, reichte das Geld in Arbeiterfamilien oft nicht zum Überleben. Viele **Eltern** waren daher **gezwungen**, ihre Kinder **ab** einem Alter von **6 Jahren zum Arbeiten** zu schicken. Kinder bekamen noch **weniger Lohn** als Erwachsene. Oft wurden sie in der Textilindustrie und im Bergbau eingesetzt. Kinder mussten **6 Tage** die Woche **bis zu 14 Stunden** arbeiten. Viele Kinder wurden unter diesen Bedingungen **krank** oder **starben**.

Nur **wenige** Arbeiterkinder konnten regelmäßig **in die Schule** gehen. Erst 1878 wurde im Deutschen Reich das Mindestalter für Kinderarbeit auf 12 Jahre erhöht. Die Höchstarbeitszeit betrug ab dieser Zeit maximal 10 Stunden.

Kleidung

Jungen trugen meist einfache **Hosen und Hemden** aus Baumwolle. Als Kopfbedeckung waren **Mützen und Kappen** weit verbreitet. **Mädchen** trugen **Kleider mit Schürzen**. Um den Kopf banden sie sich gerne ein **Kopftuch**. Wenn Familien es sich leisten konnten, hatten Kinder für besondere Anlässe, wie den Kirchgang, ein besseres Kleidungsstück.

Wohnen

Im Laufe der Zeit zogen immer mehr Menschen in die Nähe der Fabriken, in denen sie arbeiteten. Es entstanden große Städte mit vielen **Mietshäusern**. Hier lebten oft große Familien mit **acht und mehr Personen in ein oder zwei Zimmern**. Die Menschen schliefen in Betten mit **Strohsäcken als Decke**. In der Regel mussten sich mehrere Kinder ein Bett teilen. Wasser musste anfangs an einem **Brunnen im Hof** geholt werden. Auch das **Klo** befand sich meist **im Hof**: ein Holzhäuschen mit Brett und einem großen Loch darin. Später gab es manchmal einen Wasseranschluss in der Küche und eine Toilette im Treppenhaus. Gekocht und geheizt wurde mit einem **Kohleofen** im Wohnraum.

Tipps für die Erarbeitung

- Führe gemeinsam mit deinen Mitschülern und Mitschülerinnen ein Gruppenpuzzle durch. Nutzt dazu die anderen Wahlseiten des Kapitels.

Wahlseite Arbeiterinnen

1 Informiere dich auf dieser Seite über die Bevölkerungsgruppe der Arbeiterinnen.

2 Präsentiere deine Ergebnisse in geeigneter Form in der Klasse.

[1] *Arbeiterinnen in einer Glühlampenfabrik.* Foto, um 1900.

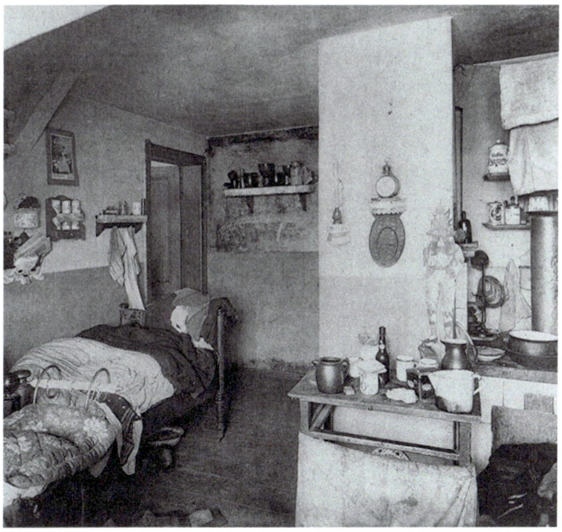

[2] *Wohnküche in Berlin.* Foto, 1907.

Arbeiterinnen

Arbeiterinnen sahen Erwerbsarbeit meist als Notwendigkeit und nicht als Traumberuf. Die Rolle der Frau war in der Regel die der Hausfrau und Zuverdienerin. Frauen wurden für Ihre Arbeit schlechter bezahlt als Männer. In den Fabriken wurden sie meist als billige und ungelernte Arbeitskraft* eingesetzt. Die Dauer und Häufigkeit von Krankheiten waren höher als bei Männern, was man zum großen Teil auf die Mehrfachbelastung von Haushalt und Kinderbetreuung zurückführen kann.
Arbeiterinnen hatten kaum Aufstiegsmöglichkeiten im Beruf. Oft war eine Heirat die einzige Möglichkeit, ihre Situation zu verbessern. Üblich war für Arbeiterfrauen eine Erwerbstätigkeit bis zur Ehe: 1882 waren in Deutschland 45 Prozent der 15- bis 20-jährigen Frauen erwerbstätig und nur 18 Prozent der 30- bis 40 jährigen. Im Laufe der Zeit arbeiteten immer mehr Frauen als Angestellte in Büros und Warenhäusern oder als Beamtinnen im Telefondienst.

Kleidung

Arbeiterinnen trugen einfache, lange Kleider oder lange Röcke mit Bluse. Über den Kleidern wurden häufig Schürzen* getragen. Hosen waren hingegen den Männern vorbehalten. Die Kleidung war meist aus einfachen Stoffen wie Baumwolle oder Leinen hergestellt. Als Kopfbedeckung im Alltag wurde oft ein einfaches Kopftuch getragen.

Wohnen

Wie die Arbeiter lebten Arbeiterinnen meist in kleinen, einfachen Wohnungen mit nur ein oder zwei Zimmern. In diesen Zimmern wurde mit mehreren Personen gekocht, gewohnt, geschlafen und gelebt. Privatsphäre gab es nicht. Arme Fabrikarbeiterinnen lebten teilweise als Schlafgängerin. Sie hatten nur ein Bett für die Nacht in einer Wohnung gemietet und mussten den Raum tagsüber verlassen.

* *die* **ungelernte Arbeitskraft:** Arbeiter oder Arbeiterin ohne Berufsausbildung

die **Schürze:** Kleidungsstück, das über der normalen Kleidung getragen wird, um diese vor Schmutz zu schützen

Tipps für die Erarbeitung

- Führe gemeinsam mit deinen Mitschülern und Mitschülerinnen ein Gruppenpuzzle durch. Nutzt dazu die anderen Wahlseiten des Kapitels.

☒ Wahlseite Angestellte

1 Informiere dich auf dieser Seite über die Bevölkerungsgruppe der Angestellten.

2 Präsentiere deine Ergebnisse in geeigneter Form in der Klasse.

[1] *Angestellte im Büro.* Foto, um 1900.

[2] *Bürgerliches Wohnzimmer.* Foto, um 1909.

Angestellte

Als Angestellte galten Arbeitskräfte, die überwiegend geistige Tätigkeiten verrichteten. Dazu zählte man z.B. Büroangestellte wie Buchhalter, Telefonisten, Sekretäre, Sachbearbeiter oder Abteilungsleiter. Es gab auch die Gruppe der technischen Angestellten, zu denen z.B. Zeichner, Ingenieure* und Chemiker gehörten. Auch Verkäufer waren Angestellte.
Oft hatten diese Berufsgruppen eine höhere Ausbildung und einen höheren Verdienst als Arbeiter. Damit verbunden war auch ein höheres gesellschaftliches Ansehen*.

Kleidung

Angestellte konnten sich mehr und bessere Kleidung leisten als Arbeiter. Männer trugen normalerweise Anzüge mit Hemd und Weste. Auf der Straße und beim Spaziergang trugen Männer fast immer einen Hut. Frauen trugen lange Röcke oder Kleider. In der Öffentlichkeit zeigte ein aufwendiger Hut den Wohlstand*. Die Stoffe und die Qualität dieser Kleidungsstücke waren meist besser als die der Arbeiterinnen und Arbeiter.

Wohnen

Auch wenn nicht alle Angestellten mehr Geld als Arbeiter verdienten, so konnten sich viele von ihnen eine größere Wohnung oder gar ein eigenes Haus leisten. In diesen Wohnungen gab es meist fließend Wasser und Badezimmer mit einer Toilette.
Höhere Angestellte hatten teilweise sogar eigenes Personal, wie z.B. ein Dienstmädchen. Die Frauen von besserverdienenden Angestellten hatten meist keinen Arbeitsplatz mehr und kümmerten sich als Hausfrauen um den Haushalt und die Kinder.

*

der **Ingenieur/***die* **Ingenieurin:** Berufsbezeichnung für studierte Menschen in technischen Berufen

das **gesellschaftliche Ansehen:** Hochachtung von anderen Menschen aufgrund der sozialen Stellung

der **Wohlstand:** genug Geld zur Verfügung haben

Tipps für die Erarbeitung

- Führe gemeinsam mit deinen Mitschülern und Mitschülerinnen ein Gruppenpuzzle durch. Nutzt dazu die anderen Wahlseiten des Kapitels.

☒ Wahlseite Unternehmer

1 Informiere dich auf dieser Seite über die Bevölkerungsgruppe der Unternehmer.

2 Präsentiere deine Ergebnisse in geeigneter Form in der Klasse.

[1] *Wohnung einer reichen Familie.* Foto, um 1910.

[2] *Kaffeetafel einer feinen Gesellschaft.* Foto, 1907.

Unternehmer

Unternehmer waren meist Besitzer einer Fabrik oder eines Betriebes. Ihnen gehörten in der Regel die Produktionsmittel*. Unternehmer konnten das Personal auswählen und die Bezahlung der Mitarbeiter festlegen. Ziel war es, einen größtmöglichen Gewinn zu erzielen. Dafür war es notwendig, die Kosten der Produktion möglichst niedrig zu halten. Gewinne konnten genutzt werden, um den Betrieb zu vergrößern. Ein Unternehmer trug jedoch auch alle Risiken seines Betriebes. So konnte bei ausbleibenden Gewinnen der Betrieb zu hohen Schulden führen.

Kleidung

Reiche Unternehmer konnten sich sehr teure Kleidung kaufen. Männer trugen feine Anzüge aus besten Stoffen. Frauen teure Kleider, Röcke und Blusen. Auffällige Hüte und Pelzkleidung waren ein Zeichen für Reichtum.

* *die* **Produktionsmittel:** für die Herstellung von Produkten benötigte Dinge wie Maschinen, Gebäude, Grundstücke, Werkzeuge, Rohstoffe etc.

Wohnen

Unternehmer konnten sich meist größere Wohnungen oder Häuser leisten als Angestellte. Auch die Möbel waren teurer. Sehr erfolgreiche Unternehmer wie Werner von Siemens oder Alfred Krupp erschufen Unternehmen mit mehreren zehntausend Mitarbeitern. Sie lebten in großen Villen mit etlichen Bediensteten (Gärtner, Köche, Kutscher, Butler, Zimmermädchen, Handwerker etc.). Ihre Kinder wurden oft von Kindermädchen großgezogen und von Privatlehrern unterrichtet.

[3] *Villa Hügel: das ehemalige Wohnhaus der Familie Krupp in Essen, erbaut 1873.* Foto, 2009.

Tipps für die Erarbeitung
- Führe gemeinsam mit deinen Mitschülern und Mitschülerinnen ein Gruppenpuzzle durch. Nutzt dazu die anderen Wahlseiten des Kapitels.

Die Soziale Frage

Welche sozialen Probleme entstanden durch die Industrialisierung?

[1] *Englische Karikatur „Reichtum und Armut" aus dem Jahr 1843. Links vor der verschlossenen Tür steht „Britannia" (Frau mit Anker) als Symbol für den Staat England, der nicht eingreift.* Zeichnung von R. J. Hamerton aus der Zeitschrift The Punch.

1 Beschreibe die Karikatur [1]. **Starthilfe:** *Unten rechts in der Karikatur sieht man …*

Die Lage der Arbeiter

Im Umfeld von Fabriken, Bergwerken und Eisenhütten* stieg die Einwohnerzahl der naheliegenden Städte stark an. Viele Menschen zogen an diese Orte, um Arbeit zu finden. Trotz harter Arbeit und Arbeitszeiten von 12–14 Stunden reichte der Lohn kaum aus, um eine Familie zu ernähren. Daher waren auch Frauen und Kinder gezwungen zu arbeiten. Wer als Arbeiter gegen die Arbeitsordnung verstieß oder Anweisungen nicht befolgte, konnte sofort entlassen werden. War man krank oder arbeitsunfähig, bekam man kein Geld. Es gab keine Rente und so mussten die Menschen möglichst lange arbeiten oder waren auf die Hilfe der Familie angewiesen.

Viele Menschen litten Hunger und waren schlecht ernährt. Besonders Kinder litten unter der Mangelernährung* und wurden krank. Da es noch keine Krankenversicherung gab, waren Ärzte für viele unbezahlbar. Kinder gingen nicht in die Schule und hatten so keine Chance, bessere Berufe zu erlernen, um der Armut zu entkommen.

2 Nenne Punkte, die du aus heutiger Sicht kritisieren würdest.

* *die* **Eisenhütte:** Anlage zur Eisengewinnung

die **Mangelernährung:** Der Zustand entsteht, wenn man zu wenig isst oder wenn man sich einseitig ernährt, z. B. nur von Kartoffeln.

Sprachspeicher

1: Nutze die Methodenseite „Karikaturen deuten", S. 46
gegen *die* Arbeitsordnung verstoßen · sich nicht an Regeln halten

an Hunger leiden · zu wenig zu essen haben · an einem Mangel leiden

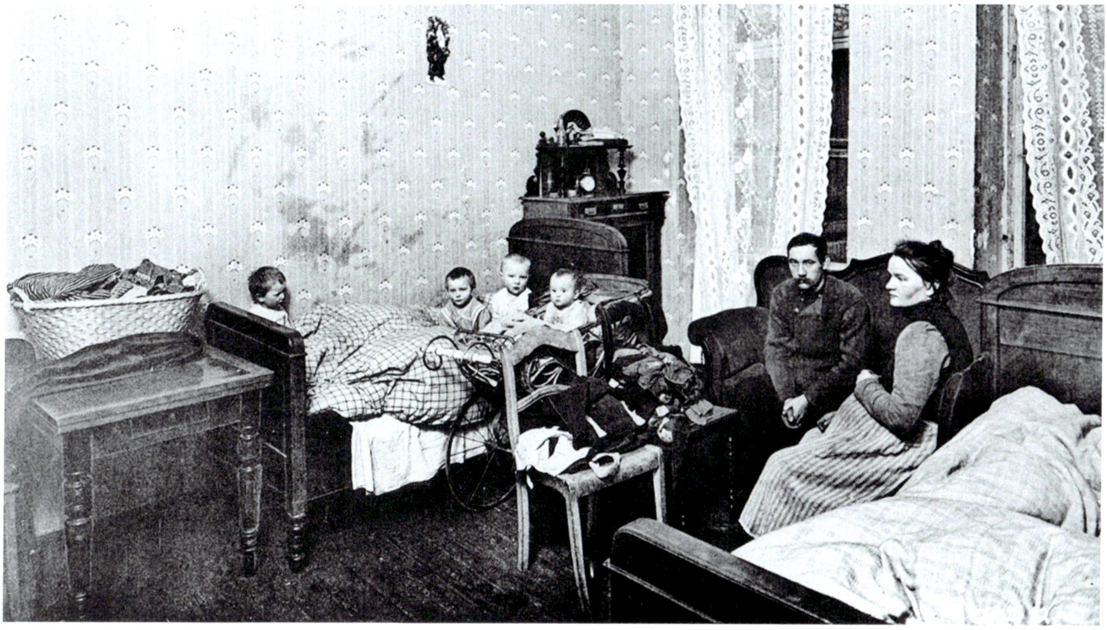

[2] *Wohn- und Schlafraum einer Arbeiterfamilie in Berlin.* Foto, 1912.

Was tun?

Was soll man tun, um die Lebensverhältnisse der Arbeiter zu verbessern? Diese Frage nannte man „Soziale Frage". Sie zu lösen, war eine gewaltige Aufgabe.

3 Erkläre mit eigenen Worten:
- Was versteht man unter der Sozialen Frage?
- Warum versuchte man, sie zu lösen?

Wohnverhältnisse

Bezahlbare Wohnungen waren knapp und so teilten sich oft mehrere Menschen ein oder zwei Zimmer. Um an Geld zu kommen, vermieteten viele ihre Betten tagsüber an Kollegen, die in der Nachtschicht arbeiteten und noch keine eigene Wohnung hatten. Gekocht und geheizt wurde mit einem Kohleofen. Die Toilette war auf dem Hof oder im Treppenhaus. Ein Badezimmer gab es nicht.

4 Beschreibe die Wohnverhältnisse der Arbeiter mit eigenen Worten. Nutze auch den Text [3].

Ein Arzt berichtet 1908 über die Wohnverhältnisse:

Fast 40 bis 50 Prozent aller Arbeiterwohnungen bestehen aus zwei Zimmern, werden bewohnt von Familien, die sechs bis zehn Köpfe stark sind. ... In gesundheitlicher Beziehung jeder Beschreibung spottend, wie den elenden, krankhaft aussehenden Insassen unschwer anzusehen ist. ... In einem Schlafraum mit zwei Bettgestellen ausgestattet, der nie gelüftet, noch seltener gereinigt wird ... kampieren oft bis zehn Personen, vier Kinder in einem Bette, zwei am Kopf und zwei am Fußende, ohne Rücksicht auf Alter und Geschlecht.

[3] nach: de Buhr, H. u. a. (Hg.): Industrielle Revolution und Industriegesellschaft, Frankfurt a. M., 1983, S. 46

Wähle einen der Arbeitsaufträge aus:

- Gestalte ein Protestplakat mit Forderungen der Arbeiter. **Starthilfe:** *Arbeitszeiten, Bezahlung, Wohnung*
- Schreibe einen Bericht aus Sicht eines 14-jährigen Kindes, das in einer Arbeiterfamilie lebt.

Sprachspeicher

eine Familie hat zehn Mitglieder • eine Familie ist zehn Köpfe stark

jeder Beschreibung spotten > etwas ist so schlimm, dass man es nicht mit Worten sagen kann • in einem Zelt kampieren > in einem Zelt wohnen

Gemeinsam sind wir stark

Wie versuchten die Arbeiter, ihre Lage zu verbessern?

[1] *Arbeiter und Unternehmer.* Gemälde von Stanislaw Lentz, 1895.

1 Beschreibe Bild [1]. Vermute, worum es bei dem Gespräch gehen könnte.

Die Arbeiter organisieren sich

Vielen Unternehmern waren die Arbeitsbedingungen ihrer Arbeiter egal. Sie hatten kein Interesse, die Lage der Arbeiter zu verbessern. Sie fürchteten, dadurch Geld und die Kontrolle zu verlieren. Die Arbeiter erkannten, dass sie nur gemeinsam etwas erreichen konnten. Sie schlossen sich zusammen und organisierten Streiks*. Doch während der Streiks erhielten sie keinen Lohn. Daher gründeten die Arbeiter Gewerkschaften. Das waren Zusammenschlüsse von Arbeitern aus mehreren Fabriken. Das Ziel von Gewerkschaften war es, Forderungen durchzusetzen und die Lage der Arbeiter zu verbessern. Bei Streiks erhielten die Mitglieder Geld aus einer gemeinsamen Kasse, in die monatlich eingezahlt wurde.

2 Erkläre, warum sich Arbeiter gemeinsam organisierten.

* *der* **Streik:** Verweigerung der Arbeit, um Forderungen durchzusetzen

Eine Partei für die Arbeiter

1863 gründete sich in Leipzig der Allgemeine deutsche Arbeiterverein. In den folgenden Jahren entstand daraus die Sozialdemokratische Partei Deutschlands (SPD). Ziel war es, dass auch die Arbeiter im Staat mitbestimmen durften. Politische Forderungen waren unter anderem eine gesetzliche Rente, Lohnfortzahlung im Krankheitsfall, eine Krankenversicherung, kürzere Arbeitszeiten, Wahlrecht für alle ab 20 Jahren und die Abschaffung der Kinderarbeit. Innerhalb weniger Jahre unterstützte eine große Wählerschaft diese Partei.

3 Zähle auf, welche Forderungen die SPD damals stellte.

Zur Gründung des Arbeitervereins verfasst der Dichter Georg Herweg das „Bundeslied". Darin heißt es:

„... Mann der Arbeit, aufgewacht!
Und erkenne Deine Macht!
Alle Räder stehen still,
Wenn Dein starker Arm das will. ..."

4 Vermute, was der Dichter damit aussagen will.

Sprachspeicher

Forderungen durchsetzen · sich gemeinsam organisieren · sich zusammenschließen · zu einem Streik aufrufen · einen Streik organisieren

[2] *Der Streik. Das Streiken war in Deutschland vor 1919 nicht erlaubt.* Gemälde von Robert Koehler, 1886.

5 Beschreibe Bild [2]. Achte dabei auf einzelne Personen und Gruppen.

6 Beschreibe, wie der Staat gegen die frühe SPD vorging.

Die SPD wird vom Staat verfolgt

Kaiser, Adel und viele Bürger sahen die SPD mit großem Misstrauen. Sie fürchteten, Macht und ihren Einfluss zu verlieren. Für Arbeiter hatten sie kein Verständnis. Adel und Bürgertum konnten sich nicht vorstellen, das „ungebildete" Arbeiter in einem Staat politische Verantwortung übernehmen konnten.
1878 wurden Attentate* auf Kaiser Wilhelm I. verübt. Der Kaiser überlebte. Doch Reichskanzler Otto von Bismarck nutzte die Situation aus. Er gab den Sozialdemokraten die Schuld an den Attentaten, obwohl sie nichts damit zu tun hatten. Bismarck erließ daraufhin das Sozialistengesetz. Es trat 1878 in Kraft. Den Sozialdemokraten wurde jede Tätigkeit verboten. Ihre Mitglieder durften sich nicht mehr treffen und keine Texte veröffentlichen. Viele Mitglieder verloren ihren Arbeitsplatz. Die Anführer der SPD wurden mit Gefängnis bestraft. Doch die Arbeiter gaben nicht auf. 1889 kam es zu einem großen Streik. In der Folge wurde das Sozialistengesetz im Jahr 1890 wieder aufgehoben.

* *das* **Attentat:** Mordanschlag auf eine oder mehrere Personen

[3] *Während der Zeit der Sozialistengesetze organisierten sich die Sozialdemokraten heimlich in Turnvereinen.* Fahne von 1883. Foto.

Wähle einen der Arbeitsaufträge aus:

- Gestalte Sprechblasen für die Personen in Bild [2]. **Starthilfe:** *Wir sind wütend auf … Die Kinder hungern, weil …*
- Entwickle zu Bild [1] oder [2] eine kurze Spielszene. Berücksichtige dabei die Stimmung der Beteiligten.
- Gestalte ein Plakat mit dem Titel: „Die Bewegung der Arbeiter". Nutze die Materialien und Texte dieser Doppelseite.

Sprachspeicher
kein Verständnis haben > sich nicht in etwas hineinversetzen können

Üben

Lösungsversuche

Wie sollte man die Soziale Frage lösen?

[1] *Jungenwerkstatt im „Rauhen Haus" in Hamburg, das 1833 gegründet wurde.* Holzstich, um 1855.

Kirchliche Sozialbewegung

Das Elend der Arbeiter, ihrer Frauen und Kinder machte es notwendig, nach Lösungen für dieses Problem zu suchen. Schon in der ersten Hälfte des 19. Jahrhunderts setzten sich evangelische und katholische Geistliche mit der Sozialen Frage auseinander.

1833 gründete der evangelische Pfarrer Johann Heinrich Wichern (1808 – 1848) in Hamburg das *Rauhe Haus*. Hier wurden verwaiste, straffällige und obdachlose Kinder aufgenommen. Die Kinder lebten dann in familienähnlichen Wohngruppen und erhielten in der Einrichtung eine berufsvorbereitende Ausbildung.

Großen Einfluss übte auch Adolf Kolping (1813 – 1865) aus. Er machte zunächst eine Lehre als Schuhmacher und erlebte die schwierigen Lebensumstände der wandernden Handwerksgesellen* am eigenen Leibe. Später wurde er katholischer Priester und gründete überall in Deutschland *Kolpinghäuser*. Hier erhielten jüngere und alleinstehende Handwerksgesellen Unterkunft und Verpflegung.

1 Zähle stichpunktartig die im Text genannten Hilfen auf.

Unternehmer reagieren

Einzelne Unternehmer versuchten, das Elend der Arbeiter zu verringern. So gründete Alfred Krupp in seinem Betrieb schon 1838 eine Krankenkasse und 1858 eine Pensionskasse*. Krupp und andere Unternehmer ließen auch Werkswohnungen bauen, in denen Arbeiter vergünstigt wohnen konnten. Krupps Werksangehörige konnten in speziellen Geschäften preisgünstig Nahrungsmittel und Kleidung kaufen. Vereinzelt errichteten Unternehmer auch Schulen und Krankenhäuser für ihre Arbeitskräfte.

2 Nenne mögliche Gründe von Unternehmern, ihre Arbeiter besser zu behandeln.

* *der* **Handwerksgeselle:** Handwerker mit abgeschlossener Berufsausbildung

die **Pensionskasse:** Altersversorgung, nichtstaatliche Rentenkasse

Sprachspeicher

der Geistliche • *die* Nächstenliebe • obdachlose Kinder aufnehmen • *das* Elend verringern

die Werkswohnungen • vergünstigt wohnen

Das Kommunistische Manifest

Eine grundsätzliche Verbesserung der Lage der Arbeiter strebten auch Karl Marx und Friedrich Engels an. Sie wollten eine Gesellschaft, in der alle Menschen gleichberechtigt sind. Die Fabrikanten sollten enteignet* und die Arbeiter selbst die Eigentümer der Fabriken werden. Diese Veränderungen sollten laut Marx und Engels durch eine gewaltsame Revolution der „Proletarier"* gegen die „Kapitalisten"* Wirklichkeit werden. Wie eine solche Gesellschaft entstehen könnte beschreiben sie im „Kommunistischen Manifest*".

Auszug aus dem Kommunistischen Manifest: ...
Die Kommunisten ... erklären das offen, dass ihre Zwecke nur erreicht werden können durch den gewaltsamen Umsturz aller bisherigen Gesellschaftsordnungen. Mögen die herrschenden Klassen vor einer kommunistischen Revolution* zittern. Die Proletarier haben nichts in ihr zu verlieren als ihre Ketten. Sie haben eine Welt zu gewinnen.

[3] Marx, Karl; Engels, Friedrich: Manifest der Kommunistischen Partei, London, 1848, S. 23

3 Beschreibe, wie Marx und Engels die Soziale Frage lösen wollten.

[4] *Friedrich Engels (l.), Karl Marx (r.).* Fotos, 1880.

[2] *Unterkünfte armer Arbeiter am Stadtrand von Berlin.* Holzstich, 1872.

* **enteignen:** Eigentum wegnehmen

der **Proletarier:** Lohnarbeiter

der **Kapitalist:** Person, die in (eigene) Unternehmen investiert, um mehr Geld zu erhalten

das **Kommunistische Manifest:** Streitschrift mit Positionen von Marx und Engels

Wähle einen der Arbeitsaufträge aus:

- Schreibe ein Gespräch zu folgender Situation: Ein Kind unterhält sich mit seiner Freundin über den Umzug aus einer Baracke [2] in eine neue Arbeiter-Siedlungswohnung. **Starthilfe:** *Ich freue mich darauf, weil ... Ich möchte gern ... Ich bin traurig, weil ...*
- Erstelle ein Plakat über eine der in den Texten genannten Personen und stelle es der Klasse vor.
- Schreibe einen Brief aus der Sicht eines Fabrikbesitzers an Karl Marx und Friedrich Engels.

Sprachspeicher
die grundsätzliche Verbesserung · *die* gleichberechtigte Gesellschaft
der gewaltsame Umsturz · *die* herrschenden Klassen · *die* Ketten verlieren > befreit werden

Üben

Reformen statt Revolution

Wie reagierte der deutsche Staat auf die Soziale Frage?

[1] *Zwei junge Bergarbeiter.* Foto, 1908.

1 Gib das Gespräch der Arbeiter [1] in eigenen Worten wieder.

2 Vermute, welche Probleme sich für die Familie des Arbeiters Karl ergaben.

Die Einführung der Sozialversicherung

Zu Beginn der Industrialisierung hatten die Arbeiter keine Sicherheiten. Wer nicht mehr arbeiten konnte, der erhielt keinen Lohn. Der durchschnittliche Lohn eines Arbeiters lag um 1890 bei ca. 2,5 Mark am Tag, eine Arbeiterin verdiente ca. 1,5 Mark am Tag. Der Staat half den Arbeitern in Notlagen nicht: Wenn sie krank, arbeitslos oder alt wurden, bekamen sie keine Unterstützung. Gegen diese Zustände gab es immer mehr Proteste aus der Arbeiterschaft. Diese reichten von Streiks bis hin zu Aufrufen zu einer gewaltsamen Revolution nach den Ideen von Marx und Engels. Der deutsche Reichskanzler Bismarck erkannte diese Stimmungen, die den Staat und die Machthabenden bedrohten. Um die Gefahr abzuwenden, führte die Regierung ab 1883 Sozialversicherungen ein. Sie sollten die Not der Arbeiter lindern.

3 Beschreibe, warum die Sozialversicherungen eingeführt wurden.

Die Entwicklung der Sozialversicherungen:

1883 Krankenversicherung

Wenn man krank wurde, bezahlte die Versicherung Arztbesuche und Medizin; nach zweitägiger Wartezeit Krankengeld (50 % des Durchschnittslohns, max. 2 Mark/Tag).

1884 Unfallversicherung

Nach Unfällen wurden Heilungskosten übernommen. Bei Erwerbsunfähigkeit (Invalidität) bekam man 2/3 des Einkommens; 1/5 für Witwen.

1889 Rentenversicherung

Ab dem 70. Lebensjahr und nach 30 Beitragsjahren bekam man eine Rente von durchschnittlich 187 Mark pro Jahr.

1911 Rente für Hinterbliebene

Ab dieser Zeit bekamen auch Hinterbliebene eine Rente.

(Erst 1927 wurde die Arbeitslosenversicherung eingeführt.)

[2] Autorentext.

4 Erstelle ein Schaubild zur Entwicklung der Sozialversicherungen.

Sprachspeicher

die Erwerbsunfähigkeit • *die* Invalidität

[3] *Amtliches Schaubild zur Sozialversicherung;* Ausschnitt, 1914.

Wer zahlte die Beiträge?
Um die Leistungen der Krankenversicherungen zu ermöglichen, mussten sowohl Arbeiter als auch Unternehmer einen monatlichen Beitrag leisten. Zwei Drittel des Versicherungsbeitrags zahlte der Arbeiter und ein Drittel der Arbeitgeber. In die Rentenversicherung wurde im Verhältnis 50:50 eingezahlt. Nur die Unfallversicherung bezahlte der Arbeitgeber zu 100 Prozent.

Die Wirkung der Sozialversicherungen
Die Versicherungen waren etwas völlig Neues. Nirgendwo auf der Welt gab es damals etwas Vergleichbares. Der deutsche Staat wollte beweisen, dass er sich auch um seine Arbeiter kümmerte. Bismarck hoffte, dass sich die Arbeiterparteien auflösen würden. Doch das geschah nicht. Grundsätzlich begrüßten viele Arbeiter die Einführung der Sozialversicherungen. Doch die geringen Leistungen der Versicherungen reichten in ihren Augen nicht aus, um die Not wirkungsvoll zu lindern. So musste man, um eine Rente zu bekommen, 70 Jahre alt werden. Dieses Alter erreichten damals nur wenige Arbeiter. Da die Löhne meist sehr gering waren, reichte ein Krankengeld in Höhe von 50 Prozent des Lohnes meist kaum zum Überleben.

5 Bewerte die Einführung der Sozialversicherung aus Sicht der Arbeiter.

Wähle einen der Arbeitsaufträge aus:

- Zwei Arbeiter unterhalten sich 1883 über die Einführung der Sozialversicherung. Der eine findet sie gut, der andere ist kritisch. Finde Argumente, die für die Sozialversicherung sprechen (pro) und welche, die gegen sie sprechen (kontra). **Starthilfe:** *pro: Eine Absicherung bei Krankheit ist gut, weil ... ; kontra: Wenn man nur die Hälfte des Lohns bei Krankheit bekommt, reicht das aber nicht ...*
- Erstelle eine Mindmap zur Einführung der Sozialversicherungen.
- Erkundige dich, wie Beschäftigte heute sozialversichert sind. Erstelle dazu eine Übersicht.

Sprachspeicher
der Versicherungsbeitrag · *die* Not lindern

: Spreche mit Erwachsenen und informiere dich zusätzlich im Internet.

Veränderungen in der Arbeitswelt

Ist der Industrialisierungsprozess zu Ende?

[1] *Fertigung von Lokomotiven in Berlin.* Holzstich, 1847.

[2] *Fließbandproduktion von Staubsaugern.* Foto, 1926.

1 Beschreibe die Abbildungen [1–4]. Finde Unterschiede und Gemeinsamkeiten.

Veränderungen und kein Ende

Im mittelalterlichen Handwerksbetrieb stellten ein Meister und seine Gesellen ein Werkstück vollständig selbstständig her. Dies geschah durch Handarbeit und die Ware war meist für einen lokalen Markt* bestimmt.
In der Fabrik des 19. Jahrhunderts arbeiteten Lohnarbeiter für einen Unternehmer. Maschinen übernahmen einen großen Teil der Produktion. Die Produkte waren jetzt oft für das In- und Ausland gedacht.
Diese Veränderungen in der Arbeitswelt gingen auch nach der industriellen Revolution weiter und endeten nicht mit der Dampfmaschine und der Arbeit in der Fabrik.

2 Nenne Unterschiede zwischen der mittelalterlichen Arbeitsweise und der industriellen Produktion.

* *der* **lokale Markt:** Käufer und Anbieter von Waren sind in der Umgebung

Entwicklungsstufen der Industrie

Erfindungen, Weiterentwicklungen aber auch Forderungen der Beschäftigten verändern die Arbeitswelt ständig.

Industrie 1.0

Um 1800 ermöglichen Dampfmaschinen und Fabriken die Massenproduktion. Eisenbahnen und Dampfschiffe erleichtern den Transport und die Fortbewegung.

Industrie 2.0

Um 1900 ersetzen elektrisch angetriebene Maschinen zunehmend die Dampfmaschinen. Henry Ford setzt 1913 die moderne Fließbandarbeit in der Automobilindustrie ein. Arbeiter führen jetzt, an einem sich bewegenden Band, immer nur einen kleinen Arbeitsschritt aus. Telefon, Telegramme und Schreibmaschine verändern die Arbeit im Büro. Autos und Flugzeuge machen die Menschen mobiler.

Sprachspeicher
der Handwerksbetrieb · *der* Meister · *die* Arbeitswelt · *die* Fließbandarbeit

[3] *Schweißroboter in der Autoindustrie.* Foto, 2009.

[4] *Computergestützte Produktion in der Industrie 4.0.* Foto, 2020.

Industrie 3.0

Ab 1970 übernehmen Computer und Roboter immer mehr Arbeiten. Das wichtigste Elektronikbauteil wird der Mikrochip*. Im Büro werden Computer unersetzlich.

* *der* **Mikrochip:** kleines elektronisches Bauteil mit einer elektronischen Schaltung

Industrie 4.0

Ab 2020: Maschinen sollen sich durch künstliche Intelligenz* möglichst selbst steuern und Entscheidungen treffen. Die Industrie und die Maschinen sind dazu über digitale Systeme (Internet, 5G) vernetzt. Man nennt eine stark digitalisierte Fabrik auch Smart Factory.
In einer Fabrik 4.0 führen intelligente Maschinen selbstständig Fertigungsprozesse* durch, Serviceroboter unterstützen Menschen, fahrerlose Transportfahrzeuge erledigen den Materialtransport und Maschinen erkennen Fehler und können sich zum Teil selbstständig reparieren.

3 Beschreibe die Entwicklungsschritte von der Industrie 1.0 zur Industrie 4.0

Chancen und Herausforderungen

Im Idealfall steigert die Industrie 4.0 Produktivität und Effizienz. Ressourcen und Arbeitskräfte werden eingespart. Kleinstserien und Einzelstücke können ohne hohe Zusatzkosten hergestellt werden. Arbeitsplätze fallen dafür in vielen Bereichen weg. Beschäftigte müssen umgeschult werden. Der Datenschutz und die Sicherheit von Computersystemen stellen Unternehmen und die Gesellschaft vor große Herausforderungen.

* *die* **künstliche Intelligenz:** Ein Computerprogramm erkennt und sortiert selbstständig Informationen. Das Programm lernt dabei durch Wiederholungen dazu.

der **Fertigungsprozess:** Reihenfolge von Arbeitsschritten zur Herstellung eines Produkts

Wähle einen der Arbeitsaufträge aus:

- Erstelle eine Zeitleiste zum Thema „Von der Industrie 1.0 zur Industrie 4.0".
- Erstelle eine Mindmap, wie eine Industrie 5.0 aussehen könnte.
- „Technische Neuerungen sind der Motor der Wirtschaft." Nimm Stellung zu dieser Aussage.

Sprachspeicher
das Elektronikbauteil • *die* Intelligenz • *der* Serviceroboter

Computer steuern Maschinen • Beschäftigte müssen sich weiterbilden • Beschäftigte müssen Neues lernen

Das kann ich!

Versuche zunächst, die Aufgaben auf dieser Doppelseite zu lösen, ohne im Kapitel nachzusehen. Wenn du Hilfe brauchst, kannst du bei den Aufgaben nachschlagen. Dort sind in Klammern die Seiten angegeben.

die Dampfmaschine	Frage, wie man die Not der Arbeiter bekämpfen konnte
die Fabrik	Sammelbegriff für gesetzlich vorgeschriebene Kranken-, Renten-, Arbeitslosen- und Unfallversicherung
Alfred Krupp	Antriebsmaschine (1769 von James Watt konstruiert)
die Soziale Frage	Auswirkung der Industrialisierung auf die Umwelt
die Sozialversicherung	Bezeichnung für die Gewinnung von Bodenschätzen (z. B. Kohle und Eisenerz)
der Bergbau	Besitzer eines Unternehmens (Fabrik/Bergwerk o. Ä.)
der Unternehmer	Zusammenschluss von Arbeitnehmern zur Durchsetzung ihrer Interessen
die Gewerkschaft	Besitzer einer Guss-Stahlfabrik in Essen
die Umweltverschmutzung	Produktionsstätte (mit Maschinen ausgestattet)

[1] Begriffe und ihre Bedeutung.

[2] *Automobilproduktion bei Hanomag in Hannover.* Foto, um 1925.

[3] Wortwolke.

Stadt/Einwohner	1800	1900
Essen	4.000	119.000
Berlin	172.000	1.889.000
Manchester (GB)	77.000	544.000
Liverpool (GB)	82.000	685.000
Arbeiter in:	**1780**	**1900**
Landwirtschaft	65 %	38 %
Industrie	19 %	37 %

[4] Autorentext, Wohnen und Arbeiten 1800 und 1900.

Sachkompetenz

1 Ordne den Begriffen auf der linken Seite [1] die jeweils passende Erklärung zu.

2 Beschreibe, wie die industrielle Revolution mit der Textilindustrie in England begann. Nutze dazu die Wortwolke [3]. (S. 74/75)

3 Beschreibe die Folgen der Industrialisierung für die Umwelt. (S. 79)

4 Stelle die soziale Lage der Arbeiter in der Zeit um 1870/80 dar. (S. 84/85, 88/89)

5 Nenne Lösungsansätze für die Soziale Frage. (S. 92 – 95)

6 Erkläre, wie sich die Industrie seit der 1. industriellen Revolution weiterentwickelt hat. (S. 96/97)

Methodenkompetenz

7 Werte die Statistik [4] aus. Erläutere, welche Entwicklungen ablesbar sind und wodurch sie verursacht wurden. (S. 74 – 77)

8 Analysiere das Foto [2]. Nutze dabei die Schritte auf S. 82/83.

Urteilskompetenz

9 Beurteile, ob die industrielle Revolution den Menschen mehr Vor- oder Nachteile brachte.

10 Beurteile, ob Reichskanzler Bismarck die Sozialversicherungen nur zum Wohl der Arbeiter einführte. (S. 94/95)

Teste dich

GWINN
15

Einigkeit und Freiheit? – Nationalstaaten im 19. Jahrhundert

Die deutsche Fußballnationalmannschaft der Frauen bei der Europameisterschaft 2022
Deutschlandfahnen sind bei internationalen Fußballspielen ein normales Bild. Auch die Nationalhymne wird gespielt und gesungen.

1 Beschreibe das Bild.
2 Berichte, wo dir die Deutschlandfahne und die Nationalhymne noch begegnen.
3 Schreibe die Nationalhymne auswendig auf oder notiere, was du zur Fahne oder zur Hymne wissen möchtest.

Schauplatz Nation und nationale Symbole

Fußball spielen für Deutschland
Das ist für die Frauennationalmannschaft nicht so selbstverständlich wie für die Männernationalmannschaft. Noch bis 1970 war Fußball für Frauen in Deutschland verboten. Erst im Jahr 1991 fand die erste Fußball-WM der Frauen statt.
Auch in der Politik mussten die Frauen hart dafür kämpfen, dieselben Rechte zu bekommen wie die Männer. Das Wahlrecht für Frauen wurde in Deutschland erst im Jahr 1919 eingeführt.

[2] *Bundesadler im Zeichen des Deutschen Fußballbundes,* Foto, 2022.

Nationalsymbole zur Wiedererkennung
Jede Nation hat verschiedene Symbole*, an denen sie zu erkennen ist. Sie dienen gewissermaßen als Erkennungsmerkmal. Wenn jemand ein solches Symbol trägt, kann man als Angehörige oder Angehöriger einer Nation erkannt werden. Beim Fußball ist es ähnlich: Fans einer Mannschaft erkennen sich am Trikot oder Schal. Gleichzeitig dienen diese Nationalsymbole auch als Abgrenzung gegen andere Nationen. Wer sie nicht trägt oder Symbole anderer Staaten trägt, gehört nicht dazu. Auch das kennen wir vom Sport und besonders vom Fußball. Bei Länderspielen ist an den Flaggen zu erkennen, wo im Stadion die Fans welcher Mannschaft sitzen.

* *das* **Symbol:** ein Zeichen, das für etwas steht – wie eine Flagge oder *der* Bundesadler

[1] *Die Nationalflagge der Bundesrepublik Deutschland vor dem Reichstagsgebäude in Berlin.* Foto, 2016.

Aber was ist eigentlich eine Nation?
Im Wort Nationalstaat steckt das Wort „national". Dieses Wort ist das Adjektiv zum Nomen „Nation". Wenn man ausdrücken möchte, dass etwas mit der Nation zu tun hat, kann man das Wort „national" verwenden. So gibt es Nationalhymnen, Nationalflaggen, Nationalwappen, aber eben auch Nationalmannschaften und nationale Wettkämpfe im Sport. Im Bereich der Kultur gibt es Nationalmuseen und Nationaltheater.
Aber was ist eigentlich eine Nation? Der Begriff stammt aus dem Lateinischen und bedeutet ursprünglich „Volk" oder „Herkunft". Heute verwendet man ihn oft, wenn man einen Staat meint, wie etwa Deutschland. Auch spricht man von einer Nation, wenn man ausdrücken möchte, dass Menschen zusammengehören, weil sie eine gemeinsame Sprache haben, weil sie als Gruppe eine gemeinsame Geschichte haben oder weil sie sich einer Gesellschaft zugehörig fühlen.

[3] *Der Bundesadler im Plenarsaal des Deutschen Bundestages in Berlin.* Foto, 2005.

[4] *„Das Lied der Deutschen", 3. Strophe, die Nationalhymne der Bundesrepublik Deutschland.* Text: Hoffmann von Fallersleben (1841), Musik: Joseph Haydn (1797).

Die Nationalflagge und das Nationalwappen

Die schwarz-rot-goldene Nationalflagge [1] wurde 1848 zum ersten Mal offiziell für einen deutschen Staat benutzt. Als Erkennungszeichen der Deutschen ist sie aber noch älter. Das Grundgesetz bestimmt in Artikel 22: Die Bundesflagge ist schwarz-rot-gold.

Das deutsche Nationalwappen ist der Bundesadler [2, 3]. Er findet sich z. B. auf offiziellen Dokumenten oder Uniformen und Trikots. Im Plenarsaal des Bundestages hängt ein besonders großes und schweres Exemplar des Bundesadlers: Es ist aus Aluminium und 8,5 Meter hoch und 6,5 Meter breit und wiegt 2,5 Tonnen. Dieser Bundesadler wird deshalb auch scherzhaft als „fette Henne" bezeichnet.

[5] *Im Bundestag wird die Nationalhymne bei einer Gedenkveranstaltung gespielt*, Foto, 2023.

Nationalhymne

Auch die deutsche Nationalhymne [4] stammt bereits aus dem 19. Jahrhundert. Der Dichter Hoffmann von Fallersleben hat „Das Lied der Deutschen" 1841 geschrieben. Da die ersten zwei Strophen von den Nationalsozialisten missbraucht wurden, wurde nach dem Zweiten Weltkrieg entschieden, dass nur die dritte Strophe des Liedes als Nationalhymne der Bundesrepublik Deutschland gilt. Seit 1991 ist sie die Nationalhymne des vereinten Deutschlands.

Wähle einen der Arbeitsaufträge aus:

- Recherchiere weitere Informationen zum Bundesadler unter Bundestag.de.
- Erstelle eine Collage mit den Nationalsymbolen der Herkunftsländer deiner Mitschülerinnen und Mitschüler.
- Gestalte eine Diashow mit Bildern der deutschen Nationalsymbole und hinterlege sie mit der Nationalhymne.

Orientierung

Sieg über Napoleon

Napoleon eroberte weite Teile von Europa. 1812 nahm er sogar Moskau ein. Seine Armee wurde vom sehr kalten Winter in Russland überrascht, von den vermutlich 450.000 Soldaten überlebten nur 18.000. Die europäischen Großmächte Großbritannien, Russland, Österreich und Preußen verbündeten sich daraufhin gegen Napoleon. Dies rief auch in Deutschland große Kampfesfreude hervor. Viele junge Männer meldeten sich freiwillig zum Kampf gegen die Franzosen. In der Völkerschlacht bei Leipzig konnte Napoleons Armee 1813 geschlagen werden.
Er wurde auf die Mittelmeerinsel Elba verbannt. Von dort versuchte er 1815, noch einmal die Macht zu ergreifen. Bei Waterloo wurde er ein weiteres Mal geschlagen und auf die Insel St. Helena im Südatlantik ins Exil geschickt, wo er 1821 starb.

1 Erkläre mithilfe des Textes, warum die Denkmäler auf den Bildern [1] und [2] errichtet wurden.

Neuer Schwung für die deutsche Idee

Der Sieg über Napoleon beflügelte das Nationalgefühl in Deutschland. In zahlreichen Städten entstanden Denkmäler, die an den Sieg über Napoleon erinnerten.
Viele Deutsche träumten von einem vereinten Deutschland. Durch Napoleon war nicht nur der Krieg über Europa gekommen. Auch die freiheitlichen Gedanken der französischen Revolution verbreiteten sich in Europa. So gab es auch in den deutschen Staaten immer mehr Menschen, die über Politik nachdachten und sich neben dem Nationalstaat auch Meinungs- und Pressefreiheit wünschten und sich durch Wahlen an der Politik beteiligen wollten. Sollten diese Hoffnungen nun erfüllt werden?

[1] *oben: Das Waterloo-Tor ist ein Denkmal in Osnabrück und wurde 1817 errichtet. Es erinnert an die Osnabrücker Soldaten, die an der Schlacht bei Waterloo teilgenommen haben.* Foto, 2013.

[2] *rechts: Die Waterloo-Säule in Hannover von 1832 erinnert an den Sieg in der Schlacht bei Waterloo, den Großbritannien, Hannover und Preußen gemeinsam gegen Napoleon errungen hatten.* Foto, 2010.

▶ **1815**
Wiener Kongress / Gründung des Deutschen Bundes

▶ **1817**
Wartburgfest: Studenten und Professoren demonstrieren für Freiheit und Einheit

▶ **1819**
Karlsbader Beschlüsse: Die Fürsten überwachen die Universitäten und kontrollieren die Presse

▶ **1830**
Revolutionen in Frankreich und Polen

▶ **1832**
Hambacher Fest

▶ **1848/49**
Revolutionen in Deutschland
Nationalversammlung

▶ **1862**
Otto von Bismarck wird Ministerpräsident in Preußen

▶ **1864**
Preußen führt Krieg gegen Dänemark

▶ **1866**
Preußen führt Krieg gegen Österreich

▶ **1870/71**
Preußen führt Krieg gegen Frankreich
Gründung des Deutschen Kaiserreichs

Einigkeit und Freiheit? Nationalstaaten im 19. Jahrhundert

Die Neuordnung Mitteleuropas

Was geschah nach dem Sieg über Napoleon?

[1] *Der Deutsche Bund 1815.* Karte.

Der Wiener Kongress

Nach dem Sieg über Napoleon musste Europa neu geordnet werden. Die Großmächte hatten ein großes Interesse daran, alles wieder so zu ordnen, wie es vor Napoleon gewesen war. Das nennt man Restauration*. So schlossen sich der Zar von Russland, der Kaiser von Österreich und der König von Preußen zur sogenannten „Heiligen Allianz" zusammen, um gegen alle nationalen und freiheitlichen Ziele der Menschen zu kämpfen. Die Menschen waren davon sehr enttäuscht, besonders auf dem Gebiet des späteren Deutschlands. Sie hatten auf einen einheitlichen deutschen Staat und eine Volksvertretung gehofft. Diese hatte der preußische König versprochen, um Kämpfer gegen Napoleon zu gewinnen. Sein Versprechen hielt er im Wiener Kongress nicht ein.

1 Benenne die Ziele der Fürsten auf dem Wiener Kongress.

2 Vergleiche die Karte [2] auf Seite 63 und die Karte [1] auf dieser Seite und beschreibe die Gebietsveränderungen nach dem Wiener Kongress. Arbeite mit einem Partner oder einer Partnerin, damit ihr eure Bücher nebeneinanderlegen könnt.

* *die* **Restauration:** Wiederherstellung des alten Zustands nach einer Revolution oder einem Aufstand

Sprachspeicher
von etwas enttäuscht sein

1: Die europäischen Fürsten hatten zum Ziel, dass ...

[2] *Europas Herrscher auf dem Wiener Kongress.* Unbekannter Künstler, Radierung/Aquarell, um 1815.

3 Beschreibe Bild [2]: Was tun die Fürsten?

Lange Verhandlungen

Der Wiener Kongress* wurde vom österreichischen Außenminister Fürst Klemens von Metternich geleitet. In Wien trafen sich Abgesandte oder Herrscher aus ungefähr 200 europäischen Staaten und Städten. Fast alle Staaten Europas waren vertreten. Die Verhandlungen dauerten zehn Monate lang. Neben offiziellen Verhandlungsterminen, wie auf Bild [2] zu sehen, gab es auch inoffizielle Treffen, auf denen weiterdiskutiert wurde. So wurden viele Gespräche z.B. beim Abendessen geführt. Am 9. Juni 1815 wurden die vereinbarten Verträge beschlossen.

4 Erkläre, warum die Menschen in den deutschen Staaten nach dem Wiener Kongress enttäuscht waren.

Der Deutsche Bund

Die europäischen Herrscher, besonders die Großmächte Österreich, Großbritannien und Russland, wollten verhindern, dass in der Mitte von Europa ein mächtiger deutscher Staat entstand. Auch die Fürsten der deutschen Einzelstaaten wollten keinen deutschen Kaiser über sich haben. So schlossen sich 35 deutsche Staaten und vier freie Reichsstädte zum Deutschen Bund zusammen. Dieser Bund war ein eher lockeres Bündnis. Die Staaten behielten ihre eigenen Währungen und an den Grenzen zwischen den Staaten mussten Zölle bezahlt werden. Einig waren sich die deutschen Fürsten nur darin, dass sie alle freiheitlichen Bestrebungen bekämpfen wollten.

5 Beschreibe den Deutschen Bund.

* *der* **Kongress:** politische Tagung oder Versammlung von Fachleuten

Wähle einen der Arbeitsaufträge aus:

- Gestalte ein Protestplakat für ein vereinigtes Deutschland.
- „Diplomatie ist die Kunst des Verhandelns." Erkläre diese Aussage am Beispiel des Wiener Kongresses.

Sprachspeicher

sich zusammenschließen • Staaten, die sich zusammenschließen, bilden einen Bund

Verhandlungen führen • *die* Ergebnisse in einem Vertrag festhalten • einen Vertrag abschließen

Protest und Unterdrückung

Welche Forderungen hatten die Menschen im Deutschen Bund?

[1] *„Der Denker Club“.* Karikatur, um 1820, unbekannter Künstler, Radierung/Aquarell. Auf dem Schild über dem Tisch steht: „Wie lange möchte uns das Denken noch erlaubt bleiben?“

1 Arbeite mit der Karikatur: Beschreibe, was du siehst. Was drückt die Körperhaltung der Figuren aus? Warum tragen die Figuren einen Maulkorb*? Was bedeutet die Aussage auf dem Schild?

Protest gegen die Fürsten

Im Jahr 1517 hatte Martin Luther die Reformation angestoßen (vgl. S.16). Später musste er sich auf der Wartburg verstecken. 300 Jahre später, im Oktober 1817, trafen sich dort Studenten. Sie wollten diese Reformation feiern, aber auch den Sieg gegen Napoleon in der Völkerschlacht bei Leipzig vier Jahre zuvor (vgl. S. 104). Die Wartburg als Versteck Luthers war für viele ein besonderer Ort, weshalb dorthin eingeladen wurde. Die Studenten wollten aber nicht nur fröhlich feiern. Sie waren unzufrieden mit der Situation seit dem Wiener Kongress. An den Universitäten entstanden Burschenschaften, in denen politische Themen diskutiert wurden. Die Studenten wollten einen einheitlichen deutschen Staat und forderten u.a. Meinungs- und Pressefreiheit. Ihre Wut und Unzufriedenheit äußerte sich auf dem Wartburgfest in der Verbrennung von Büchern und Symbolen, die für die Fürstenherrschaft standen.

Die Karlsbader Beschlüsse

Die Entwicklungen an den Universitäten und die Geschehnisse des Wartburgfestes gefielen den Fürsten überhaupt nicht, da sie um ihre Macht fürchteten. Als am 23. März 1819 der Burschenschafter Karl Ludwig Sand den Dichter August von Kotzebue ermordete, nahmen die Fürsten dies zum Anlass, um strenge Gesetze zu beschließen. Die Burschenschaften wurden verboten, die Universitäten sollten überwacht werden und die Pressezensur* wurde eingeführt.

2 Erkläre den Zusammenhang zwischen Wartburgfest und Karlsbader Beschlüssen.

* *der* **Maulkorb:** Ihn tragen Hunde über der Schnauze, damit sie nicht beißen können. Im übertragenen Sinn steht der Maulkorb dafür, dass man etwas nicht aussprechen darf.

die **Pressezensur:** Der Staat bestimmt, was in Zeitungen und Büchern geschrieben werden darf.

Sprachspeicher
etwas anstoßen • dafür sorgen, dass etwas anfängt •
u.a. > unter anderem, nicht nur das, sondern auch noch andere Sachen
um etwas fürchten > befürchten, dass etwas aufhört und nicht mehr so ist wie vorher

3 Beschreibe das Bild [2].

[2] *Zeitgenössische Darstellung vom Hambacher Fest 1832.* Druck, 1832.

Das Hambacher Fest

Im Jahr 1830 kam es in Frankreich erneut zu einer Revolution, bei der der König abgesetzt wurde. Auch in anderen europäischen Staaten, wie z.B. Polen, Belgien, Großbritannien und der Schweiz, kam es im Verlauf des Jahres zu Demonstrationen, Reformen oder auch Revolutionen. Auch in einigen Teilstaaten des Deutschen Bundes kam es zu Unruhen. Immer mehr Menschen forderten die Abschaffung der Karlsbader Beschlüsse und eine Verfassung für ein geeintes Deutschland. Einen Höhepunkt erreichte diese nationale Bewegung auf dem Hambacher Fest am 27. Mai 1832. Dieses Mal kamen nicht nur Studenten zusammen, sondern es versammelten sich 30.000 Männer und Frauen aus allen gesellschaftlichen Schichten. Es wurde gegessen und getrunken, aber natürlich war die Politik das Hauptthema. Viele schmückten sich mit der schwarz-rot-goldenen Fahne. Lieder mit politischen Inhalten wurden gesungen. Redner forderten Einheit und Freiheit.

Und die Fürsten?

Sie sahen ihre Macht stärker bedroht als zuvor und verboten den Menschen, sich zu versammeln und in Reden ihre Meinung zu äußern. Es wurde ganz genau darauf geschaut, was in Zeitungen veröffentlicht wurde, die Zensur wurde noch strenger umgesetzt. Personen, die sich weiterhin für Freiheit und Einheit in Deutschland einsetzten, liefen Gefahr, ins Gefängnis zu kommen. Selbst im Freundeskreis musste man vorsichtig sein, was man sagte, da man nie wusste, ob man nicht verraten würde. Viele Menschen verließen in dieser Zeit den Deutschen Bund und wanderten aus, weil sie nicht in solcher Unterdrückung leben wollten. Sie gingen nach Ost- und Südeuropa, aber auch in die USA.

4 Stelle die Forderungen der Menschen und die Maßnahmen der Fürsten in einer Tabelle gegenüber.

Wähle einen der Arbeitsaufträge aus:

- Lies den Text „Das Hambacher Fest". Entwirf ein Plakat mit Forderungen, das jemand auf dem Hambacher Fest tragen könnte.
- Überlege, wie sich die Menschen trotz der Verbote über politische Themen austauschen konnten, ohne erwischt zu werden. Schreibe eine kurze Szene eines solchen Austauschs.
- Eine Frau möchte ihren Mann überzeugen, dass sie mit ihm zum Hambacher Fest gehen darf. Liste Argumente auf, die sie nennen könnte.

Sprachspeicher

geeint · vereint · vereinigt sein · einen Höhepunkt erreichen · die Ereignisse steigern sich immer mehr

gründlich umsetzen · darauf achten, dass etwas sehr genau eingehalten wird · in Unterdrückung leben · ohne Freiheit leben

Üben

Methode Politische Dichtung verstehen

Wichtige Ereignisse oder politische Entwicklungen werden von Dichterinnen und Dichtern in Texten festgehalten. Die in Versen und Strophen verfassten Gedanken lassen sich leicht merken. So finden politische Gedichte oft eine schnelle Verbreitung. Da solche Gedichte auch die Gefühle von Hörerinnen und Hörern ansprechen, bleiben sie noch besser in Erinnerung. Diese Wirkung wird noch verstärkt, wenn die Gedichte vertont werden. Als Lieder können sie mitgesungen werden, das gemeinsame Singen mit Gleichgesinnten verstärkt das Zusammengehörigkeitsgefühl. Das Singen macht darüber hinaus auch Mut. So kann es auch sein, dass das Singen zum Handeln auffordert. Wer sich davon angesprochen fühlt, denkt die Ideen der Lieder nicht nur mit, sondern lässt sich vielleicht auch ermutigen, die Gedanken durch Handeln in die Tat umzusetzen. Die Menschen des 19. Jahrhunderts verstanden die Texte beim ersten Hören. Wir müssen etwas genauer hinschauen und hinhören, um zu verstehen, was gemeint ist. Dazu helfen die folgenden Schritte.

1 Bearbeite die deutsche [1] und die französische [2] Nationalhymne mithilfe der Schritte.

Die Nationalhymne der Bundesrepublik Deutschland:

Einigkeit und Recht und Freiheit
für das deutsche Vaterland!
Danach lasst uns alle streben
brüderlich mit Herz und Hand!
Einigkeit und Recht und Freiheit
sind des Glückes Unterpfand:
Blüh im Glanze dieses Glückes,
blühe, deutsches Vaterland!

[1] *„Das Lied der Deutschen“; 3. Strophe;* Text: August Heinrich von Fallersleben, 1841. Der Dichter übernahm für seinen Text die Melodie des Liedes „Gott erhalte Franz den Kaiser“. Diese wurde von Joseph Haydn komponiert und war bis 1918 die Nationalhymne von Österreich.

Die Nationalhymne der Französischen Republik:

Auf, Kinder des Vaterlandes,
Der Tag des Ruhmes ist da.
Gegen uns wurde der Tyrannei
Blutiges Banner erhoben.
Hört Ihr im Land
Das Brüllen der grausamen
Krieger?
Sie rücken uns auf den Leib
Eure Söhne, eure Frauen zu köpfen!

Refrain:

Zu den Waffen, Bürger!
Schließt die Reihen,
Vorwärts, marschieren wir!
Das unreine Blut

[2] *Marseillaise;* Text und Melodie: Claude Joseph Rouget de Lisle, 1792. Das Lied hatte zuerst den Titel „Kriegslied für die Rheinarmee“.

	Sprachliche Formulierungshilfen / Tipps
1. Schritt Den Text lesen und hören	
Höre dir das Lied an und lies den Text mit.	*Du kannst dir die Nationalhymnen im Internet anhören.*
2. Schritt Die Entstehung des Liedes klären	
▪ **Wer** hat den Text gedichtet?	*Der Autor des Textes heißt …*
▪ **Wer** hat die Melodie geschrieben?	*Die Melodie wurde von … geschrieben.*
▪ **Was** war zuerst da: der Text oder die Musik?	*Der Komponist hat den fertigen Text vertont. Oder: Der Dichter hat den Text zur Melodie geschrieben.*
▪ **Wann** sind Text und Musik entstanden?	*Die Melodie ist im Jahr … entstanden, der Text im Jahr …*
▪ **Wo** (in welchem Land/in welcher Gegend) wurde das Lied gesungen?	*Das Lied wurde vor allem in … gesungen.*
▪ **Wer** hat das Lied gesungen?	*Das Lied wurde zuerst von …. gesungen.*
3. Schritt Den Text untersuchen	
▪ **Wie** heißt der Titel des Liedes?	*Der Text hat den Titel …*
▪ **Worum** geht es in den einzelnen Strophen?	*In der ersten Strophe geht es um …* *Die zweite Strophe handelt von …* *Die dritte Strophe beschreibt …*
▪ **Worum** geht es im Refrain?	*Im Refrain geht es um … Durch die Wiederholung wird diese Aussage besonders betont.*
▪ **Was** ist die Aussage des Textes?	*Die Aussage des Liedes ist …* *Das Lied will dazu aufrufen, dass …*
4. Schritt Die Wirkung beurteilen	*Tipp: Hör dir das Lied für diesen Schritt noch einmal an.*
▪ **Wie** ist die Musik? ▪ schnell – langsam ▪ laut – leise ▪ fröhlich – traurig ▪ mitreißend – zurückhaltend ▪ kämpferisch – friedlich	*Die Musik ist eher …* *Die Musik hört sich … an.*
▪ **Wie** passen Text und Musik zusammen?	*Text und Musik passen gut/nicht gut zusammen, weil …*
▪ Welche **Gefühle** hast du beim Hören des Liedes?	*Beim Hören fühle ich …* *Das Lied löst bei mir …. aus.*
▪ Ist die **Botschaft** des Liedes **positiv** oder **negativ**?	*Die Botschaft des Liedes ist eher …*

Die Revolution von 1848

Gelingt der Kampf für Einheit und Freiheit?

[1] *Kampf zwischen Bürgern und Militär in Berlin auf dem Alexanderplatz am 18./19. März 1848,* Farbdruck.

1 Beschreibe die Bilder [1] und [2].

In Europa wird es unruhig

Im Jahr 1848 kam es erneut zu Revolutionen in Europa. Der französische König musste vor den aufgebrachten Bürgern ins Ausland fliehen. Vom französischen Vorbild ermutigt, gingen auch in Württemberg, Bayern und Österreich die Menschen auf die Straße, um für Einheit und Freiheit zu demonstrieren.

Demokratische Forderungen werden laut

Am 18. März 1848 kamen um die 10.000 Menschen nach Berlin. Berlin war die Hauptstadt von Preußen, dem größten Staat im Deutschen Bund. Bereits seit einigen Tagen waren im Deutschen Bund die Forderungen immer lauter geworden: Die Menschen wollten Pressefreiheit, Redefreiheit und Versammlungsfreiheit. Außerdem forderten sie eine Verfassung und ein gemeinsames Parlament* für alle deutschen Staaten. Der preußische König, Friedrich Wilhelm IV., hatte Angst vor einem Machtverlust und schickte zur Verteidigung seiner Macht seine Soldaten auf die Straßen. Schließlich gab er dennoch den Forderungen nach. An diesem Tag wollten die Menschen dem König danken, dass er auf ihre Forderungen einging.
Bei der Versammlung am Schloss fielen plötzlich zwei Schüsse. Unter den versammelten Menschen verbreitete sich Angst, aber auch Wut: Hatte der König sie betrogen?

* *das* **Parlament:** Versammlung der gewählten Volksvertreter

Sprachspeicher
Forderungen werden laut > was bisher nur im Privaten gefordert wurde, wird nun laut und öffentlich ausgesprochen

Barrikadenkämpfe
In aller Eile bauten die Menschen Barrikaden (= Hindernisse) auf. Alle halfen mit, Männer, Frauen, Kinder. Sie nutzen alles, was ihnen in die Hände fiel: Karren, Möbel, gefüllte Säcke. Davon fühlte der König sich bedroht und schickte seine gut ausgebildeten Soldaten in den Kampf. Die Menschen in den Straßen duckten sich hinter die Barrikaden und bekämpften von dort die Soldaten des Königs. Sie hatten nicht viele Waffen und benutzten zusätzlich Messer, Heugabeln und andere Werkzeuge um, sich zu verteidigen. Als Zeichen ließen sie die schwarz-rot-goldene Fahne wehen.

[2] *Kinder gießen Bleikugeln hinter einer Barrikade in Berlin, 1848,* Holzstich.

Obwohl die Menschen nur mit einfachen Mitteln gegen die Truppen kämpften, konnten sie die Soldaten abwehren. Schließlich zog der König die Truppen zurück. Er wollte nicht noch mehr Blutvergießen zulassen.

2 Beschreibe, wie es zu den Barrikadenkämpfen kam.

Sieg der Revolution
150 Menschen waren den Kämpfen zum Opfer gefallen. Am nächsten Tag wurden die Gefallenen vor das Schloss getragen. Der König sollte sie anschauen und so erkennen, welche Folgen sein Handeln hatte. Friedrich Wilhelm IV. verneigte sich vor den Särgen der Gefallenen. Bei seinem Ritt durch die Stadt trug er eine schwarz-rot-goldene Armbinde.

3 Erkläre, welche Bedeutung die Verbeugung des Königs vor den Gefallenen für die Barrikadenkämpfer hatte.

Wähle einen der Arbeitsaufträge aus:

- Schreibe in dein Heft, was die Kinder auf Bild [2] während der Barrikadenkämpfe gedacht haben könnten.
- Schreibe einen Bericht über die Barrikadenkämpfe in Berlin.
- Als sich der König vor den Gefallenen der Barrikadenkämpfe verneigte, soll die Königin ihm zugeflüstert haben: „Jetzt fehlt nur noch die Guillotine.“ Erkläre, was sie damit gemeint haben könnte. Tipp: Denke an die Französische Revolution.

Sprachspeicher
die Soldaten abwehren • die Soldaten besiegen
fallen > im Kampf sterben • die Gefallenen

Die Nationalversammlung

Vor welchen Herausforderungen standen die ersten Abgeordneten?

[1] *Eröffnung der Nationalversammlung in der Paulskirche in Frankfurt am Main am 18. Mai 1848.* Druck.

1 Beschreibe die Bilder [1] und [2].

Eine Nationalversammlung wird gewählt

Wie der preußische König in Berlin wurden auch die Fürsten in anderen deutschen Staaten unter Druck gesetzt. Sie stimmten der Wahl eines Parlaments schließlich zu oder wurden abgesetzt. In sehr kurzer Zeit wurde die Wahl der Nationalversammlung vorbereitet. Wer Abgeordneter werden wollte, konnte sich freiwillig melden. Parteien gab es noch nicht. Wählen durften Männer, die über ein Einkommen in bestimmter Höhe verfügten. Männer mit geringem Einkommen und alle Frauen waren von der Wahl ausgeschlossen, sie konnten auch nicht gewählt werden. 573 Abgeordnete wurden schließlich gewählt. Für so eine große Gruppe von Menschen gab es noch gar kein eigenes Gebäude. Deshalb traf sich die Nationalversammlung am 18. Mai 1848 in der Paulskirche in Frankfurt am Main. Wer als Abgeordneter tätig wurde, konnte für die Zeit der Nationalversammlung seiner normalen Arbeit nicht nachkommen. Man musste vor Ort bleiben, da die An- und Abreise viel zu lange gedauert hätte. Es konnten also nur Männer Abgeordnete sein, die so reich waren, dass sie nicht unbedingt arbeiten mussten. Oder sie hatten genug Angestellte, die die Arbeit für sie übernahmen. Deshalb repräsentierte die Nationalversammlung nicht die Gesellschaft.

2 Erkläre das Besondere an der neuen Nationalversammlung. Nutze dazu auch Quelle [2].

Sprachspeicher

1: du kannst folgende Begriffe benutzen: Abgeordnete, Fahnen, Gemälde, Paulskirche, Präsident, Redner, Rundbau, Säulen, Wappen, Zuschauende

repräsentieren > die Zusammensetzung der Gesellschaft abbilden

Die Aufgaben der Nationalversammlung

Die Nationalversammlung hatte die Aufgabe, die Forderungen der Revolution nach Freiheit und Einheit umzusetzen. Damit in einem Staat die Macht gut aufgeteilt wird, braucht er eine Verfassung (vgl. S. 56). Darin werden alle Zuständigkeiten festgelegt. Auf so eine Verfassung mussten sich die Abgeordneten in der Paulskirche einigen. Ein Teil der Abgeordneten wollte eine Monarchie, die anderen wollten eine Republik für Deutschland.

Auch die zweite Aufgabe stellte sich als große Herausforderung heraus. Es sollte ein einheitlicher Staat entstehen. Durch die Frage, ob Österreich dazugehören sollte, entstanden viele hitzige Diskussionen. Zehn Monate lang verhandelten die Abgeordneten. Im März 1849 war die Verfassung endlich beschlossen.

Deutschland sollte eine konstitutionelle Monarchie* werden. Alle drei Jahre sollten Männer über 25 Jahre Abgeordnete für das Parlament wählen. Frauen waren weiterhin nicht wahlberechtigt. In der Verfassung wurden auch die Grundrechte festgehalten.

[3] *Einzug der Parlamentsmitglieder in die Frankfurter Paulskirche 1848.* Fritz Bergen, Holzstich, 1896.

* *die* **konstitutionelle Monarchie:** Bei dieser Staatsform gibt es ein Oberhaupt (König/Königin bzw. Kaiser/Kaiserin), dieses hat aber nicht alle Macht. Der oder die Herrschende muss sich mit anderen Mitgliedern der Regierung absprechen. Welche Aufgaben das Oberhaupt hat, wird in der Verfassung festgeschrieben.

3 Arbeite mit Quelle [2]: Bewerte die Wichtigkeit der neuen Grundrechte, indem du ein Ranking erstellst. Beginne mit dem wichtigsten Recht.

4 Beantworte die Frage in der roten Kapitelüberschrift.

5 Frauen waren weiterhin von der Politik ausgeschlossen. Bilde dir dazu ein Urteil.

Grundrechte des deutschen Volkes

Alle Bürger sollen frei und vor dem Gesetz gleich sein. Der Adel soll abgeschafft werden. Die Wohnung jedes Bürgers soll geschützt sein. Niemand soll sie einfach betreten dürfen, auch nicht Beamte des Staates. Alle sollen ihre Meinung frei äußern dürfen in Wort, Schrift und Bild. Jeder Bürger soll sich mit anderen versammeln dürfen.

[2] Autorentext nach der Verfassung des Deutschen Reichs vom 28. März 1849

Wähle einen der Arbeitsaufträge aus:

- Lies den Text auf dieser Doppelseite. Nutze den Lese-Profi auf der letzten Seite im Buch. Erstelle eine Mindmap zum Thema Nationalversammlung.
- Verfasse einen Podcast über die Eröffnung der Nationalversammlung im Mai 1848.
- Recherchiere, welche Grundrechte im Grundgesetz festgehalten sind, und vergleiche sie mit den Grundrechten von 1848. Tipp: Es handelt sich um die Artikel 1 bis 19 des Grundgesetzes. Du findest sie auf der Webseite des Bundestages.

Sprachspeicher

Forderungen umsetzen > sich darum kümmern, dass das, was gefordert wird, im Gesetz steht · Zuständigkeiten festlegen > die Aufgaben verteilen

: Wahl · Abgeordnete · Paulskirche in Frankfurt · Verfassung · Staatsform · Grundrechte

Üben

Die Fürstenmacht setzt sich durch

Wird alles wieder so wie vorher?

Der preußische König will nicht Kaiser werden
Da die Entscheidung für eine konstitutionelle Monarchie gefallen war, brauchte das neue Deutschland einen Kaiser. In den Teilstaaten des Deutschen Bundes gab es viele Fürsten, die dieses Amt hätten übernehmen können. Aus Sicht der Nationalversammlung sollte es der Fürst des größten Teilstaats sein. Da das zukünftige Deutschland den Teilstaat Österreich nicht mehr mit einschloss, sollte der König von Preußen Kaiser werden.
Als eine Gesandtschaft der Nationalversammlung dem König die Bitte vortrug, lehnte dieser die deutsche Kaiserkrone ab. Diese Ablehnung brachte die Abgeordneten so durcheinander, dass sie aufgaben. Sie hatten ein Jahr lang an der Verfassung gearbeitet und waren gescheitert. Voller Enttäuschung reisten die meisten aus Frankfurt ab. Ungefähr 100 Abgeordnete wollten dennoch weitermachen. Sie trafen sich in Stuttgart, um zu beraten. Auch in anderen Orten in Deutschland versuchten Menschen gewaltsam, eine Demokratie durchzusetzen, auch ohne Kaiser an der Spitze. Überall wurde von den Fürsten das Militär eingesetzt, um diese Aufstände niederzuschlagen. Schließlich wurden die Aufständischen erschossen, ins Gefängnis geworfen oder sie flohen ins Ausland.

1 Erkläre, warum Friedrich Wilhelm IV. die Kaiserkrone ablehnt. Berücksichtige den Text [1] und das Bild [2].

Friedrich Wilhelm IV. schrieb:
... Diese Krone ist nicht die tausendjährige Krone „deutscher Nation“, sondern eine Geburt des scheußlichen Jahres 1848. ... Untertanen können keine Krone vergeben. ... Mit Gottes Hilfe werden wir „oben“ wieder „oben“ und „unten“ wieder „unten“ machen. ...

[1] Venohr, Wolfgang; Kabermann, Friedrich (Hrsg.): Brennpunkte der deutschen Geschichte 1450–1850, Kronberg 1978, S. 292

[2] *Gesandte der Nationalversammlung bieten dem preußischen König Friedrich Wilhelm IV. im April 1849 die Kaiserkrone an.* Die Abgeordneten hatten das Schloss nur durch den Lieferanteneingang betreten dürfen. Holzstich, 1849.

Sprachspeicher
das zukünftige Deutschland > *der* deutsche Staat, der durch *die* neue Verfassung gegründet werden sollte
der Gesandte > *der* Bote
die Gesandtschaft > eine Gruppe von Boten

[3] *Deutscher Bund, Norddeutscher Bund und Deutsches Reich*, Karte.

Die Wiederherstellung der alten Ordnung

Die Revolution von 1848 war gescheitert. Die Fürsten hatten erlebt, dass sie ihre Macht fast verloren hätten. Sie wollten sicherstellen, dass dies nicht noch einmal passiert: Die Grundrechte wurden wieder abgeschafft, die Pressezensur wurde noch strenger, Menschen, die sich in der Revolution für die Freiheit eingesetzt hatten, bekamen ein Berufsverbot, Versammlungen wurden verboten oder sehr scharf überwacht.

1850 beschlossen Preußen und Österreich, dass der Deutsche Bund wiederhergestellt werden sollte. Statt eines einheitlichen deutschen Staates gab es also wieder einen Bund mit vielen kleinen Teilstaaten.

Die Ideen der Revolution von Freiheit und Einheit konnten aber nicht ausgelöscht oder verboten werden. Viele Menschen glaubten weiterhin daran, dass eine Demokratie die richtige Staatsform für ein geeintes Deutschland wäre.

2 Beschreibe die Situation in Deutschland nach 1848.
- Welche Stimmung herrschte?
- Wie sah die Geografie Deutschlands aus [3]?

3 Warum konnten die Ideen der Revolution nicht ausgelöscht werden? Begründe.

Wähle einen der Arbeitsaufträge aus:

- Betrachte das Bild [2] und die Bildunterschrift auf Seite 116 genau. Lies außerdem den Text [2] auf Seite 116. Was könnten die Abgeordneten und der König gesagt haben? Ergänze Sprechblasen mit passenden Aussagen in deinem Heft.
- Ein Abgeordneter der Nationalversammlung kehrt im März 1849 enttäuscht nach Hause zurück. Schreibe auf, was er seiner Familie berichten könnte.
- Diskutiere mit einem Partner oder einer Partnerin: Warum ist die Revolution von 1848 gescheitert?

Sprachspeicher
wiederherstellen > etwas so machen, wie es vorher war

2: Wo liegen die Grenzen des Deutschen Bundes? Wie ist der Deutsche Bund aufgeteilt? (Stichwort Teilstaaten)

Die Reichsgründung

Wurden Einheit und Freiheit doch noch umgesetzt?

[1] *„Aufzug der Fahnen vor dem Eingang des Schlosses“ von Versailles anlässlich der Ernennung von König Wilhelm I. von Preußen zum deutschen Kaiser am 18. Januar 1871.* Holzstich, ohne Jahr..

Einheit ja, aber ohne Österreich

Der Gedanke an einen einheitlichen deutschen Nationalstaat war weiterhin sehr wichtig für viele Menschen in den deutschen Teilstaaten. Die beiden größten dieser Teilstaaten, Preußen und Österreich, wollten beide die Führung in einem geeinten deutschen Staat übernehmen. Obwohl sie 1864 noch gemeinsam gegen Dänemark gekämpft hatten, kam es 1866 zu einem Krieg zwischen Preußen und Österreich.

Der preußische Ministerpräsident Otto von Bismarck versuchte, die deutschen Teilstaaten auf die Seite von Preußen zu ziehen. Damit provozierte er Österreich so sehr, dass es Preußen den Krieg erklärte. Preußen siegte und Bismarck gründete mit den Teilstaaten, die nördlich des Mains lagen, den Norddeutschen Bund. Österreich war von da an nicht mehr Teil von Deutschland.

Bismarck erklärte in einer Rede 1862:

Preußens Grenzen [...] sind zu einem gesunden Staatsleben nicht günstig; nicht durch Reden und Majoritätsbeschlüsse werden die großen Fragen der Zeit entscheiden – das ist der große Fehler von 1848 und 1849 gewesen – sondern durch Eisen und Blut.

[2] Schönbrunn, Günter (Hrsg.): Geschichte in Quellen, Bd. 5, München 1970, S. 312

1 Untersuche die Rede Bismarcks [2].
- Welchen Zustand stellt er fest?
- Was kritisiert er als großen Fehler von 1848 und 1849?
- Was versteht Bismarck unter Eisen und Blut?

Sprachspeicher

provozieren > jemanden reizen oder herausfordern

die Mehrheit · *die* Majorität
der Mehrheitsbeschluss · *der* Majoritätsbeschluss

Auf dem Weg zur Einheit

Bismarck war mit dem Norddeutschen Bund noch nicht zufrieden, sein Ziel war es, auch die süddeutschen Staaten in den Bund zu holen und einen einheitlichen deutschen Nationalstaat zu schaffen. Frankreich, Deutschlands Nachbar im Westen, sah die mögliche Entstehung eines großen deutschen Staates mit Sorge. Deshalb vereinbarte Bismarck zunächst geheime Abkommen mit den süddeutschen Staaten. Darin stand, dass alle deutschen Staaten gemeinsam kämpfen würden, sollte es zu einem Angriff von außen kommen. Als es 1870 zum Krieg mit Frankreich kam, kämpften alle deutschen Staaten gemeinsam.

[3] *Otto von Bismarck (1815 – 1898), preußischer Ministerpräsident und späterer deutscher Reichskanzler. Druck, 19. Jahrhundert*

[4] *Wilhelm I. (1797 – 1888), König von Preußen und seit 1871 deutscher Kaiser.* Gemälde von Paul Bülow, 1879.

Die Zusammengehörigkeit wächst

Der Krieg gegen Frankreich schweißte die deutschen Staaten noch enger zusammen, sie fühlten sich als Angehörige einer gemeinsamen deutschen Nation. Frankreich konnte schließlich besiegt werden und kapitulierte im Januar 1871. Es musste als Entschädigung Gebiete seines Staates an Deutschland abgeben und hohe Geldsummen als Kriegsentschädigung bezahlen. Die französische Bevölkerung war darüber sehr enttäuscht und wütend. Viele Menschen entwickelten einen regelrechten Hass gegen die deutschen Nachbarn. In den deutschen Staaten war die Stimmung ganz anders. Das Zusammengehörigkeitsgefühl war durch den Sieg über Frankreich gewachsen. Viele Menschen hofften, dass es nun zur Vereinigung der deutschen Staaten zu einem gemeinsamen Nationalstaat kommen würde.

Staatsgründung von oben

Da Bismarck bereits während des Kriegs Verhandlungen mit den deutschen Staaten über eine Einheit geführt hatte, gelang die Gründung des Deutschen Reiches sehr zügig. Am 18. Januar 1871 wurde der preußische König Wilhelm I. zum deutschen Kaiser ernannt. Wilhelm I. war der Bruder des preußischen Königs Friedrich Wilhelm IV., der 1849 die Kaiserkrone abgelehnt hatte. Im Gegensatz zu 1848 war dieser neue deutsche Staat nicht von den Bürgern „von unten", sondern von den Fürsten, also „von oben" gegründet worden.

2 Erkläre, warum Wilhelm I. bereit war, im Gegensatz zu seinem Bruder Friedrich Wilhelm IV., die Kaiserkrone anzunehmen.

Wähle einen der Arbeitsaufträge aus:

- Erstelle einen Steckbrief für Otto von Bismarck. Recherchiere dafür weitere Informationen im Internet.
- Erkläre am Beispiel der Reichsgründung, was Bismarck mit dem Ausdruck „Eisen und Blut" meinte.
- „Mit der Reichsgründung von 1871 waren die Ziele von 1848 erreicht." Nimm Stellung zu dieser Aussage.

Sprachspeicher

kapitulieren > sich für besiegt erklären, sich dem Feind ergeben

2: Verwende die Ausdrücke „von oben" und „von unten" und vgl. mit Quelle [1] auf Seite 116.

Üben

Methode Bildquellen überprüfen

Nicht erst in der Zeit von Internet und digitaler Fotografie können wir bildliche Darstellungen so verändern, dass sie das aussagen, was wir möchten. Auch in früheren Zeiten wurden Bilder so gestaltet, dass sie eine bestimmte Aussage bekamen. Das war vor allem dann der Fall, wenn ein Maler extra beauftragt wurde, eine bestimmte Person oder auch ein Ereignis in einem Bild festzuhalten. Der Auftraggeber, also derjenige, der das Bild haben wollte, hatte oft genaue Vorstellungen, wie er selbst oder eine andere Person dargestellt werden sollte. Diese Vorstellungen musste der Maler dann umsetzen.

Gerade wichtige und mächtige Personen wollten mit einem Bild von sich selbst (= Porträt) ihre Macht demonstrieren. Wenn Ereignisse dadurch anders dargestellt wurden, als sie passiert waren, wurde das in Kauf genommen. Das wichtigste war, dass die gewünschte Aussage beim Betrachter des Bildes ankam. Die historische Richtigkeit war zweitrangig. Deshalb ist es wichtig, bei der Auswertung von Bildquellen zu berücksichtigen, wer das Bild in Auftrag gegeben hat und warum.

1 Bearbeite das Bild [1] mithilfe der Schritte.

1. Schritt Das Bild beschreiben

- **Wie** ist dein erster Eindruck?
- **Welche** Einzelheiten fallen dir besonders auf?

2. Schritt Das Bild genauer untersuchen

- **Was** siehst du auf dem Bild? Achte auf Personen und Gegenstände.
- Steht etwas oder jemand im **Mittelpunkt?**
- **Welche** Informationen zu dem Thema, den dargestellten Personen, der Entstehungszeit und dem Maler erfährst du aus der Bildlegende?
- **Wer** hat das Bild in Auftrag gegeben?
- **Wie** werden Farben, Licht und Schatten eingesetzt?

Sprachliche Formulierungshilfen / Tipps

Auf mich wirkt das Bild ...
Tipp: Benutze Adjektive!

Mir fällt besonders auf, dass ...
Besonders auffällig ist ...

Auf dem Bild ist zu sehen ...
Vorne sehe ich ...
Im Hintergrund befindet sich ...
Auf der rechten/linken Seite sieht man ...

Im Mittelpunkt des Bildes steht ...
Mein Blick fällt direkt auf ...

Auf dem Bild ist ... dargestellt. Das Bild wurde ... von ... gemalt.

Das Bild wurde von ... in Auftrag gegeben.

Es gibt Gegenstände, die durch Licht besonders betont werden, z. B. ...
Durch den Schatten wirkt die Person/der Gegenstand ...
Die Farben betonen ...

3. Schritt Das Bild deuten

- Zu welchem **Zweck** wurde das Bild gemalt?
- **Welche** Veränderungen wurden in das Bild eingearbeitet, um den **Zweck** zu erreichen?
- Wie hat das Bild wohl auf die damaligen Betrachtenden gewirkt?

Das Bild wurde gemalt, weil ...

Auf dem Bild wurde ... verändert. Dadurch wird ... hervorgehoben. In Wirklichkeit war die Situation aber so, dass ...

Auf damalige Betrachtende hat das Bild vermutlich die Wirkung gehabt, dass ...

[1] *Ausrufung des Deutschen Kaiserreichs im Schloss Versailles 1871.* Gemälde von Anton von Werner, 1885.

Die Geschichte hinter dem Bild

Bei diesem Gemälde handelt es sich um die dritte Fassung des Bildes. Die Kaiserfamilie beauftragte den Maler, dieses Gemälde für Otto von Bismarck zu malen. Er sollte es zu seinem 70. Geburtstag erhalten. Die auf dem Bild anwesenden Personen malte Anton von Werner so, wie sie 1885 waren: 14 Jahre älter geworden und in den Machtpositionen, die sie 1885 innehatten. So trägt Bismarck auf dem Bild einen Orden, den er erst später erhielt. Auch trug er bei der Kaiserernennung keine weiße Uniform. Der Kaiser bat den Maler außerdem, eine Person auf dem Bild zu ergänzen, obwohl sie 1871 gar nicht dabei war.

[2] Wichtige Personen im Gemälde [1]: 1 Kaiser Wilhelm I; 2 Otto von Bismarck; 3 Kronprinz Friedrich, Sohn des Kaisers; 4 Fürsten der deutschen Staaten; 5 Offiziere

Deutschland über alles

Wer steht oben, wer steht unten?

[1] *Kaiser Wilhelm II. (Vierter von rechts) besucht mit seiner Frau eine Hauswirtschaftsschule bei Hameln.* Foto, 1910.

1 Betrachte auf dem Bild [1] die Körperhaltung der wartenden Schülerinnen. Wie würdest du dich in so einer Haltung fühlen?

Kaiserkult

Kaiser Wilhelm I. und Otto von Bismarck waren die Gründer des Deutschen Kaiserreichs. Weil viele Deutsche begeistert von dem neuen geeinten Deutschland waren, wurden Kaiser und Kanzler als Helden geehrt. In ganz Deutschland wurden Denkmäler von ihnen errichtet. Viele Deutsche waren stolz auf ihr Vaterland und dessen Herrscher. Auch in den Schulen wurde dieser Stolz gelehrt. Gleichzeitig lernten die Kinder, dass der Kaiser für alle seine Untertanen sorgt und alle ihm deshalb zu unbedingtem Gehorsam verpflichtet sind. Aus dem Stolz auf das Vaterland wurde außerdem abgeleitet, dass alle bereit sein müssen, sich für dieses Vaterland zu opfern.

Übersteigerter Nationalismus

Im Kaiserreich wurde der Sieg über das benachbarte Frankreich begeistert gefeiert. Seit Napoleon zu Beginn des Jahrhunderts halb Europa erobert hatte, galt Frankreich als besonderer Feind der Deutschen. Immer wieder wurde an den Sieg 1871 erinnert. Es wurden Denkmäler von Feldherren aufgestellt und am Jahrestag der großen Schlachten gab es Gedenkfeste. Im Laufe der Zeit wurde der Stolz auf das eigene Vaterland so groß, dass man daraus ableitete, dass alle anderen Länder viel weniger wert wären. In dieser Zeit wurde die erste Strophe des Deutschlandliedes „Deutschland, Deutschland über alles, über alles in der Welt" begeistert gesungen. Dieses Überlegenheitsgefühl trugen die Deutschen auch nach innen: So wurden alle „Nichtdeutschen", die in Deutschland lebten, oder alle, die man als Gegner des Staates verstand, ausgegrenzt, wie z.B. die Sozialdemokraten (vgl. S. 91).

2 Benenne die äußeren und inneren Feinde im Kaiserreich.

Sprachspeicher
ausgrenzen > jemanden ausschließen, benachteiligen

[2] *Sechs Kinder in Marineuniformen. Ein Kind trägt die Reichskriegsflagge der deutschen Marine.* Postkarte, um 1910.

3 Was bedeutet es für Kinder, wenn sie wie im Bild [2] Uniformen tragen müssen?

Menschen erster und zweiter Klasse

Personen aus dem Adel galten als besser als andere. Man begegnete ihnen mit äußerstem Respekt. Umgekehrt wurden Nichtadlige von Adligen als Menschen zweiter Klasse gesehen. Leistungen für die Gesellschaft oder im Beruf zählten für sie nicht. Wichtige Ämter oder hohe Positionen beim Militär konnte nur jemand übernehmen, der adlig war.
Mitglieder des Militärs wurden mit besonderem Respekt behandelt. Nur wer beim Militär gedient hatte, konnte darauf hoffen, eine gute Arbeitsstelle zu bekommen. Beim Militär lernten die Soldaten neben Nationalstolz auch Disziplin und Gehorsam. Dieses Prinzip wurde gleichermaßen auf andere Bereiche der Gesellschaft übertragen. Zivilisten sollten verstehen, dass die Obrigkeit das Sagen hat und alle sich unterordnen müssen. Dieser Militarismus übte Einfluss auf alle Teile der Gesellschaft aus.

Antisemitismus

In der Verfassung von 1871 wurde festgehalten, dass Juden die gleichen Rechte haben wie alle anderen Religionsgruppen. Trotzdem kam es im Kaiserreich immer wieder zu Anfeindungen gegenüber Juden. Viele jüdische Familien legten großen Wert auf Bildung, deshalb waren Juden sehr häufig in guten Berufen vertreten. Gerade in Krisenzeiten, wie z.B. der Wirtschaftskrise, die im Kaiserreich 1873 einsetzte, kam es zu Feindseligkeiten gegenüber Juden. Dahinter steckte oft Neid auf den Erfolg oder Angst, selbst nicht genug zu bekommen. Juden wurden als Konkurrenten wahrgenommen, was für manche Menschen reichte, ihnen mit Hass zu begegnen.
Am Ende des 19. Jahrhunderts entstand eine neue Theorie, die sogenannte Rassenlehre. Von nun an sah man das Judentum nicht mehr nur als eine Religion an, sondern bezeichnete Juden als eine eigene Rasse. Damit bekam der Antisemitismus ein neues Gesicht. Dieser Rassenantisemitismus fand seinen Höhepunkt im Nationalsozialismus.

4 Erkläre den Unterschied zwischen der Judenfeindschaft und dem neu entstandenen Rassenantisemitismus.

Wähle einen der Arbeitsaufträge aus:

- Recherchiere mithilfe einer Karte im Internet, ob es in deiner Nähe Bismarcktürme gibt.
- Stell dir vor, du hättest im Kaiserreich gelebt und wolltest Soldat werden. Du erklärst deinen Eltern warum. Schreibe das Gespräch auf.
- Recherchiere, welche Minderheiten heute ausgegrenzt werden. Sammle Gründe, warum es zu den Ausgrenzungen kommt.

Sprachspeicher
beim Militär dienen > Soldat sein, bei der Marine auf einem Kriegsschiff seinen Militärdienst leisten • ich bin Zivilist, kein Soldat
überdurchschnittlich > mehr als der Durchschnitt • er schaut feindselig > er ist mir gegenüber feindlich eingestellt

Wahlseite Frauenrechte um 1900

1 Lies den Text und fasse die Inhalte der Seite mit deinen Worten zusammen. Arbeite gemeinsam mit deinem Lernpartner oder deiner Lernpartnerin. **Starthilfe:** *Nutze den Lese-Profi auf der letzten Seite im Buch.*

[1] *Frauen demonstrieren in Berlin für das Frauenwahlrecht.* Foto, 1912.

Frauen wurden nicht mitgedacht

Als im Zuge der Französischen Revolution die Menschen- und Bürgerrechte formuliert wurden (vgl. S. 50/51), waren daran nur Männer beteiligt. Für die Menschen im 18. Jahrhundert war es völlig normal, dass mit Menschenrechten eigentlich **Männerrechte** gemeint waren. Frauen wurden nicht mitgedacht. Auch für viele Frauen war das noch normal und wurde nicht infrage gestellt.
In Paris gab es allerdings eine **erste Frauenbewegung**. Sie kämpfte gegen die Benachteiligung von Frauen und forderte, dass auch Frauen in den Generalständen vertreten sein sollten. Sie wurden in ihren Forderungen so deutlich, dass auch der König sie nicht übergehen konnte. An der Formulierung der Menschenrechte änderte das allerdings trotzdem nichts.

* *das* **aktive Wahlrecht:** Eine Person darf bei Wahlen wählen.

das **passive Wahlrecht:** Eine Person stellt sich zur Wahl und möchte gewählt werden.

2 Liste in einem Steckbrief auf, wie Frauen früher benachteiligt wurden, und präsentiere ihn deinen Mitschülern und Mitschülerinnen.

Fehlende Bildung

Ein großes **Problem** für die Mädchen und Frauen im 19. Jahrhundert war, dass sie keinen Zugang zur **höheren Bildung** hatten. Sie konnten nicht zum Gymnasium gehen und auch **nicht studieren**. Eigentlich gab es kaum eine Alternative als das Leben als **Ehefrau und Mutter**.

Doppelbelastung bleibt

Im Laufe der Industrialisierung verschlechterte sich die Situation für Frauen in der **unteren Bevölkerungsschicht**. Sie waren gezwungen, zum Familieneinkommen beizutragen. Sie arbeiteten z.B. in einer **Fabrik**. Sie **verdienten** aber wesentlich **weniger als Männer**. Gleichzeitig blieben die Hausarbeit und die Kindererziehung ihre Aufgaben. Da es vielen Frauen so ging, schlossen sie sich in **Frauenvereinen** zusammen. Dort kämpften sie für mehr **Gleichberechtigung** und Bildung. Sie gaben Zeitungen heraus und demonstrierten für ihre Rechte. So konnten sie nicht länger ignoriert werden und erhielten 1918 mit Gründung der Weimarer Republik das **Wahlrecht**.

Erste Frauenrechte in Deutschland	
1878	Mutterschutz: Beschäftigungsverbot für drei Wochen nach der Geburt
1891	Arbeiterinnenschutzgesetz: 11-Stunden-Tag für Frauen, vier Wochen Ruhepause nach der Entbindung
1901	Zulassung von Mädchen zum Gymnasium und zum Studium (in einigen Ländern)
1908	Zulassung von Frauen zu politischen Vereinen und Parteien
1918	aktives und passives Wahlrecht* für Frauen

[2] Autorentext

Tipps für die Erarbeitung
- Führe gemeinsam mit deinen Mitschülern und Mitschülerinnen ein Gruppenpuzzle durch. Nutzt dazu die anderen Wahlseiten des Kapitels.

Wahlseite Deutschland als Nationalstaat

1 Informiere dich auf dieser Seite über Deutschlands Entwicklung zum Nationalstaat.

2 Präsentiere deine Ergebnisse in geeigneter Form in der Klasse.

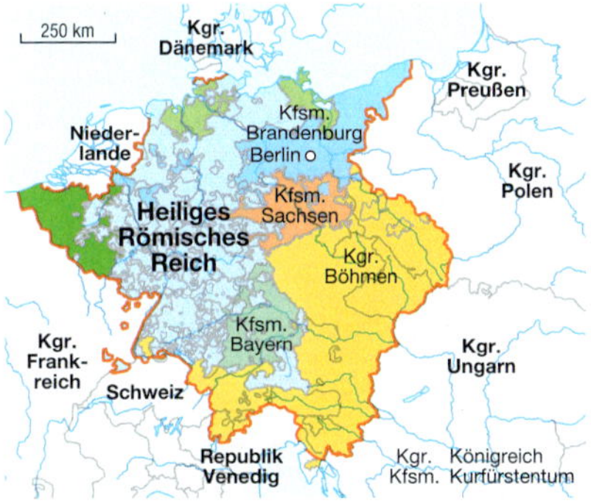

[1] *Heiliges Römisches Reich Deutscher Nation um 1789.*

[2] *Deutscher Bund 1815.*

[3] *Deutsches Kaiserreich 1871.* Karten.

Zahlreiche Kleinstaaten

Seit dem Mittelalter bestand auf dem Gebiet des heutigen Deutschlands das **„Heilige Römische Reich Deutscher Nation“** (HRRDN). An der Spitze dieses Reiches stand der **deutsche Kaiser**. Allerdings gab es auf dem Gebiet des Reiches über **300 kleine Staaten**, an deren Spitze Fürsten mit unterschiedlichen Titeln standen. Die Fürsten waren vom Kaiser abhängig, waren aber Herrscher auf ihrem Gebiet. Diese kleinen Staaten nennt man **Territoritalstaaten**.

Deutschland unter Napoleons Einfluss

Das HRRDN endete 1806 mit der Eroberung Europas durch Napoleon. Nun **existierten*** nur noch die Territorialstaaten und **kein einheitliches** Reich mehr. Die Bevölkerung verstand sich dennoch als deutsch und träumte von einem **Nationalstaat**, wie es ihn auch in Frankreich gab. Diese Hoffnungen wurden nach dem Sieg über Napoleon bitter enttäuscht, als der **Wiener Kongress 1815** die **alte Ordnung** wieder herstellte.

* **existieren:** da sein, vorhanden sein

Nationale Bewegung in Deutschland

Die Menschen in den deutschen Territorialstaaten hofften weiter. Auf **nationalen Festen** wie dem **Wartburgfest** und dem **Hambacher Fest** (vgl. S. 109) wurden die Hoffnungen laut geäußert und mit **schwarz-rot-goldenen Fahnen** zum Ausdruck gebracht. Ihren Höhepunkt erreichte die nationale Bewegung mit der **Revolution von 1848/49**, die in der ersten deutschen Verfassung mündete. Auch wenn die Verfassung nicht umgesetzt werden konnte, weil der preußische König sich weigerte, deutscher Kaiser zu werden, war diese **Verfassung** ein **großer Erfolg** (vgl. S. 115).

Nationalstaatsgründung von oben

Die deutschen Staaten wurden schließlich **1871** zu einem **deutschen Nationalstaat** mit einem Kaiser an der Spitze vereint (vgl. S. 119). Dieser Staat war zwar einheitlich, aber die Forderungen der Bevölkerung nach **politischer Mitbestimmung** und **freiheitlichen Grundrechten** wurden **nicht umgesetzt**. Die Gründung des Reiches wurde von den Fürsten geplant und durchgeführt und gilt deshalb als **Staatsgründung „von oben“**.

Tipps für die Erarbeitung

- Arbeitet heraus, warum Deutschland als „späte Nation“ bezeichnet wird.

Tipps für die Präsentation

- Ihr könnt Expertengruppen zu allen Wahlseiten bilden und euch die verschiedenen Nationalstaaten in Kleingruppen vorstellen.

Wahlseite Frankreich als Nationalstaat

1 Informiere dich auf dieser Seite über Frankreich als Nationalstaat.

2 Präsentiere deine Ergebnisse in geeigneter Form in der Klasse.

[1] *Frankreich und Deutschland 1806–1815.*

[2] *Frankreich und Deutschland 1871.*

[3] *Frankreich und Deutschland seit 1990.*

Schon früh ein einheitlicher Staat

Im Mittelalter herrschte in Frankreich ein König. Es gab weitere Adlige, die aber nicht so mächtig waren wie der König. Um seine **Macht** gegen die anderen Adligen und die Kirche zu **sichern**, schickte der König seine **Beamten** durch das ganze Land, um seine Gesetze und seine Macht bekannt zu machen. Mussten Angelegenheiten vor Gericht geklärt werden, fand dieses **Gericht am Hof des Königs** statt. So hatte er die **alleinige Entscheidungsgewalt**.

Der Absolutismus

Unter Ludwig XIV. wurde Frankreich eine **absolute Monarchie** (vgl. S. 40/41). Er sicherte seine Macht mit einem **stehenden Heer**, d.h., die Soldaten waren jederzeit einsatzbereit. Außerdem war die Verwaltung des Staates so geregelt, dass **alles beim König zusammenlief**. Am Königshof war eine **zentrale Verwaltung** für das ganze Land.

Revolution und Kaisertum Napoleons

Mit der **Französischen Revolution 1789** (vgl. S. 48/49) wurde zwar der König abgesetzt und es entstand eine erste Demokratie in Frankreich, aber Frankreich blieb als **einheitlicher Nationalstaat** bestehen. Daran änderte sich auch nichts, als **Napoleon** sich zum **Kaiser der Franzosen** machte (vgl. S. 62).

Nationalstaat im 19. Jahrhundert

Im Verlauf des 19. Jahrhunderts wechselten sich **Monarchie** und **Demokratie** in Frankreich mehrfach ab, Frankreich blieb aber immer ein einheitlicher Nationalstaat. Seit **1871** ist Frankreich eine **parlamentarische Demokratie**. Da der Nationalstaat in Frankreich schon so lange besteht, zählt man Frankreich zu den **alten Nationalstaaten**.

[4] *Französische Nationalsymbole: Die Flagge und der Eiffelturm in Paris.* Foto, 2017.

Tipps für die Erarbeitung
- Arbeite heraus, warum Frankreich als „frühe Nation“ bezeichnet wird.

Tipps für die Präsentation
- Ihr könnt Expertengruppen zu allen Wahlseiten bilden und euch die verschiedenen Nationalstaaten in Kleingruppen vorstellen.

☒ Wahlseite Polen als Nationalstaat

1 Informiere dich auf dieser Seite über Polen als Nationalstaat.

2 Präsentiere deine Ergebnisse in geeigneter Form in der Klasse.

[1] *1795: Nach der dritten polnischen Teilung ist Polen zwischen Preußen, Österreich und Russland aufgeteilt. Bis 1918 gibt es keinen polnischen Staat.*

[2] *1923: Polen nach der Wiedererrichtung des Staates 1918/19 und den Erweiterungen bis 1923.*

[3] *1945: Neugründung Polens nach dem Zweiten Weltkrieg und seine Westverschiebung.*

Polen wird geteilt
Polen war seit dem Mittelalter der größte und mächtigste Staat in Osteuropa. Er wurde von Königen beherrscht. Im 18. Jahrhundert erhoben die Nachbarstaaten Polens – das Deutsche Reich im Westen, Österreich im Süden und Russland im Osten – Anspruch auf Polen. Im Jahr 1772 kam es schließlich zur sogenannten ersten polnischen Teilung. In den Jahren 1793 und 1795 erfolgten die zweite und die dritte polnische Teilung, in denen das Land noch einmal anders unter die drei Nachbarländer aufgeteilt wurde [1]. Der Nationalstaat Polen hörte auf zu existieren.

Kampf um die Eigenständigkeit
Die polnische Bevölkerung litt unter der Aufteilung auf die anderen Staaten. Sie gab die Hoffnung nicht auf, dass Polen eines Tages wieder als Nationalstaat bestehen würde. Es dauerte allerdings über 100 Jahre, bis es so weit war.

Neugründung
Im Jahr 1918, am Ende des Ersten Weltkriegs, wurde der Nationalstaat Polen neu gegründet. Es gab nicht länger einen König, sondern Polen war von nun an eine Republik. Bis 1923 kam es zu verschiedenen Erweiterungen, sodass sich das Staatsgebiet vergrößerte [2].

Polen im Zweiten Weltkrieg
Am 1. September 1939 begann der Zweite Weltkrieg mit Deutschlands Angriff auf Polen. Die Deutschen eroberten Polen von Westen her. Von Osten wurde Polen von der Sowjetunion eingenommen. Polen war also wieder aufgeteilt. Nach Ende des Zweiten Weltkriegs 1945 gab es wieder einen polnischen Nationalstaat, wenn auch mit etwas verändertem Staatsgebiet [3].

[4] *Die Flagge Polens.* Foto, 2023.

Tipps für die Erarbeitung
- Arbeitet heraus, ob Polen eine „frühe“ oder eine „späte“ Nation ist.

Tipps für die Präsentation
- Ihr könnt Expertengruppen zu allen Wahlseiten bilden und euch die verschiedenen Nationalstaaten in Kleingruppen vorstellen.

Das kann ich!

Versuche zunächst, die Aufgaben auf dieser Doppelseite zu lösen, ohne im Kapitel nachzusehen. Wenn du Hilfe brauchst, kannst du bei den Aufgaben nachschlagen. Dort sind in Klammern die Seiten angegeben.

[1] *30.000 Teilnehmer kamen zum Hambacher Fest 1832.* Druck, 1832.

[2] *Soldaten und Militärschüler auf einem Bahnsteig.* Druck, um 1900.

der Wiener Kongress	Dieser Staatsmann hielt nichts von der Demokratie und setzte auf „Eisen und Blut“.
das Hambacher Fest	Das eigene Land wird übertrieben verehrt, andere Länder werden abgewertet.
die Nationalversammlung	Er lehnte die Kaiserkrone aus der Hand der Untertanen ab.
Friedrich Wilhelm IV.	Verhandlungen zur Neuordnung Europas nach dem Sieg über Napoleon
Otto von Bismarck	Er wurde in Versailles 1871 zum deutschen Kaiser ausgerufen.
Wilhelm I.	Protestveranstaltung für Freiheit und Einheit
der Nationalismus	verfassungsgebende Versammlung in der Paulskirche in Frankfurt

[3] Begriffe und ihre Bedeutung.

Ein Teilnehmer des Wiener Kongresses berichtet:
Man hat vergessen, dass diesen Krieg nicht die Herrscher, sondern die Nationen gemacht haben. Seit der Niederlage Napoleons hat man das Interesse der Nationen aus dem Auge verloren und sich nur mit den Interessen der Fürsten beschäftigt wie in den Kriegen früher; und jetzt ist wieder alles in Verwirrung geraten, es ist zu Interessenkonflikten gekommen und es ist unmöglich, alle Länder zufrieden zu stellen ... Wenn man sich wenigstens als Grundlage die Gerechtigkeit genommen hätte, wären die Völker davon erbaut ... und von ihrem schönen Zauber beruhigt worden; aber ... jetzt ... trennen sich [die Völker] immer mehr von den Herrschern.

[4] zitiert nach: Spiel, Hilde (Hg.): Der Wiener Kongress in Augenzeugenberichten, München 1965, S. 74

Sachkompetenz

1 Ordne die Begriffe [3] in der linken Spalte den Bedeutungen rechts zu. Schreibe die Lösung in dein Heft.

2 Erkläre, warum die Menschen von den Ergebnissen des Wiener Kongresses enttäuscht waren. Werte dazu auch Quelle [4] aus. (S. 106/107)

3 Beschreibe Bild [1] und nenne die Forderungen der Menschen auf dem Hambacher Fest. (S. 109)

4 Erstelle einen Zeitstrahl zu den Ereignissen der Revolution von 1848.

5 Erkläre, was mit „Reichsgründung von oben“ gemeint ist. (S. 119)

6 Zeige an Bild [2] die Merkmale der Gesellschaft im Kaiserreich. (S. 122/123)

Methodenkompetenz

7 Wende die Methode „Politische Dichtung verstehen“ auf eine Nationalhymne deiner Wahl an. (S. 110/111)

Urteilskompetenz

8 „Die Revolution von 1848 war erfolgreich.“ Nimm Stellung zu dieser Aussage. (S. 112–117)

9 Beurteile, ob durch die Reichsgründung von 1871 Forderungen der Revolution von 1848 erfüllt worden sind. (S. 115, 122/123)

Teste dich

Vom Imperialismus zum Ersten Weltkrieg

Von 1914 bis 1918 kämpften die europäischen Staaten auf dem Kontinent und in den von ihnen in Besitz genommenen Kolonien. 1917 traten auch die USA in den Krieg ein. Zurück blieben zerstörte Dörfer, Städte und Landschaften. Rund 17 Millionen Menschen verloren ihr Leben.

1. Beschreibe das Bild.
2. Formuliere Fragen zu dem Bild.
3. Berichte, was du schon über den Ersten Weltkrieg weißt.

Schauplatz Im Schützengraben

[1] *Deutsche Soldaten in einem Schützengraben an der Westfront bei Verdun.* Foto, 1916.

1 Beschreibe die Fotografie.

Kriegserwartungen

Als 1914 der Erste Weltkrieg begann, dachten viele Menschen in allen europäischen Staaten, dass es ein kurzer Krieg für sie werde und das eigene Land bald als Kriegssieger dastehen würde. Ihre Erwartungen und die Realität des Kriegs lagen aber weit auseinander.

Vom Bewegungs- zum Stellungskrieg

Siegessicher marschierten deutsche Soldaten zu Kriegsbeginn durch das neutrale* Belgien Richtung Frankreich. Die französischen Truppen sollten überrascht, umgangen oder frontal angegriffen werden. Dieser sogenannte Bewegungskrieg kam aber bald zum Stillstand. Weder die deutschen noch die französischen Truppen konnten weiter vordringen. Stattdessen gruben sie sich in Schützengräben ein. Die feindlichen Truppen lagen einander nun im Stellungskrieg gegenüber. Die Soldaten waren ständigem Beschuss mit Granaten ausgesetzt.

Verdun

Der Schützengraben bei der französischen Stadt Verdun wurde zum Symbol des Ersten Weltkriegs. Dort ging es über anderthalb Jahre weder vor noch zurück. 1916 versuchten die Deutschen, vom Stellungs- zurück zum Bewegungskrieg zu kommen. Die „Schlacht von Verdun" dauerte zehn Monate. Die deutschen und französischen Soldaten sprachen damals von der „Hölle von Verdun". Insgesamt verloren hier über 300.000 Soldaten ihr Leben und über 400.000 wurden verwundet. Gleichzeitig fand der Krieg auch im Osten statt. Dort standen sich russische und deutsche Truppen gegenüber.

2 Erkläre den Unterschied zwischen Bewegungs- und Stellungskrieg.

* **neutral,** *die* **Neutralität:** Ein Staat beteiligt sich nicht an einem Konflikt zwischen anderen Staaten, er bleibt neutral.

[2] *Deutsche Soldaten in einem Schützengraben bei Amiens in Frankreich.* Foto, 1918.

Kriegsvorstellungen

Auszug aus einem Bericht in der Tageszeitung „Vorwärts" über den Ausstellungs-Schützengraben in Berlin, Mai 1915:

... Da gibt es Mannschaftsunterstände für 50 Mann, die mit „allem Komfort der Neuzeit" ausgestattet sind. Hier ist in der kleinsten Hütte Raum für glücklich schlafende Krieger. Selbstverständlich sind die Offiziersunterstände noch eleganter. Hier gibt es sogar Tische und sonstige Ausstattung. Die Schreibstube des Feldwebels* kann in Friedenszeiten kaum besser eingerichtet sein, sogar ein Tintenfass ist vorhanden. Alle Unterstände sind mit elektrischem Licht erleuchtet, so dass zu einem wirklich gemütlichen Aufenthalt nichts fehlt.

[3] Vorwärts vom 13.5.1915; zitiert nach: Glatzer, Dieter; Glatzer, Ruth: Berliner Leben 1914-1918, Ost-Berlin 1983, S. 142f., vereinfacht

3 Beschreibe, wie der Schützengraben im Text [3] dargestellt wird.

* *der* **Feldwebel:** Dienstgrad beim Militär

Kriegsrealität

Ein unbekannter deutscher Soldat schreibt in einem Feldpostbrief aus Verdun am 2.7.1916:

In der Stellung angekommen legten wir uns todmüde in Granatlöcher – Schützengräben oder gar Unterstände gab es nicht. Dort lagen wir vier Tage lang zuerst ganz nass und 1/2 Meter tief im Dreck – ein Trommelfeuer ging auf uns los, dass es einen von einem Loch ins andere riss. Die Schmerzensrufe und das Gestöhne der Verwundeten, die elend zu Grunde gehen müssen. An ein Zurücktragen ist nicht zu denken.

Tag und Nacht Granatfeuer – oft in der Sekunde 10-20 Geschosse. Es verschüttete uns und grub uns wieder aus. Unser Leutnant hat geweint wie ein Kind. Ja, wie sie da lagen, ein Fuß weg, Arme weg, ganz zerfetzt. Gott, das war furchtbar.

[4] Krüger, Clemens: Fronterfahrung und Heimatalltag im Ersten Weltkrieg, 2010, S. 20, vereinfacht

4 Vergleiche die Vorstellungen der Menschen in der Heimat [3] und die Beschreibung der Kriegsrealität an der Front [4] in einer Tabelle:

	Vorstellung	**Realität**
Unterkunft	komfortabel, ...	...
Stimmung der Soldaten	...	...
Tätigkeiten an der Front	...	...

[1] *Europa 1914.* Karte.

1 Beschreibe die Karte [1].

Das Zeitalter des Imperialismus*

Großbritannien war Mitte des 19. Jahrhunderts die größte Industrienation. Das Land begann früh, Kolonien* zu errichten. Im britischen Empire* lebte etwa ein Viertel der Weltbevölkerung. Die anderen europäischen Großmächte wollten nachziehen und wetteiferten um Kolonien in Afrika und Asien. Die eigene Stellung als Großmacht sollte mit Kolonien ausgebaut werden. Die Menschen in den Industrieländern fühlten sich den Menschen in den Kolonien religiös und kulturell überlegen.

2 Recherchiere im Internet, welche Staaten zum britischen Empire gehörten.

* *das* **Empire:** englisch, das Weltreich

der **Imperialismus:** Streben eines Landes nach Macht über andere Lander, mit dem Ziel, das eigene Herrschaftsgebiet zu erweitern

die **Kolonie:** Besitz eines Staates in einem anderen Land, das von ihm abhängig ist

Konkurrenz in Europa

Nicht nur in Übersee versuchten die europäischen Großmächte ihren Einfluss zu vergrößern. Mit Bündnissen untereinander wollten sie ebenfalls ihre Macht sichern und sich im Kriegsfall zur Seite stehen.

Der Erste Weltkrieg

Die Konkurrenzsituation gipfelte im August 1914 im Ersten Weltkrieg. Die Ursachen waren unter anderem:

- das Streben nach Macht und der Konkurrenzgedanke unter den europäischen Großmächten (Nationalismus)
- die Ansicht der europäischen Industrienationen, ihre Kolonialreiche erweitern zu müssen (Imperialismus)
- dass Gewalt und Krieg für alle Staaten Mittel waren, um ihre Ziele durchzusetzen
- das Aufrüsten und Wettrüsten der Großmächte (Militarismus)

1917 traten die USA in den Krieg ein und kämpften auf der Seite der Alliierten (Großbritannien, Frankreich, Russland) gegen die Mittelmächte (Deutschland, Österreich). Aufgrund der weltweiten Kämpfe spricht man von einem Weltkrieg. Der Erste Weltkrieg endete 1918, als Deutschland seine Niederlage erklärte.

3 Beschreibe die Situation zwischen den europäischen Staaten zu Beginn des 20. Jahrhunderts.

Üben

▸ **um 1870**
Das Zeitalter des Imperialismus beginnt

▸ **ab 1871**
Aufteilung Afrikas durch europäische Staaten

▸ **1914**
Attentat von Sarajevo
Beginn des Ersten Weltkriegs

▸ **1916**
Schlacht bei Verdun

▸ **1917**
Kriegseintritt der USA
Russische Revolution im Oktober

▸ **1918**
Waffenstillstand im November
Ende des Ersten Weltkriegs

▸ **1919**
Friedensverträge von Versailles

Vom Imperialismus zum Ersten Weltkrieg

Wettstreit um Kolonien

Warum wollten europäische Staaten Kolonien besitzen?

[1] *„The World's Plunderers" (Die Plünderer der Welt), amerikanische Karikatur.* Robert Nast, 1885.

1 Beschreibe die Karikatur.

- Für welche Länder stehen die drei Männer?
- Was machen die Männer?
- Auf welches Problem bezieht sich die Karikatur? Stelle Vermutungen an.

Wettlauf um die letzten „freien" Gebiete

Ab etwa 1870 versuchten auch Frankreich, Italien, Belgien, Deutschland, das russische Reich, Japan und die USA, Kolonien zu erwerben. Die industrielle Entwicklung führte zu einem Überlegenheitsgefühl gegenüber den Einheimischen in den Kolonien. Es begann ein Wettstreit um scheinbar „freie" Gebiete in der Welt – insbesondere in Afrika. Die europäischen Staaten nahmen Gebiete in Besitz, die ihnen als Rohstoffquellen und Absatzmärkte für die eigenen Waren dienen sollten. Dieses Vorgehen bezeichnet man als Imperialismus.

Motive des Imperialismus

Die Politiker der Kolonialmächte rechtfertigten ihr Handeln. Viele Europäer waren überzeugt, dass ihre Kultur wertvoller war als die anderer Völker. Sie nannten sie barbarisch* und wollten sie zivilisieren. Daher begannen die Europäer den Einheimischen, die in den eroberten Gebieten seit langer Zeit lebten, ihren christlichen Glauben und ihre Kultur aufzuzwingen. Sie waren überzeugt, den Menschen so ein besseres Leben zu ermöglichen.
Sie dachten, dass sie über die Völker in den Kolonien bestimmen konnten, weil sie ihnen überlegen seien. Die Europäer hielten ihre Lebensweise für die einzig richtige. Deshalb waren sie überzeugt, in den Kolonien gerecht zu handeln. Doch auch Nahrungsmittel und Bodenschätze, die es in Europa nicht gab, waren in den Kolonien zu beschaffen. Die Großmächte wollten außerdem nicht hinter den europäischen Nachbarstaaten zurückstehen, sondern Kolonien erobern, um die eigene Macht auszudehnen.

2 Nenne die Motive für das imperialistische Handeln der Großmächte.
Starthilfe: *Unterscheide wirtschaftliche, politische und kulturelle Gründe.*

* **barbarisch:** roh, unzivilisiert

Sprachspeicher
die Kolonie erwerben • *die* Kolonien erobern • *die* einheimische Bevölkerung unterdrücken • überlegen • unterlegen
die Kolonialmächte • *die* Großmächte • *das* imperialistische Handeln

Die Kolonialmächte begründen ihre Politik

Der britische Unternehmer und Politiker Cecil Rhodes war einer der führenden Kolonisten in Afrika. Nach ihm wurden die Kolonien Nord-Rhodesien (heute Sambia) und Süd-Rhodesien (heute Simbabwe) benannt.

1877 schrieb Rhodes:
Ich behaupte, dass wir die erste Rasse in der Welt sind, und dass es für die Menschheit umso besser ist, je größere Teile der Welt wir bewohnen. Darüber hinaus bedeutet es einfach das Ende aller Kriege, wenn der größere Teil der Welt von uns beherrscht wird. Da Gott offensichtlich die Englisch sprechende Rasse zu seinem auserwählten Werkzeug geformt hat, muss es auch seinem Wunsch entsprechen, der englischen Rasse in Afrika so viel Raum wie möglich zu verschaffen.

[2] zit. n. Mommsen, Wolfgang: Imperialismus. Hamburg, 1977, S. 48f.

3 Fasse zusammen, wie Rhodes die Kolonialpolitik seines Landes begründet [2].
Starthilfe: *Cecil Rhodes war überzeugt, dass die Briten ...*

Adolph Woermann, Chef des größten deutschen Unternehmens in Westafrika, begründet den Kolonialismus* im Jahr 1879:
Es liegt auf der Hand, dass in Afrika zwei große ungehobene Schätze sind: Die Fruchtbarkeit des Bodens und die Arbeitskraft vieler Millionen Neger*. Wer diese Schätze zu heben versteht ..., der wird nicht nur Geld verdienen, sondern auch gleichzeitig eine große Kultur-Mission erfüllen.

[3] Woermann, Adolph: Kulturbestrebungen in West-Afrika. Vortrag, gehalten in der Geographischen Gesellschaft zu Hamburg am 1.5.1879, in: Mittheilungen der Geographischen Gesellschaft in Hamburg 1878–79, Hamburg 1880, S. 69.

[4] *„Koloss von Rhodes".* Karikatur, 1892.

4 Benenne die Gründe, die Woermann für sein Handeln in Afrika anführt [3].

5 Deute die Karikatur [4]. Wende dafür die Arbeitsschritte der Methode Karikaturen deuten an (S. 46). Beachte auch den **Sprachspeicher.**

* *der* **Kolonialismus:** Politik, die auf den gewalttätigen Erwerb von Kolonien abzielt. Die kolonialisierten Völker werden unterdrückt und ausgebeutet.

der **Neger:** Frühere Bezeichnung eines Menschen dunkler Hautfarbe; der Begriff wird nicht mehr verwendet, weil er abwertend und beleidigend ist.

Wähle einen der Arbeitsaufträge aus:

- Lies den Text „Wettlauf um die letzten ‚freien' Gebiete" auf Seite 136. Beschreibe, was eine Kolonie war.
- Ein Kolonist erklärt, warum sein Land Kolonien braucht. Schreibe eine Stellungnahme mithilfe von Aufgabe 2, 3 und 4.

Sprachspeicher
von Gott auserwählt > höherwertig
5: Großbritannien besaß viele Kolonien in Afrika. Diese wollten die Briten mit einer Eisenbahnlinie verbinden. In der Karikatur ist Cecil Rhodes zu sehen.

Der Koloss von Rhodos war in der Antike eine über 30 Meter hohe Bronzestatue und eines der sieben Weltwunder.

Die Kolonialisierung von Afrika

Wie herrschten die Kolonialherren über die Einheimischen?

[1] *Afrika um 1914.* Karte.

1 Werte die Karte [1] aus. Erstelle dazu eine Tabelle.

Europäischer Staat	Besitzt diese Kolonien
Deutschland	...
...	...

Die Aufteilung Afrikas

Die europäischen Staaten teilten die „freien" Gebiete Afrikas untereinander auf. Dabei zogen sie die Grenzen ihrer Kolonien ohne Rücksicht auf die dort lebende Bevölkerung und die bestehenden Grenzen und Gebiete.

Die Nama

Die Nama sind ein Volk der Khoikhoi, die unter anderem im heutigen Namibia (damalige Kolonie Deutsch-Südwestafrika) leben. Sie wurden von den Kolonialherren abwertend als „Hottentotten" bezeichnet und unterdrückt.

Aus einem Brief des Nama-Oberhauptes Hendrik Witbooi an das Oberhaupt eines anderen Stammes:

Wir sind nicht hart gegeneinander, sondern ordnen Dinge in Frieden und Brüderschaft. Wir stellen keine Gesetze gegeneinander auf über Wasser, Weide und Wege, um Geld daraus zu schlagen.

Die weißen Menschen handeln ganz anders. Die Deutschen lassen sich im Gebiet nieder, ohne um Erlaubnis zu bitten. Sie drängen den Menschen, denen die Gebiete gehören, ihre Gesetze auf, sie verbieten den Einheimischen die Jagd auf ihr eigenes Wild.

[2] zit. n. Witbooi, Hendrik: Afrika den Afrikanern. Aufzeichnungen eines Nama-Häuptlings; Reinhard, Wolfgang (Hg.), Berlin/Bonn, 1982, S. 132 ff.

2 Beschreibe, wie Witbooi das Verhalten der Deutschen empfunden hat [2].

[3] *Ein deutscher Kolonialist in Togo lässt sich in einer Hängematte mit Sonnenschutz tragen. Togo war eine deutsche Kolonie in Westafrika.* Foto, 1885.

Sprachspeicher
der einheimischen Bevölkerung *das* Land wegnehmen · Land einnehmen · Land erobern · Kolonialherren

2: Witbooi war nicht einverstanden mit dem Verhalten der Deutschen, denn ...

3 Beschreibe die Fotografien [3] und [4]. Was sagen sie über das Verhältnis der Kolonialherren und Einheimischen aus?

Der deutsche Kaufmann und Kolonialist Carl Peters berichtet über die Entstehung von Deutsch-Ostafrika (heute Tansania, Burundi, Ruanda und Teile Mosambiks):

Nachdem der Sultan mit Alkohol und Kaffee „in vergnügliche Stimmung" gebracht wurde, schlossen wir den Vertrag. Danach wurden die Fahnen gehisst und der Vertrag in deutschem Text verlesen. Ich hielt eine kurze Ansprache, wodurch ich die Besitzergreifung vornahm, die mit einem Hoch auf seine Majestät, den deutschen Kaiser, endete. Drei Schüsse, von uns und den Dienern abgegeben, demonstrierten den Schwarzen ..., was sie zu erwarten hätten, wenn sie sich nicht an den Vertrag hielten.

[5] Peters, Carl: Wie Deutsch-Ostafrika entstand, Leipzig, 1912, S. 27 ff., *vereinfacht*.

Über den Kolonialismus aus afrikanischer Sicht schreibt 2017 Aimé Césaire, ein afro-karibischer Schriftsteller und Politiker:

Ich spreche aber von Gesellschaften, die um sich selbst gebracht worden sind, von zertretenen Kulturen, von beschlagnahmtem Land, von ermordeten Religionen, von vernichteter Kunst. Ich spreche von tausenden hingeopferten Menschen, vom Raub an Erzeugnissen und Grundstoffen.

[6] Césaire, Aimé: Über den Kolonialismus. Übers. v. Heribert Becker; Berlin, 2017, S. 14.

[4] *Einheimische Frauen in Kettenhaft in Deutsch-Ostafrika.* Die Zwangsarbeit in Ketten war eine Strafmaßnahme der Kolonialherren. Foto, um 1900.

4 Erläutere anhand der Quelle [5] die Einstellung von Carl Peters. **Starthilfe:** *In der Quelle wird deutlich, dass Carl Peters die Einheimischen ...*

5 Erkläre, was Aimé Césaire mit „beschlagnahmtem Land", „ermordeten Religionen" und „zertretenen Kulturen" meint.

Wähle einen der Arbeitsaufträge aus:

- „Die Deutschen verhielten sich in den Kolonien grausam." Begründe die Aussage. Nimm das Bild [4] von dieser Seite zu Hilfe und beachte auch die Bildunterschrift.
- Nicht alle Europäer befürworteten den Kolonialismus. Entwirf eine Gegenposition, in der du das Handeln der Europäer kritisierst.
- Beurteile mithilfe der Doppelseite das Verhalten der Europäer. **Starthilfe:** *Die Europäer sehen Afrika als ... Deshalb handeln sie ... Aber ihre Ansicht ...*

Sprachspeicher
etwas in Besitz nehmen • *die* Besitzergreifung

5: „Ermordet" und „zertreten" ist hier nicht wörtlich zu verstehen. Aber was beschreibt Aimé Césaire damit sehr anschaulich?

Üben

Beispiel Namibia

Welche Folgen hat der Kolonialismus für die eroberten Gebiete und Menschen?

1 Erkläre mithilfe der Karte [1] und des Textes, warum die Eisenbahnlinie das Leben der Herero und Nama bedrohte.

Deutsch-Südwestafrika

Der Bremer Tabak- und Waffenhändler Adolf Lüderitz erwarb 1883 einen Küstenstreifen in Südwestafrika. Er legte damit den Grundstein für die Kolonie Deutsch-Südwestafrika, dem heutigen Namibia. Auf diesem Gebiet bildeten die 80.000 Herero und 20.000 Nama die größten Völker. Sie lebten von der Viehzucht. Doch deutsche Händler nahmen ihnen ihr Land und ihr Vieh. Die neue Eisenbahnlinie der Kolonialherren verlief mitten durch das Weideland, auf das die Einheimischen angewiesen waren. Dadurch waren die lebenswichtigen Wasserlöcher für das Vieh nicht mehr zugänglich. Für die Herero und Nama wurden Gewalt, Diebstahl, Betrug und Vergewaltigungen durch die deutschen Besatzer zur Regel.

[1] *Siedlungsgebiet der Herero und Nama.* Karte.

2 Beschreibe die Fotografie [2].

[2] *Aneinandergekettete Herero-Männer in Deutsch-Südwestafrika.* Foto, um 1904.

Der Hererokrieg

Die Lage der Herero und Nama in Deutsch-Südwestafrika war immer aussichtsloser geworden. Daher erhoben sie sich ab 1904/1905 gegen die deutsche Fremdherrschaft und setzten sich mit einfachen Waffen zur Wehr. Doch die deutschen Truppen schlugen mit Maschinengewehren zurück. Es war die erklärte Absicht der deutschen Kolonialherren, die aufständischen Herero aus dem Land zu drängen und zu vernichten.

Nach den Kämpfen wurden zehntausende Herero in die Wüste getrieben. Dort starben sie an Durst und Erschöpfung. Im Zuge des Aufstandes und Kriegs kamen 65.000 Herero und 10.000 Nama ums Leben. Die wenigen Überlebenden mussten in Reservaten unter katastrophalen und erbärmlichen Bedingungen leben.

3 Fasse die Folgen der Aufstände zusammen.

Sprachspeicher

Siedlungsgebiet • Fremdherrschaft durch *die* Deutschen

3: Die Aufstände der Herero und Nama führten dazu, dass …
Die Überlebenden …

Koloniale Folgen

In Namibia findet man heute viele Spuren des Kolonialismus. In der Stadt Lüderitz gibt es noch immer deutsche Geschäfte und Straßennamen. Die koloniale Ausbeutung hat auch nicht sichtbare Spuren hinterlassen: Manche Familien wissen bis heute nicht, was mit ihren Vorfahren unter der deutschen Herrschaft geschehen ist. Viele von ihnen leben in Armut, weil das Land noch immer weißen Siedlern gehört.

Der deutsche Völkermord

Erst im Mai 2021, mehr als 100 Jahre nachdem deutsche Kolonialisten zehntausende Menschen ermordet hatten, erkannte Deutschland die Verbrechen an den Herero und Nama öffentlich als Völkermord* an. Der damalige Außenminister Heiko Maas sagte, Namibia und Deutschland müssten nun einen gemeinsamen Weg zu echter Versöhnung und Angedenken der Opfer finden. Maas bat für die Taten des Deutschen Reichs um Entschuldigung und kündigte Entwicklungshilfe in Höhe von 1,1 Milliarden Euro an.
Die Herero und Nama wurden nicht an den Verhandlungen beteiligt, obwohl sie dies immer wieder fordern. Sie kritisieren, dass das Geld nicht bei den Betroffenen ankomme und für die Folgen, die die Verbrechen 1904/1905 bis heute nach sich ziehen, kaum ausreiche.

4 Recherchiere den aktuellen Stand der Debatte um den Völkermord in Namibia.

[3] *Zwei koloniale Straßennamen in Düsseldorf.* In der Stadt wird über eine Umbenennung der Petersstraße diskutiert. Foto, 2020.

[4] *Denkmal im Zentrum der namibischen Hauptstadt Windhoek.* Es erinnert an den von deutschen Kolonialtruppen begangenen Völkermord an den Herero und Nama. Die Inschrift lautet: „Ihr Blut nährt unsere Freiheit." Foto, 2019.

* *der* **Völkermord:** Vernichtung einer Volksgruppe aufgrund ethnischer oder sozialer Merkmale, der Nationalität oder der Religion

Spuren des Kolonialismus in Deutschland

Heute gibt es in Deutschland noch immer Straßen, die nach ehemaligen deutscher Kolonialherren oder Kolonialgebieten benannt wurden. Vielerorts wird über Umbenennungen diskutiert, weil die deutsche Kolonialzeit von Gewalt und Ausbeutung geprägt war. Die deutsch-ghanaische Wissenschaftlerin May Ayim kritisiert die kolonialen Straßennamen. Sie sagt, dass durch die Beibehaltung die Kolonialisten noch immer als Helden dargestellt und die Opfer weiterhin gedemütigt werden.

Wähle einen der Arbeitsaufträge aus:

- Finde Namibia im Atlas. Nenne drei Namen großer Städte.
- Recherchiere, nach wem die Lüderitzstraße und die Petersstraße benannt wurden.
- Nimm Stellung zur Umbenennung der Petersstraße.

Sprachspeicher
koloniale Ausbeutung • *die* Kolonialisten • *die* Versöhnung • sich nach einem Streit versöhnen

: Überlege, warum eine Straße nach einer Person benannt wird. Was haben Menschen, nach denen Straßen benannt werden, meistens gemacht?

Beginn des Ersten Weltkriegs

Was waren Auslöser und Ursachen des Ersten Weltkriegs?

[1] *Attentat auf den österreichischen Thronfolger.* Zeichnung in einer französischen Zeitschrift, 1914.

1 Beschreibe die Zeichnung [1].

Das Attentat von Sarajevo

Am 28. Juni 1914 wurden der österreichische Thronfolger Franz Ferdinand und seine Frau bei einer Rundfahrt durch die bosnische Stadt Sarajevo erschossen. Das Land Bosnien wurde 1908 vom Königreich Österreich-Ungarn gewaltsam in seinen Besitz gebracht. Viele Serben lebten in Bosnien. Dass sie zu Österreich-Ungarn gehörten, gefiel vielen Bosniern und Serben nicht. Hinter dem Attentat auf den Thronfolger stand die serbisch-nationalistische Organisation „Junges Bosnien". Ihre Ziele waren die Stärkung des serbischen Nationalbewusstseins und die Befreiung Bosniens von der österreich-ungarischen Besatzung. Die Organisation forderte die Gründung eines „Großserbischen Reichs", in dem Bosnien, Serbien und Montenegro vereint sein sollten.

2 Fasse mit deinen Worten die politische Situation in Bosnien 1914 zusammen.

Die Julikrise

Der Kaiser von Österreich verlangte nach dem Attentat auf den Thronfolger eine Bestrafung Serbiens. Er forderte, dass er in Serbien uneingeschränkt gegen die Hintermänner des Attentats vorgehen dürfe. Serbien stimmte diesen Forderungen weitgehend zu. Der Kaiser von Österreich wollte aber die volle Zustimmung und erklärte Serbien daher am 28. Juli 1914 den Krieg. Beide Staaten machten ihre Armeen einsatzbereit. Dies löste eine Kette von Kriegserklärungen aus: 1. August: Deutschland – Russland; 3. August: Deutschland – Frankreich: 4. August; England – Deutschland.

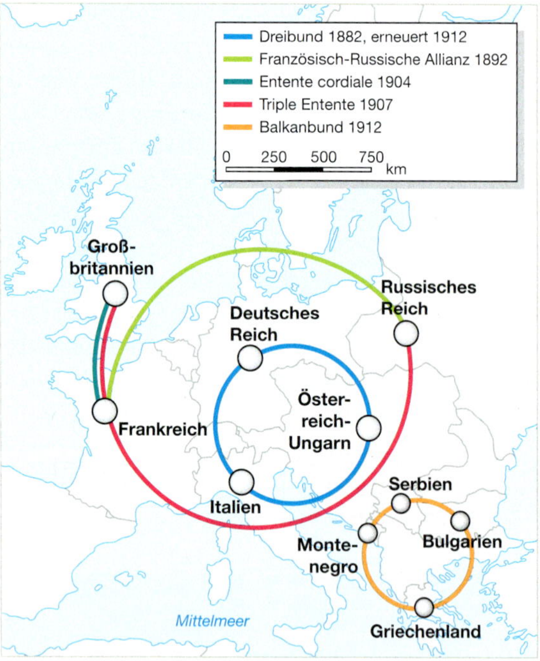

[2] *Bündnisse vor dem Ersten Weltkrieg.* Karte.

3 Beschreibe mithilfe der Karte [2], welche Staaten 1914 Verbündete waren. Leg dazu eine Tabelle an.
Starthilfe: *Linke Spalte der Tabelle Bündnisse, rechte Spalte beteiligte Staaten.*

4 Stelle Vermutungen an, wieso ein Attentat auf eine Einzelperson einen Weltkrieg auslöste.

Sprachspeicher
etwas gewaltsam in Besitz nehmen > sich etwas nehmen, was einem nicht gehört · *der* Kaiser · sein Sohn · *der* Thronfolger

2: Bosnien gehörte seit 1908 ... Die Organisation „Junges Bosnien" wollte stattdessen ...

Ursachen für den Ersten Weltkrieg

Mit dem Wettstreit um Kolonien verschärften sich die bestehenden Konflikte der europäischen Großmächte. Kaiser Wilhelm II. wollte, dass das noch junge Deutsche Reich (gegründet 1871) nicht nur eine Großmacht, sondern eine Weltmacht wie Großbritannien sein sollte. Dafür benötigte er eine starke Marine. Das Deutsche Reich begann mit dem Ausbau der Kriegsflotte. Dadurch fühlte sich Großbritannien in seiner Stellung als größte Seemacht der Welt bedroht.

Europäisches Wettrüsten

Die europäischen Großmächte verfolgten jeweils ihre eigenen Ziele und Interessen. Diese wollten sie notfalls auch mit Waffengewalt erreichen. Daher erhöhten sie die Militärausgaben. Es herrschte ein Misstrauen gegenüber den Nachbarstaaten und besonders viele Deutsche fühlten sich aufgrund der Bündnisse von Feinden umgeben.

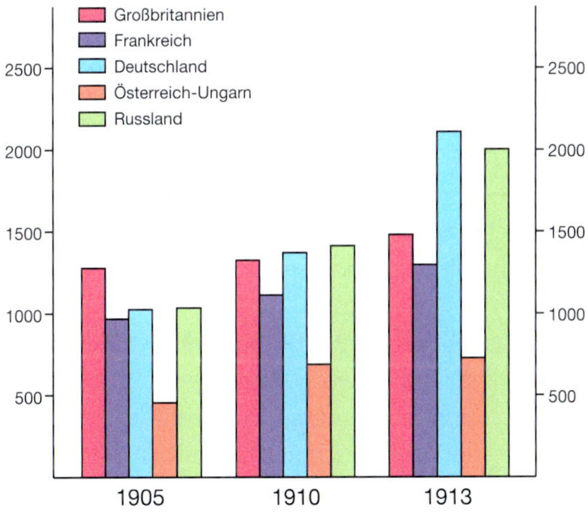

[3] *Ausgaben für Rüstung (Waffen und Munition) durch die Großmächte Europas von 1905 bis 1913 in Millionen Mark.* Diagramm.

5 Beschreibe mit dem Diagramm [3] die Entwicklung der Rüstungsausgaben. Sprachspeicher.

[4] *„Wie sollen wir uns da die Hand geben?"*, Karikatur aus der Zeitschrift „Simplicissimus" von 1912. Die linke Person stellt einen Deutschen dar, die Person rechts einen Engländer. Beide halten Kriegsschiffe in den Armen.

6 Deute die Karikatur [4]. Sprachspeicher.

Frieden für Europa?

Bereits 1892 hatte sich die „Deutsche Friedensgesellschaft" gegründet. Mitgründerin war die Friedensnobelpreisträgerin Bertha von Suttner. Sie schrieb den Roman „Die Waffen nieder!". Die Empörung, die das Attentat von Sarajevo auslöste, überlagerte jedoch die Gedanken an Frieden. Die Überlegungen der Friedensbewegung waren wie weggeblasen durch den beginnenden Krieg.

7 Recherchiere die Biografie von Bertha von Suttner und berichte darüber.

Wähle einen der Arbeitsaufträge aus:

- Lies den Text auf dieser Doppelseite. Nutze den Lese-Profi auf der letzten Seite im Buch. Benenne Gründe, warum es zum Ausbruch des Ersten Weltkriegs kam.
- Bewerte Aufrüstung und Krieg als Mittel der Politik.

Sprachspeicher

5: Das Diagramm gibt Informationen über ... • Zwischen ... stiegen die ... • Vergleicht man die ..., ist zu erkennen, dass ...

6: Ich sehe ... • Das Thema der Karikatur ist ... • Der Titel bedeutet ... • Die Aussage der Karikatur ist meiner Meinung nach ...

Üben

Kriegsbeginn und Kriegsverlauf

Wie veränderte sich die Stimmung in den Kriegsjahren?

[1] *Deutsche Kriegsfreiwillige im August 1914.* Foto, vermutlich gestellt. Auf die Waggonwände wurden Sprüche wie „Ausflug nach Paris" und „Auf in den Kampf – mir juckt die Säbelspitze" geschrieben.

[2] *Englische Kriegsfreiwillige nach ihrer Einkleidung.* Foto, 1914.

1 Beschreibe die Fotos [1] und [2].

2 Vergleiche die Fotos miteinander. Achte dabei auf die Nationalität der abgebildeten Personen.

Kriegsbeginn

Nur 34 Tage nach dem Attentat in Sarajevo begann im August 1914 der Erste Weltkrieg. Überall in Europa glaubten die Menschen an einen schnellen und siegreichen Krieg für ihr eigenes Land. Junge Männer, vor allem Studenten und Großstädter, meldeten sich freiwillig zum Kriegsdienst. Sie glaubten, für die „Ehre" ihres Vaterlandes zu kämpfen. Allerdings gab es auch kritische Stimmen. Doch in der Öffentlichkeit (z.B. in den Zeitungen) gingen diese Stimmen in den Begeisterungsrufen für den Krieg unter.

3 Erkläre mit dem Autorentext, was der Spruch „Ausflug nach Paris" auf dem Waggon in [1] bedeutet.

Der Student Andreas Wilmer schrieb am 1. August 1914 an seine Mutter:

Nie werde ich diesen Tag vergessen. Als die Kriegserklärung an Russland und Frankreich vorgelesen wurde, jubelten alle. Überall Militärmusik, wildfremde Menschen fielen sich in die Arme. Es hat sein müssen und unsere Sache ist gerecht. Viel zu lang haben der deutsche Kaiser und der Kanzler gezögert, das Schwert zu ziehen. Ade, schöne Ludwig-Maximilians-Universität, die ich eben erst betreten habe! Wie alle Studenten habe ich mich sofort freiwillig gemeldet!

[3] Peschke, Hans-Peter: Von der Schulbank in den Tod. in: Journal Geschichte. 1, 1993, S. 6 f.

4 Beschreibe, wie Andreas Wilmer den Kriegsausbruch empfunden hat.

Wilmer schrieb am 28. Oktober 1914 in Belgien:

Jetzt sitze ich hier, von Grauen geschüttelt, und genieße jeden Atemzug! Eigentlich wollte ich Dir von der großen Schlacht schreiben. Aber mir stehen nur wenige, grauenvolle Einzelheiten vor Augen, die ich ganz schnell wieder vergessen möchte: der Kamerad mit dem blutenden Armstumpf, das zerschossene Gesicht eines Freundes. Es war furchtbar. So habe ich mir den Kampf nicht vorgestellt!

[4] Peschke, Hans-Peter: siehe [3]

5 Vergleiche die Stimmung von Andreas Wilmer im August [3] und im Oktober [4].

Sprachspeicher

in den Krieg ziehen · sich zum Kriegsdienst melden · freudige, ausgelassene, beschwingte Stimmung · angsterfüllt · besorgt · nachdenklich

grauenvoll · schrecklich · *das* Grauen · *die* Furcht · *das* Entsetzen · von Grauen geschüttelt · man sieht etwas Schreckliches

Ein Hauptmann schreibt 1916 an den Vater des gefallenen Rudolf Emmerich:
Hochverehrter Herr Justizrat!
... ich habe die traurige Pflicht, Ihnen den Heldentod Ihres Sohnes Rudi anzuzeigen. ... Aber mich ... und alle seine Kameraden drängt es, Ihnen unser Beileid auszusprechen. Persönlich war er ein lieber, sehr lieber Offizier, frisch, dienstfreudig, hingebend seinen schweren Pflichten, vorbildlich tapfer. Seinen Leuten voran stürmte er zur Rückeroberung einer verlorenen Stellung gestern früh den feindlichen Graben. Hierbei fand er durch Kopfschuß schmerzlosen Soldatentod, 5 Uhr früh. Mit Ihnen und seiner Mutter betrauern wir und ich besonders den braven Kameraden und Offizier.
... Ihr sehr ergebener von Germar Hauptmann

[5] Museumsstiftung Post und Telekommunikation, Feldpost 1914–1918, Briefesammlung, https://www.briefsammlung.de/feldpost-erster-weltkrieg/brief.html?action=detail&what=letter&id=1907.

6 Beschreibe, wie der Hauptmann den Tod des Soldaten schildert.
7 Stelle Vermutungen an, warum er so schreibt.
8 Vergleiche die Schilderungen des Hauptmannes [5] mit Wilmers Brief [4].

Neue Kriegswaffen

Der Erste Weltkrieg war der erste industrialisierte Krieg. Statt nur Mann gegen Mann im Nahkampf nutzten alle Beteiligten neue Waffen mit hoher Reichweite: Maschinengewehre, Panzer, Schlachtschiffe, U-Boote und Flugzeuge. 1915 setzten die Deutschen erstmals Giftgas ein. Giftgase führten zur Erblindung und zu Verätzungen der Lunge. Die Soldaten starben einen qualvollen Tod. Ab 1916 kämpften die Briten mit Tanks, den Vorläufern der Panzer. Mit ihnen konnten Schützengräben und Stacheldrahtsperren überwunden werden. Maschinengewehre und Granaten konnten ihnen nicht viel anhaben. Die modernen Waffen ermöglichten zudem ein stundenlanges Trommelfeuer.

[6] *Soldaten der USA geraten in einen Giftgasangriff.* Foto, 1918.

9 Erkläre, warum der Erste Weltkrieg der erste industrialisierte Krieg genannt wird.

Die USA helfen den Alliierten

1917 traten die USA in den Krieg ein und versorgten die Alliierten mit zusätzlichem Material. Die deutsche Industrie konnte nicht die benötigte Menge Material zur Verteidigung bereitstellen. Schließlich führte die Unterlegenheit beim Material zur Niederlage und zum Kriegsende 1918.

Wähle einen der Arbeitsaufträge aus:

- Erstelle eine Mindmap mit wichtigen Begriffen zum Ersten Weltkrieg. **Starthilfe:** *Beachte die Zwischenüberschriften auf den Seiten 136 bis 145.*
- Man sagt, im Ersten Weltkrieg seien sogenannte „Materialschlachten" geführt worden. Erkläre den Ausdruck.
- Andreas Wilmer starb im November 1914 in einer Schlacht in Belgien. Verfasse einen Tagebucheintrag seiner Mutter.

Sprachspeicher
maschinelle Waffen • in großer Stückzahl produziert • Waffen führen zu ... • *der* Heldentod • *die* Tapferkeit • tapfer sein

7: Realität an der Front, Wahrheit, fehlende deutsche Erfolge, Kriegspropaganda, Werbung für den Krieg

Wahlseite Kinderalltag während des Kriegs

1 Lies den Text und fasse die Inhalte der Seite mit deinen Worten zusammen. Arbeite gemeinsam mit deinem Lernpartner oder deiner Lernpartnerin. **Starthilfe:** *Nutze den Lese-Profi auf der letzten Seite im Buch.*

2 Male ein Bild, wie du dir den Kinderalltag während des Ersten Weltkriegs vorstellst.

[1] *Kinder spielen Krieg.* Foto, 1916.

Kriegserziehung

Während des Ersten Weltkriegs sollten auch Kinder, durch **intensive Werbung**, für den Krieg begeistert werden. In **Schulen und Vereinen**, in **Jugendbüchern, Liedern und Spielen** wurde der Krieg positiv dargestellt. Häufig sah man Jungen in **Uniformen** „Krieg spielen". Auch die Bevölkerung sollte den Krieg mit Begeisterung unterstützen.

Auszug aus einem Schullesebuch einer Berliner Gemeinschaftsschule:

1 Mein Baukasten.
2 Ich spiele jeden Tag mit meinem Baukasten
3 Da stelle ich die Hölzer in Reihen auf. Das sind
4 dann die Soldaten. Nun wird Krieg gemacht. Ich
5 hole meine Kanone herzu und schieße – bum!
6 bum! die Soldaten alle über den Haufen.

[1] Friedrich, Ernst: Krieg dem Kriege, 2004, S. 44

Der Alltag verändert sich

Der Alltag der Kinder veränderte sich. Ihre Väter und älteren Brüder wurden eingezogen und ihre Mütter mussten plötzlich die **Familie versorgen**. Nach der anfänglichen Begeisterung kam schnell die **Ernüchterung**. Viele Familien bekamen die Nachricht vom **Tod der Väter**. Wiederum andere Väter kamen schwer verletzt oder seelisch verstört zurück.

Ab 1915 wurden die **Lebensmittel** in Deutschland **knapper**. Es gab immer weniger zu essen. Das, was es gab, war oft von schlechter Qualität. Im Mai 1918 standen jeder Person nur noch 150 Gramm Brot pro Tag zu. Viele Kinder wurden durch die **mangelhafte Ernährung** krank oder starben.

Tipps für die Erarbeitung

- Führe gemeinsam mit deinen Mitschülern und Mitschülerinnen ein Gruppenpuzzle durch. Nutzt dazu die anderen Wahlseiten des Kapitels.

Wahlseite Mangel an Lebensmitteln

1 Informiere dich auf dieser Seite über den Lebensmittelmangel 1914 bis 1918.

2 Präsentiere deine Ergebnisse in geeigneter Form in der Klasse.

[1] *Wartende vor einer Ausgabestelle für Lebensmittel in Berlin.* Foto, 1917.

Lebensmittelknappheit

Zu Beginn des Kriegs hatten alle beteiligten Staaten mit einem kurzen und siegreichen Krieg gerechnet. Aus diesem Grund wurden keine Vorbereitungen für die Lebensmittelversorgung der Bevölkerung getroffen. Doch schon in den ersten Kriegsmonaten wurden die Lebensmittel knapp. Gerade Deutschland wurde hart von der Lebensmittelknappheit getroffen. Dafür gab es drei Gründe:

- Deutschland war durch die britische Seeblockade von der Lebensmittelzufuhr abgeschnitten.
- Der Kaiser gab den Befehl aus, dass erst mal die Versorgung der Soldaten an der Front Vorrang besaß.
- Die Ernten waren sehr schlecht.

Bald wurden Lebensmittel nur noch im Tausch gegen Lebensmittelkarten ausgegeben. So sollte sichergestellt werden, dass alle Menschen mit Nahrung versorgt werden können.

Steckrübenwinter

Im Winter 1916/17 erreichte die miserable Lebensmittelversorgung ihren Höhepunkt, denn es gab eine Missernte bei Kartoffeln. Als Ersatz für das Grundnahrungsmittel gab es für die Bevölkerung Steckrüben. Diese hatten aber nicht denselben Nährwert wie Kartoffeln. Mit der Zeit teilte der Staat die Lebensmittelrationen für die Bevölkerung ein. Jeder Haushalt bekam nur noch bestimmte Mengen. Im Frühjahr 1917 hatten die zugeteilten Lebensmittel nur noch einen Nährwert von 1000 Kalorien pro Tag. Ein Kind zwischen 13 und 15 Jahren benötigt etwa die doppelte Menge. Neben der Rationierung hatte die schlechte Versorgung zur Folge, dass Lebensmittel des täglichen Bedarfs, wie Butter, Mehl oder Brot, durch Beimischungen gestreckt wurden. Nach Schätzungen starben zwischen 1914 und 1918 allein in Deutschland über 750.000 Menschen an Hunger und Unterversorgung.

Tipps für die Erarbeitung

- Arbeite die Ursachen und die Folgen der Lebensmittelknappheit heraus. Informiere dich über die Lebensmittelkarten im Ersten Weltkrieg.

Tipps für die Präsentation

- Erstelle ein Plakat zum Thema. Suche weitere Quellen wie Kriegsrezepte zur Gestaltung.

☒ Wahlseite Kriegsverletzte und Kriegsinvalide

1 Informiere dich auf dieser Seite über Menschen, die im Krieg verletzt wurden.

2 Präsentiere deine Ergebnisse in geeigneter Form in der Klasse

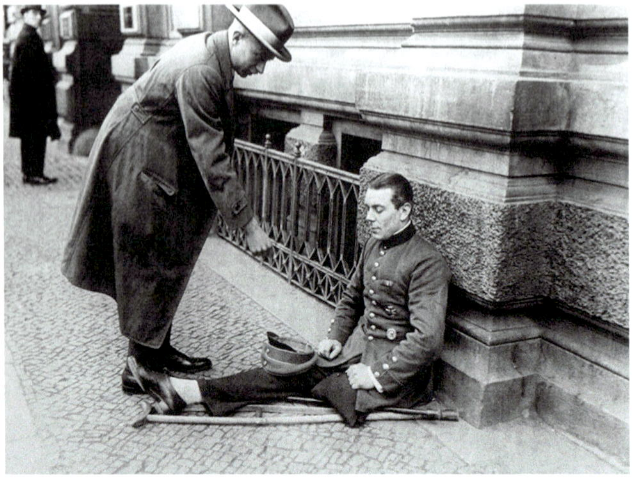

[1] *Kriegsversehrter Bettler in Militäruniform.* Foto, 1923.

Und nach dem Krieg?

Diejenigen, die langfristige Verletzungen hatten (Kriegsversehrte), sollten Prothesen für ihre fehlenden Arme und Beine bekommen. Das hat die Entwicklung der Orthopädie vorangetrieben. Dahinter steckten aber nicht nur wohltätige Überlegungen. Die Menschen sollten auch möglichst schnell wieder arbeiten gehen.
Erst ab 1920 wurde in Deutschland die sogenannte Kriegsbeschädigtenfürsorge gesetzlich geregelt. Der Grundgedanke dabei war, den Versehrten eine Geldentschädigung durch eine Rente zu gewähren. Dennoch mussten viele Kriegsinvalide noch Jahre nach dem Krieg betteln, um zu überleben [1].

Versorgung in den Lazaretten

Der erste industrialisierte Krieg, mit Maschinengewehren, Granaten, Giftgas und anderen Kriegsgeräten, sorgte für schwerste körperliche und seelische Verletzungen bei den Soldaten. Insgesamt gab es in Deutschland 1,2 Millionen Kriegsverwundete. Sie waren erblindet, hatten Arme oder Beine verloren oder ihre Gesichter waren von den Geschossen entstellt.
Das gute Sanitätswesen war der Grund, warum überhaupt so viele Soldaten in die Heimat zurückkehrten. Schon unmittelbar hinter der Front waren Verbandsplätze und Feldlazarette aufgebaut, in denen Ärzte und Krankenschwestern die Erstversorgung übernahmen. Anschließend wurden die Schwerverletzten in Lazarette gebracht und dort so gut es ging behandelt. Diejenigen, die gesund wurden, gingen zurück an die Front.
Viele litten noch ihr gesamtes Leben an den Folgen ihrer körperlichen und seelischen Verletzungen. Sie waren Kriegsinvaliden.
Psychische Erkrankungen durch Kriegserlebnisse waren damals noch nicht erforscht. Die Behandlungsmöglichkeiten waren sehr eingeschränkt. Viele ehemalige Soldaten bekamen nicht die Hilfe, die sie gebraucht hätten.

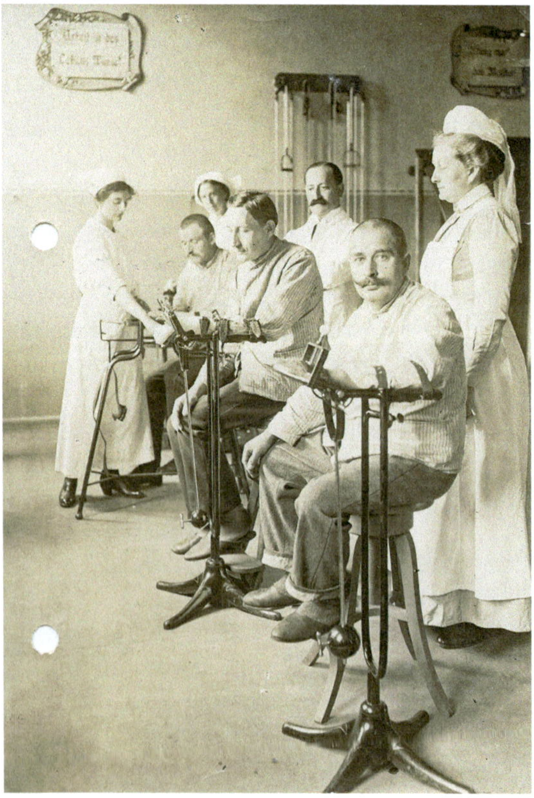

[2] *Kriegsinvalide bei Übungen an gymnastischen Geräten.* Foto, ohne Jahr.

Tipps für die Erarbeitung

- Beschreibe mithilfe der Bilder und Texte, wie es vielen Soldaten mit ihren Kriegsverletzungen erging.

Tipps für die Präsentation

- Verwende die Fotos für deine Präsentation.

⊠ Wahlseite Frauen im Ersten Weltkrieg

1 Informiere dich auf dieser Seite über die Rolle der Frauen im Ersten Weltkrieg.

2 Präsentiere deine Ergebnisse in geeigneter Form in der Klasse.

[1] *Frauen in der Rüstungsproduktion in den Krupp-Werken.* Foto, 1917.

Frauen an der „Heimatfront"

Die eingezogenen Männer mussten von heute auf morgen ihre Familien, Höfe oder Arbeitsplätze verlassen. Die Frauen waren nun allein für den Haushalt, den Hof und die Kinder verantwortlich. Der Staat half diesen Frauen, indem er einen Teil des Soldes der Männer an sie auszahlte. Dieser reichte aber oftmals nicht zum Leben aus. Gleichzeitig sollten alle geeigneten Betriebe in der Heimat dem Krieg angepasst werden. Sie sollten Waffen, Munition oder Uniformen herstellen. In den Betrieben waren jedoch durch den Einzug der Männer in den Krieg die Arbeitsplätze nicht besetzt. Deshalb wurden die Arbeitsplätze teilweise an Frauen vergeben. Sie wurden allerdings deutlich schlechter bezahlt, obwohl sie dieselbe Arbeit verrichteten wie zuvor die Männer [1].

Einsatz an der Front

Frauen arbeiteten zunehmend in der Krankenpflege und im Sanitätsdienst, da die ausgebildeten Krankenschwestern bald nicht mehr ausreichten. Das Rote Kreuz bildete deshalb interessierte Frauen in Kursen für die Pflege in Lazaretten aus. Der Einsatz an der Front war freiwillig. Außerdem wurden Frauen an der Front auch zur Versorgung der Truppen und zur Unterstützung in den Schreibstuben eingesetzt.

Und nach dem Krieg?

Mit ihrem Einsatz in den Kriegsjahren bewiesen Frauen, dass der Ausschluss von bestimmten Berufen und ihre Benachteiligung im öffentlichen Leben, zum Beispiel beim Wahlrecht, völlig zu Unrecht bestanden. Daher blieb es nicht aus, dass Frauen ein neues Selbstbewusstsein entwickelten. Die Stimmen, die das Wahlrecht der Frauen forderten, wurden zunehmend lauter.

Tipps für die Erarbeitung

- Recherchiere die Situation der Frauen nach dem Krieg.

Tipps für die Präsentation

- Entwirf ein Plakat, mit dem du darauf aufmerksam machst, was die Frauen während des Kriegs geleistet haben und wie ihre Situation nach dem Krieg ist.

Das Epochenjahr 1917

Welche Folgen hatten die Ereignisse im Jahr 1917?

[1] *„Vernichtet dieses wilde Tier."* „Enlist" bedeutet so viel wie „sich verpflichten/sich freiwillig melden". Die Figur trägt eine deutsche Pickelhaube. Auf ihr steht „Militarismus". Amerikanisches Propagandaplakat*, Harry R. Hopps, 1917.

1 Beschreibe das Plakat
- Was ist darauf abgebildet?
- Welchen Zweck hatte das Plakat?

Kriegseintritt der USA

1916 verhängte die britische Marine eine Seeblockade, um Deutschland von der Lebensmitteleinfuhr abzuschneiden. Daraufhin erklärte Deutschland den uneingeschränkten U-Boot-Krieg: Deutsche U-Boote griffen ohne Vorwarnung neben Kriegsschiffen auch Passagier- und Handelsschiffe an. Das rief Proteste bei den neutralen Staaten, insbesondere den USA, hervor. Bereits am 7. Mai 1915 hatte ein deutsches U-Boot den Passagierdampfer Lusitania versenkt. Unter den 1198 Opfern befanden sich auch 128 US-Staatsbürger.

Auszug aus der „War Message" des US-Präsidenten Woodrow Wilson, 2. April 1917:
Die deutsche U-Boot-Kriegsführung gegen den Handel ist ein Krieg gegen die Menschheit. Amerikanische Schiffe wurden versenkt, amerikanische Leben wurden genommen. Unser Motiv ist nicht Rache, oder die siegreiche Behauptung der physischen Macht der Nation, sondern nur die Bestätigung des Rechts, des Menschenrechts.

[2] zit. n. Schönbrunn, Günter (Hg.): Geschichte in Quellen, Bd. 6: Weltkriege und Revolutionen, München, 1978, S. 52.

2 Erläutere, wie der amerikanische Präsident den Kriegseintritt der USA im Jahr 1917 begründet.

Der Sieg der Alliierten

Der Eintritt der USA in den Krieg brachte die Wende. Die USA kämpften aufseiten der Alliierten. Sie schickten 1,8 Millionen Soldaten und große Mengen Material nach Europa. Dennoch dauerten die Kämpfe noch ein weiteres Jahr an. Im Herbst 1918 zeichnete sich ab, dass der Krieg für Deutschland und seine Verbündeten nicht mehr zu gewinnen war.

3 Begründe, warum der Kriegseintritt der USA die Wende brachte.

* *die* **Propaganda:** gezielte Beeinflussung der öffentlichen Meinungsbildung

Sprachspeicher
1: *der* Gorilla • Kaiser Wilhelm II • *die* Bestie • *das* Ungeheuer • zerstörtes Europa • betritt amerikanischen Boden • Angst und Hass • zu etwas aufrufen

[3] *Lenin und seine Anhänger im Jahr 1917 in Moskau.* Foto.

4 Lies die Texte in den Sprechblasen.
- Nenne die Gründe für die Unzufriedenheit großer Teile der russischen Bevölkerung.
- Stelle Vermutungen an, wie Lenin die bestehenden Probleme lösen wollte.

Die Februarrevolution

Russische Soldaten kämpften bereits seit 1914 im Ersten Weltkrieg. Die Bevölkerung, überwiegend Bauern und Arbeiter, war verarmt und litt Hunger. Mit Andauern des Kriegs wurden die Menschen immer unzufriedener.

Im Februar 1917 gingen daher Tausende Menschen im russischen Petrograd (heute Sankt Petersburg) auf die Straße. Sie hatten das Vertrauen in den Kaiser, Zar Nikolaus II., verloren und forderten Reformen. Im März 1917 dankte der Zar ab.

Die neu gebildete, vorläufige Regierung schaffte es jedoch nicht, die Lage im russischen Reich zu beruhigen. Die Menschen forderten mehr Macht für die Arbeiter und Bauern und ein Ende des Kriegs.

Die Oktoberrevolution

Es kam erneut zu Protesten und eine Gruppe um den Anführer Wladimir Lenin übernahm gewaltsam die Macht. Sie besetzten wichtige Gebäude, verhafteten die Regierung, schafften die Pressefreiheit ab. Gegner der Revolution wurden ausgeschaltet oder zur Todesstrafe verurteilt. Die Gruppe um Lenin hatte den Anspruch, allein die Macht in ihren Händen zu halten.

Um die radikale Revolution im Land nicht zu gefährden, war es sinnvoll, den Weltkrieg für Russland zu beenden. Russland zog sich daher im Februar 1918 aus den Kriegshandlungen zurück.

5 Fasse die Ereignisse in Russland im Jahr 1917 zusammen.

Wähle einen der Arbeitsaufträge aus:

- Beschreibe, wie Lenin vorging. **Starthilfe:** *Lies dazu den Absatz „Die Oktoberrevolution".*
- Stelle Vermutungen an, warum 1917 als „Epochenjahr" bezeichnet wird.
- Beurteile, ob die Revolutionen in Russland 1917 positiv oder negativ zu werten sind.

Sprachspeicher

der Zar • *der* russische Kaiser • *die* Reform • *die* Veränderungen • *die* Abdankung • den Kaisertitel ablegen

die Revolution • *der* Umbruch • *die* Arbeiter • *die* Bauern • *die* Staatsform Republik • *die* Staatsform Monarchie

Die Neuordnung Europas

Welche Folgen hatte der Erste Weltkrieg?

1 Beschreibe die Karte [1].

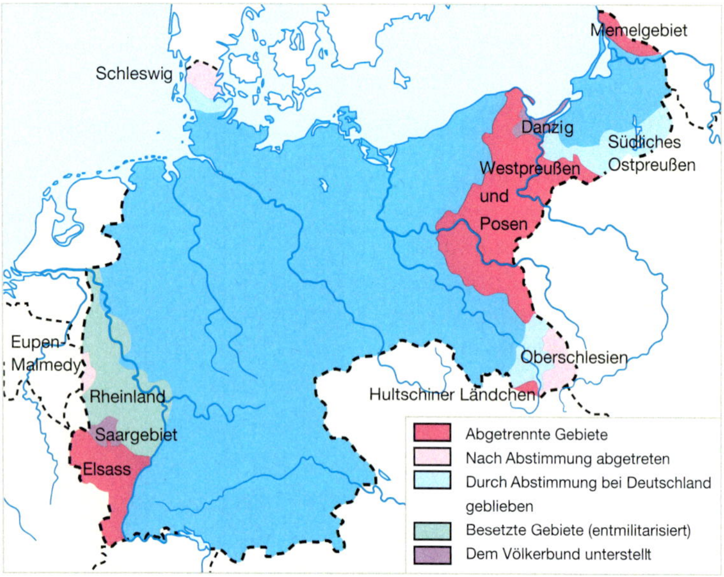

[1] *Gebietsveränderungen durch den Versailler Vertrag 1919.* Karte.

Die Friedensverhandlungen von Versailles

Im Herbst 1918 erkannte die militärische Führung des Deutschen Kaiserreichs, dass der Krieg verloren war. Der Erste Weltkrieg endete mit der Kapitulation* Deutschlands und der Abdankung des Kaisers.
Die Siegermächte Frankreich, USA und Großbritannien legten Deutschland einen Friedensvertrag vor. Deutsche Vertreter durften an der Verhandlung nicht teilnehmen. Der sogenannte „Versailler Vertrag“ legte unter anderem fest, dass Deutschland und seine Verbündeten die alleinige Schuld am Ersten Weltkrieg tragen. Deutschland unterschrieb den Vertrag, obwohl er von vielen Menschen kritisiert wurde. Andernfalls hätten die Siegermächte Deutschland besetzt.

2 Erläutere die Bestimmungen des Versailler Vertrags mithilfe von [1] und [2].

Reaktionen auf den Versailler Vertrag

Für die Bevölkerung in Deutschland waren die Bestimmungen des Versailler Vertrags ein Schock und eine Demütigung. Es war für sie völlig unverständlich, warum sie alleine die Kriegsschuld tragen sollten und für die Kosten aller Länder, die am Weltkrieg beteiligt waren, aufkommen mussten. Die Wut vieler Menschen auf den Vertrag richtete sich nicht nur gegen die Siegermächte, sondern insbesondere gegen die neue deutsche Regierung, die den Vertrag akzeptierte und unterzeichnete.

* *die* **Kapitulation:** ein besiegter Staat erklärt seine Niederlage

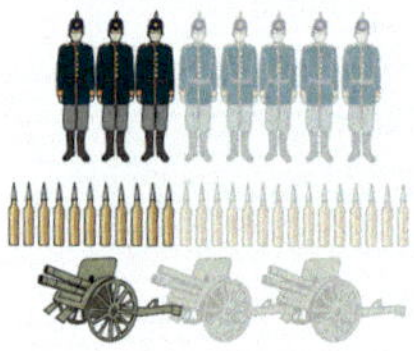

Reichswehr: maximal 100.000 Mann; Auslieferung des Kriegsmaterials

Reparationen: 226 Millionen Goldmark, zahlbar in 42 Jahren

Verlust der Kolonien

Sachlieferungen

[2] *Weitere Bestimmungen des Versailler Vertrags für Deutschland.* Schaubild.

Sprachspeicher
Gebiete abtreten · Gebiete abgeben · militärische Besetzung von Gebieten
die Reparationen · *die* Entschädigungszahlungen · *die* Abrüstung

Georges Clemenceau, französischer Ministerpräsident, 1919:
„Die Stunde der Abrechnung ist da."

Philipp Scheidemann, deutscher Reichskanzler, 1919:
„Welche Hand müsste nicht verdorren, die sich und uns in solche Fesseln legte? Der Vertrag ist unerträglich und unerfüllbar."

Lloyd George, britischer Premierminister, 1919:
„Ungerechtigkeit und Anmaßung, in der Stunde des Triumphs zur Schau getragen, werden niemals vergessen und vergeben werden."

[3] *Aussagen zum Versailler Vertrag.*

3 Ordne jede Aussage aus [3] einem Schlagwort zu: Zumutung – Vergeltung – Überheblichkeit.

4 Erkläre, was die Politiker mit ihren Aussagen meinen.

Die Neuordnung Europas

Das Ende des Kriegs brachte große Veränderungen in Europa. Europa wurde politisch und geografisch neu strukturiert: Das Deutsche Kaiserreich wurde 1918 zur Republik. Im selben Jahr wurde das Kaiserreich Österreich-Ungarn aufgelöst und an seiner Stelle entstanden neue Nationalstaaten. Durch die Oktoberrevolution 1917 endete das Zarenreich und die Union der Sozialistischen Sowjetrepubliken (UdSSR), auch Sowjetunion genannt, entstand.

[5] *Philipp Scheidemann (SPD) war der erste Kanzler der jungen deutschen Demokratie.* Foto, 1919.

[4] *Neuordnung Europas 1920.* Karte.

5 Vergleiche die Karte [4] mit der Karte [1) von Seite 134. Welche Staaten sind neu entstanden?

6 Fasse die geografischen und politischen Veränderungen in Europa zusammen.

Wähle einen der Arbeitsaufträge aus:

- Beschreibe, was der Versailler Vertrag war.
  Starthilfe: *Lies dazu den ersten Absatz auf Seite 152.*
- Beurteile den Versailler Vertrag mithilfe der Materialien der Doppelseite.
- Verfasse einen Tagebucheintrag zum Versailler Vertrag, in dem du aus der Sicht eines deutschen Soldaten, der im Weltkrieg gekämpft hat, die Bestimmungen kritisierst.

Sprachspeicher
4: verdorren > austrocknen ▪ Eigennutz > auf den eigenen Vorteil achten ▪ jemanden in Fesseln legen: bildlich gemeint für jemanden gefangen nehmen

6: 1914: Deutsches Reich mit Kaiser Wilhelm II., Kaiserreich Österreich-Ungarn, Russisches Zarenreich ▪ 1920 ...

Üben

Das kann ich!

Versuche zunächst, die Aufgaben auf dieser Doppelseite zu lösen, ohne im Kapitel nachzusehen. Wenn du Hilfe brauchst, kannst du bei den Aufgaben nachschlagen. Dort sind in Klammern die Seiten angegeben.

der Imperialismus	Verbündete: Großbritannien, Frankreich, Russland, USA
die Alliierten	russischer Revolutionär und Gründer der Sowjetunion
der Stellungskrieg	Zusammenschluss von Staaten
der Versailler Vertrag	das Streben von Staaten nach größtmöglicher Macht, um das eigene Herrschaftsgebiet zu erweitern
die Kolonie	Gegner stehen sich in befestigten Gräben und Bunkern gegenüber
die Bündnisse	auswärtiger Besitz eines Landes, der politisch und wirtschaftlich von ihm anhängig ist
Lenin	Friedensvertrag, der von den Alliierten auf der Pariser Friedenskonferenz 1919 ausgehandelt wurde

[1] Begriffe und ihre Bedeutung.

[2] *Einheimische transportieren Kakaobohnen unter Aufsicht eines deutschen Kolonisten in Kamerun.* Postkarte, 1914.

[3] *Britischer Tank.* Foto, ohne Jahr.

[4] *Postkarte,* 1916.

Sachkompetenz

1 Ordne den Begriffen in [1] die jeweils passende Erklärung zu.

2 Nenne drei Motive für den Imperialismus der europäischen Industrieländer. (S. 136)

3 Erkläre mithilfe der Bildquelle [3], warum der Erste Weltkrieg der erste industrialisierte Krieg war. (S. 145)

4 Erkläre, warum der Kriegseintritt der USA die Kriegswende brachte. (S. 150)

5 Nenne drei Bestimmungen des Versailler Vertrags. (S. 152)

Methodenkompetenz

6 Beschreibe die Abbildung auf der Postkarte [4]. Erkläre, welchen Zweck die Abbildung hatte.

Urteilskompetenz

7 Beurteile anhand des Bildes [2] die Auswirkungen des Imperialismus auf die einheimische Bevölkerung und den Umgang der Kolonialherren mit den Einheimischen.

8 Erkläre, was Auslöser und Ursache des Ersten Weltkriegs waren. (S. 134, 143)

9 Beurteile, warum die deutsche Bevölkerung unzufrieden mit dem Versailler Vertrag war.

Die Weimarer Republik

Die Novemberrevolution

Die Lage an der Front ist für die Deutschen aussichtslos, der Krieg ist verloren. Am 29. Oktober 1918 kommt dann der Befehl für die Kriegsschiffe zum Auslaufen. Für die Matrosen wäre dies eine Fahrt in den Tod. Sie widersetzen sich dem Befehl zum Auslaufen – sie meutern. Diese Meuterei wird eine Revolution auslösen. Es beginnt eine neue Zeit – die der Weimarer Republik.

1 Beschreibe das Bild.
2 Berichte, was du über den Ersten Weltkrieg weißt.
3 Die Weimarer Republik wird die erste deutsche Demokratie werden. Überlege, welche Erwartungen die Menschen damals an sie hatten.

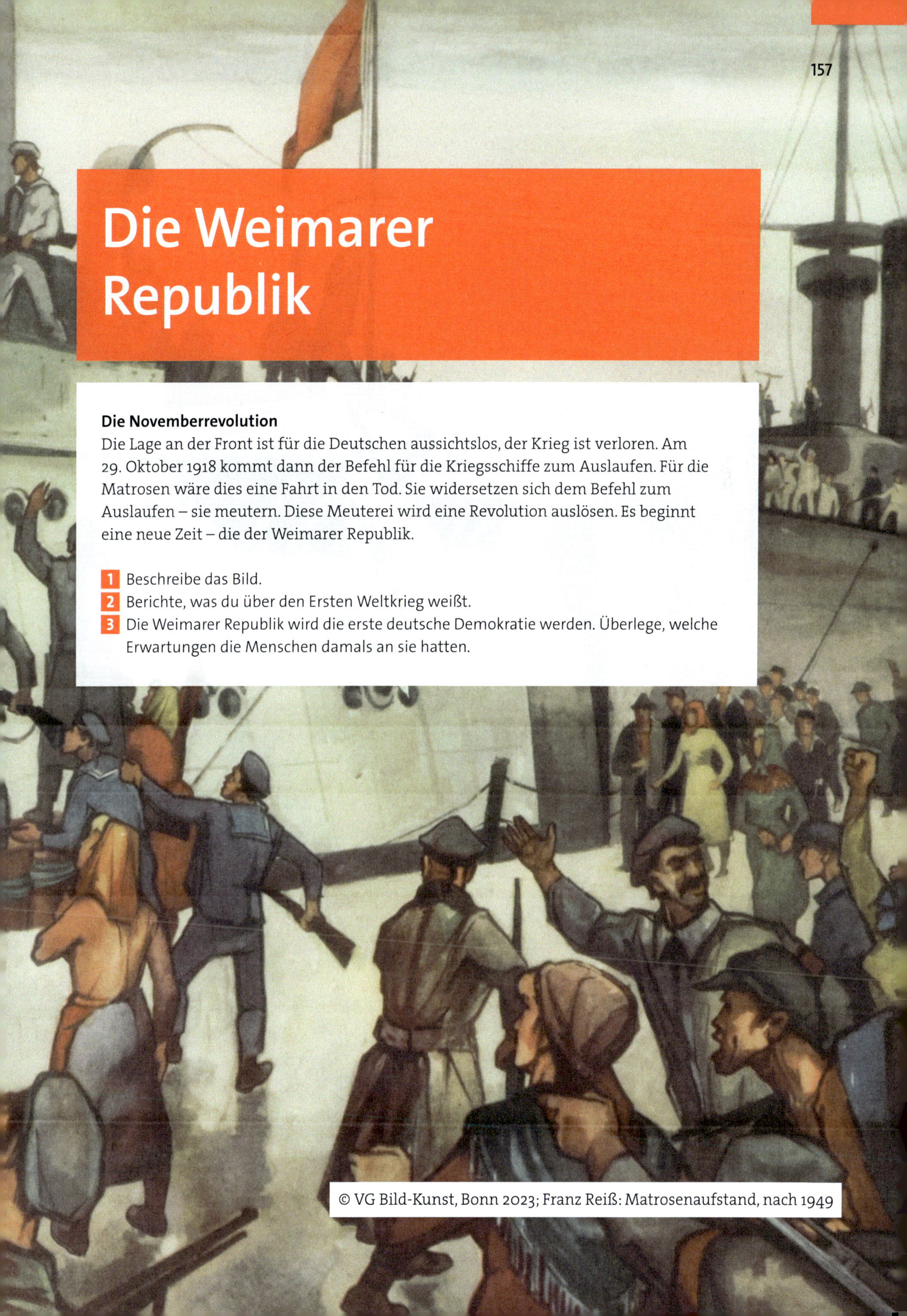

 Franz Reiß: Matrosenaufstand, nach 1949

Schauplatz Die Novemberrevolution

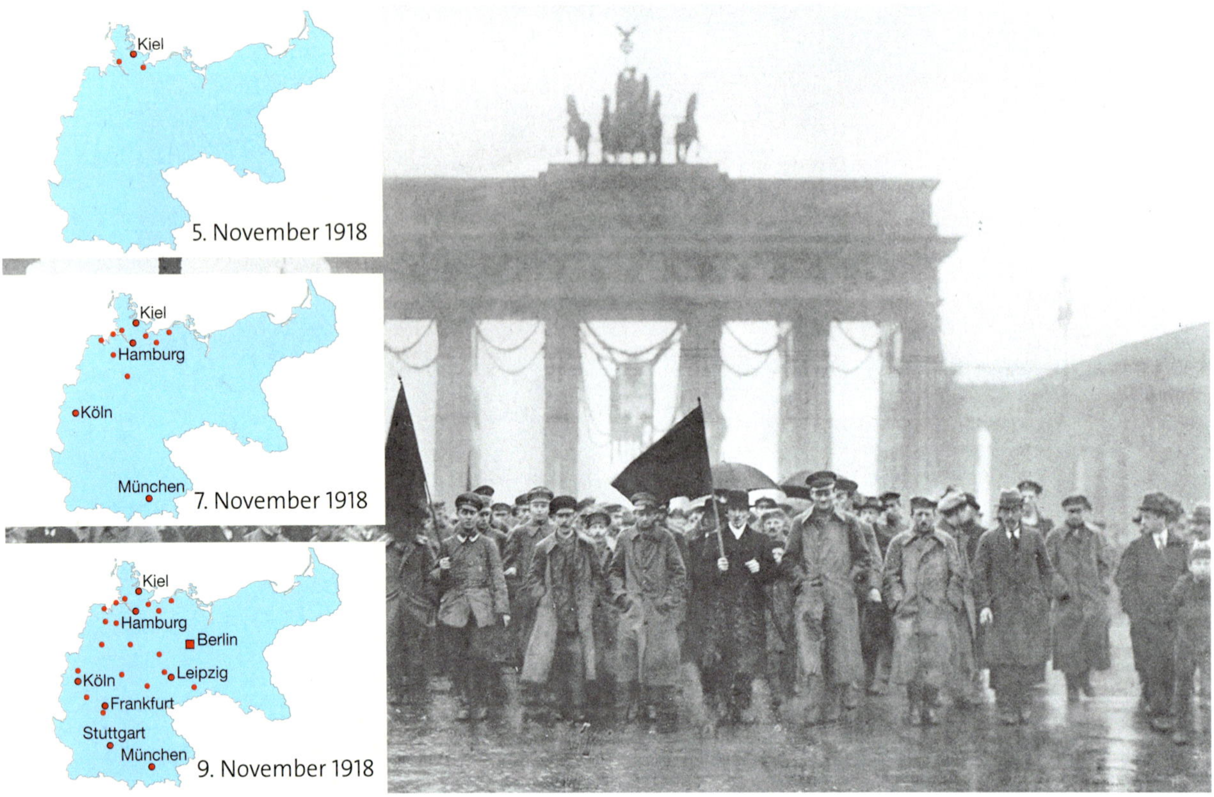

[1] *Die Ausbreitung der Revolution, drei Karten.* Die roten Punkte stehen für Städte, in denen es Aufstände gab. *Foto dahinter: Demonstranten vor dem Brandenburger Tor in Berlin,* Dezember 1918.

1 Beschreibe mithilfe der Karten, wie sich die Aufstände vom 5. bis zum 9. November 1918 In Deutschland verbreitet haben.

September 1918 – der Krieg ist aussichtslos

1914 waren die Deutschen siegessicher „für Kaiser und Vaterland" in den Krieg gezogen. Sie glaubten, den Feind in wenigen Wochen oder Monaten besiegen zu können. Doch der Krieg dauerte vier Jahre und forderte Millionen von Toten und Verletzten. Ende September 1918 erkannte die militärische Führung (Oberste Heeresleitung), dass der Krieg für Deutschland verloren war. Sie forderte die Regierung auf, mit dem Gegner einen Waffenstillstand auszuhandeln.

Obwohl die Führung der deutschen Marine von den Plänen wusste, gab sie am 29. Oktober 1918 den Befehl, mit der Flotte auszulaufen und weiterzukämpfen. Doch die Matrosen widersetzten sich dem Befehl. Es kam zu einer Meuterei.

Daraufhin wurden mehr als 1000 Matrosen festgenommen, ihnen drohte die Todesstrafe. Um sie zu retten, schlossen sich weitere Kameraden an.

Aus einer Meuterei wird eine Revolution

Auch Soldaten und Arbeiter verbündeten sich mit den Matrosen. So wurde aus der Meuterei ein Aufstand*, der bald immer mehr Städte erreichte. Die Aufständischen forderten, den Krieg sofort zu beenden, sie verlangten „Frieden und Brot".

Schließlich erreichte der Aufstand am 9. November die Hauptstadt Berlin. Immer mehr Stimmen wurden laut: „Der Kaiser muss weg!" Aus der Meuterei war eine Revolution geworden, die das gesamte Deutsche Reich erfasste.

2 Begründe, warum sich aus den Aufständen eine Revolution entwickelte.

* **der Aufstand:** ein gewaltsamer Widerstand gegen die bestehende Regierung (Staatsgewalt)

[2] *Der Sozialdemokrat Philipp Scheidemann spricht zu den Menschen vor dem Reichstag.* Foto, 9. November 1918.

Deutschland wird eine Republik

Hunderttausende Menschen demonstrierten auf den Straßen Berlins: Matrosen, Soldaten, Arbeiter und andere Zivilisten. Sie forderten Frieden, die Abdankung des Kaisers, freie Wahlen und eine Republik. Bislang war der Aufstand friedlich verlaufen.

Der deutsche Kaiser war in die Niederlande geflohen. Würde er dem Druck nachgeben, die Kaiserkrone niederlegen und abdanken? Die Menschenmenge auf den Straßen wuchs immer weiter an. Wie lange würde alles noch friedlich bleiben?

Um die Menschen zu beruhigen, trat der sozialdemokratische Politiker Philipp Scheidemann am 9. November 1918 auf einen Balkon des Reichstags in Berlin. Er verkündete vor der Menschenmenge, dass Deutschland nun eine Republik sei.

Scheidemann sagte: „Der unglückselige Krieg ist zu Ende. Der Kaiser hat abgedankt*. Das Alte und Morsche, die Monarchie ist zusammengebrochen. Es lebe das Neue! Es lebe die Deutsche Republik!“

3 „Es lebe die Deutsche Republik!“ Erkläre, warum sich die Forderung nach einer Republik durchsetzen konnte.

Wähle einen der Arbeitsaufträge aus:

- Notiere, was die Menschen damals forderten. **Starthilfe:** *Lies den Absatz „Deutschland wird eine Republik“. Die Menschen forderten ...*
- Schreibe einen Zeitungsbeitrag über die Forderungen der Menschen.
- „Der unglückselige Krieg ist zu Ende. Der Kaiser hat abgedankt. Das Alte und Morsche, die Monarchie ist zusammengebrochen. Es lebe das Neue! Es lebe die Deutsche Republik!“ Schreibe einen Kommentar, in dem du Scheidemanns Forderungen begründest.

* **abdanken:** von einem Amt zurücktreten, hier: der Kaiser verzichtete auf seinen Thron

[1] *Deutschland 1918–1933,* Karte.

1 Untersuche die Karte [1]:
- Beschreibe die Grenzen der Weimarer Republik und vergleiche mit der Bundesrepublik Deutschland.
- Vergleiche die damaligen Länder der Weimarer Republik mit den heutigen Bundesländern. Welche Bundesländer gibt es heute noch?

Die Weimarer Republik

Nach dem Ende des Kaiserreichs gab es vor allem in Berlin bewaffnete Auseinandersetzungen. Daher tagte die 1919 gewählte Nationalversammlung statt in Berlin in Weimar. Dort wurde sie von Soldaten besser geschützt. So entstand die Bezeichnung „Weimarer Republik".

Die Weimarer Republik war die erste deutsche Demokratie. Als Flagge wählte man die Farben Schwarz-Rot-Gold. Diese Farben stammten aus der Zeit der Revolution von 1848. Demokraten hatten unter dieser Flagge für Einheit und Freiheit gekämpft.

Staatsform:	Bundesrepublik mit 19 Ländern
Regierungsform:	parlamentarische Demokratie
Staatsoberhaupt:	Reichspräsident
Regierungschef:	Reichskanzler
Wichtigster Entscheidungsträger:	Reichstag (= Parlament)
Hauptstadt:	Berlin
Einwohnerzahl (1925):	etwa 62 Millionen

[2] *Steckbrief zur Weimarer Republik.*

[3] *Die Flagge der Weimarer Republik, Abbildung.*

Die Weimarer Republik

- ▶ **1914–1918**
  Erster Weltkrieg
- ▶ **9. November 1918**
  Ende des Kaiserreichs, Deutschland wird eine Republik
- ▶ **19. Januar 1919**
  Freie Wahlen zur Nationalversammlung
- ▶ **Juni 1919**
  Unterzeichnung des Versailler Vertrages

- ▶ **1923**
  „Hitlerputsch"
- ▶ **1923**
  Inflation

- ▶ **1924–1929**
  wirtschaftlicher und kultureller Aufschwung
- ▶ **1929**
  Beginn der Weltwirtschaftskrise

- ▶ **1932**
  6 Millionen Arbeitslose in Deutschland
- ▶ **1933**
  Hitler wird Reichskanzler

Deutschland wird eine Demokratie

Bekommt Deutschland eine Volksherrschaft?

Seit November 1918 war Deutschland kein Kaiserreich mehr. Es gab unterschiedliche Vorstellungen darüber, wie es nun weitergehen sollte.

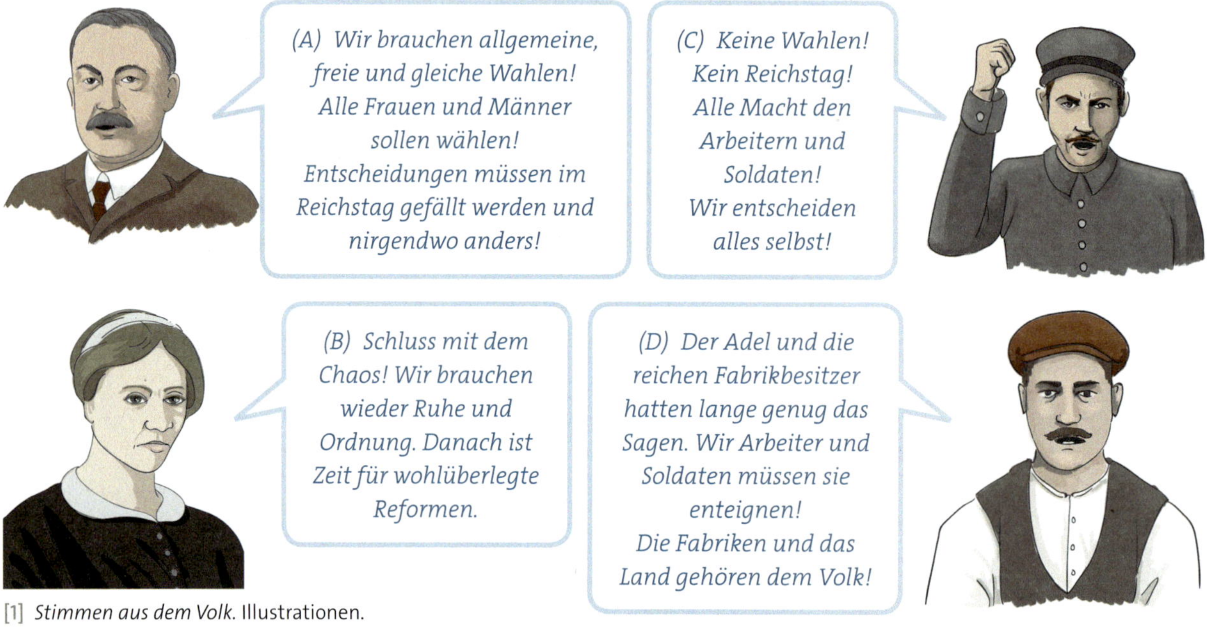

[1] *Stimmen aus dem Volk.* Illustrationen.

Regierung und „Spartakusgruppe“

Im November 1918 übernahm der Rat der Volksbeauftragten, eine vorläufige Regierung, die Macht. Sie wurde von dem SPD-Politiker Friedrich Ebert geführt. Die vorläufige Regierung wollte, dass eine Nationalversammlung eine demokratische Verfassung beschließt: Deutschland sollte eine parlamentarische Demokratie werden. Bürgerinnen und Bürger wählen Abgeordnete, die sie im Parlament vertreten. Es sollte unterschiedliche Parteien geben. Die Mehrheit sollte entscheiden.
Doch die „Spartakusgruppe“ lehnte eine Nationalversammlung und eine parlamentarische Demokratie ab. Arbeiter und Soldaten sollten alle wichtigen politischen Entscheidungen treffen. Unterschiedliche Parteien und Wahlen sollte es nicht geben.

1 Notiere in einer Tabelle:

Ziele der vorläufigen Regierung:	Ziele der „Spartakusgruppe“:
...	...

Der Spartakusaufstand

Um Ruhe und Ordnung aufrecht zu erhalten, schloss die vorläufige Regierung ein Bündnis mit der militärischen Führung. Falls Unruhen ausbrachen, würde das Militär darauf reagieren. Dies würde notfalls mit Gewalt passieren. Im Januar 1919 besetzten bewaffnete Anhänger der „Spartakusgruppe“ das Zeitungsviertel in Berlin. Sie wollten gewaltsam die vorläufige Regierung stürzen und die Wahlen zur Nationalversammlung verhindern.
Die vorläufige Regierung ließ den Aufstand durch „Freikorps“ blutig niederschlagen. In den „Freikorps“ dienten Soldaten, die im Ersten Weltkrieg gekämpft hatten. Die „Freikorps“ gingen brutal vor: Viele Aufständische wurden getötet, Gefangene ohne Gerichtsverfahren erschossen. Freikorpssoldaten nahmen die Anführenden der „Spartakusgruppe“ Karl Liebknecht und Rosa Luxemburg fest und ermordeten sie. Das brutale Vorgehen der Freikorps machte viele Arbeiter zu Feinden der Weimarer Republik.

Sprachspeicher

die Macht übernehmen • eine Verfassung beschließen • Entscheidungen treffen

ein Bündnis schließen • eine Regierung stürzen • einen Aufstand niederschlagen

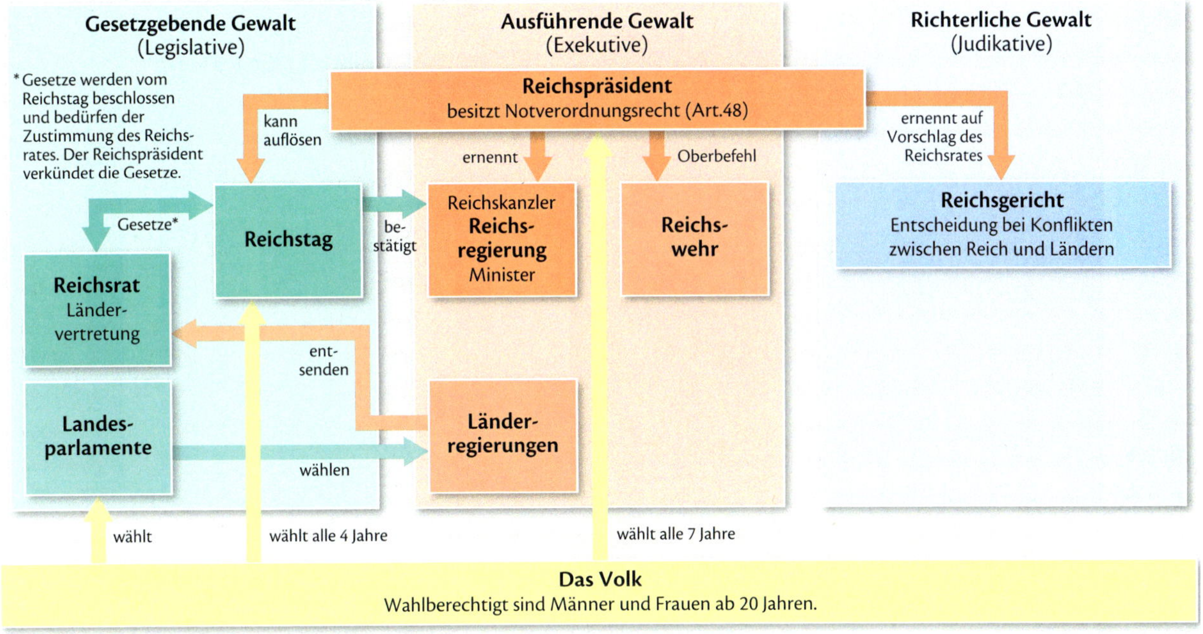

[2] *Die Verfassung der Weimarer Republik.* Schema.

2 Erläutert das Verfassungsschema [1].
- Wer durfte wählen?
- Wer wurde gewählt?
- Wo wurden Gesetze beschlossen?

Wahlen und Nationalversammlung
Am 19. Januar 1919, wenige Tage nach dem Spartakusaufstand, fanden die Wahlen zur Nationalversammlung statt. Alle Deutschen ab 20 Jahren durften nun wählen – zum ersten Mal auch Frauen. Die Aufgabe der Nationalversammlung war es, eine Verfassung auszuarbeiten.

Die Weimarer Verfassung
Die neue Verfassung bestimmte, dass Deutschland nun eine Republik war. Es herrschte Gewaltenteilung:
- Das Parlament, also der Reichstag, stimmt über die Gesetze ab. (Legislative)
- Reichspräsident und Reichsregierung sorgen dafür, dass die Gesetze ausgeführt werden. (Exekutive)
- Unabhängige Gerichte sprechen Recht. (Judikative)

Die Macht des Reichspräsidenten
Der Artikel 48 der Weimarer Verfassung gab dem Reichspräsidenten sehr viel Macht. Zum Schutz der Republik und zur schnelleren Gesetzgebung während einer Krise konnte er ohne die Zustimmung des Parlaments per Notverordnung Gesetze erlassen. Damit sollten die öffentliche Sicherheit und Ordnung wiederhergestellt werden. Diese Machtfülle lud aber zum Missbrauch ein.

Wähle einen der Arbeitsaufträge aus:

- Lies den Text „Regierung und ‚Spartakusgruppe'" auf der Seite 162. Nutze dazu den Lese-Profi auf der letzten Seite im Buch. Beantworte dann die Frage: Wer leitete die vorläufige Regierung?
- Schreibe zu dem Verfassungsschema [2] mindestens 4 Sätze. **Starthilfe:** *Das Volk wählt alle 4 Jahre den Reichstag…*
- „Die Demokratie ist eine Volksherrschaft." Zeige anhand der Verfassung [2], ob dies zutrifft.
- Das Notverordnungsrecht (Art. 48) verlieh dem Reichspräsidenten eine besondere Macht. Begründe dies.

Sprachspeicher
Wahlen finden statt · eine Verfassung ausarbeiten · über Gesetze abstimmen · Rechte und Pflichten haben · das Recht haben, seine Meinung zu äußern

Die Parteien in der Weimarer Republik

Eine Republik ohne Republikaner?

1 2 3 4 5 6 7 8

Für welche Partei steht die Person?

	Gruppe	Partei
1	Geistlicher	Zentrum
2	Adliger	DNVP
3	Berufsoffizier	DNVP
4	Bauer	Zentrum/DNVP
5	Arbeiter	SPD/KPD
6	Industrieller	DVP
7	Bildungsbürger	DDP
8	Nationalsozialist	NSDAP

[1] *Auf der Titelseite der Zeitschrift Simplicissmus erscheint am 27. März 1927 eine Karikatur von Thomas Theodor Heine mit dem Untertitel. „Sie tragen die Buchstaben der Firma – aber wer trägt den Geist?!".*

1 Beschreibe die Karikatur [1]. Benutze dabei folgende Begriffe: schwarz, rot, gold – einzelne Buchstaben – verschiedene Gruppen (s. Tabelle).

Auf der Suche nach einer gemeinsamen Idee

Zu Beginn der Weimarer Republik gab es viele Fragen: Wie regiert sich ein Volk selbst? Welche Werte sind uns wichtig? Welche gesellschaftliche Gruppe kann ihre Ideen gegen andere durchsetzen? Wer bekommt die Macht in dem neuen Staat?
Die neue demokratische Staatsform brauchte auch Bürgerinnen und Bürger, die demokratisch denken und handeln. Gemeinsame Lösungen waren schwer zu finden, denn zu viele Parteien mit unterschiedlichen Interessen waren in den Parlamenten vertreten.

2 Erkläre, warum es immer schwieriger wurde, gemeinsame Entscheidungen zu treffen.

*

die **Republik:** ein Staat, in dem das Volk die oberste Gewalt hat, vom Volk alle Entscheidungsgewalt ausgeht

der **Republikaner:** eine Person, die für die Republik ist, also gegen die Monarchie

Ein Parlament ohne 5-Prozent-Hürde

In den Wahlen zum Reichstag der Weimarer Republik gab es keine 5-Prozent-Hürde. Parteien, die von mindestens 60.000 Wählerinnen und Wählern gewählt wurden, bekamen entsprechend ihrer Anteile Sitze im Parlament. Es zeigte sich, dass durch die vielen vertretenen Parteien eine Einigung schwierig wurde.

3 Begründe, warum die Parteien heute 5 Prozent der Stimmen benötigen, um im Deutschen Bundestag vertreten zu sein.

Sprachspeicher

2: Welche Interessen hatten die einzelnen Gruppen? Gab es unterschiedliche Vorstellungen über die Demokratie?

3: Wenn zu viele Parteien in einem Parlament sind, werden viele Interessen und Meinungen vertreten. Das kann die Arbeit blockieren.

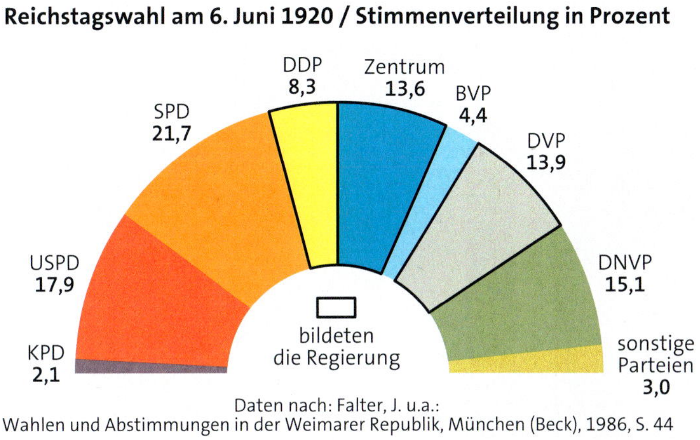

[2] *Die Ergebnisse der Reichstagswahl der Weimarer Republik, 6. Juni 1920,* Grafik.

Neun Wahlen in 14 Jahren
Der Reichstag der Weimarer Republik (1919–1933) wurde immer wieder aufgelöst und es wurden Neuwahlen ausgerufen. Neun Mal wählten die Bürgerinnen und Bürger ein neues Parlament mit der Hoffnung, dass dies besser arbeiten würden.

4 Wie setzt sich nach der Wahl [2] das Parlament zusammen, wenn es etwa 500 Sitze hatte [eigentlich 459]?

Parteien als Abbild der Gesellschaft
Die Zusammenarbeit im Parlament war von den verschiedenen Zielen, fehlender Kompromissbereitschaft der Parteien und nicht handlungsfähiger Regierungen geprägt.

- **SPD (Sozialdemokratische Partei Deutschlands)**
  Ziele: Erhaltung und Ausbau der Demokratie, Verbesserung der Lebensumstände durch Veränderungen;
  Mitglieder: Arbeiter, Bürgertum
- **USPD (Unabhängige Sozialdemokratische Partei Deutschlands) und KPD (Kommunistische Partei Deutschlands)**
  Abspaltung 1917 von der SPD; Ziel: Errichtung einer Räterepublik nach sowjetischem Vorbild;
  Mitglieder: Arbeiter, Bürgertum
- **Zentrum und BVP (Bayerische Volkspartei)**
  Ziel: Republik und Verfassung (Zentrum), Bayern stärken (BVP) katholische Partei;
  Mitglieder: Bürgertum
- **DDP (Deutsche Demokratische Partei) und DVP (Deutsche Volkspartei)**
  Ziel: Verfassung (DDP), wirtschaftliche Interessen (DVP), liberale Parteien;
  Mitglieder: demokratisches Bürgertum (DDP), konservativ-nationale Großbürger (DVP)
- **DNVP (Deutschnationale Volkspartei)**
  Ziel: Interessen der großen Landwirtschaft und der Großindustrie vertreten, Ablehnung der Demokratie und Wiederherstellung der Monarchie;
  Mitglieder: konservative und nationalistische Kräfte des Kaiserreichs
- **NSDAP (Nationalsozialistische Deutsche Arbeiterpartei)**
  Ziel: radikale Ablehnung der Demokratie, nationale Ideen, Abwertung anderer Völker,
  Mitglieder: aus allen Schichten des Volkes

5 „Eine Republik ohne Republikaner“ [1]. Erkläre die Aussage der Karikatur von 1927.

Wähle einen der Arbeitsaufträge aus:

- Werte die Grafik [2] auf dieser Seite aus. Welche Partei hat 1920 die meisten Stimmen bekommen? Notiere die Partei mit den meisten Stimmen, dann die mit den zweitmeisten Stimmen usw.
- Untersuche, welche Parteien aus der Zeit es heute noch gibt.
- Den politischen Parteien wurde damals eine fehlende Kompromissbereitschaft vorgeworfen. Führte dies dazu, dass eine Regierung scheitern muss? Nimm Stellung dazu.

Sprachspeicher
4: Teile die Prozentzahl durch Hundert und multipliziere das Ergebnis mit 500. Runde das Ergebnis auf ganze Sitze auf oder ab.

5: *„Wenn alle eine andere Vorstellung von einer Republik haben, ...“*

Ein schwieriger Anfang

Dolchstoßlegende und Versailler Vertrag – eine Last für die junge Republik?

[1] *Plakat zur „Dolchstoßlegende“.* Das Plakat gibt der Regierung der Weimarer Republik die Schuld für die Kriegsniederlage. Plakat 1924. Die Person rechts mit der roten „Ballonmütze“ soll einen Sozialdemokraten darstellen.

1 Beschreibe das Plakat [1].
Starthilfe: *Auf dem Plakat sehe ich zwei Personen. Der Mann rechts in Rot ...*

Die „Dolchstoßlegende“

1918 endete der Erste Weltkrieg. Als ein deutscher Sieg unmöglich erschien, forderte die Oberste Heeresleitung die Regierung auf, dem Kriegsgegner ein Friedensangebot zu machen.
Zu diesem Zeitpunkt standen deutsche Soldaten noch in Frankreich, also im Land des Feindes. Viele Soldaten und die Menschen in der Heimat wurden von der Niederlage überrascht. Vier Jahre lang glaubten sie daran, dass sie siegen würden. Plötzlich war der Krieg verloren.
Später behaupteten viele Offiziere, die Soldaten hätten noch im Kampf gestanden und seien von der Heimat im Stich gelassen worden. Die Soldaten seien „von hinten erdolcht“ worden.
Diese Behauptung entsprach nicht der Wahrheit. Doch die „Dolchstoßlegende“ verbreitete sich trotzdem schnell. Viele Menschen glaubten daran und gaben der neuen Regierung die Schuld an der Niederlage.

2 Erkläre den Begriff „Dolchstoßlegende“.
3 Die Verbreitung der „Dolchstoßlegende“ war eine starke Belastung für die Weimarer Republik. Begründe dies.

Angriffe auf die Weimarer Republik

In den ersten fünf Jahren der Weimarer Republik gab es zahlreiche Angriffe auf den Staat:

- April/Mai 1919: „Münchener Räterepublik“. In Bayern versuchten linke Gruppen, einen eigenen Staat zu gründen. Der Aufstand wurde niedergeschlagen.
- März 1920: Die Reichsregierung floh wegen des „Kapp-Putsches“ – benannt nach dem Anführer der Aktion Wolfgang Kapp – nach Dresden und Stuttgart. Der Putsch* scheiterte.
- Bis 1922 gab es über 350 politische Morde. Opfer waren z.B. der jüdische Außenminister Rathenau und Finanzminister Erzberger, der den Versailler Vertrag unterschrieben hatte.
- Oktober 1923: Im Ruhrgebiet bildete sich eine gegen den Staat gerichtete „Rote Armee“. In Thüringen und Sachsen wurden „Räterepubliken“ ausgerufen. Alle drei Aufstände scheiterten.
- November 1923: „Hitlerputsch“: Hitlers Versuch, die Regierung in Berlin abzusetzen, misslang.

* *der* **Putsch**: Versuch einer bewaffneten Gruppe, mit Gewalt eine Regierung zu stürzen

Sprachspeicher
jemanden zu etwas auffordern · *der* Regierung *die* Schuld geben
ein Putsch scheitert/gelingt · eine Regierung absetzen

Der Vertrag von Versailles

1919 legten die Siegermächte der deutschen Regierung den Versailler Vertrag vor. Die deutsche Regierung sollte ihn unterzeichnen. Andernfalls würden die Alliierten in Deutschland einmarschieren. Im Versailler Vertrag wurde festgelegt:

- Deutschland sollte als Wiedergutmachung Rohstoffe wie Kohle und Stahl abliefern und viele Jahre lang Geld an die Alliierten bezahlen („Reparationen").
- Das deutsche Heer wurde auf 100.000 Soldaten begrenzt. Militärflugzeuge waren verboten.
- Deutschland sollte Gebiete abtreten und seine Kolonien verlieren.
- Deutschland musste erklären, dass es allein die Schuld am Krieg trage.

[2] *„Was wir verlieren sollen!"*, Plakat aus dem Jahr 1919. Es zeigt die Verluste Deutschlands, die im Versailler Vertrag festgelegt wurden.

4 Gib die Bestimmungen des Versailler Vertrages in eigenen Worten wieder.

Unterzeichnen oder nicht?

Deutschland war militärisch nicht dazu in der Lage weiterzukämpfen. Die deutschen Truppen waren größtenteils schon aufgelöst und die Soldaten zu ihren Familien heimgekehrt.
Die meisten Deutschen und die Regierung empfanden die Bedingungen des Versailler Vertrags als hart und ungerecht. Doch schließlich unterzeichneten die Vertreter der Regierung Ende Juni 1919 den Vertrag, weil sie keine andere Möglichkeit sahen.
Viele Menschen gaben der Regierung die Schuld für die Belastungen, die auf sie zukamen. Besonders rechtsradikale Gruppen nutzten den Versailler Vertrag, um gegen die Republik zu hetzen. Politiker, die der deutschen Regierung angehörten, wurden als Verräter beschimpft.

5 Begründe, warum die deutsche Regierung den Vertrag trotzdem unterschreiben musste.

6 Für die junge Republik waren der Versailler Vertrag und die „Dolchstoßlegende" eine Belastung. Erkläre dies.

Wähle einen der Arbeitsaufträge aus:

- Erstelle eine Zeitleiste der Jahre 1919 bis 1924. Notiere dort die Angriffe auf die Weimarer Republik. **Starthilfe:** *Du findest die Informationen dazu auf Seite 166 im Absatz „Angriffe auf die Weimarer Republik".*
- Zeichne eine Zeitleiste über acht Monate (November 1918 bis Juni 1919). Notiere dort, was in den einzelnen Monaten passierte.
- Erläutere in einem Text, warum die „Dolchstoßlegende" nicht der Wahrheit entspricht. **Starthilfe:** *„Nach vier Jahren war der Krieg für Deutschland verloren. Die Militärführung …"*
- Die Unterzeichnung des Versailler Vertrags wurde im deutschen Reichstag kritisch diskutiert. Schreibe eine Rede, die für die Annahme oder Ablehnung des Vertrags plädiert.

Sprachspeicher
Gebiete abtreten · Truppen auflösen
der Regierung *die* Schuld geben · einen Vertrag akzeptieren/unterschreiben

Üben

Ruhrkampf und Inflation

Wertloses Geld – ein Problem für die Bevölkerung?

[1] *Kinder und Erwachsene suchen in den Abfällen einer Markthalle nach Essbarem.* Die Not war damals groß in Deutschland. Foto, 1923.

1 Beschreibe die Menschen auf dem Foto, die in den Abfällen nach Nahrung suchen.

Die Besetzung des Ruhrgebiets (1923–1925)

Der Versailler Vertrag schrieb vor, dass Deutschland den Alliierten Kohle aus dem Ruhrgebiet liefern musste. Doch Deutschland hatte erhebliche Probleme, seine eigene Bevölkerung zu versorgen und die Wirtschaft in Gang zu bekommen. Als es seinen Verpflichtungen nur teilweise und verspätet nachkam, besetzten 60.000 französische und belgische Soldaten das Ruhrgebiet. Sie sollten sicherstellen, dass die Lieferungen an die Siegermächte zuverlässig erfolgten.

Die deutsche Regierung forderte die Bevölkerung zum „passiven Widerstand" auf: Die Menschen sollten die Anordnungen der Besatzer nicht befolgen. Die deutschen Bergarbeiter legten ihre Arbeit nieder. Auch die Eisenbahner streikten. Nahezu alle Arbeiten im Ruhrgebiet kamen zum Erliegen. Nach Frankreich und Belgien wurde fast gar keine Kohle mehr geliefert. Es folgten gewaltsame Auseinandersetzungen, 132 Menschen starben.

Die hohe Inflation (1923)

Die Ruhrbesetzung hatte schwerwiegende Folgen für die deutsche Wirtschaft und Geldpolitik. Während des passiven Widerstands wurden die Löhne von etwa zwei Millionen streikenden Arbeitern im Ruhrgebiet vom Staat übernommen. Um das zu finanzieren, ließ die deutsche Regierung mehr Geld drucken. Dieses Vorgehen konnte nicht längere Zeit durchgehalten werden, da sich die Wirtschaftskrise verstärkte. Es begann eine große Inflation*.

Es gab also plötzlich Milliarden Geldscheine mehr, aber es wurden kaum noch Waren produziert. Die Preise stiegen immer schneller. Schließlich wurden den Menschen ihre Gehälter in Wäschekörben voller Scheine ausgezahlt. Schon nach wenigen Stunden oder sogar Minuten war das Geld viel weniger wert. Das Geld wurde wertlos und die Menschen tauschten Wertgegenstände ein, um an Lebensmittel zu gelangen.

2 Begründe, warum das Geld wertlos wurde.

Sprachspeicher

seinen Verpflichtungen nachkommen • ein Gebiet besetzen

Anordnungen befolgen / nicht befolgen • Waren produzieren

[2] *Kinder spielen mit wertlos gewordenem Geld.*
Im November 1923 wurde eine neue Währung* eingeführt – die Rentenmark. Die bisherige Währung war nun völlig wertlos. Foto, 1923.

[3] *Briefmarke aus der Inflationszeit.* 1923.

3 Erkläre, warum die Kinder auf Foto [2] mit Geld spielen durften.

[4] *Zahlen zur Inflation:*

1 Kilogramm Brot kostete:
1918: 0,80 Mark
1923: 201 000 000 000 Mark
1 US-Dollar kostete:
1918: 4,20 Mark
1923: 4 200 000 000 000 Mark

Das Ende der Inflation

Schließlich einigten sich Deutschland und die Alliierten über neue Bedingungen bezüglich der Reparationszahlungen. Reichskanzler Gustav Stresemann beendete den passiven Widerstand gegen die Ruhrbesetzung und führte die „Rentenmark" ein. Deutschland hatte wieder eine funktionierende Währung. Langsam beruhigte sich die Situation. Im August 1925 wurde das Ruhrgebiet von den belgischen und französischen Soldaten wieder geräumt.
Dennoch: Viele Menschen hatten durch die Inflation ihr Erspartes verloren und gaben der Republik die Schuld.

* *die* **Inflation:** Ein Begriff für Preissteigerungen: Das Geld verliert an Wert, man kann immer weniger Waren für das Geld kaufen.

die **Währung:** Das Geld in einem Land; in der Weimarer Republik gab es zunächst die Mark. Sie wurde 1923 durch die Rentenmark ersetzt. Ab 1924 gab es noch die Reichsmark als Zahlungsmittel.

Wähle einen der Arbeitsaufträge aus:

- Schreibe einen kurzen Text zu folgenden Stichworten:
  - Die Besetzung des Ruhrgebiets
  - Die Inflation
  - Das Ende der Inflation
- Zwei Personen unterhalten sich über die Not infolge der Inflation. Schreibt zu zweit ein Gespräch und führt es in der Klasse vor.
- Ist eine wertlose Währung ein Problem für die Bevölkerung? Begründe deine Position zu dieser Frage.

Was du noch tun kannst:

→ Frage deine Eltern oder Großeltern, ob sie alte Geldscheine oder Briefmarken aus dieser Zeit besitzen.

Sprachspeicher
sich über Bedingungen einigen · ein Gebiet räumen
die Situation beruhigt sich · *der* Republik / *der* Demokratie die Schuld geben

Üben

Wahlseite Technische Leistungen

1 Lies den Text und fasse die Inhalte der Seite mit deinen Worten zusammen. Arbeite gemeinsam mit deinem Lernpartner oder deiner Lernpartnerin. **Starthilfe:** *Nutze den Lese-Profi auf der letzten Seite im Buch.*

2 Zeichne ein Bild, in dem du die technischen Leistungen darstellst.

[1] *Das Luftschiff „Graf Zeppelin" kehrt von seiner Nordpol-Expedition zurück.* Foto, 1931.

Rekorde!

Mit dem wirtschaftlichen Aufschwung ab 1924 wurde Deutschland das **Land der Erfindungen und Rekorde**. Große Projekte wie der **Bau des Luftschiffes „Graf Zeppelin"** oder des **Passagierschiffes „Bremen"** erregten weltweit Aufmerksamkeit.
1929 trat die „Bremen" ihre erste Fahrt von Bremerhaven nach New York an. Das Schiff hatte eine Länge von 286 Metern und eine Breite von 31 Metern sowie eine Maschinenleistung von 135000 PS. Etwa 2200 Passagiere und knapp 1000 Mann Besatzung konnten mit dem **schnellsten Passagierschiff der damaligen Zeit fahren**.

Weitere Höchstleistungen:

- Der **„Schienenzeppelin"**, ein Eisenbahntriebwagen, erreichte auf der Strecke Hamburg – Berlin eine **Geschwindigkeit von 230 km/h**.
- Das **Flugzeug DO X** war 1929 das **größte der Welt**. 170 Menschen fanden darin Platz. Es konnte auch auf dem Wasser landen. Erst 20 Jahre später wurde wieder ein Flugzeug dieser Größe gebaut.
- **RAK 2**: ein von **24 Raketen** angetriebenes **Auto**, das im Jahr 1928 **238 km/h** fuhr – ein Weltrekord!
- Das **Luftschiff „Graf Zeppelin"** umrundete 1929 in **21 Tagen** die Erde.

Tipps für die Erarbeitung

- Führe gemeinsam mit deinen Mitschülern und Mitschülerinnen ein Gruppenpuzzle durch. Nutzt dazu die anderen Wahlseiten des Kapitels.

Wahlseite Die „Goldenen Zwanziger"

1 Informiere dich über die Jahre der „Goldenen Zwanziger".

2 Präsentiere deine Ergebnisse in geeigneter Form vor der Klasse.

[1] *Das Theater „Wintergarten" in Berlin.* Foto, 1929. Unter einer riesigen Glaskuppel verfolgten 3000 Zuschauende Shows von Artisten und Künstlerinnen.

Unterhaltung und Massenkultur

Das Leben nach dem Krieg war hart und geprägt von Arbeitslosigkeit, Unsicherheit und Not. Doch bald besserte sich die Situation. Die Menschen wollten sich jetzt **vergnügen** und **ihr Leben genießen.** In den **Großstädten** entstand ein **großes Angebot** an **Vergnügungsstätten**, zumindest für Leute, die es sich leisten konnten. Aus ganz Europa kamen Menschen in die Hauptstadt Berlin. Dort gab es 20 000 Restaurants, Hunderte Kinos, Theater, Bars und Nachtclubs. Es kam zu einem **Aufschwung der Massenkultur:** Millionen Menschen hörten Radio und gingen täglich ins Kino. Von 1918 bis 1930 wuchs die Zahl der Kinos von 2300 auf 5000. Diese Phase des kulturellen Aufschwungs nennt man auch die „Goldenen Zwanziger".

[2] *Drei junge Tänzerinnen in einem Theater.* Foto um 1920.

Tipp für die Erarbeitung
- Überlege, warum die Menschen es genossen, sich zu vergnügen. Warum wurde Berlin so bekannt für die „Goldenen Zwanziger"?

Tipp für die Präsentation
- Vergleiche beim Vortrag die Situation damals und heute: Was ist heute ähnlich? Was ist ganz anders?

Wahlseite Frauen

1 Informiere dich auf dieser Seite über die Frauen in der Weimarer Republik.

2 Präsentiere deine Ergebnisse in geeigneter Form vor der Klasse.

[1] *Frauen in Berlin*, Foto, 1920. Solche Bilder waren vor allem in den Großstädten zu sehen.

Die „moderne Frau"

Was heute selbstverständlich ist, war damals neu. Frauen durften seit 1919 wählen und selbst als Kandidatinnen für den Reichstag und die Landtage antreten.

Nach dem Krieg öffneten sich neue Berufsfelder für Frauen in Fabriken, Büros und in der Verwaltung. Im Jahr 1907 gab es nur etwa eine halbe Million weiblicher Angestellter. Bis 1925 hatte sich diese Zahl verdreifacht. Viele Frauen verdienten für die gleiche Arbeit jedoch weniger als ihre männlichen Kollegen. Vor allem in den Großstädten sah man auf den Straßen und in Lokalen oder Kinos selbstbewusst auftretende modern gekleidete Frauen. Neu war auch, dass sich Frauen mit kurz geschnittenen Haaren und in Hosen in der Öffentlichkeit präsentierten.

Fortschritt mit Hindernissen

Bereits im Kaiserreich hatten Frauen Zugang zu den Universitäten, nun konnten sie auch Richterinnen und Professorinnen werden und an einer Hochschule lehren. Dennoch blieb die Zahl der studierten Frauen gering.

Trotz mancher Fortschritte waren Frauen noch immer benachteiligt. So hatten verheiratete Frauen grundsätzlich nur dann das Recht zu arbeiten, wenn der Ehemann dies erlaubte. Berufstätige, verheiratete Frauen nahmen in den Augen vieler Menschen arbeitslosen Männern die Arbeitsplätze weg. Die nicht berufstätige Ehefrau und Mutter blieb auch in der Weimarer Republik der Normalfall, besonders in den ländlichen Gebieten.

Tipp für die Erarbeitung

- Unterscheide: Wo gab es Fortschritte, wo noch nicht?

Tipp für die Präsentation

- Erkläre: Was ist für uns heute normal? Wie sah es in der Weimarer Republik aus?

☒ Wahlseite Sport

1 Informiere dich auf dieser Seite über den Sport in der Weimarer Republik.

2 Präsentiere deine Ergebnisse in geeigneter Form vor der Klasse.

[1] *Finale der Deutschen Meisterschaft zwischen dem 1. FC Nürnberg und dem Hamburger SV in Berlin.* Foto, 1924.

Sport wird beliebt

Die Einführung des Acht-Stunden-Tages im November 1918 führte dazu, dass die Menschen mehr Freizeit hatten als zuvor. Unterhaltung und Sport gewannen einen höheren Stellenwert. Viele Menschen wurden in Turn- und Sportvereinen aktiv.

Das Interesse an Sport wuchs. Die Menschen strömten zu Sportveranstaltungen wie Autorennen, Flugtagen, Boxkämpfen oder dem „Sechs-Tage-Rennen", einem sechs Tage dauernden Radrennen mit Unterhaltungsprogramm.

Das Radio gewann an Bedeutung. Kurz nach der Einführung des Radios in Deutschland im Jahr 1923 gab es rund 10.000 Geräte. 1933 waren es bereits fünf Millionen. Fußballspiele, Boxkämpfe und Radrennen wurden übertragen und live verfolgt.

Fußball

Besonders Fußball war sehr beliebt. Die Landesteile ermittelten in Turnieren ihre jeweiligen Champions. Diese spielten dann in einem K.-o.-System um den Titel „Deutscher Fußballmeister". In der Weimarer Republik holte der 1. FC Nürnberg gleich fünf Mal den Titel.

Fußball und Politik

In den ersten Jahren nach dem Weltkrieg weigerten sich Frankreich und England, gegen Deutschland zu spielen. England wollte Deutschland sogar aus der FIFA ausschließen lassen. Der erste internationale Gegner Deutschlands war 1920 die Schweiz. Frankreich trat erst 1930 gegen Deutschland an, nachdem sich das Verhältnis beider Staaten längst verbessert hatte.

Tipp für die Erarbeitung
- Unterscheide: Was veränderte sich in der Weimarer Republik und warum?

Tipp für die Präsentation
- Vergleiche die Bedeutung von Sport heute und während der Weimarer Republik.

Die Weltwirtschaftskrise

Eine Krise der Weltwirtschaft – auch in Deutschland?

[1] *Arbeitslose warten vor einer Suppenküche in Chicago, USA, auf eine warme Mahlzeit.* Foto, 1931.

1 Beschreibe das Bild [1].

2 Die US-Amerikaner galten Anfang der Zwanziger-jahre als wohlhabend. Überlege, was dazu geführt haben könnte, dass so viele Menschen um 1930 in Not gerieten.

Die amerikanische Wirtschaft boomt

Seit dem Ende des Kriegs waren die USA die weltgrößte Wirtschaftsmacht. Mithilfe der neu entwickelten Fließbandproduktion konnte man immer mehr Autos, Radios oder Kühlschränke herstellen. Das brachte den Menschen für einige Jahre Wohlstand. Viele Amerikaner kauften Aktien und wurden dadurch Mitbesitzer einer Firma. Manche liehen sich dafür Geld bei den Banken, denn Aktien versprachen sehr viel Gewinn. Wenn es einer Firma gut ging, stieg der Wert der Aktie.

Es kam zu einer Krise

Die meisten Haushalte waren mit Gebrauchsgegenständen gut versorgt. Die Firmen, die diese Produkte herstellten, konnten davon nicht mehr so viel verkaufen.

Ab 1928 verschlechterte sich die wirtschaftliche Situation der Firmen und sie mussten viele Mitarbeiter entlassen.

Der „schwarze Freitag"

Weil die Firmen nur noch sehr wenige Waren verkauften, sank der Wert der Aktien. Die Besitzer wollten daher ihre Aktien verkaufen, sie bekamen aber kaum noch Geld dafür. So kam es am 24. Oktober 1929 zu einer schweren Finanzkrise. Viele Amerikaner verschuldeten sich und verloren fast alles, was sie hatten. Etwa 15 Millionen Menschen verloren ihre Arbeit, viele ihre Wohnung. Es herrschte Hunger. Schnell breitete sich die Krise auf alle Industrieländer aus. Die USA vergaben keine Kredite mehr an andere Länder und fielen als Absatzmarkt für Waren aus. Es entstand eine Weltwirtschaftskrise.

3 Beschreibe die Hintergründe des wirtschaftlichen Aufschwungs in den USA.

4 Erkläre, warum die amerikanische Krise zu einer Weltwirtschaftskrise wurde.

Sprachspeicher

eine führende Wirtschaftsmacht sein · *der* Wert steigt/sinkt

Schulden haben / verschuldet sein · eine Krise entsteht / breitet sich aus

[2] *Wartende vor dem Arbeitsamt Hannover.* Auf der Hauswand oben links steht „Wählt Hitler". Foto, 1932.

[3] *Ein Arbeitsloser.* Foto, 1932.

Jahr	Arbeitslose
1924	900 000
1929	2 900 000
1931	4 900 000
1932	6 000 000

[4] Entwicklung der Arbeitslosenzahlen in Deutschland.

Auswirkungen auf Deutschland

Die Folgen der Weltwirtschaftskrise machten sich in Deutschland besonders stark bemerkbar. Geld aus dem Ausland konnte sich der Staat nun nicht mehr leihen und der Verkauf deutscher Waren ins Ausland kam zum Erliegen. Viele Menschen verloren ihren Arbeitsplatz.

Seit 1927 gab es zwar eine Arbeitslosenversicherung, doch die Zahl der Menschen, die innerhalb kurzer Zeit ihren Arbeitsplatz verloren, war zu groß. 1932 war ein Drittel aller Erwerbsfähigen arbeitslos. Daher sah der Staat sich gezwungen, die monatliche Unterstützung zu senken.

1927 erhielt ein Arbeitsloser durchschnittlich 81 Reichsmark, 1932 nur noch etwa 43 Reichsmark.

Eine Familie mit zwei Erwachsenen und zwei Kindern erhielt 51 Reichsmark Krisenfürsorge. Für Wohnung, Heizung und Strom brauchte die Familie ca. 32 Reichsmark. Das restliche Geld reichte für ein halbes Brot, 500 Gramm Kartoffeln, 50 Gramm Margarine, etwas Kohl und einen halben Liter Milch täglich. Nur selten kam Fleisch oder Fisch auf den Tisch.

5 Wurde die Weltwirtschaftskrise auch zu einer deutschen Krise? Nimm dazu Stellung.

6 Erkläre, warum in Foto [2] „Wählt Hitler" gerade hier an die Wand geschrieben wurde.

Wähle einen der Arbeitsaufträge aus:

- Notiere, was der Arbeitslose in Bild [3] gedacht haben könnte.
  Starthilfe: *„Jetzt stehe ich hier. Alle können sehen, dass ..."*
- Berechne mit den Werten der Tabelle [4] den durchschnittlichen Anstieg der Arbeitslosenzahlen. **Sprachspeicher**
- Erkläre aus der Sicht eines Arbeitslosen die aussichtslose Situation durch Wahlen die wirtschaftliche Lage zu beeinflussen.

Sprachspeicher
Folgen machen sich bemerkbar · einen Arbeitsplatz verlieren

☒: Für 1924 bis 1929 (fünf Jahre)
(2.900.000 - 900.000) : 5 =

Üben

Methode Wahlplakate analysieren

[1] *Politische Parteien werben mit Wahlplakaten vor einem Berliner Wahlamt.* Foto, 1932.

Was sind Wahlplakate?

Parteien versuchen, Wähler und Wählerinnen mithilfe von Plakaten für sich zu gewinnen. Sie wollen für ihren Kandidaten oder ihr Programm Werbung machen. Die Betrachtenden schauen meist nur kurze Zeit auf ein Plakat. Menschen sehen sie im Vorbeigehen an und nehmen sie vielleicht nur unbewusst wahr. Deshalb ist es Parteien wichtig, schnell Aufmerksamkeit zu erregen und die Meinung der Wählerinnen oder des Wählers zu ihren Gunsten zu beeinflussen.

Zur Zeit der Weimarer Republik spielten sie eine wichtige Rolle bei der Meinungsbildung. Die folgenden Schritte helfen dir, politische Wahlplakate besser zu verstehen.

1. Schritt Plakat beschreiben

- Beschreibe das Plakat genau und notiere alles, was zu sehen ist.
- Wer oder was ist bildlich dargestellt?
- Welcher Text ist zu lesen?

2. Schritt Darstellung untersuchen

- Mit welchen Mitteln arbeitet das Plakat? (angsteinflößend, übertreibend, beruhigend, hetzerisch, ...)
- Wie werden Personen dargestellt?
- Welche Zeichen und Farben werden benutzt und was bedeuten sie?

3. Schritt Plakat einordnen und beurteilen

- Wer „spricht" hier? Von welcher Partei stammt das Plakat?
- Was weißt du über die Ziele dieser Partei?
- Gibt es ein Ereignis oder eine Situation, auf die sich das Plakat bezieht?
- Wen soll das Plakat ansprechen? (Zielgruppe)
- Wie beurteilst du das Plakat?

zum Schritt 1 Plakat beschreiben

- Es ist eine große Menschenmenge dargestellt.
- Man erkennt Männer und Frauen verschiedenen Alters. Eine Frau hält ein Kind auf dem Arm.
- Die Figuren blicken leicht nach unten, den Betrachtenden entgegen. Ihre Blicke sind düster und betrübt, sie wirken niedergeschlagen.
- Das Plakat hat eine grelle gelbe Farbe, die sofort ins Auge sticht.
- Das Plakat trägt den Schriftzug „Unsere letzte Hoffnung: Hitler". Das Wort „Hitler" ist in Großbuchstaben geschrieben. Es nimmt mehr als ein Viertel des Plakates ein.

zum Schritt 2 Darstellung untersuchen

- Das Bild drückt durch die dunkle Farbgebung und die schattenhaften Figuren und Gesichter Niedergeschlagenheit und Elend aus.
- Es werden verschiedene gesellschaftliche Gruppen dargestellt. Dies geschieht mithilfe bestimmter Kleidungsstücke.
- Die Kappe, die mehrfach zu sehen ist, war eine für die Arbeiterschicht typische Kopfbedeckung. Der Hut und die Krawatte wurden von Angehörigen der Mittelschicht getragen. ...

Beispiel: Wahlplakat der NSDAP

[2] *Wahlplakat der Nationalsozialistischen Deutschen Arbeiterpartei (NSDAP), der Partei Adolf Hitlers.* Juli 1932.

zum Schritt 3 Plakat einordnen und beurteilen

- Das Plakat stammt von der NSDAP, der Partei Adolf Hitlers. Es war ein Ziel Hitlers, über Wahlen an die Macht zu gelangen. Er wollte die Demokratie zerstören. Das ist auf dem Plakat aber so nicht erkennbar.
- Das Plakat war im Juli 1932 vor den Reichstagswahlen zu sehen. Zu dieser Zeit gab es wegen der Weltwirtschaftskrise eine hohe Arbeitslosigkeit in Deutschland. Arbeitslose waren nicht ausreichend abgesichert.
- Zielgruppe des Plakats sind Arbeitslose und Menschen, die sich von Arbeitslosigkeit und wirtschaftlicher Not bedroht fühlen: Arbeiter, Angestellte und andere Angehörige der Mittelschicht, Familien (Frau mit Kind auf dem Arm) und alte Menschen. ...
- Das Plakat sprach 1932 vermutlich viele Menschen an, die von Wirtschaftskrise und Arbeitslosigkeit betroffen waren.
- Das Plakat zeigt eine in Not geratene Menschenmenge, die es damals tatsächlich gegeben hat. Die dargestellten gesellschaftlichen Gruppen litten tatsächlich unter den Folgen der Wirtschaftskrise.
- Die angebotene Lösung des Problems ist aber sehr vereinfachend: Hitler sei die letzte Hoffnung all dieser Menschen.

Hitler wird Reichskanzler

Scheitert die Weimarer Republik?

[1] *Adolf Hitler (stehend im Auto) wird von seinen Anhängern während einer Wahlkundgebung in Berlin bejubelt.* Foto, 1932.

1 Wie reagierten 1932 die Menschen auf Hitler? Beschreibe dies anhand des Fotos [1].

Politische Parteien der Weimarer Republik

Ein Problem der Weimarer Republik war, dass einige Parteien die Demokratie grundsätzlich ablehnten und bekämpften. Sie wollten nicht, dass eine Mehrheit der Bevölkerung entscheidet, sondern sie wollten ihre Ziele selbst durchsetzen. Diese Parteien waren die Feinde der Demokratie: die KPD, die DNVP sowie die NSDAP. Die anderen Parteien standen zur Demokratie (s. Seite 164/165). Ähnlich sah es in der Bevölkerung aus. Nur ein Teil befürwortete die Demokratie und nur ein Teil gab demokratischen Parteien seine Stimme. Viele Menschen wählten undemokratische Parteien.

2 Begründe, warum die Demokratie damals kritisch gesehen wurde.

Republik ohne Republikaner?

In der Zeit der Weimarer Republik hatten die Menschen mit verschiedenen Problemen zu kämpfen: dem Versailler Vertrag und den sich daraus ergebenden Belastungen, der Inflation und schließlich den Folgen der Weltwirtschaftskrise.
Besonders wegen der hohen Arbeitslosigkeit verloren immer mehr Bürger das Vertrauen in die demokratischen Parteien. Sie lebten oft in großer Not und glaubten nicht mehr daran, dass der Staat ihnen helfen konnte. Hitler und seiner Partei gelang es, viele Menschen davon zu überzeugen, dass die demokratischen Politiker die Schuld an all diesen Problemen trugen. Hitler versprach, die Arbeitslosigkeit zu bekämpfen und Deutschland wieder stark zu machen.

3 Erkläre, warum sich damals viele Wählerinnen und Wähler von den demokratischen Parteien abwandten.

Sprachspeicher

die Demokratie befürworten oder ablehnen • Ziele durchsetzen • Menschen von etwas überzeugen • *das* Vertrauen verlieren • nicht mehr daran glauben

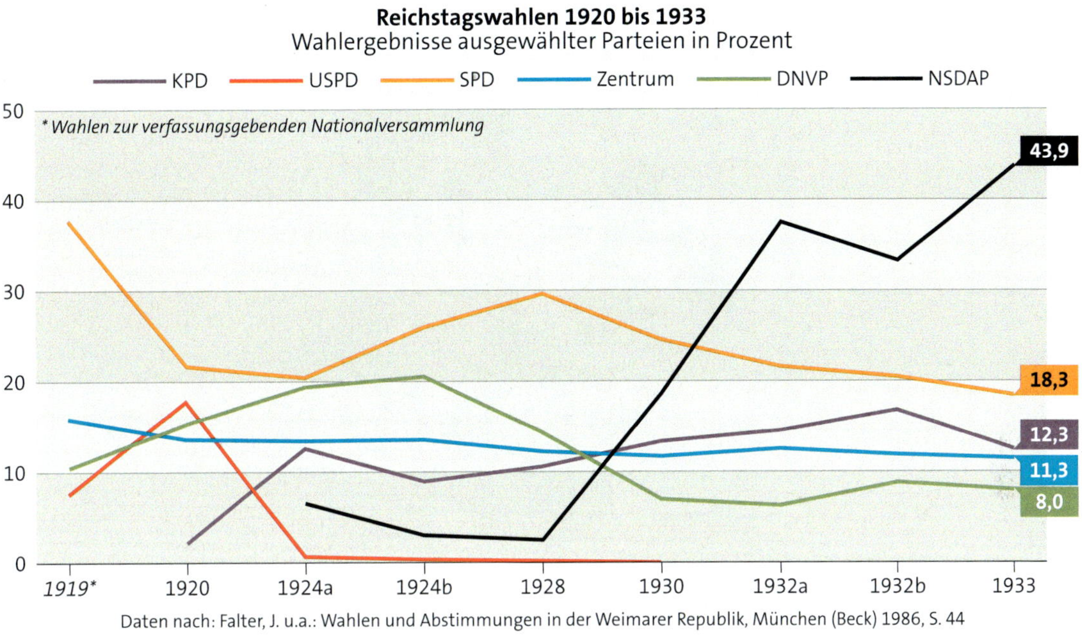

[2] *Ergebnisse von sechs ausgewählten Parteien bei den Reichstagswahlen.* Diagramm.

Der Aufstieg Hitlers

Spätestens seit den Reichstagswahlen 1930 wurde es sehr schwer, eine Regierung mit demokratischen Parteien zu bilden, die im Reichstag über eine Mehrheit der Stimmen verfügte. Seit 1932 war dies gar nicht mehr möglich. Es gab immer mehr Menschen, die ihre Stimme an Parteien gaben, die die Demokratie ablehnten. Besonders die NSDAP gewann viele Wähler. Am 30. Januar 1933 ernannte Reichspräsident von Hindenburg Hitler zum Reichskanzler.

Der Journalist Sebastian Haffner äußert sich zum Untergang der Weimarer Republik:

„Es waren drei Gründe, die die Nationalsozialisten ... zur stärksten Partei überhaupt machten. Die erste ist in der Wirtschaftskrise zu suchen ... Ein zweiter Grund lag in einem plötzlich wieder erstarkenden Nationalismus. ... Der dritte Grund ... lag in der Person Hitler selbst ... Hitler wirkte auf die Deutschen seiner Zeit nicht abstoßend, sondern anziehend, ja mitreißend."

[3] zit. n. Sebastian Haffner, Von Bismarck zu Hitler. München (Knaur) 1989, S. 204–219

4 Nenne Gründe, warum es zum Scheitern der Weimarer Republik kam. Nimm die Materialien [2] und [3] zu Hilfe.
Starthilfe: *Für das Scheitern der Weimarer Republik gibt es mehrere Gründe: An den Wahlergebnissen in [2] kann man sehen, dass ...*

Wähle einen der Arbeitsaufträge aus:

- Berechne, wie sich die Wahlergebnisse der NSDAP verändern.
- Gestalte ein Mindmap: „Die Belastungen der Weimarer Republik."
- Scheiterte die Weimarer Republik? Nimm begründet Stellung dazu.

Was du sonst noch tun kannst:

→ In der Prenzlauer Allee 227 in Berlin steht eine Gedenktafel für Sebastian Haffner [3]. Dort wird er als Vorbild dargestellt. Recherchiere die Hintergründe.

Sprachspeicher
eine Regierung bilden • über eine Mehrheit verfügen • zum Reichskanzler ernennen • auf Menschen anziehend oder abstoßend wirken

Zwischen Demokratie und Diktatur

Folgte nach dem Ersten Weltkrieg eine Zeit der politischen Umbrüche in Europa?

[1] *Politische Systeme in Europa um* 1930, Karte.

* **faschistisch,** *der* **Faschismus:** Eine Weltanschauung mit extremen rassistischen und fremdenfeindlichen Gedanken; das eigene Volk wird aufgewertet, andere abgewertet, Minderheiten werden verfolgt.

das **autoritäre Regime:** Die Macht liegt in einer Hand, z. B. beim Militär. Die Regierung fühlt sich überlegen. Es wird keine Kritik oder Widerspruch zugelassen.

1 Untersuche die Karte [1]. Welche Staaten waren Demokratien, welche waren Diktaturen? Lege eine Tabelle an.

2 Vergleiche die Jahreszahlen der Errichtung einer Diktatur in der Karte [1]. Was fällt dir auf?

3 Beschreibe, wie die politische Situation in Europa um 1930 war.

* *die* **Diktatur:** Es herrscht nur eine einzige Person oder eine Gruppe.

die **Demokratie:** Volksherrschaft

Die Demokratie aus Herausforderung

In vielen europäischen Staaten war die Idee einer Demokratie als Staatsform neu. Viele zweifelten an der damals neuen Staatsform. Die Bürger kannten bislang nur politische Systeme, in denen sie gehorchen mussten und die Verantwortung andere trugen. Sie hatten nie gelernt, was Demokratie ist.

Nach dem Ersten Weltkrieg (1914–1918) brachen in vielen Ländern innenpolitische Konflikte aus. Viele Länder hatten eine hohe Arbeitslosigkeit und es herrschte dort Armut.

4 Beschreibe, warum die Menschen in Europa politisch verunsichert waren.

Sprachspeicher

2: Tipp zur Orientierung: In der Zeit von 1914 bis 1918 war der Erste Weltkrieg.

innenpolitische Konflikte > Streit zwischen Parteien darüber, wie man einen Staat regiert

[2] *Wahlkampf in Großbritannien. Foto, 1930.*

[3] *Die faschistischen Führer Adolf Hitler (l.) und Benito Mussolini aus Italien.* Foto, 1934.

5 Wie blickten die Menschen in den Demokratien [2] auf die Führer in einer Diktatur [3]? Beschreibe ihre möglichen Gedanken.

Faschistische Diktatur

Viele Menschen glaubten daran, dass ein starker Führer die drängenden Probleme besser lösen kann als eine Volksvertretung. In Italien (ab 1922) und Deutschland (ab 1933) setze sich ein Führerkult durch. Der Führer war unfehlbar und hatte die Entscheidungsgewalt. Das eigene Volk wurde aufgewertet und über andere Völker gestellt. Politische Gegner und Minderheiten wurden verfolgt und getötet.

Kommunistische Diktatur

In der Sowjetunion* wurde eine kommunistische* Diktatur errichtet. Die Bevölkerung wurde in ein kommunistisches System gedrängt. Es gab nur eine Partei, die regierende. Andere Parteien wurden verboten, verfolgt und die Gegner brutal beseitigt.

* *die* **Sowjetunion:** Ein Staat, der von 1922 bis 1991 existierte und von der kommunistischen Partei regiert wurde; Russland ist der Nachfolgestaat.

* **kommunistisch,** *der* **Kommunismus:** Weltanschauung, nach der alle Menschen gleich sind; sie sollen alle gleich arm oder reich sein. Es soll keine unterschiedlichen Gesellschaftsklassen und kein Privateigentum geben.

Militärdiktatur

In vielen Staaten ergriff das Militär die Macht und löste gewählte Regierungen ab. Es gab dort keine freien Wahlen mehr. Die Medien durften dann nicht mehr frei berichten. Politische Gegner wurden verfolgt. Gerichte mussten im Sinne der Generäle urteilen.

6 Welche Gemeinsamkeiten haben die Diktaturen? Wie unterschieden sie sich?

Wähle einen der Arbeitsaufträge aus:

- Was war in einer Diktatur verboten? Zeichne dazu drei Bilder.
- In Spanien und Italien entwickelten sich ebenfalls Diktaturen. Wähle eine aus und recherchiere, wie sich diese weiterentwickelt hat.
- Schreibe einen Kommentar, warum sich in Frankreich und Großbritannien (Sieger des Ersten Weltkriegs) die Demokratie durchsetzen konnte.

Sprachspeicher
ein Führerkult > übertriebenes Verehren eines politischen Führers

6: Mögliche Vergleichskriterien sind: Wer regierte? Welche Rechte hatte das Volk? Wie ging man mit politischen Gegnern um?

Das kann ich!

Versuche zunächst, die Aufgaben auf dieser Doppelseite zu lösen, ohne im Kapitel nachzusehen. Wenn du Hilfe brauchst, kannst du bei den Aufgaben nachschlagen. Dort sind in Klammern die Seiten angegeben.

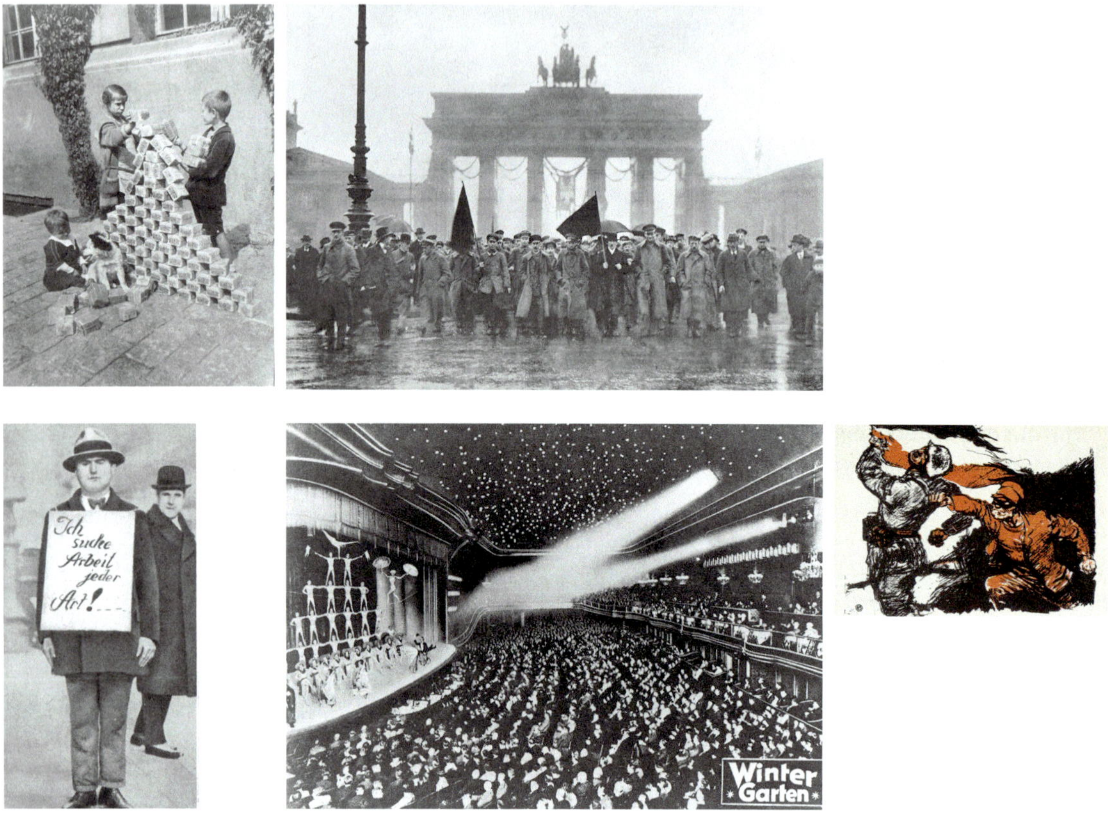

[1] *Begriffe und Abbildungen: Dolchstoßlegende, Die „Goldenen Zwanziger", Inflation, Weltwirtschaftskrise, Novemberrevolution.*

die Nationalversammlung	Versuch einer bewaffneten Gruppe, mit Gewalt eine Regierung zu stürzen
der Putsch	Die Preise für Waren steigen und man bekommt weniger für sein Geld.
die Inflation	Die gewählten Abgeordneten diskutierten und beschlossen eine Verfassung.
die Meuterei	Staatsform ohne König oder Kaiser, die Staatsgewalt wird von Personen ausgeübt, die vom Volk gewählt werden.
die Republik	Matrosen oder Soldaten verweigern ihren Vorgesetzten den Gehorsam und führen Befehle nicht aus.

[2] *Begriffe und Erklärungen.*

[3] *Wahlplakat der SPD,* 1919.

[4] *Wahlplakat des Zentrums.* Reichstagswahlen 1932.

Sachkompetenz

1 Ordne den Abbildungen in [1] je eine passende Bildunterschrift zu.

2 Suche die passenden Erklärungen für die Fachbegriffe in [2]. Ordne zu.

3 Ordne die Begriffe den Jahreszahlen zu:
1918, 1919, 1923, 1924-1929, 1929, 1933
Inflation, Hitler wird Reichskanzler, Jahre der wirtschaftlichen Stabilität, Weltwirtschaftskrise, Novemberrevolution, Nationalversammlung

4 Nenne politische Parteien der Weimarer Republik. (S. 164/165)

Urteilskompetenz

5 Beurteile und begründe: Was war an der Weimarer Verfassung demokratisch, was weniger demokratisch? (S. 163)

6 Beurteile: Welche politischen Parteien der Weimarer Republik waren Anhänger der Demokratie, welche waren ihre Gegner? (S. 164/165)

7 Nimm Stellung: War die Weimarer Republik eine „Republik ohne Republikaner"? Begründe! (S. 178/179)

8 In der Bundesrepublik Deutschland können Parteien, die gegen den Staat kämpfen, verboten werden (Grundgesetz Artikel 21 Absatz 2). Nimm dazu Stellung.

Methodenkompetenz

9 Analysiere die Plakate [3] und [4]. Wende die Schritte der Methode von Seite 176/177 an.

Handlungskompetenz

10 Gestalte ein Wahlplakat für eine demokratische Partei der Weimarer Republik.

11 Die Menschen hatten 1918/1919 große Erwartungen an die Weimarer Republik. Überprüfe die zu Beginn des Kapitels (Seite 157, Aufgabe 3) notierten Erwartungen. Sind sie erfüllt worden?

Teste dich

NEWS +++ NEWS +++ NEWS +++ NEWS

Ein Ausflugsschiff ist in der Südsee nach einem Sturm spurlos verschwunden. Wo sind die Fahrgäste und die Schiffsbesatzung? Die Suche verlief bislang **erfolglos**. Es gibt keinen Kontakt ...

Was ist Politik?

25 Personen stranden auf einer Insel. Ihr Schiff ist untergegangen, Rettung ist nicht in Sicht. Neben der Versorgung, Unterkunft und Sicherheit muss auch das gemeinsame Leben gestaltet werden.

1 Welche Regeln könnten die Gestrandeten vereinbaren?
2 Welche Probleme könnten aufkommen?
3 Warum ist es wichtig, dass sich alle für die Gemeinschaft einsetzen?
4 Notiere dir Fragen zu dem Thema: „Was ist Politik?“

Schauplatz Regeln für das Zusammenleben

[1] *Die Geretteten beraten, wie ihr friedliches Zusammenleben aussehen soll.* Illustration.

Wie kann ein Zusammenleben funktionieren?
In PC-Spielen, Büchern, Serien und Filmen kommen solche Situationen wie hier dargestellt oft vor: Menschen kommen plötzlich in schwierige Situationen und sind auf sich gestellt. Wie kann dann das Zusammenleben funktionieren, wenn nichts vorgegeben wird? Zuschauer, Leserinnen oder PC-Spielende tauchen in diese ausgedachte Situation ein, können sie aber wieder verlassen, wenn sie das Buch schließen oder den Computer ausschalten.

1 Überlege, welche Bedingungen gegeben sein müssen, damit es allen Geretteten gut geht.

Simulation: Überleben auf einer einsamen Insel

2 Teilt eure Klasse in Kleingruppen auf und versetzt euch in die folgende Situation: Die 25 Personen, die auf dem Schiff waren, haben sich auf eine einsame Insel gerettet. Eine schnelle Rettung von der Insel ist unwahrscheinlich. Ihr müsst beraten, wie euer Zusammenleben gestaltet werden kann. Auf der Insel gibt es trinkbares Wasser und genügend Nahrung. Ihr habt bislang noch keine gefährlichen oder giftigen Tiere gesehen.
Leider habt ihr keinen Empfang und keine Elektrizität. Eure Handys, Smartwatches und Tablets können keine Signale orten und die Akkus leeren sich zunehmend.

Trotzdem scheint euer Leben hier grundsätzlich sicher zu sein. Nun könnt ihr euch Gedanken über das Zusammenleben machen.

- Diskutiert die Aussagen der Geretteten [1]. Gibt es welche, die zusammengehören?
- Erstellt selbst Vorschläge. Wie kann ein Zusammenleben aussehen? Welche Vereinbarungen müssen gelten?
- Über welche Bereiche des Zusammenlebens muss sich die Gemeinschaft austauschen?
- Diskutiert am Ende: Muss es Regeln für ein Leben in der Gemeinschaft geben?

Wähle einen der Arbeitsaufträge aus:

- Zeichne ein Bild zu drei wichtigen Regeln des Zusammenlebens.
- Kennst du ein PC-Spiel, Film oder Buch, in dem Menschen das Zusammenleben selbst organisieren müssen? Stelle es vor.
- Es darf nur fünf Regeln geben. Stelle sie auf und begründe, warum nur sie notwendig sind.

Orientierung

[1] *Sitzung im Bundestag; Wahlen der politischen Vertreter und Vertreterinnen; Schülerinnen und Schüler diskutieren; Fridays-for-Future-Demonstration in Hannover.* Fotos.

1 Beschreibe die Situationen auf den Fotos [1]. Was verbindet sie?

Mein neues Fach Politik

Unser Zusammenleben ist eng mit der Demokratie verbunden, der Volksherrschaft. Jeder von uns ist wichtig und verantwortlich, damit das Zusammenleben gut funktioniert. Dafür benötigen wir auch einige Kenntnisse:

- Wie funktioniert eine demokratische Gemeinschaft?
- Wie können wir Konflikte in der Gemeinschaft lösen oder Entscheidungen treffen?
- Wie entwickeln wir eine begründete und durchdachte Position?

Ziel der Schule ist es, dass ihr nicht nur für euch selbst Verantwortung übernehmt, sondern auch für andere – also die Gesellschaft und den Staat. Damit werdet ihr zu verantwortungsbewussten Persönlichkeiten.

Regeln für das Zusammenleben

Die Politik regelt das Zusammenleben in einer Gesellschaft. Damit jeder friedlich und glücklich leben kann, muss vieles ausgehandelt, diskutiert und müssen geltende Regeln überprüft werden. Dabei sollten alle angenommen, ihre Rechte akzeptiert und ihre Interessen wahrgenommen werden.

Politisch urteilen

- Ist es vorschriftsmäßig, durchsetzbar und sinnvoll? Lassen Gesetze und Regeln dies zu? (**politisches Sachurteil**)
- Ist es richtig und gut? Werden unsere gemeinsamen Werte berücksichtigt? Sind alle Interessen berücksichtigt? (**politisches Werturteil**)

2 „Wenn jede und jeder nur an sich denkt, dann ist an alle gedacht." Begründe, warum die Politik dies nicht so sieht.

[2] *Teilnahme an Wahlen.* Foto, 2022.

[3] *In einer Partei mitwirken.* Foto, 2021.

[4] *Bei der Jugendfeuerwehr mitmachen.* Foto, 2019.

3 Sammele weitere Möglichkeiten, wie man sich für die demokratische Gemeinschaft einsetzen kann.

Was ist Politik?

Werte unserer Gemeinschaft

Was ist uns im Zusammenleben wichtig?

[1] *Eine Schülergruppe überlegt, welche Werte ihnen im Zusammenleben wichtig sind.* Foto.

1 Begründe die einzelnen Aussagen der Schülerinnen und Schüler [1].

2 Was ist dir im Zusammenleben wichtig? Notiere deine Gedanken dazu.

Was ist jedem von uns wirklich wichtig?

Jeder Mensch hat etwas, das ihm besonders am Herzen liegt. Es können Sachwerte sein, das neue Fahrrad, das Handy oder die neue Spielkonsole. Es können aber auch Werte sein, die nicht mit Geld bezahlbar sind. Freundschaft, eine freundliche Geste, Aufmerksamkeit oder Hilfsbereitschaft zeigen uns, dass jede und jeder von uns wertvoll ist. Solche Werte haben mit Gefühlen zu tun, die nicht genau messbar sind. Sie sagen uns im Leben, was richtig und wichtig ist.

Gemeinsame Werte können sich wandeln

Hätte man Eltern vor 100 Jahren gefragt, was ihnen bei der Erziehung ihrer Kinder wichtig ist, dann wären das sicherlich Gehorsam und Fleiß gewesen. Heute ist es Eltern wichtig, dass ihre Kinder selbstständig, zuverlässig, rücksichtsvoll und verantwortungsbewusst werden. Die Werte des Zusammenlebens der jeweiligen Zeit beeinflussen auch das Familienleben.

Vereinbarte Werte einer Gemeinschaft

Nach dem Zweiten Weltkrieg haben die Politikerinnen und Politiker in Deutschland sorgfältig diskutiert: Welche Werte sind so wichtig, dass sie auch zukünftig gelten? Sie einigten sich und legten fest, dass …

- jeder Mensch wertvoll ist (**Menschenwürde**).
- jeder Mensch frei entscheiden darf, welchen Lebensweg er geht und welche Chancen er nutzt (**Freiheit**).
- alle Menschen die gleichen Rechte haben müssen, niemand darf benachteiligt oder bevorzugt werden (**Gleichheit**).

Diese Grundwerte sind im Grundgesetz* der Bundesrepublik Deutschland am 23. Mai 1949 veröffentlicht worden.

3 Erkläre, warum Werte des Zusammenlebens im Grundgesetz festgehalten wurden.

* *das* **Grundgesetz:** Verfassung Deutschlands. Es ist das wichtigste Gesetz und steht über allen Gesetzen. Keine Regel darf gegen das Grundgesetz verstoßen.

Sprachspeicher
am Herzen liegen > etwas bedeutet einem viel
2: Akzeptanz ▪ Respekt ▪ Offenheit ▪ Vertrauen ▪ Bescheidenheit ▪ Treue ▪ Zuverlässigkeit ▪ …

3: Im Grundgesetz sind *die* Werte Menschwürde, Freiheit und Gleichheit festgehalten, weil …

Artikel 1
(1) Die Würde des Menschen ist unantastbar. Sie zu achten und zu schützen ist Verpflichtung aller staatlichen Gewalt. ...

Artikel 2
(1) Jeder hat das Recht auf die freie Entfaltung seiner Persönlichkeit, soweit er nicht die Rechte anderer verletzt und nicht gegen die verfassungsmäßige Ordnung ... verstößt.
(2) Jeder hat das Recht auf Leben und körperliche Unversehrtheit. Die Freiheit der Person ist unverletzlich. In diese Rechte darf nur auf Grund eines Gesetzes eingegriffen werden.

Artikel 3
(1) Alle Menschen sind vor dem Gesetz gleich.
(2) Männer und Frauen sind gleichberechtigt. ...
(3) Niemand darf wegen seines Geschlechts, seiner Abstammung, seiner Rasse, seiner Sprache, seiner Heimat und Herkunft, seines Glaubens, seiner religiösen oder politischen Anschauungen benachteiligt oder bevorzugt werden. Niemand darf wegen seiner Behinderung benachteiligt werden.

Artikel 5
(1) Jeder hat das Recht, seine Meinung in Wort, Schrift und Bild frei zu äußern und zu verbreiten ...

[2] *Auszug aus dem Grundgesetz der Bundesrepublik Deutschland.*

4 Erkläre die Artikel des Grundgesetzes [2] in eigenen Worten.

Auch Solidarität ist wichtig

Der Begriff „Solidarität" wird nicht gesondert im Grundgesetz genannt, da dies als Bedingung vorausgesetzt wird. Wenn die Menschen in einer Gemeinschaft nicht zusammenhalten und aufeinander Rücksicht nehmen, dann benötigen sie auch keine gemeinsamen Werte, Regeln und Gesetze. Ist man solidarisch, nimmt man die Mitmenschen und ihre Bedürfnisse wahr. Im Gegenzug wird man auch selbst wahrgenommen und gesehen.

5 Begründe, warum Solidarität im Zusammenleben wichtig ist.

6 „Menschenwürde, Freiheit, Gleichheit und Solidarität sind die wichtigsten Werte unseres Zusammenlebens." Nimm Stellung zu der Aussage.

[3] *Das Bundesverdienstkreuz wird als Anerkennung für ein besonderes Engagement verliehen. Hier wird die Wissenschaftsjournalsitin Mai Thi Nguyen-Kim vom Bundespräsidenten Frank-Walter Steinmeier ausgezeichnet.* Foto, 2020.

Wähle einen der Arbeitsaufträge aus:

- Stelle einen Grundrechtsartikel aus dem Material [2] auf dieser Seite zeichnerisch da.
- Nenne die beiden Grundrechtsartikel, die dir am besten gefallen, und begründe deine Wahl.
- Diskutiert, welche Grundrechtsartikel heute hinzugefügt werden müssten.

Sprachspeicher
4: *die* Würde des Menschen > jeder Mensch ist wertvoll
die freie Entfaltung *der* Persönlichkeit > alle dürfen so leben, wie sie möchten
die Unversehrtheit > man darf nicht verletzt werden
eine Meinung vertreten > eine persönliche Ansicht oder Überzeugung haben

Üben

Politik nimmt Perspektiven wahr

Wie sind die anderen Blickwinkel?

[1] *Viele Jugendliche fahren gerne in den Wäldern Mountainbike.* Foto, 2020.

1 Beschreibe das Bild [1]. Gehe dabei auf die verschiedenen Perspektiven von Radfahrern und Wanderern ein.

Fahrradtrails

Rückschau: Einige Schülerinnen und Schüler der 7c fuhren mit ihren Fahrrädern auf dem Schulhof verschiedene Parcours unterschiedlicher Schwierigkeitsgrade. Treppen, Ecken, Bordsteige wurden dabei genutzt. Allerdings kam es zu Beschwerden und einem Verbot. Dies wurde im Klassenrat diskutiert und eine Alternative vorgeschlagen.

Antrag der Klasse 7c an die Stadtverwaltung

Wir beantragen die Errichtung eines Fahrradtrails* in unserem Stadtwald.

Begründung: Viele von uns fahren Mountainbike (MTB) und wir trainieren als Klasse für die landesweiten MTB-Schulmeisterschaften. Uns fehlt eine offizielle Trainingsstrecke. Deshalb beantragen wir die Errichtung eines Fahrradtrails in unserem Stadtwald in der Nähe der Schule. ...

[2] *Der Natur- oder Landschaftsschutz muss immer beachtet werden.* Foto, 2019.

* *der* **Fahrradtrail:** Ein Weg in der Natur, auf dem man mit einem Fahrrad fahren darf.

Perspektiven wahrnehmen

Der Antrag der 7c ist an die Stadtverwaltung weitergeleitet worden. Die Mitarbeiter haben neben den rechtlichen und organisatorischen Bedingungen die Aufgabe, verschiedene Interessensgruppen zu einem möglichen Fahrradtrail zu befragen.

2 Begründe, warum es wichtig ist, viele Blickwinkel bei der Planung eines Fahrradtrails einzubeziehen.

Sprachspeicher

1: Bildbeschreibung: Spaziergänger, Radfahrer • Perspektiven: *die* Radfahrer ..., *die* Spaziergänger ... einen Antrag stellen • etwas vorschlagen

2: Wanderer, Naturschützer und Radfahrer könnten dies unterschiedlich sehen, weil ...

Ein Fahrradtrail in unserem Stadtwald?

Mein Name ist Sara und ich engagiere mich für den Naturschutz. Die Errichtung eines Fahrradtrails in unserem Stadtwald würde dazu führen, dass Pflanzen und Bäume beschädigt würden. Außerdem könnte der Lärm die Waldtiere stören.

Mein Name ist Anja. Ich bin ausgebildete Wanderführerin. Mit vielen Wandergruppen bin ich in unseren Wäldern unterwegs. Wir stellen oft fest, dass viele Radfahrer rücksichtslos durch die Wälder fahren und dabei Wanderer und Jogger gefährden. Dabei ist es schon zu Unfällen gekommen. Es gibt aber auch viele rücksichtsvolle Radfahrer.

[3] *Drei Stimmen zum Fahrradtrail.* Fotos.

Mein Name ist Ardit. Ich bin im Vorstand des Sportvereins. Ich begrüße, dass sich die Jugendlichen auch in der Schule sportlich engagieren. So ein Fahrradtrail würde auch viele Radfahrer ansprechen und gibt unserem Verein eine Chance, den MTB-Bereich auszubauen.

Die Mitarbeiterinnen und Mitarbeiter der Verwaltung werten das Meinungsbild aus.

3 Notiere die Meinungen zu dem Fahrradtrail.

Position	Was spricht dafür?	Was spricht dagegen?
Klasse 7c		
Sara (Naturschutz)		
Ardit (Sportverein)		
Anja (Wandern)		

4 Wie ist deine Position dazu? Begründe sie.

Wähle einen der Arbeitsaufträge aus:

- Gestalte ein Werbeplakat für einen Fahrradtrail.
- Erkläre, warum die Verwaltungsmitarbeiter die Blickwinkel vieler Interessengruppen berücksichtigen müssen.
- Sollten Fahrradtrails von der Gemeinde errichtet werden oder von privaten Personen? Sammele Argumente für die Möglichkeiten und entscheide dich für eine.

Sprachspeicher

rücksichtslos > man nimmt keine Rücksicht auf andere • Rücksicht nehmen • man beachtet die Interessen anderer

engagieren • sich für etwas einsetzen • ein Meinungsbild > man erstellt eine Übersicht verschiedener Meinungen

Regeln und Gesetze

Warum sind Regeln und Gesetze wichtig?

[1] *Jugendliche diskutieren über die Inhalte ihrer Schulordnung.* Foto, 2018.

1 Beschreibe, warum eine Schulordnung wichtig für das Zusammenleben an der Schule ist [1].

2 Schaue in deine Schulordnung. Welche Regeln sind dort festgehalten?

Regeln und Gesetze

Was darf man und was nicht? Im Zusammenleben muss es Regeln* geben. Ziel ist es, dass ein **friedliches Zusammenleben** möglich ist. Regeln schützen und sichern die Freiheit des Einzelnen. Allerdings schränken Regeln auch ein, indem sie bestimmte Handlungen und Dinge verbieten.

* *die* **Regeln:** Sie sagen uns, wie wir uns verhalten sollen, z. B. in der Schule oder beim Sport. Sie geben uns Struktur und Sicherheit.

die **Gesetze:** Das sind feste, verbindliche Regeln, die von den Parlamenten (Gesetzgeber) beschlossen werden. Sie müssen von allen, die in einem Staat leben, befolgt werden.

Zusammenleben in unserer Schule

In unserer Schule begegnen sich Schüler und Schülerinnen, Lehrkräfte, Eltern und Beschäftigte in gegenseitiger Achtung. Jeder von uns soll sich in der Gemeinschaft wohlfühlen. Deshalb ist es notwendig, dass alle Beteiligten bestimmte Regeln beachten und einhalten.

- Ich achte meine Mitmenschen, gehe respektvoll mit ihnen um und grüße sie höflich.
- Ich verletze und bedrohe niemanden, weder mündlich noch körperlich. Niemand soll Angst haben müssen.
- Ich bemühe mich, mit unterschiedlichen Meinungen angemessen umzugehen und sie zu akzeptieren.
- Ich setze mich dafür ein, dass Probleme und Streitigkeiten ruhig und sachlich gelöst werden.
- Ich nehme Rücksicht, bin für andere da und helfe ihnen, wenn es erforderlich ist oder gewünscht wird.

[2] Autorentext, Vorwort einer Schulordnung. An das Vorwort schließen sich die einzelnen Schulregeln an.

3 Begründe, warum die Regeln [2] für die Schulgemeinschaft wichtig sind.

4 Beantworte die Fragen der Jugendlichen [1].

Sprachspeicher

1: Sie ordnet *das* Leben in *der* Schule, indem ...

3: Regeln sind für eine Schulgemeinschaft wichtig, damit alle ...

4: Tipp: In *der* Schulordnung wird Verhalten beschrieben, das erwünscht ist.

Gesetze und ihre Rangfolge

In der Bundesrepublik Deutschland gibt es Länder- und Bundesgesetze. Ländergesetze sind nur in einzelnen Bundesländern gültig. So werden Schule und Bildung von den Ländern geregelt. Die meisten Gesetze sind allerdings Bundesgesetze. Sie gelten für die Bundesrepublik Deutschland. Man sagt, dass Bundesrecht Länderrecht bricht. Bundesgesetze haben Vorrang, die Ländergesetze sind ihnen untergeordnet. Der Bund muss sich wiederum an das Recht der Europäischen Union halten.

Andere Länder – andere Gesetze?

Wenn du beispielsweise in den Urlaub ins Ausland fährst, gelten dort die Rechte des jeweiligen Landes. So müssen beispielsweise alle Autos in Großbritannien links und nicht wie hier rechts fahren.

Die Gesetzgebung

Gesetze werden von Parlamenten gemacht. Die Abgeordneten* stellen dort fest, dass ein Gesetz fehlt oder angepasst werden muss. Sie diskutieren, beraten und beschließen es.

5 Erkläre, warum Gesetze sich auf bestimmte Gebiete und nicht auf die Herkunft der Menschen beziehen.

[3] *Im Niedersächsischen Landtag in Hannover.* Foto, 2022.

Zwei wichtige Gesetzbücher

Das **Bürgerliche Gesetzbuch (BGB)** regelt das Zivilrecht, also die Rechte zwischen Privatpersonen, Firmen und Vereinen. Dort findet man z. B. die Paragrafen* über Miet- und Kaufverträge, Erbschaften oder Ehescheidungen.

Das **Strafgesetzbuch (StGB)** bestimmt, welche Handlungen strafbar sind. Einzelne Straftaten sind dort ganz genau beschrieben, die Mindest- und Höchststrafen festgelegt.

[4] *Verschiedene Gesetzbücher regeln unterschiedliche Themen.* Foto.

*

der **Paragraf:** Das ist ein nummerierter kleiner Abschnitt in Gesetzen. Das Zeichen dafür ist §. Der Hinweis auf den Paragrafen lässt die passende Stelle im Gesetz schnell finden.

der/die **Abgeordnete:** Dies sind die gewählten Vertreter und Vertreterinnen des Volkes in den verschiedenen Parlamenten – in den Landtagen, im Bundestag oder im Europäischen Parlament.

Wähle einen der Arbeitsaufträge aus:

- Lies deine Schulordnung. Schreibe drei Regeln heraus, die du besonders wichtig findest.
- Recherchiere den Unterschied zwischen dem Schulgesetz und einer Schulordnung.
- „Alles, was nicht verboten ist, ist erlaubt.“ Nimm Stellung zu dieser Behauptung.

Sprachspeicher

5: Wenn man sich trifft, dann ist das an einem Ort. Es gilt immer die Gesetzgebung dieses Ortes bzw. Landes.

ein Gesetz vorschlagen · ein Gesetz beraten · über ein Gesetz abstimmen · ein Gesetz verabschieden · ein Gesetz wird gültig · ein Gesetz tritt in Kraft

Mitwirken in unserer Gesellschaft

Wie bringe ich mich ein?

1 Wie wird man Schülersprecher oder Schülersprecherin? Erkläre dies anhand des Schaubilds [1].

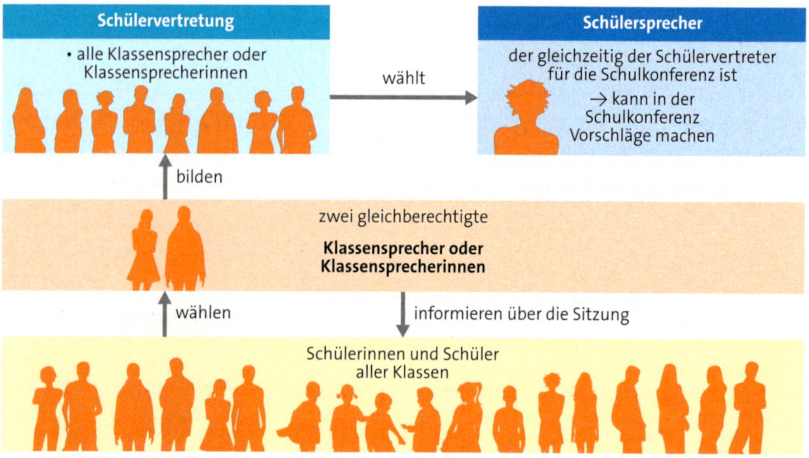

[1] *Schülermitwirkung in Niedersachsen.* Schaubild.

Schule aktiv mitgestalten – du bist gefragt

Die „Schulnews-Gruppe" möchte in ihrem Blog die neue Schülersprecherin und den neuen Schülersprecher vorstellen. Dazu haben sie Merle (8b) und Zahi (10a) interviewt.

Schulnews: Merle und Zahi, ihr seid zu unserer Schülersprecherin bzw. zu unserem Schülersprecher gewählt worden. Herzlichen Glückwunsch! Warum möchtet ihr dies machen?
Merle: Wir Schüler sind hier an der Schule die größte Gruppe und möchten aktiv unser Schulleben mitgestalten. Es müssen auch unsere Interessen bei der Schulleitung und in den verschiedenen Konferenzen vertreten sein.
Schulnews: Jetzt kommt ihr aus dem 8. und dem 10. Jahrgang. Dort bekommt ihr sicherlich viel mit. Habt ihr auch die Schülerinnen und Schüler aus den anderen Jahrgängen im Blick?
Zahi: Unser Ziel ist es natürlich, alle Schülerinnen und Schüler zu vertreten. Ihr dürft uns gerne ansprechen. Ihr könnt uns über unsere Schulplattform kontaktieren. Ihr trefft uns immer in der ersten großen Pause im SV-Raum.
Schulnews: Was sind eure Aufgaben?
Merle: Wir können an vielen Besprechungen und Konferenzen teilnehmen und uns dort einbringen. Außerdem können wir Verbesserungen oder Vorschläge machen. Mir ist besonders wichtig, dass unsere Schule nachhaltiger wird. Es muss Energie gespart und der Müll besser getrennt werden.
Zahi: Mir ist es wichtig, dass wir wieder mehr Sport gemeinsam machen. Ich hätte gern ein Fußballturnier in jahrgangsübergreifenden Teams.

[3] Autorentext.

[2] *Zahi (l.) und Merle engagieren sich in der Schülervertretung.* Foto.

2 Schreibe einen Text für den 5. und 6. Jahrgang zur Arbeit der Schülersprecher Merle und Zahi.

Sprachspeicher
1: Lies *das* Schaubild von unten nach oben:
Jede Klasse wählt zwei Klassensprecher …

[4] *Möglichkeiten politischer Beteiligung außerhalb der Schule.* Wortwolke.

* *die* **Bürgerinitiative:** lockere Interessenvertretung von Bürgern und Bürgerinnen, die ein gemeinsames Ziel verfolgt

3 Nenne drei sinnvolle Möglichkeiten, sich außerhalb der Schule zu engagieren [4].

Aktiv statt passiv

Neben der Schule können sich Jugendliche auch in anderen Gruppen engagieren. Technisches Hilfswerk, Pfadfinder, Feuerwehr, Kirchen, Natur- und Jugendverbände oder Sportvereine bieten viele Möglichkeiten für das Engagement. Außerdem haben viele politische Parteien Jugendverbände, in denen man sich gezielt politisch einbringen kann.

4 Recherchiere, welche Möglichkeiten es an deinem Schulort gibt, sich in der Freizeit zu engagieren.

Ziviler Ungehorsam – ist das erlaubt?

Im Rahmen der **Fridays-for-Future-Streiks** sind viele Schülerinnen und Schüler am Freitag nicht zur Schule gegangen und haben in dieser Zeit demonstriert. Da sie zur Teilnahme am Unterricht verpflichtet sind, haben sie ihre Schulpflicht verletzt und damit gegen ein Gesetz verstoßen. **Ziviler Ungehorsam** ist ein **Regelverstoß**, der bewusst und zeitlich begrenzt als Protest eingesetzt wird. Ziviler Ungehorsam ist **gewaltfrei**. Die resultierende **Konsequenz oder Strafe** wird **bewusst einkalkuliert und angenommen**. Den Jugendlichen waren der Protest und der Streik für das Klima wichtiger als Strafarbeiten und unentschuldigte Fehltage.

Wähle einen der Arbeitsaufträge aus:

- Wie und wofür könntest du dich politisch engagieren? **Starthilfe:** *Überlege, was für dich oder dein Umfeld besonders wichtig ist.*
- Erkläre, warum sich Jugendliche politisch engagieren sollten.
- Diskutiert, ob Fridays-for-Future-Streiks ein geeignetes Mittel für politisches Engagement sind.

Sprachspeicher

3: Jugendliche haben verschiedene Möglichkeiten, sich zu engagieren. Sie können zum Beispiel ...

sich engagieren · sich für etwas aktiv einsetzen · sich für etwas starkmachen

Kompromisse können Probleme lösen

Wie kann man eine gemeinsame Lösung finden?

[1] *Ein Gespräch zwischen einer Schülerin (l.) und der Schulleiterin.* Foto.

1 Du gehörst zur Schülerfirma [1]. Diskutiert in der Klasse, wie ihr auf die Beschwerden der Schulleiterin reagieren könnt.

Probleme erkennen

Die Schülerinnen und Schüler der Schülerfirma diskutieren die Beschwerden. Die Wünsche und Bedürfnisse ihrer Kundinnen und Kunden (der Schülerinnen und Schüler) sind sehr unterschiedlich. Der Verkauf der Süßigkeiten und Getränke läuft gut, insbesondere bei den jüngeren Jahrgängen. Allerdings haben sie auch schon festgestellt, dass einige Jugendliche lieber weniger Süßes essen sollten.

2 Skizziere das entstandene Problem.

3 Teilt die Klasse in zwei Gruppen auf. Eine Gruppe vertritt die Schülerfirma, die andere die Schulleitung. Notiert Argumente und Lösungsmöglichkeiten.

* *die* **Schülerfirma:** Unter dem Dach der Schule betreiben Schülerinnen und Schüler eine Firma, die Dinge produziert oder eine Dienstleistung anbietet.

4 Simuliert das Gespräch zwischen der Schülerfirma und der Schulleitung und versucht, eine gemeinsame Lösung zu finden. Bestimmt zwei Mitschüler zu den Moderatoren oder Streitschlichtern [2, 3] des Gesprächs. **Starthilfe:**
- Schülerfirma: *„Aus unserer Sicht liegt das Problem darin …“*
- Schulleitung: *„Wir möchten euch unterstützen, aber …“*
- *Tipps zu Lösungsmöglichkeiten: Überlegt, welche Konsequenz euer Lösungsvorschlag für die Beteiligten hat.*

5 Überprüft euren getroffenen Kompromiss:
- Sind alle Parteien kompromissbereit gewesen?
- Sind alle Beteiligten zufrieden?

Sprachspeicher
2: *Das* Problem für *die* Schülerfirma ist, dass *die* Produkte, die sich gut verkaufen …

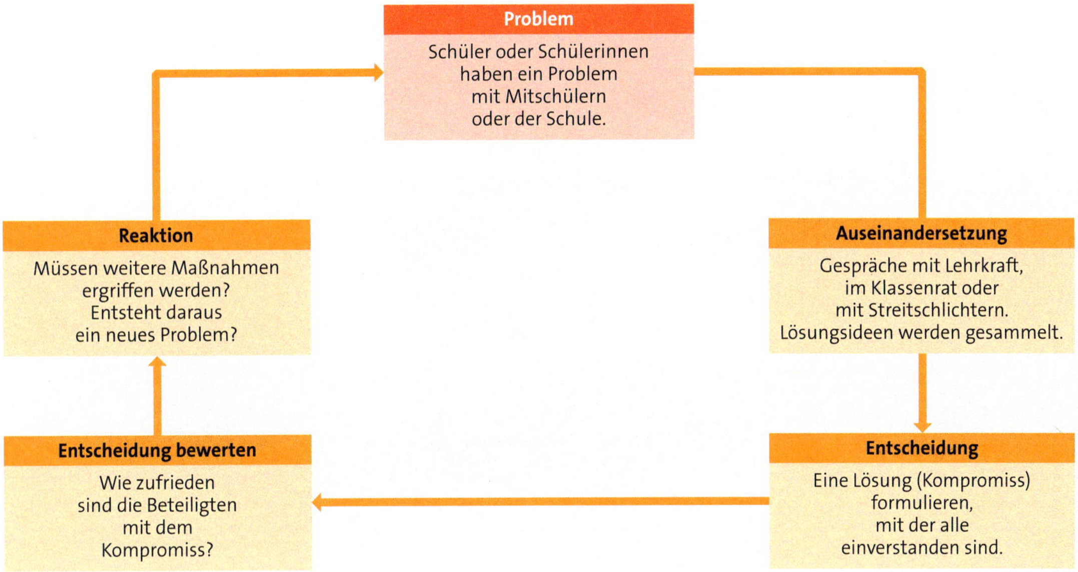

[2] *Ein Ablaufschema, das sich an den Phasen des Politikzyklus* orientiert.* Schaubild.

Der Ablauf eines Schreitschlichtungsgesprächs

1. **Einleitung**
   Die Streitschlichterinnen und Streitschlichter stellen sich vor und informieren über:
   - den Ablauf des Gesprächs
   - ihre Rolle
   - die Gesprächsregeln
2. **Sichtweisen klären**
   Jede Konfliktpartei schildert nacheinander ihre Sichtweise des Konflikts.
3. **Konfliktklärung**
   Die Streitschlichterinnen und Streitschlichter fragen die Streitenden nach der persönlichen Bedeutung des Konflikts.
4. **Lösungsideen sammeln**
   Alle Lösungsideen werden gesammelt und aufgeschrieben.
5. **Einigung und Abschluss**
   Es wird gemeinsam eine Lösung formuliert, mit der alle einverstanden sind.

[3] Autorentext.

* *der* **Politikzyklus:** Das Modell des Politikzyklus beschreibt Politik als einen Prozess, der Probleme löst. Dieser Prozess verläuft oft in bestimmten Phasen.

Kompromisse können Konflikte lösen

Ein Kompromiss ist eine gemeinsame Vereinbarung. Dabei machen beide streitenden Seiten Zugeständnisse und verzichten auf Teile der jeweiligen Forderungen. Mit einem guten Kompromiss sind alle Beteiligten zufrieden. Jeder Kompromiss hat allerdings auch Auswirkungen für die jeweiligen Seiten.

Wähle einen der Arbeitsaufträge aus:

- Erstelle einen Werbespruch für neue Produkte der Schülerfirma.
- Jede Einigung hat auch Folgen für die Beteiligten. Bewerte die Konsequenzen für die Schülerfirma Pausenglück.
- Im Französischen existiert ein Sprichwort: „Es gibt nur schlechte Kompromisse." Nimm dazu Stellung.

Sprachspeicher
ein fairer Kompromiss • ein Streit endet mit einem Kompromiss • ein schlechter Kompromiss • ein fauler Kompromiss

ein Streit bricht aus • einen Streit austragen • einen Streit schlichten • einen Streit beenden • einen Streit beilegen

Üben

Wahlseite Die DLRG-Jugend

1 Lies den Text und fasse die Inhalte der Seite mit deinen Worten zusammen. Arbeite gemeinsam mit deinem Lernpartner oder deiner Lernpartnerin. **Starthilfe:** *Nutze den Lese-Profi auf der letzten Seite im Buch.*

2 Erstelle einen Steckbrief über die DLRG und präsentiere ihn deinen Mitschülern und Mitschülerinnen.

[1] *Eine Rettungsschwimmerin taucht während der Landesmeisterschaft der DLRG-Jugend Niedersachsen nach einer Gummipuppe.* Foto, 2019.

Leben retten

DLRG steht für Deutsche Lebens-Rettungs-Gesellschaft e.V. Der Verein hat über 1.700.000 Mitglieder und Unterstützer und ist damit die größte **Wasserrettungsorganisation** der Welt. Die DLRG bietet **Schwimmkurse und Ausbildungen zu Rettungsschwimmern** an.

Die DLRG-Jugend

Der Verein hat auch eine Jugendabteilung: die DLRG-Jugend. Sie ist eigenständig und zu ihr gehören alle **Jugendgruppen der DLRG**. Die DLRG-Jugend zählt etwa 340.000 ehrenamtliche Mitglieder, die bis zu 27 Jahren alt sind. Ihr Sitz ist im niedersächsischen Bad Nenndorf.
Ziel der DLRG-Jugend in wöchentlichen Gruppenstunden ist es, deren Mitglieder in **den Aufgaben und Techniken der Wasserrettung auszubilden**. Außerdem werden zusätzliche gemeinsame Aktionen, Abende und Schulungen angeboten.

Sportler, Lebensretterin und politisch engagiert?

Neben der Lebensrettung möchte auch die DLRG-Jugend einen Beitrag zur **Entwicklung zu selbstbewussten und verantwortungsvollen Menschen** leisten. Dazu gehört auch, dass die Jugendsparte sich **selbst organisiert und gemeinsame Entscheidungen** trifft. Ihr Vorstand und verschiedene Posten werden von den Mitgliedern gewählt.

Aktiv in der Wasserrettung

An vielen **Badestränden**, in **Schwimmbädern**, an **Flüssen**, an vielen Stellen im und am Wasser sind die ehrenamtlichen Mitglieder aktiv. Sie haben schon unzählige Leben gerettet. Eine Aktivität, die **Leben rettet**!

Tipps für die Erarbeitung
- Führe gemeinsam mit deinen Mitschülern und Mitschülerinnen ein Gruppenpuzzle durch. Nutzt dazu die anderen Wahlseiten des Kapitels.

Wahlseite Der Naturschutzbund Deutschland

1 Informiere dich auf dieser Seite über den Naturschutzbund Deutschland.

2 Präsentiere deine Ergebnisse in geeigneter Form in der Klasse.

[1] *Ein NABU-Mitglied wildert im Naturschutzgebiet am Steinhuder Meer eine Sumpfschildkröte aus.* Foto, 2023.

Der Naturschutz Bund (NABU)

Zur NABU-Organisation gehören in Deutschland etwa 700.000 Mitglieder. Viele engagieren sich für den Schutz von Natur und Umwelt. Die Organisation wurde bereits im Jahr 1899 von Lina Hähnle in Stuttgart gegründet. Damals hieß sie aber noch *Bund für Vogelschutz*.

Die Naturschutzjugend (NAJU)

Die NAJU gehört mit etwa 100.000 Mitgliedern zu den mitgliederstärksten Kinder- und Jugendorganisationen. Sie arbeitet mit anderen internationalen Umweltverbänden zusammen. Kinder, Jugendliche und junge Erwachsene bis 27 Jahren können sich dort engagieren. In etwa 1.000 Gruppen vor Ort treffen sie sich regelmäßig. Bei vielen Aktionen geht es um unsere Natur und das Klima. Nicht nur die eigenen Mitglieder sollen angesprochen werden, sondern auch alle anderen Bürgerinnen und Bürger. Durch konkrete Projekte vor Ort sollen sie von der Idee des Natur- und Umweltschutzes überzeugt werden.

Politische Aktivitäten

Der NABU hat sich bewusst keiner politischen Partei angeschlossen. Die Organisation unterstützt die Idee einer lebenswerten Umwelt. NABU-Experten und Expertinnen beraten bei Umweltgesetzen, behördlichen Naturschutzverfahren und begutachten Eingriffe in die Natur.

Engagement und Wissenschaft

Viele NABU-Mitglieder setzen sich vor Ort für den Naturschutz ein. Sie pflanzen Hecken, stellen Krötenzäune auf und schützen bedrohte Tierarten [1]. Der NABU forscht auch selbst. Er hat eigene wissenschaftliche Fachgruppen und Arbeitskreise. Die Mitglieder unterstützen die Arbeit vor Ort und veröffentlichen ihre Erkenntnisse.

Was du noch tun kannst:

→ Recherchiere, wo der NABU in deiner Nähe aktiv ist.

Tipps für die Erarbeitung

- Erstelle einen Steckbrief über den NABU (Wer? Was? Wo? Warum?).

Tipps für die Präsentation

- Recherchiere nach NAJU- oder NABU-Gruppen, die in deiner Nähe aktiv sind. Stelle die Arbeit vor Ort vor.

Wahlseite Im Jugendparlament

1 Informiere dich auf dieser Seite über die Arbeit im Jugendparlament.

2 Präsentiere deine Ergebnisse in geeigneter Form in der Klasse.

[1] *Ein großes Jugendparlament tagt.* Foto, 2023.

Das Jugendparlament

In 26 Städten und Gemeinden in Niedersachen gibt es Jugendparlamente (Stand 2023). Sie vertreten Kinder und Jugendliche gegenüber der Verwaltung und sind für sie Ansprechpartner. Sie stellen Fragen: Was ist Kindern und Jugendlichen im gemeinsamen Zusammenleben wichtig? Muss etwas vor Ort geändert werden? Gibt es Ideen und Vorschläge, die angeregt werden können?

Wie kommt man ins Jugendparlament?

Dem Jugendparlament gehören 12 bis 18-Jährige an. Sie werden von den Jugendlichen ihrer Stadt oder Gemeinde in einer geheimen Wahl gewählt. Damit man gewählt werden kann, muss man sich zur Wahl stellen und die Wählerinnen und Wähler (die Jugendlichen) überzeugen. Die Größe des Jugendparlaments hängt von der Einwohnerzahl der Stadt oder Gemeinde ab.

Mögliche Themen

Im Jugendparlament sind alle Themen wichtig, die Jugendliche angehen. So könnten die Schulhofgestaltung, ein Jugendtreff, das Radwegenetz, der Umweltschutz, der öffentliche Nahverkehr und viele andere Themen angesprochen werden. Durch die Einrichtung eines Jugendparlaments zeigen der Stadt- oder Gemeinderat und die Verwaltung, dass sie die Jugendlichen hören und wahrnehmen möchten.

Warum sind Jugendparlamente wichtig?

Jugendliche und Kinder sind bedeutende Mitglieder der Gesellschaft, deshalb ist es unerlässlich, dass sie ihre Interessen vertreten können. Jugendliche lernen so, sich politisch einzubringen.

Was du noch tun kannst:

→ Recherchiere, ob es ein Jugendparlament in deiner Nähe gibt, und stelle es vor.

Tipps für die Erarbeitung

- Schreibe einen Steckbrief über das Jugendparlament (Wer? Wo? Was? Warum?).

Tipps für die Präsentation

- Recherchiere auf den Homepages von Jugendparlamenten. Wie stellen sich die Jugendparlamente vor? Welche Aufgaben haben sie? Was haben sie schon erreicht?

☒ Wahlseite Die DGB-Jugend

1 Informiere dich auf dieser Seite über die DGB-Jugend.

2 Präsentiere deine Ergebnisse in geeigneter Form in der Klasse.

[1] *Als Geister verkleidete Mitglieder der DGB-Jugend halten am 1. Mai Transparente.* Foto, 2023. Mit „Transformationen" sind Veränderungen gemeint, „TV-Stud" bezeichnet einen Tarifvertrag für studentische Beschäftigte an Universitäten.

Gewerkschaften vertreten Interessen

Gewerkschaften setzen sich für die Interessen der Beschäftigten gegenüber den Arbeitgeberinnen und Arbeitgebern ein. Sie verhandeln die Höhe des Lohnes, Urlaubstage, Pausen oder Fortbildungen. Die Ergebnisse der Verhandlungen werden in Tarifverträgen festgehalten. Für verschiedene Branchen und Wirtschaftsbereiche gibt es unterschiedliche Gewerkschaften. Die beiden größten Gewerkschaften sind die IG Metall (Industriegewerkschaft Metall) und ver.di (Vereinte Dienstleistungsgewerkschaft).

Deutscher Gewerkschaftsbund (DGB)

Der DGB ist ein Zusammenschluss von acht Gewerkschaften und hat etwa 5,64 Millionen Mitglieder (Stand 2022). Der DGB vertritt damit die Interessen vieler Beschäftigter und wird von der Politik und Gesellschaft gehört.

* *die* **Demokratisierung:** Die Demokratie ist eine Volksherrschaft (hier die der Mitglieder).

die **Diskriminierung:** Benachteiligung oder Abwertung von Gruppen oder einzelnen Personen

Die DGB-Jugend

Der Jugendverband der DGB ist eigenständig und demokratisch aufgebaut. Er hat etwa 500.000 Mitglieder. Die DGB-Jugend vertritt insbesondere die Interessen von jungen Menschen bis 27 Jahren, die in der Schule, Ausbildung, Studium oder am Anfang ihrer Berufslaufbahn sind. Sie streiten für verbesserte Lebens- und Arbeitsbedingungen, für die Demokratisierung*, die Überwindung der Diskriminierung*, eine nachhaltige Wirtschaft, internationale Solidarität, Frieden und Abrüstung.

Mitgliedschaft

Jugendliche und junge Erwachsene, die bei einer der acht Einzelgewerkschaften des DGB Mitglied werden, sind damit auch Teil der DGB-Jugend. Sie berät und hilft, wenn es z.B. um eine ungerechte Behandlung am Arbeitsplatz, falsche oder unnütze Tätigkeiten und Überstunden geht.

Was du noch tun kannst:

→ Informiere dich, wo in deiner Nähe die DGB-Jugend aktiv ist.

Tipps für die Erarbeitung
- Erstelle einen Steckbrief über die DGB-Jugend (Wer? Was? Wo? Warum?).

Tipps für die Präsentation
- Recherchiere nach einer DGB-Jugend in deiner Nähe. Stelle ihre Arbeit vor.

Methode Der Politikzyklus

[1] *Vom Problem zur Lösung.* Foto.

Der Politikzyklus

Der **Politikzyklus** ist ein Vorgehen, das dabei hilft, ein Problem oder einen Konflikt zu lösen. **Dabei werden verschiedene Aspekte untersucht.** Die Reihenfolge der Aspekte kann verändert werden. Am Ende steht die politische **Entscheidung**, die später immer wieder überprüft wird. Stellt man fest, dass das Problem nicht für alle zufriedenstellend gelöst ist, kann der Politikzyklus neu starten.

1 Zwischen dem Problem und der Lösung steht ein Symbol – die Glühbirne [1]. Vermute, wofür die Glühbirne steht.

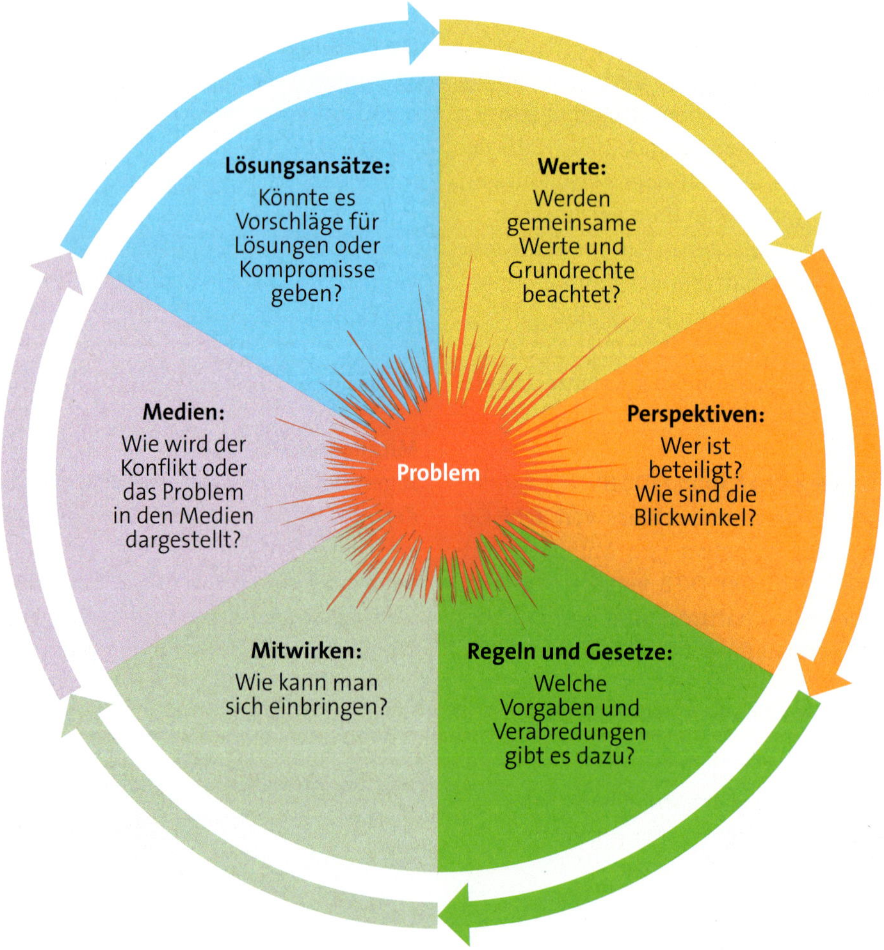

[2] *Der vereinfachte Politikzyklus.* Schaubild.

Die 7c hat im Klassenrat ein Problem angesprochen, das alle betrifft:
Der Verkehr morgens und mittags an der Schule stört. Viele Eltern fahren ihre Kinder direkt vor die Schultür. Sie fahren teilweise sehr rücksichtslos und gefährden damit die anderen Kinder und Jugendlichen.

[3] Autorentext.

[4] *Elterntaxis.* Karikatur, Sabine Voigt, 2019.

1. Schritt **Probleme und Konflikte wahrnehmen und beschreiben**

Ein Problem ist eine schwierige, noch ungelöste Aufgabe. Sie kann sich als Hindernis herausstellen, wenn man etwas umsetzen möchte. Wenn das Fahrrad beispielsweise einen Platten hat (Problem), kann man nicht Rad fahren und man muss das Problem selbst lösen (den Reifen flicken) oder von jemandem anders lösen lassen (Fahrradwerkstatt, Eltern, Freunde, Freundinnen). In der Politik geht es um Probleme des Zusammenlebens. Da dort viele Aspekte und Menschen zu berücksichtigen sind, ist die Problemlösung nicht einfach.

zum Schritt 1 **Probleme und Konflikte wahrnehmen und beschreiben**

Die Klasse 7c diskutiert das Problem [3] und wird es ihrer Schülervertretung (SV) vorstellen.

- Beschreibung des Problems: Viele Eltern bringen ihre Kinder mit ihren Autos direkt vor die Schultür. Vor und nach Schulbeginn stehen dort unzählige „Elterntaxis". Viele Erwachsene fahren unter Zeitdruck und rücksichtslos. So entstehen gefährliche Situationen. Schülerinnen und Schüler, die zu Fuß, mit dem Rad oder Bus kommen, werden gefährdet.
- Daten und Fakten zum Problem sammeln: In der nachfolgenden SV-Sitzung wird das Problem noch einmal diskutiert. In den darauffolgenden Tagen führt die SV eine Verkehrszählung durch und notiert beobachtete gefährliche Situationen. Die Ergebnisse bestätigen den ersten Eindruck: „Elterntaxis" gefährden die Schülerinnen und Schüler.
- Die SV entscheidet sich, die Strategie des Politikzyklus zu nutzen.

2. Schritt Analysieren des Problems/Konflikts

Nachdem das politische Problem erörtert wird, startet die Auseinandersetzung mit den Hintergründen.

Medien
- Kann man die örtliche Presse einladen, damit sie von den gefährlichen Situationen berichtet?
- Kann über Onlinemedien darauf aufmerksam gemacht werden?

Mitwirken
- Kann die Schülervertretung Gespräche mit dem Schülerrat (alle Klassensprecher und Klassensprecherinnen der Schule), der Schulleitung und den Elternvertreterinnen und Elternvertretern führen?
- Gibt es eine Möglichkeit, einen Antrag in der Gesamtkonferenz zu stellen?
- Sollte man die örtlichen Politikerinnen und Politiker auf die Situation vor der Schule aufmerksam machen?

Lösungsansätze
- Eine Bannmeile* für Elterntaxis direkt vor der Schule könnte eingerichtet werden.
- Haltemöglichkeit in der Nähe der Schule, die Eltern morgens nutzen können, könnten eingerichtet werden.
- Sensibilisierung der Eltern sollte erfolgen, damit sie ihre Kinder nicht fahren.
- Schülerlotsen und -lotsinnen könnten den Verkehr morgens regulieren.
- Die Polizei könnte häufiger vor der Schule den Verkehr überwachen.

2 Die SV hat Ideen zu den einzelnen Aspekten notiert. Fallen euch noch weitere ein?

3 Gewichtet die einzelnen Aspekte bzw. Fragen. Gibt es welche, die besonders wichtig sind?

zum Schritt 2 Ergebnisse der Problemanalyse

Die SV hat sich mit den einzelnen Aspekten des Politikzyklus (S. 204) auseinandergesetzt. Sie hat zu jedem der sechs Aspekte ihre Ideen und Fragen auf Karten notiert.

Werte
- Kurze Wege können ab der 5. Klasse selbstständig zurückgelegt werden.
- Die eigene Bequemlichkeit geht vor, auch wenn man damit andere gefährdet.
- Unnötige Elterntaxis schränken Mitschülerinnen und Mitschüler mit einem Handicap ein, die tatsächlich gefahren werden müssen.

Perspektiven
Befragung folgender Gruppen:
- Eltern, die ihre Kinder vor die Schultür fahren
- Schülerinnen und Schüler, die gefahren werden
- Schülerinnen und Schüler, die selbstständig zur Schule kommen
- Eltern, die ihre Kinder bewusst den Schulweg selbstständig zurücklegen lassen
- Lehrkräfte
- andere schulfremde Verkehrsteilnehmer
- Polizei

Regeln und Gesetze
- Kann man „Elterntaxis“ verbieten?
- Müssen Eltern, die dieses Verbot missachten, eine Ordnungsstrafe zahlen?
- Ist es erlaubt, eine Bannmeile* um die Schule zu ziehen?

* *die* **Bannmeile:** ein begrenzter Bereich, wo etwas verboten ist (hier „Elterntaxis“) und etwas anderes (hier die anderen Verkehrsteilnehmer) geschützt wird

3. Schritt **Eine politische Entscheidung anregen**

Wie kann eine gute Lösung aussehen? Was müsste dabei konkret umgesetzt werden? Welche Gruppen wären an ihr beteiligt? Wer kann Entscheidungen treffen? Gibt es andere Schulen, die dieses Problem auch gelöst haben?
Die Entscheidung muss abgewogen, diskutiert und erst dann getroffen werden.

4. Schritt **Überprüfen der Entscheidungen**

Nach einer verabredeten Zeit wird die getroffene Entscheidung noch einmal überprüft. Sind alle Interessen berücksichtigt? Wie wurde die Entscheidung durchgesetzt? Sind neue Probleme entstanden? Wird nun festgestellt, dass die Lösung nicht gelungen ist, kann der Politikzyklus neu starten und das Problem wieder vorgelegt werden.

4 Diskutiert einen realistischen Kompromiss.
5 Begründet, warum es wichtig ist, die Entscheidung in einem bestimmten zeitlichen Abstand zu überprüfen.

[5] *Elterntaxi-Haltestelle zum sicheren Aus- und Einsteigen vor einer Grundschule in Hannover.* Foto, 2022.

zum Schritt 3 **Vorschläge für politische Entscheidungen**

- Die SV regt einen Vertrag zwischen der Schüler-, Eltern- und Lehrkräftevertretung an.
- Ausweichparkplätze sollen genutzt und alle für die Verkehrssituation sensibilisiert werden.
- Die SV will von der Notwendigkeit einer Bannmeile überzeugen.
- Die Gemeinde hat versprochen, dass die Verkehrssituation um die Schule noch einmal auf Gefahrenstellen überprüft wird und der Schulweg sicherer wird.

zum Schritt 4 **Entscheidungen prüfen**

- Es könnte vereinbart werden, dass die Verkehrssituation vor der Schule über einen längeren Zeitraum dokumentiert wird.
- Es könnten Erfahrungen von anderen Schulen, auch aus anderen Städten, gesammelt werden.

[6] *Polizeikontrolle vor einer Schule in Göttingen.* Foto, 2018.

[7] *Aktion gegen Elterntaxis in Bonn.* Foto, 2023.

Das kann ich!

Versuche zunächst, die Aufgaben auf dieser Doppelseite zu lösen, ohne im Kapitel nachzusehen. Wenn du Hilfe brauchst, kannst du bei den Aufgaben nachschlagen. Dort sind in Klammern die Seiten angegeben.

die Menschenwürde	Jeder Mensch darf frei entscheiden, welchen Lebensweg er geht und welche Chancen er nutzen will.
die Freiheit	Jeder hat das Recht, seine Meinung frei zu sagen.
die Gesetze	Man ist füreinander da, hilft sich gegenseitig und fühlt sich zusammengehörig.
die Gleichheit	Jeder Mensch ist wertvoll.
die Meinungsfreiheit	Alle Menschen müssen die gleichen Rechte haben, niemand darf benachteiligt oder bevorzugt werden.
die Solidarität	Dies sind feste, verbindliche Regeln. Sie müssen von allen, die in einem Staat leben, befolgt werden.

[1] *Werte unserer Gesellschaft.*

[2] *Ein Streit hat immer mehrere Perspektiven.* Grafik, 2023.

Regeln und Gesetze sind wichtig für uns, da ...

Regeln und Gesetze zeigen uns, was ...

Regeln und Gesetze finden wir in ...

Regeln und Gesetze gelten für ...

Regeln und Gesetze entstehen ...

[3] *Regeln und Gesetze – Was steckt dahinter?*

Naturschutzbund (NABU).

Deutsche Lebens-Rettungs-Gesellschaft (DLRG).

Jugendfeuerwehr.

[4] *Sich ehrenamtlich engagieren.* Fotos.

Sachkompetenz

1 Ordne den Begriffen in [1] die jeweils passende Bedeutung zu. (S. 190/191)

2 Erkläre, warum immer mehrere Perspektiven bei einem Streit berücksichtigt werden müssen [2]. (S. 192/193)

3 Vervollständige die Satzanfänge [3]. (S. 194/195)

4 Stelle eine Möglichkeit vor, wie du dich ehrenamtlich engagieren kannst [4]. (S. 200–203)

5 Erkläre, was ein Kompromiss ist. (S. 199)

Methodenkompetenz

6 Erkläre, wie man einen Politikzyklus umsetzt. (S. 204–207)

Urteilskompetenz

7 Helfen Kompromisse oder sind sie hinderlich? (S. 199)

8 Schreibe auf, was in einer Gemeinschaft gelten muss, damit ein gutes Zusammenleben möglich ist. (S. 190/191)

9 Erkläre, warum Politik auf gemeinsamen Werten begründet sein muss. (S. 190/191)

10 Nimm Stellung, warum es wichtig ist, dass Menschen sich in einer Gesellschaft engagieren. (S. 196/197)

11 Zu Beginn des Kapitels hast du Fragen zu „Was ist Politik?“ gestellt. Sind sie alle beantwortet worden oder sind noch Fragen offen? Sammelt in der Klasse gemeinsam die unbeantworteten Fragen und klärt sie.

Medien machen Meinung

Mediennutzung

Medien sind aus unserer Gesellschaft nicht mehr wegzudenken. Jeder nutzt Medien, wobei die Nutzung durchaus sehr unterschiedlich sein kann, abhängig z. B. vom Alter. Das Internet nimmt dabei eine zentrale Rolle ein und hat viele Bereiche unseres Lebens verändert. Dabei ist es nicht nur positiv zu bewerten, sondern kann auch Gefahren bergen. Da Medien allgegenwärtig sind, nehmen sie Einfluss auf unsere eigene Meinung – manchmal, ohne dass wir es bemerken.

1 Notiere in einer Rangliste, welche Medien du benutzt.

2 Was sagen deine Eltern zu deinem Medienkonsum? Schreibe die drei häufigsten Argumente auf.

Schauplatz Das Internet – pro und kontra

1 Berichte über deine Erfahrungen mit dem Lernen über Onlineplattformen und Videokonferenzen.

[1] *Onlineunterricht während der Corona-Pandemie 2020/2021.* Foto, 2021.

In Kontakt bleiben

Als im Jahr 2020 zum ersten Mal in der deutschen Schulgeschichte alle Schülerinnen und Schüler daheim unterrichtet werden mussten, weil es durch die Coronapandemie zum bundesweiten Lockdown kam, wurde das Internet schlagartig zum zentralen Unterrichtsmedium. Auch Leo nahm an Videokonferenzen teil und lernte so auf Distanz. „Meine Schule hat im Lockdown alle Materialien auf einer Onlineplattform hochgeladen. Auch die Kommunikation mit den Lehrpersonen lief darüber. Diese Plattform benutzen wir auch jetzt noch. Das ist sehr praktisch", berichtet der Achtklässler.

Leo nutzt das Internet außerdem, um mit Freunden und Familie in Kontakt zu bleiben. Seine Großeltern sieht er nicht so häufig, da sie in Polen leben. Er ist froh, dass er über Videokonferenzen regelmäßig mit ihnen sprechen und sie auch sehen kann.

* **Social Media:** deutsch: soziale Medien; Apps oder Plattformen, mit denen man sich vernetzen kann, z. B. Instagram, TikTok oder WhatsApp

Freizeitvergnügen

Viele Menschen nutzen das Internet auch für ihre Freizeit. Lena spielt gern online Videospiele mit anderen zusammen. Ihr Bruder Tim ist gern auf Social Media* unterwegs und schaut sich Fotos, Videos und Texte zur Unterhaltung an. Außerdem lädt er selbst Fotos und Videos seiner Freizeitaktivitäten hoch und freut sich, wenn seine Freunde diese liken. Die Geschwister schauen sich außerdem gern Videos an. So informieren sie sich über interessante Themen, die sie ohne das Internet nicht kennen würden.

Weltweiter Handel

Auch die Wirtschaft ist abhängig vom Internet. Viele Unternehmen haben Standorte in der ganzen Welt oder arbeiten mit Lieferanten zusammen, die ganz woanders ihren Sitz haben. Früher musste die Mutter von Lena und Tim oft für Absprachen um die Welt fliegen, heute hält sie Meetings über das Internet ab. Den Weg der Materialien oder Produkte kann sie für ihre Firma über das Internet nachverfolgen, bis sie ankommen. Die Familie wohnt auf dem Land und hat deshalb nicht oft die Gelegenheit, in Fachgeschäften einkaufen zu gehen. Deshalb bestellt der Vater von Lena und Tim oft online. So kann er z. B. besondere Gewürze für spezielle Gerichte überall auf der Welt bestellen und sie nach Hause liefern lassen. Auch die Bezahlung beim Onlineshopping läuft heute per Internet und somit bargeldlos.

[2] *Abtauchen in künstliche Computerwelten.* Foto, 2023.

2 Erkläre, in welchen Bereichen das Internet eine zentrale Rolle spielt.

Suchtgefahr

Gerade jüngere Menschen fühlen sich oft schlecht, wenn sie keinen Zugang zum Internet haben, da es einen so großen Stellenwert in ihrem Leben einnimmt. Ohne sein Handy kommt Mevo gar nicht mehr klar. Auch verbringt er viele Stunden mit dem Spielen von Handy- oder Computerspielen. Seine Eltern beobachten mit Sorge, dass er regelrecht abhängig ist vom Internet. Sie befürchten, dass er internetsüchtig wird.

3 Erläutere, was man unter Internetsucht versteht.

Belästigung

Wer im Internet unterwegs ist, kann anonym, also unerkannt, bleiben. Niemand überprüft, ob man z.B. bei Social Media seinen richtigen Namen angibt. Auch das Alter der Nutzerinnen und Nutzer wird nicht wirklich überprüft. Es gibt lediglich Altersempfehlungen, die aber nicht verbindlich sind. In der 8a berichten die Schülerinnen und Schüler ihrem Klassenlehrer, dass sie im Internet belästigt wurden. So sollte eine Schülerin z.B. jemandem Bikinifotos von sich schicken.

Cybermobbing und Hatespeech

Andere Schülerinnen und Schüler sind Opfer von Mobbingattacken im Internet geworden. Durch die Anonymität im Netz fällt es Tätern und Täterinnen noch leichter, Opfer zu finden. Cybermobbing ist deshalb sehr weit verbreitet. Opfer von Cybermobbing können sich kaum dagegen wehren, weil sich die entsprechenden Kommentare so schnell im Netz verbreiten. Ermira berichtet, dass sie in Kommentaren viele Kraftausdrücke und Schimpfwörter liest. Sie meint, dass niemand wirklich sachlich diskutiert. Der Klassenlehrer erklärt, dass man von Hatespeech spricht, wenn sich solche Kommentare gezielt gegen Menschen oder Menschengruppen richten.

4 Erstelle eine Tabelle mit Vor- und Nachteilen des Internets.

Wähle einen der Arbeitsaufträge aus:

- Wofür benutzt du das Internet? Erstelle eine Liste und unterscheide Schule und Freizeit.
- Bist du schon einmal auf eine der genannten Gefahren gestoßen? Wie bist du damit umgegangen? Berichte.
- Führt gemeinsam in eurer Jahrgangsstufe eine Umfrage zum Thema Gefahren im Internet durch. Erfragt dabei, wer welcher Gefahr schon einmal begegnet ist.

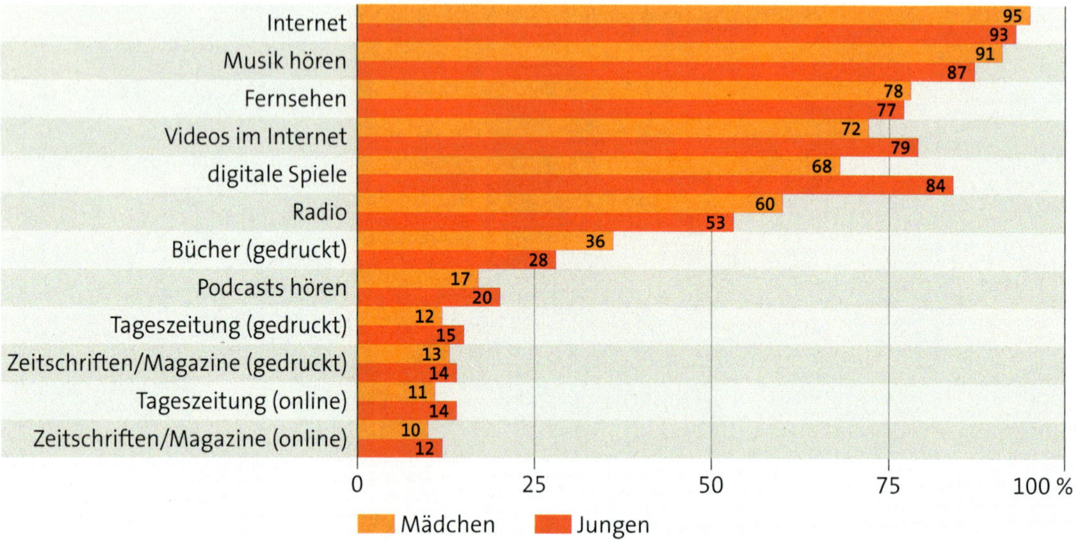

[1] *Medienbeschäftigung von Jugendlichen in der Freizeit, 2022;* JIM Studie 2022, Basisuntersuchung zum Medienumgang 12- bis 19-Jähriger, Medienpädagogischer Forschungsverbund Südwest, S. 15, gekürzt.

1 Werte das Diagramm aus. Achte besonders auf folgende Angaben:
- Welche Medien nutzen Jugendliche häufig, welche selten?
- Bei welchen Medien gibt es die größten Unterschiede zwischen Mädchen und Jungen?
- Vergleiche die Aussagen der Grafik mit deiner eigenen Mediennutzung.

Medien und Massenmedien

Das Wort Medium (= Einzahl von Medien) bedeutet Vermittler. Medien vermitteln Informationen von einem Sender an einen Empfänger. Werden diese Informationen innerhalb kurzer Zeit von einem Medium an eine große Gruppe von Menschen vermittelt, spricht man auch von einem Massenmedium. Zu den Massenmedien zählen Internet, Fernsehen, Radio, Kino, Zeitungen und Bücher, weil sie mit ihren Themen und Informationen viele Menschen gleichzeitig erreichen. Durch diese Informationen können sich die Menschen eine eigene Meinung bilden.

2 Erkläre die Begriffe Medien und Massenmedien.

Alte und neue Medien

Im Laufe der Geschichte entwickelten sich immer neue Medien. Neue Medien lösten die alten Medien ab, oft existierten alte und neue Medien für eine Weile nebeneinander.

3 Nenne die alten Medien, die du benutzt. Welche alten Medien benutzen deine Eltern oder Großeltern? Stelle sie in einer Tabelle zusammen.

Alte Medien analog	**Neue Medien digital**
Zeitung lesen	

Musik hören	

[2] *Alte und neue Medien im Vergleich,* Fotos.

4 Beschreibe die Zeitleiste. Was fällt dir auf?

▸ **1452**
Buchdruck

▸ **1605**
Zeitung

▸ **1826**
Fotografie

▸ **1861**
Telefon

▸ **1887**
Schallplatte

▸ **1906**
Hörfunk

▸ **1924**
Fernsehen

▸ **1971**
Personal Computer

▸ **1973**
Mobilfunktelefon

▸ **1979**
CD-ROM

▸ **1981**
Internet

▸ **1990**
digitaler Mobilfunk

▸ **1994**
Smartphone

▸ **2004**
soziale Netzwerke

Angegeben ist jeweils der Zeitpunkt der Erfindung. In den meisten Fällen dauerte es noch einige Jahre oder Jahrzehnte, bis die Erfindung sich durchsetzen konnte.

Medien machen Meinungen

Meinungs- und Pressefreiheit

Dürfen Medien alles behaupten?

Woher kommen die Informationen?

Wichtige Ereignisse passieren jeden Tag auf der Welt. Es sind so viele, dass nicht über alle berichtet werden kann. Auch sind nicht alle Ereignisse für uns in Deutschland wichtig. Es muss also eine Auswahl getroffen, die zahlreichen Ereignisse müssen gefiltert werden.

In Deutschland macht das z.B. die Deutsche Presseagentur (dpa). Bei ihr kommen die vielen Berichte über Ereignisse an. Diese Berichte können Texte, Fotos, Filme oder Tonaufnahmen sein. Die dpa gibt diese unterschiedlichen Berichte weiter an die Medien, also an Zeitungen, Fernseh- und Radiosender sowie Internetredaktionen. Dort wird in Redaktionssitzungen entschieden, über welche Ereignisse wie berichtet wird. Der Leser oder die Zuschauerin entscheiden dann wiederum, was sie lesen oder anschauen.

1 Beschreibe mithilfe der Grafik [1], wie aus einem Ereignis eine Nachricht wird.

Schlagzeilen wecken Interesse

Auch die Macher der Medien wissen, dass Nutzer von Medien nicht alle Nachrichten wahrnehmen. Um das Interesse zu wecken, werden die Ereignisse von manchen Medien besonders in den Schlagzeilen aufgebauscht und dramatisch dargestellt, damit die Nachricht spannender wirkt. Die Darstellung der Ereignisse ist dann oft bereits bewertet. Seriöse Nachrichtenanbieter erkennt man daran, dass sie möglichst sachlich berichten, sodass die Nutzerinnen und Nutzer sich selbst eine Meinung bilden können.

2 Erkläre, welche Bedeutung Schlagzeilen haben.

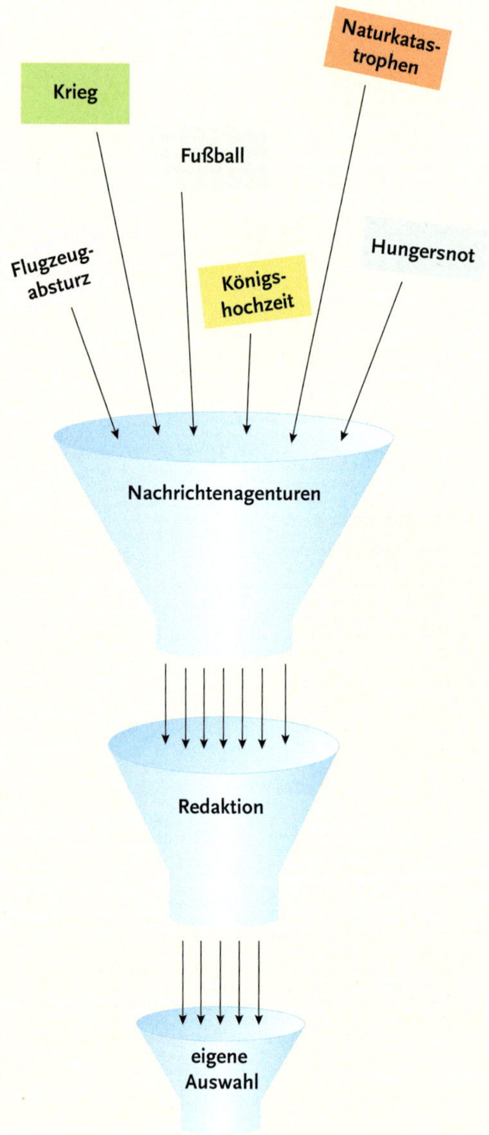

[1] *Die Nachrichtenschleuse*, Grafik.

Sprachspeicher
etwas aufbauschen > übertrieben darstellen, mehr daraus machen, als es eigentlich ist

3 Werte die Grafik [2] aus: In welchen Ländern ist die Pressefreiheit gut oder zufriedenstellend? Wo ist sie bedroht?

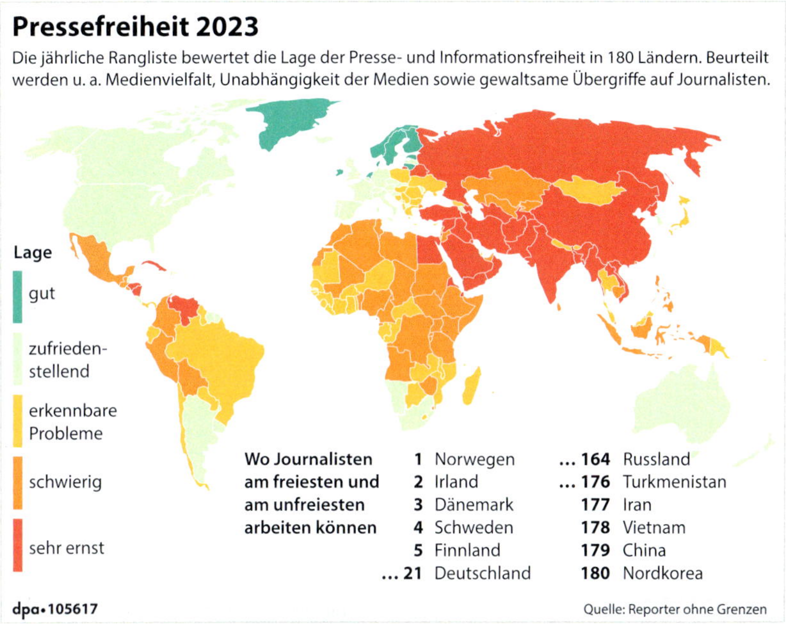

[2] *Pressefreiheit weltweit*, Grafik, 2023.

Meinungs- und Pressefreiheit

In einer Demokratie ist es wichtig, dass die Medien unabhängig von der Politik sind. Die Politiker in Deutschland dürfen den Medien nicht vorschreiben, was sie berichten. Nur so können die Medien frei berichten und die Mediennutzer, von denen die meisten ja auch Wähler sind, können sich selbst ihre Meinung auf Grundlage der Informationen bilden. Eine Beeinflussung in eine bestimmte Richtung (Manipulation) kann nur so vermieden werden. Diese wichtige demokratische Grundlage heißt Pressefreiheit. In Staaten, in denen es keine Demokratie gibt, werden die Medien sehr stark von der Politik kontrolliert und sie dürfen nicht alles berichten. Das nennt man Zensur.

Grenzen der Pressefreiheit

Die Pressefreiheit garantiert den Medien in Deutschland, dass sie frei berichten dürfen. Die Medien wiederum müssen alle Nachrichten sehr gründlich prüfen. Nur so können sie sicher sein, dass sie nur wahre bzw. richtige Nachrichten veröffentlichen. Sie müssen darauf achten, dass die Rechte von Personen, über die sie berichten, nicht verletzt werden. Wenn Medien falsche Dinge behaupten, kann man eine Richtigstellung verlangen.

Über bekannte Personen, wie etwa Politiker, Sportler oder Prominente aus dem Showgeschäft, dürfen Medien umfassend berichten. Aber auch dabei müssen die Journalisten und Journalistinnen die Privatsphäre achten. Über ganz Privates dürfen sie nur berichten oder Fotos machen, wenn sie dazu eingeladen werden.

Aus dem Grundgesetz:

Jeder hat das Recht, seine Meinung in Wort, Schrift und Bild frei zu äußern und zu verbreiten und sich aus allgemein zugänglichen Quellen ungehindert zu unterrichten. Die Pressefreiheit und die Freiheit der Berichterstattung durch Rundfunk und Film werden gewährleistet. Eine Zensur findet nicht statt.

[3] *Artikel 5*, Grundgesetz der Bundesrepublik Deutschland.

4 Erkläre die Meinungs- und Pressefreiheit mithilfe des Textes und des Artikels 5.

Wähle einen der Arbeitsaufträge aus:

- Beantworte die Frage: Dürfen Medien alles behaupten? **Starthilfe:** *Lies den Text auf dieser Seite und nutze dabei den Lese-Profi auf der letzten Seite im Buch.*
- „Nur schlechte Nachrichten sind gute Nachrichten." Erkläre, was mit dieser Aussage gemeint ist und bewerte, ob sie stimmt.

Sprachspeicher
die Manipulation • etwas manipulieren
die Richtigstellung • etwas richtigstellen > sagen, wie es wirklich ist

Üben

Meine Daten gehören mir

Warum muss ich auf meine Daten aufpassen?

[1] *Porträt einer jungen Frau.* Foto.

1 Welche Personen auf dem Foto [1] könnten etwas gegen dieses Foto haben?

Das Recht am eigenen Bild

Fotografieren gehört heute zum Alltag, da jedes Smartphone mit einer Kamera ausgestattet ist. Selfies zu machen, ist ebenfalls völlig normal geworden. Fotos können zudem über das Internet leicht weitergegeben werden. Eine tolle Sache, wenn man Fotos von Ausflügen und Urlauben an alle schicken kann, die dabei waren, oder so anderen zeigen kann, wo und mit wem man unterwegs war. Solange dies im privaten Kreis passiert, ist die Weitergabe von Fotos unproblematisch. Kritisch wird es erst, wenn Fotos veröffentlicht werden. Auf Social Media passiert das sehr schnell. Außerdem sind einmal veröffentlichte Bilder nicht mehr zu löschen, was ungünstig ist, wenn man auch in späteren Jahren immer wieder mit dem vielleicht peinlichen Bild in Verbindung gebracht wird. Fotos von anderen dürfen deshalb nicht ohne Erlaubnis öffentlich gemacht werden.

Persönlichkeitsrechte

Noch schwieriger wird es, wenn auf dem Urlaubs- oder Partyfoto nicht nur man selbst und die Freunde oder Freundinnen, sondern auch andere Personen zu sehen sind, die man zufällig mitfotografiert hat. Ohne deren Einverständnis darf man das Bild nicht veröffentlichen, da sonst ihre Persönlichkeitsrechte verletzt werden. Das gilt auch, wenn auf dem Foto das Eigentum* einer Person zu erkennen ist, wie z.B. ein Auto mit Autokennzeichen.

2 Erkläre die beiden vorgestellten Rechte.

3 Schaut euch Fotos an, die ihr gemacht habt. Sucht nach Fotos, bei denen ihr aus Versehen gegen das Recht am eigenen Bild oder die Persönlichkeitsrechte verstoßen haben könntet.

* *das* **Eigentum:** etwas, das einem gehört

Sprachspeicher
öffentlich machen > private Dinge anderen Personen zugänglich machen

[2] *Wortwolke der 8b zum Thema Datenschutz.*

4 Welche Begriffe zum Thema Datenschutz sind am häufigsten von der 8b genannt worden? Ergänze die Wortwolke mit eigenen Ideen.

Personenbezogene Daten

Viele unserer persönlichen Daten sind heute irgendwo gespeichert. In vielen Fällen ist das sehr hilfreich, da man so leicht auf sie zugreifen kann, wenn man sie benötigt. Unter personenbezogenen Daten versteht man alle Daten, die etwas über unsere Person aussagen, z.B. Name und Vorname, Geburtsdatum, Geburtsort, Adresse oder E-Mail-Adresse. Auf dem Chip des Personalausweises oder der Krankenkassenkarte sind die Daten der Person gespeichert.

Mit der Speicherung dieser Daten ist gleichzeitig die Gefahr auch größer, dass sie jemandem in die Hände fallen, den sie nichts angehen. Um einen solchen Datenmissbrauch zu verhindern, ist die Weitergabe personenbezogener Daten streng verboten.

5 Wird in folgenden Fällen richtig gehandelt? Entscheide und begründe:

- Ein Schüler hat im Einkaufszentrum ein Selfie gemacht, auf dem im Hintergrund viele Leute zu sehen sind. Er lädt das Bild auf Social Media hoch.
- Beim Elternabend wird die Telefonliste mit allen Nummern der Klasse an alle Eltern ausgegeben.
- Der Sekretär der Schule weigert sich, die Telefonnummer eines Schülers an seine Mitschülerin herauszugeben.
- Eine Mutter lädt ein Foto ihres Babys auf Social Media hoch.

Wähle einen der Arbeitsaufträge aus:

- Gestalte ein Info-Blatt zum Umgang mit Fotos im Internet. **Starthilfe:** *Lies zuerst den Text „Das Recht am eigenen Bild" auf der Seite 218. Nutze dazu den Lese-Profi auf der letzten Seite im Buch.*
- Gib deinen Namen oder den von Freunden oder Freundinnen in eine Suchmaschine ein. Überprüfe, welche Daten von euch im Netz zu finden sind.
- Recherchiere, wie man sich vor Datenmissbrauch schützen kann und gestalte ein Erklärvideo oder einen Vortrag für deine Klasse.

Sprachspeicher

seine Daten schützen · seine Daten für sich behalten · *die* Daten nicht weitergeben

Medien beeinflussen unseren Alltag

Welche Wirkung haben Medien auf uns?

[1] *Auf diesen Wegen erreichen uns Nachrichten.* Foto.

1 Welche Kanäle für Nachrichten und Informationen aus Grafik [1] nutzt du? Fallen dir weitere ein?

Medien zeigen uns die Welt

Durch das Internet erfahren wir heute viele Dinge von überall auf der Welt. Diese Informationen bekommen wir nicht, weil wir selber dabei sind, sondern weil die Medien über die Ereignisse berichten. Unsere Wahrnehmung von Ereignissen und der Welt wird also durch die Darstellung in den Nachrichten der Medien geprägt. Man könnte auch sagen: Gäbe es die Medien nicht, wüssten wir nichts von der Welt.

* *das* **Wiki:** Website, auf der man Informationen lesen und verändern kann

das / *der* **Blog:** öffentlich einsehbares Tage- oder Notizbuch, es gibt auch Video-Blogs (V-Logs)

die **Lokalzeitung:** Zeitung, die im Ort erscheint

Alle können sich beteiligen

Alvien schreibt in ihrer Freizeit ihren eigenen Blog. Hier berichtet sie über ihr Hobby Mountainbiking. Außerdem ist sie in verschiedenen Mountainbikeforen unterwegs und tauscht sich dort mit anderen Bikern und Bikerinnen aus. Andrej und Elisa lesen gerne. Wenn sie ein Buch zu Ende gelesen haben, sprechen sie gerne darüber, wie es ihnen gefallen hat und ob sie es weiterempfehlen würden. Deshalb kamen sie auf die Idee, aus ihren Buchbesprechungen einen Podcast zu machen. So können auch andere Tipps für gute Bücher bekommen. Paul berichtet für die Schulhomepage von Aktionen in der Schule. Er verfasst Texte über Schulfeste, Sportveranstaltungen und Klassenfahrten. Manchmal werden seine Artikel in der Lokalzeitung* veröffentlicht.

Sprachspeicher
geprägt werden · beeinflusst werden

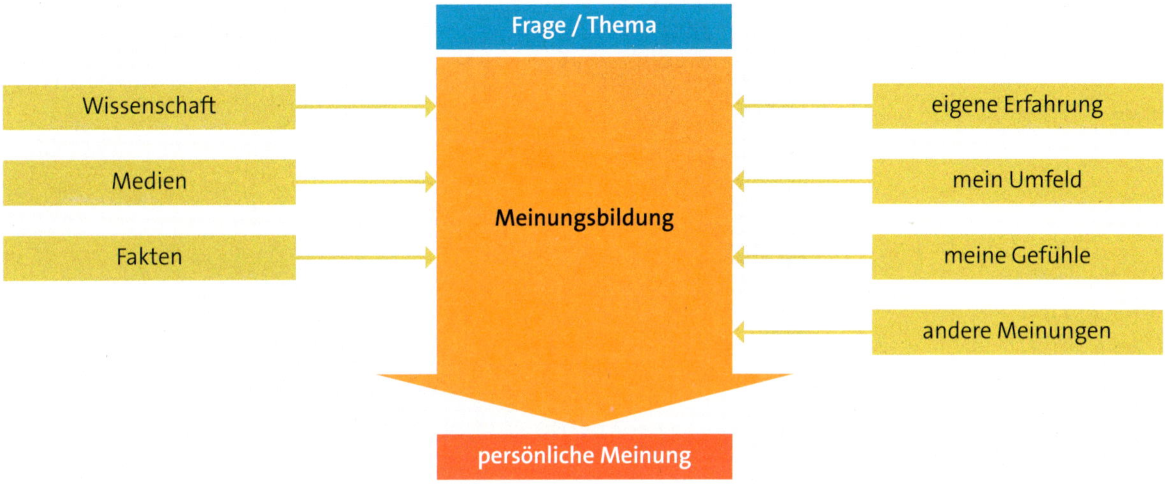

[2] *Wie bilde ich mir eine Meinung?* Grafik.

Meinungsaustausch und Diskussionen

So wie die Jugendlichen sich in Medien einbringen, können alle sich beteiligen. Es gibt inzwischen immer mehr Menschen, die sich über Videos, Podcasts oder Blogs zu gesellschaftlichen oder politischen Themen äußern. Andere können die Beiträge kommentieren. So kommt es zu Meinungsaustausch und Diskussionen. Sie sind wichtig für eine Demokratie, da sie für die Bildung der eigenen Meinung bedeutsam sind.

2 Benenne die Möglichkeiten der medialen Beteiligung für Jugendliche. Überlege, welche du nutzen könntest.

Medien sind überall

In der heutigen Zeit erhält man ständig neue Informationen. Alle stehen zahlreiche Informationen über alle Themen immer zur Verfügung. Während man vor 30 Jahren noch eine Bibliothek aufsuchen musste, um z. B. in einem Lexikon nachzuschlagen, sind Informationen heute nur einen Klick entfernt. Die Fülle der Informationen ist aber so groß, dass sie gerade Kinder und Jugendliche überfordert. So werden Informationen immer weniger hinterfragt, sondern einfach übernommen. Gleichzeitig übernimmt man dann auch die Meinung derjenigen, die die Information ins Netz gestellt haben. Immer weniger Menschen bilden sich ihre eigene Meinung auf Grundlage von sachlichen Informationen. So werden fremde Meinungen zur eigenen Meinung gemacht. Außerdem verlassen sich die Menschen immer weniger auf ihr eigenes Wissen. Statt selbst nachzudenken, wird schnell im Internet nachgeschaut.

3 Beschreibe die Folgen der ständigen Verfügbarkeit von Informationen.

4 Erkläre, wie eine persönliche Meinung entsteht [2].

5 Beurteile die Rolle der Medien bei Bildung einer eigenen Meinung.

Wähle einen der Arbeitsaufträge aus:

- Erstelle eine Tabelle mit Apps und Spielen, die du nutzt, und notiere die Altersfreigabe.
- Beschreibe die Regeln für deinen Internetkonsum, die es in deiner Familie gibt. Bewerte, ob sie ausreichen.
- Suche dir ein strittiges Thema oder eine Entscheidungsfrage. Bilde dir eine eigene Meinung, indem du bewusst alle in der Grafik dargestellten Bereiche berücksichtigst.

Sprachspeicher

eine Meinung haben · *die* Meinung sagen · *die* Meinungen austauschen · gesellschaftlich > *die* Gesellschaft betreffend

Üben

Methode Internetquellen einschätzen

[1] *Die Erde als Scheibe dargestellt*, Illustration.

1 Beschreibe die Vorstellung von der Gestalt der Erde, wie sie in Grafik [1] gezeigt wird.

Was sind problematische Inhalte?

Nur weil etwas im Internet zu lesen oder zu sehen ist, muss es noch längst nicht wahr sein. Solange falsche Informationen direkt als solche erkennbar sind, entsteht kein Schaden. Aber oft lassen sich solche Inhalte nicht sofort als Unwahrheit erkennen. Forschende befragen regelmäßig 12- bis 19-jährige Kinder und Jugendliche zu ihrem Umgang mit Medien. Bereits im Jahr 2020 wurde dabei festgestellt, dass Kinder und Jugendliche im Netz sehr häufig extremen politischen Ansichten, Verschwörungstheorien und Fake News begegnen (vgl. [1]).

Extreme politische Ansichten

Personen mit extremen politischen Ansichten äußern sich in Posts und Kommentaren oft gegen die Politik in Deutschland oder gegen die Demokratie allgemein. Ihre Äußerungen sind selten sachlich oder begründet.

Verschwörungstheorien

Bei Verschwörungstheorien meinen Menschen herausgefunden zu haben, dass es eine Verschwörergruppe gibt, die bereits etwas getan oder zumindest geplant haben könnte. Die Verschwörungstheoretiker veröffentlichen ihre „Erkenntnisse“, um die Öffentlichkeit zu „warnen“. Dabei vermischen sie Wahrheit und erfundene Informationen. Gerade weil Verschwörungstheorien auch wahre Punkte beinhalten und oft in sich schlüssig sind, sind sie ohne weiteres Wissen nicht so leicht zu erkennen.

Verschwörungstheoretiker glauben daran, dass es Schuldige geben muss, wenn etwas nicht so ist, wie sie es gern hätten. Diese Schuldigen werden dann oft als böse dargestellt. Wer die Verschwörungstheorie kritisiert, wird sehr schnell selbst als Verschwörer bezeichnet.

Die meisten Verschwörungstheorien lassen sich an diesen Merkmalen erkennen:

1. Es gibt keine Zufälle, alles wurde (von den Verschwörern) geplant.
2. Nichts ist so, wie es erscheint.
3. Alles hängt zusammen. Die Verschwörer arbeiten mit anderen Gruppen oder Unternehmen oder Regierungen zusammen.

Fake News

Gefälschte Nachrichten, also Fake News, sind Nachrichten, die erfunden wurden. Es sind keine wahren Nachrichten. Manchmal werden echte Nachrichten so verändert, dass sie ebenfalls zu Fake News werden. Falsche Nachrichten werden häufig wiederholt, damit sie sich besser einprägen.

Verfälschte Bilder

Auch Bilder können gefälscht werden. Mit Bildbearbeitungsprogrammen lassen sie sich so verändern, dass man die Veränderung nur sehr schwer erkennen kann. Oder es werden Bilder verwendet, die mit der Nachricht eigentlich nichts zu tun haben, aber zur Absicht der Fake News passen.
Fake News dienen immer dazu, Menschen zu beeinflussen. Manchmal geht es darum, Menschen bewusst Angst zu machen. Oder jemand möchte die politische Meinung der Nutzer und Nutzerinnen verändern. Fake News werden teilweise auch genutzt, um Geld zu verdienen.

1. Schritt **Urheber der Seite überprüfen**

Mit einem Blick ins Impressum kannst du entnehmen, wer hinter der Internetseite steht:
- Ist ein Autor oder eine Autorin angegeben?
- Gibt es eine Adresse?
- Ist ein Postfach im Ausland angegeben?

Fehlen Autor/Autorin und Adresse oder ist ein Postfach im Ausland angegeben, sollte man kritisch sein. Handelt es sich bei der Internetseite um eine satirische Seite, wie z.B. den Postillon?

2. Schritt **Wahrheitsgehalt der Seite überprüfen**

- Gibt es die Informationen der Seite auch auf anderen Seiten?
- Gibt es dieselben Texte auch wortwörtlich gleich auf anderen Seiten? Dann wurden die Inhalte vermutlich nur ungeprüft kopiert.
- Gibt es reißerische Schlagzeilen als Überschriften? Werden eher Meinungen als Informationen vermittelt? Dann handelt es sich eher um unseriöse Seiten.
- Die Redaktion der Tagesschau sammelt Fake News im Faktenfinder. Schaut nach, ob die Nachricht dort als Gerücht oder Fake News erscheint.

3. Schritt **Bilder überprüfen**

- Gehören die Bilder auf der Seite wirklich zu dem Inhalt?
- Durch die Rückwärtsbildersuche bei Google kann man herausfinden, woher das Bild stammt. Dazu muss man in das Suchfeld bei Google das Bild kopieren und die Bildersuche aktivieren.

Wie erkennt man problematische Inhalte?

Es ist nicht immer einfach zu erkennen, ob eine Nachricht im Internet wahr oder falsch ist. Nicht immer weiß man sofort, ob die Seite vertrauenswürdig ist.
Mithilfe der Methode auf dieser Seite kannst du üben, kritisch zu sein und die Inhalte von Internetseiten zu hinterfragen. Tipp: Wenn du auch mit den Arbeitsschritten nicht herausfinden kannst, ob eine Internetseite vertrauenswürdig ist, bleibe lieber skeptisch und verbreite die Informationen vor allem nicht weiter!

2 Recherchiere das Thema „flache Erde" bzw. „flat earth". Suche mithilfe der Methode drei vertrauenswürde Quellen zu diesem Thema und finde heraus, was dahintersteckt.

[2] *Die Erde vom Weltall aus gesehen.* Foto, 2015.

Politik und Medien

Welche Bedeutung haben Medien für eine Demokratie?

[1] *Pressekonferenz, Demonstration, Nachrichtensendung, Politikrunde vor Bundestagswahl.* Fotos.

1 Benenne, welche Funktion die Medien auf den Fotos [1] haben.

Informationen und Meinungen

Medien haben die Aufgabe zu informieren. Dies gilt für analoge und digitale Medien gleichermaßen. Damit ermöglichen sie den Nutzerinnen und Nutzern, sich eine persönliche Meinung zu bilden (vgl. S. 221). Außerdem bestimmen die Redaktionen der Medien durch die Auswahl der Nachrichten, welche Themen in den Medien präsent sind. Das nennt man Agendasetting.

In vielen Medien werden die Ereignisse, über die berichtet wird, bewertet. Personen und politische Entscheidungen können in einem Medium als gut und richtig bewertet werden, während sie in einem anderen Medium verurteilt werden. Andersherum können Medien politischen Einfluss nehmen, wenn sie sich einig sind. So wird eine Partei, die in fast allen Medien scharf kritisiert wird, vermutlich keine guten Chancen bei der nächsten Wahl haben.

2 Erkläre den Zusammenhang zwischen Informationsbeschaffung und Meinungsbildung.

Politik in den neuen Medien

Gerade junge Wählerinnen und Wähler werden nicht mehr über die analogen Medien wie die Zeitungen erreicht. Auch schauen immer weniger junge Menschen Nachrichtensendungen wie Tagesschau oder Heute an. Deshalb sind Parteien, Politikerinnen und Politiker auch in den neuen Medien präsent. Hier nutzen sie die große Öffentlichkeit, um politische Themen zu besprechen und sich zu positionieren. Gleichzeitig erscheinen sie näher und greifbarer zu sein, ähnlich wie es bei Influencern und Influencerinnen zu sein scheint.

Sprachspeicher
präsent sein > überall (in allen Medien) vorkommen
sich positionieren > Stellung zu einem Thema beziehen, *die* Meinung dazu äußern

Üben

Legislative
Die Parlamente (Bundestag und Länderparlamente) beschließen Gesetze.

Exekutive
Die Regierungen vom Bund und von den Ländern sowie die Verwaltung setzen Gesetze um.

Judikative
Die Gerichte sorgen für die Einhaltung des Rechts.

Medien
informieren die Bürgerinnen und Bürger
- schaffen die Grundlage für politische Mitwirkung
- tragen zur Meinungsbildung bei
- machen durch Recherchen Politik öffentlich und kontrollieren so die Machtausübung

[2] *Die Medien als vierte Gewalt. Grafik.*

3 Erkläre die Gewaltenteilung mithilfe der Darstellung [2].

Die Gewaltenteilung

Demokratien zeichnen sich durch die sogenannte Gewaltenteilung aus. Nicht eine Person oder eine Einrichtung hat die gesamte Macht, sondern sie ist dreigeteilt (vgl. S. 239):
- exekutive (ausführende) Gewalt
- legislative (gesetzgebende) Gewalt
- judikative (rechtsprechende) Gewalt

Sind Medien die vierte Gewalt?

Politische Entscheidungen werden durch die Medien der Öffentlichkeit bekannt gemacht. Wenn z.B. ein neues Gesetz in Vorbereitung ist, erfährt man davon in der Zeitung oder den Nachrichtensendungen. Auch bei Wahlen spielen die Medien eine zentrale Rolle. Politikerinnen und Politiker machen für sich und ihre Anliegen Werbung. Die Medien informieren darüber. Die Wahlergebnisse werden ebenfalls von den Medien veröffentlicht. Dabei findet direkt auch eine Bewertung der Wahlergebnisse statt, indem die Gewinner und Verlierer benannt werden. Auf diese Weise wird Politik von den Medien kritisch hinterfragt. Medien sind für die Politik also Lautsprecher und Kritiker zugleich. Deshalb werden die Medien oft als „vierte Gewalt" im Staat bezeichnet.

4 Beurteile die Rolle der Medien in der Politik: Sind sie die vierte Gewalt?

Wähle einen der folgenden Arbeitsaufträge:

- Recherchiere die Wahlergebnisse der letzten Bundestagswahl. **Starthilfe:** *Nutze die Website Bundeswahlleiterin.de.*
- Finde heraus, wie die Jugendorganisationen von CDU, SPD, Grünen und FDP heißen und in welchen sozialen Medien sie vertreten sind.
- Sieh dir den Internetauftritt deiner Bürgermeisterin oder deines Bürgermeisters an. Spricht der Auftritt dich so an, dass du die Person wählen würdest? Begründe deine Meinung.

Sprachspeicher

etwas kritisch hinterfragen · etwas genau wissen wollen · herausfinden, ob etwas gut und richtig ist

Wahlseite Ein Medientagebuch führen

1 Lies den Text und fasse die Inhalte der Seite mit deinen Worten zusammen. Arbeite gemeinsam mit deinem Lernpartner oder deiner Lernpartnerin zusammen. **Starthilfe:** *Nutze den Lese-Profi auf der letzten Seite im Buch.*

2 Übertrage die Tabelle in dein Heft.

3 Überprüfe deinen Medienkonsum, indem du für eine Woche das Medientagebuch führst.

4 Werte dein Medientagebuch aus und berichte darüber.

Wochentag	Uhrzeit von ...	Uhrzeit bis ...	Stunden	Was habe ich gesehen, gespielt, gechattet ...?
Montag				
Dienstag				
Mittwoch				
Donnerstag				
Freitag				
Samstag				
Sonntag				

Bitte nicht in das Buch schreiben!

[1] *Medientagebuch.* Grafik.

Der Medienkonsum

Der Umgang mit Medien ist zur Normalität geworden. Fast alle nutzen täglich Medien. Ohne ihre mobilen Endgeräte fühlen sich viele Menschen unwohl. Der Medienkonsum bleibt nicht ohne Folgen. Studien zeigen, dass Kinder und Jugendliche zu wenig Bewegung haben. Sie sitzen bereits den ganzen Tag in der Schule. Viele von ihnen verbringen ihre Freizeit ebenfalls im Sitzen oder Liegen, wenn sie sich mit Medien beschäftigen. Der Bewegungsmangel führt dazu, dass immer mehr junge Menschen mit Übergewicht zu kämpfen haben. Schwere Krankheiten können eine weitere Folge sein. Ihre sozialen Kontakte pflegen Jugendliche häufig ebenfalls in den Medien. Es wird eher gechattet, als sich persönlich zu treffen. Auch das hat negative Folgen, denn echte Begegnungen sind wichtig für die soziale Entwicklung im Jugendalter.

Den eigenen Konsum im Blick behalten

In vielen Familien ist der Medienkonsum ein ewiges Streitthema, weil Eltern und Kinder sehr unterschiedliche Vorstellungen haben, wie viel Zeit die Jugendlichen mit Medien verbringen sollten. Beim Spielen von Videospielen oder beim Scrollen durch Social Media vergeht die Zeit wie im Fluge. Man verliert schnell den Überblick, wie viel Zeit man wirklich mit Medien verbringt. Da kann es hilfreich sein, seinen eigenen Medienkonsum zu überprüfen. Dazu kann man ein Medientagebuch benutzen. Nach der Auswertung kann man entscheiden, ob man den Medienkonsum einschränken sollte.

Tipps für das Medientagebuch

- Du kannst dir auch ein eigenes Medientagebuch auf deinem mobilen Endgerät gestalten, damit du deinen Konsum immer direkt eintragen kannst.

Tipps für die Erarbeitung

- Führe gemeinsam mit deinen Mitschülern und Mitschülerinnen ein Gruppenpuzzle durch. Nutzt dazu die anderen Wahlseiten des Kapitels.

Wahlseite Umfrage zur Mediennutzung

1 Erarbeitet gemeinsam eine Umfrage zur Mediennutzung.

2 Führt die Umfrage durch und fasst die Ergebnisse in einem Diagramm zusammen.

Fragebogen zur Mediennutzung von Jugendlichen

Kreuze bitte an. Bei Fragen mit * sind mehrere Antworten möglich. **Dein Alter: ....Jahre**

Mein Handy habe ich bei mir.	immer ☐	häufig ☐	selten ☐	nie ☐		
Ich nutze diese Apps*.	TikTok ☐	Instagram ☐	WhatsApp ☐	Youtube ☐	Snapchat ☐	andere ☐
Diese Geräte nutze ich außer dem Handy*.	Computer/ Laptop ☐	TV-Gerät ☐	Radio ☐	Tablet ☐	Alexa, Siri ... ☐	andere ☐
Das mache ich am liebsten*.	im Internet surfen ☐	Musik hören ☐	Fernsehen ☐	digitale Spiele ☐	Radio hören ☐	Podcasts hören ☐
So viele Stunden bin ich täglich online.	weniger als 1 Std. ☐	1 Std. ☐	2 Std. ☐	3 Std. ☐	4 Std. ☐	mehr als 4 Std. ☐

[1] *So könnten die Fragen lauten.* Fragebogen. *Hier sind mehrere Antworten möglich.

Tipps zum Fragebogen

Einfach wird die Auswertung, wenn ihr Antwortmöglichkeiten (wie oben) vorgebt, aus denen ausgewählt wird. Beschränkt euch auf fünf Fragen. Danach könntet ihr fragen:

- Welche Medien werden genutzt?
- Wofür werden die Medien genutzt?
- Gibt es zu Hause Regeln für die Mediennutzung?
- Gibt es zu Hause Konflikte wegen der Mediennutzung?
- Werden Medien für den Unterricht benutzt?

Arten von Medien

Das Angebot im Bereich der Medien ist riesig und wächst ständig weiter. Nutzerinnen und Nutzer können aus Tausenden von Apps wählen, es gibt zahlreiche Spiele und auch bei Social-Media-Kanälen gibt es eine große Auswahl. Und dennoch gibt es Trends. Um herauszufinden, was gerade „in" ist, kann man eine Umfrage durchführen.

Nutzung von Geräten

Fast alle tragen heute dauerhaft ein mobiles Endgerät mit sich herum und können somit eigentlich immer online sein. Und trotzdem nutzen Menschen unterschiedliche Geräte, um im Internet zu surfen. Wer beruflich auf das Internet angewiesen ist, tut das häufig mit dem PC oder Laptop. Zum Arbeiten in der Schule werden oft Tablets benutzt und Jugendliche machen fast alles mit dem Handy. Videospiele gibt es sowohl für PC als auch für die Konsole oder für das Handy. Es könnte spannend sein herauszufinden, wer welches Gerät wofür benutzt. Gibt es Unterschiede zwischen verschiedenen Altersgruppen? Und welche Geräte besitzen Jugendliche heute? Auch das lässt sich mit einer Umfrage herausfinden.

Tipps für die Erarbeitung

- Es gibt kostenlose Umfragetools im Internet. Ihr könntet die Umfrage auch digital gestalten.

Tipps für die Präsentation

- Die Ergebnisse werden am übersichtlichsten in einem Diagramm dargestellt. Bittet eure Mathelehrkraft um Hilfe, wenn ihr nicht weiterkommt.

Wahlseite Was sind Influencer?

1 Informiere dich auf dieser Seite über den Einfluss von Influencern.

2 Präsentiere deine Ergebnisse in geeigneter Form in der Klasse.

[1] *Eine Influencerin präsentiert Kleidung.* Foto, 2022.

Wer ist ein Influencer?

Influencer ist keine Berufsbezeichnung. Vielmehr handelt es sich bei Influencern und Influencerinnen um Persönlichkeiten, die viele Follower auf sozialen Netzwerken haben. Unter Influencern finden sich z.B. Schauspieler, Sportlerinnen, YouTuberinnen und Blogger.

Sie lassen ihre Follower durch Posts und Videos an ihrem Leben teilhaben. Die Follower haben so das Gefühl, den Influencern nah zu sein und wirklich mit ihnen in Kontakt zu stehen. Deshalb vertrauen sie den Influencern und glauben das, was diese veröffentlichen. Dabei denken sie oft nicht darüber nach, dass die Influencer selten ihr wirkliches Leben zeigen.

* *der* **Influencer:** Der Begriff stammt vom englischen „to influence“, was beeinflussen bedeutet. Influencer sind also Beeinflusser.

Influencer als Werbeträger

Unternehmen nutzen die Bekanntheit von Influencern, um Werbung für ihre Produkte zu machen. Die Influencer werden dafür bezahlt, dass sie die Produkte in ihren Videos und Posts zeigen. Dadurch werden die Produkte auch für die Follower interessant, die diese dann kaufen. Besonders Kinder und Jugendliche sind für diese Art von Werbung empfänglich.

Meinungsmache

Influencer beeinflussen oft auch die Meinung ihrer Follower über gesellschaftliche oder politische Fragen. Viele Influencer nutzen ihre Bekanntheit, um sich für gute Sachen einzusetzen, z.B. um Spendenaufrufe für hilfsbedürftige Menschen zu unterstützen oder um für positive Veränderungen in der Politik zu kämpfen. Allerdings gibt es auch Influencer, die politisch fragwürdige Meinungen vertreten, Fake News verbreiten oder sich undemokratisch äußern.

Immer mehr Menschen vertrauen eher auf die Meinung von Influencern als auf die Nachrichten in den herkömmlichen Medien. Sie bilden sich keine eigene Meinung mehr.

Tipps für die Erarbeitung

- Wähle einen bekannten Influencer oder eine bekannte Influencerin aus und arbeite heraus, für welche Produkte er/sie wirbt und welche (politische) Meinung er/sie vertritt.

Tipps für die Präsentation

- Frage deine Mitschülerinnen und Mitschüler, für welche Produkte die Influencer oder Influencerinnen werben, denen sie folgen.

Wahlseite Medien vergleichen

1 Vergleiche die unterschiedliche Darstellung von Nachrichten in verschiedenen Medien.

2 Erarbeite eine Präsentation, in der du deine Erkenntnisse vorstellst.

Erdbeben erschüttern Türkei und Syrien

Ein Erdbeben der Stärke 7,4 hat am frühen Morgen die Südosttürkei und Syrien erschüttert. Das Epizentrum lag nach Angaben der Katastrophenschutzbehörde Afad in der Provinz Kahramanmaras nahe der syrischen Grenze. Ein weiteres Beben der Stärke 6,6 sei kurz darauf in der Provinz Gaziantep gemessen worden. Das Geoforschungszentrum Potsdam gab in einer aktualisierten Einschätzung die Stärke mit 7,8 und 6,7 an. Das Beben war nach offiziellen Angaben auch in Israel zu spüren.

[1] *Newsticker der Tagesschau, 6.2.2023;* https://www.tagesschau.de/newsticker/liveblog-erdbeben-tuerkei-syrien-101.html#Erdbeben, Zugriff 29.6.2023

MEHR ALS 2300 TOTE IN DER TÜRKEI UND SYRIEN

Neues heftiges Beben!

Erde kommt nicht zur Ruhe ++ Viele Kinder unter den Trümmern ++ Deutschland sichert Hilfe zu

Mitten in der Nacht bebte die Erde – und sie hört nicht auf! Seit Stunden kommt es in der Türkei und in Syrien zu schweren Nachbeben. Wie schwer es die Region getroffen hat, wird erst bei Tagesanbruch offensichtlich. Denn das Ausmaß der Katastrophe – unermesslich!

[2] *BILD news, 6.2.2023;* https://www.bild.de/news/2023/news/tuerkei-schwere-erdbeben-erschuettern-den-suedosten-82800812.bild.html, Zugriff 29.6.2023

Sachliche Darstellung ...

Medien verfolgen unterschiedliche Absichten und haben auch verschiedene Zielgruppen. Welche Zielgruppe gemeint ist, erkennt man oft auf den ersten Blick: Wer z.B. Jugendliche ansprechen möchte, wird eine andere Aufmachung und eine andere Sprache verwenden als Medien, die Erwachsene als Zielgruppe im Blick haben.
Medien, deren Hauptabsicht ist, Nutzerinnen und Nutzer zu informieren, legen großen Wert auf eine sachliche und richtige Darstellung von Ereignissen und Meldungen. Hier erfährt man am ehesten, wie etwas gewesen ist.

... oder gezielte Meinungsmache?

Andere Medien haben als Hauptintention das Verbreiten von Sensationen und Unterhalten. Sie möchten beim Nutzer oder bei der Nutzerin emotionale Reaktionen hervorrufen. Es geht nicht darum zu informieren, sondern die Gefühle anzusprechen. Oft werden durch die Meldungen Angst oder Wut hervorgerufen. Dies wird auch dadurch erreicht, dass bewusst Informationen weggelassen oder unsachlich dargestellt werden.

Hinweise auf die Art der Darstellung

Um zu erkennen, mit welcher Art von medialer Darstellung man es zu tun hat, kann man sich folgende Fragen stellen:

1. Wie ist die Aufmachung?
   - Wie groß ist die Überschrift im Vergleich zum Text?
   - Gibt es mehr Text oder mehr Bilder?
2. Wie ist der Text gestaltet?
   - Hat der Text Sinnabschnitte?
   - Wie viele Fakten enthält der Text?
3. Wie ist die Sprache gestaltet?
   - Ist die Sprache sachlich?
   - Werden Fremdwörter oder Fachbegriffe benutzt?

Tipps für die Erarbeitung
- Wähle ein aktuelles Ereignis aus und vergleiche mithilfe der Fragen die Darstellung bei tagesschau.de und bild.de.

Tipps für die Präsentation
- Lass deine Mitschülerinnen und Mitschüler anhand der Schlagzeilen raten, welche Darstellung zu welchem Medium gehört.

Das kann ich!

Versuche zunächst, die Aufgaben auf dieser Doppelseite zu lösen, ohne im Kapitel nachzusehen. Wenn du Hilfe brauchst, kannst du bei den Aufgaben nachschlagen. Dort sind in Klammern die Seiten angegeben.

[1] *Alte und neue Medien.* Fotos.

Personenbezogene Daten

Diese Daten sollten nicht öffentlich werden	Diese Daten dürfen andere von mir wissen
...	...

[2] Tabelle.

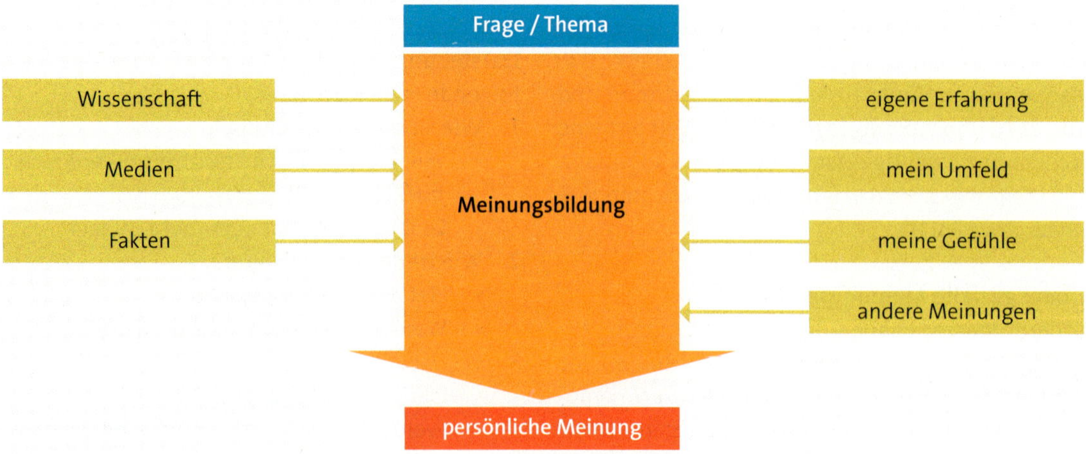

[3] *Wie bilde ich mir eine Meinung?* Grafik.

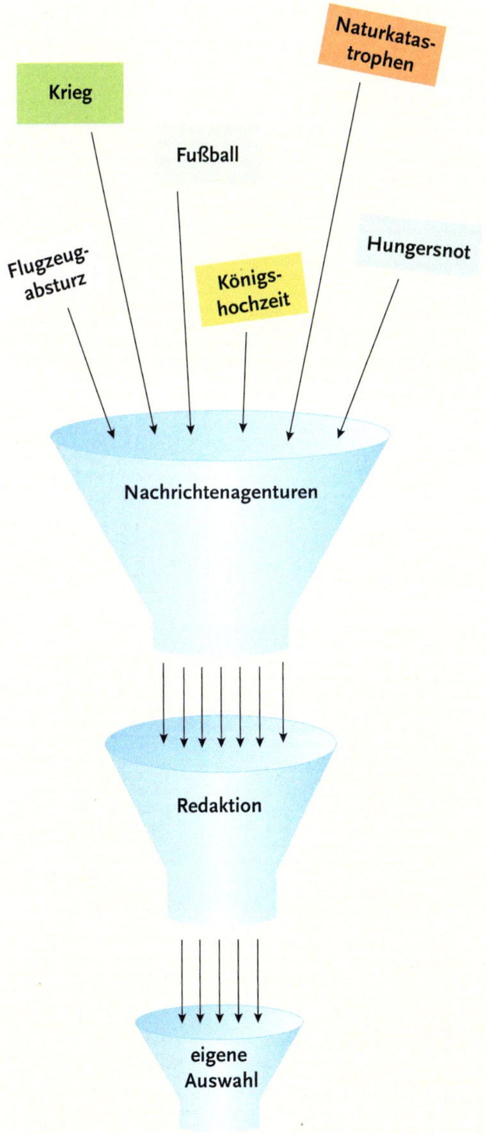

[4] *Die Nachrichtenschleuse*, Grafik.

Sachkompetenz

1 Stelle in einer Tabelle Vor- und Nachteile des Internets gegenüber. (S. 212/213)

2 Erstelle eine Mindmap zum Thema alte und neue Medien. Nimm die Fotos [1] zu Hilfe. (S. 214/215)

3 Beschreibe, welche Schleusen ein Ereignis durchläuft, bis es zu einer Nachricht wird. Orientiere dich an Grafik [4]. (S. 216)

4 Erkläre die Begriffe Meinungsfreiheit und Pressefreiheit. (S. 217)

5 Übernimm Tabelle [2] in dein Heft und vervollständige sie. (S. 219)

6 Erkläre die Rolle der Medien für die Politik [5]. (S. 224/225)

Methodenkompetenz

7 Erkläre an einem Beispiel, wie du dir eine eigene Meinung bilden kannst. Berücksichtige dazu Grafik [3]. (S. 221)

8 Du möchtest eine Internetquelle einschätzen. Erkläre, welche Schritte du anwendest. (S. 222/223)

Urteilskompetenz

9 „Medien dürfen nicht alles behaupten." Nimm Stellung zu dieser Aussage. (S. 217)

10 Unser Alltag ist durch Medien geprägt. Findest du das immer gut? Oder gibt es Bereiche, in denen du gerne weniger Medien hättest? Begründe deine Meinung.

[5] *Auf einer Pressekonferenz*. Foto 2023.

Teste dich

Gerechtigkeit für alle?

Justitia – die antike römische Göttin der Gerechtigkeit
In oder vor vielen Gerichten findet man eine Statue oder ein Bild der römischen Göttin Justitia. Sie steht für Gerechtigkeit. Die Waage, das Schwert und die Augenbinde übernehmen dabei wichtige Rollen.

1 Beschreibe das Bild.
2 Hast du schon einmal eine Gerichtsverhandlung beobachtet? Was ist dir dabei aufgefallen?
3 Was beutet für dich Gerechtigkeit?
4 Notiere Fragen zu dem Thema: „Gerechtigkeit für alle?“

Schauplatz Recht und Gerechtigkeit

1 Gerechtigkeit und Recht sind bei Gerichtsverhandlungen wichtig. Bei einer Gerichtsverhandlung gibt es verschiedene Rollen. Beschreibe sie [1].

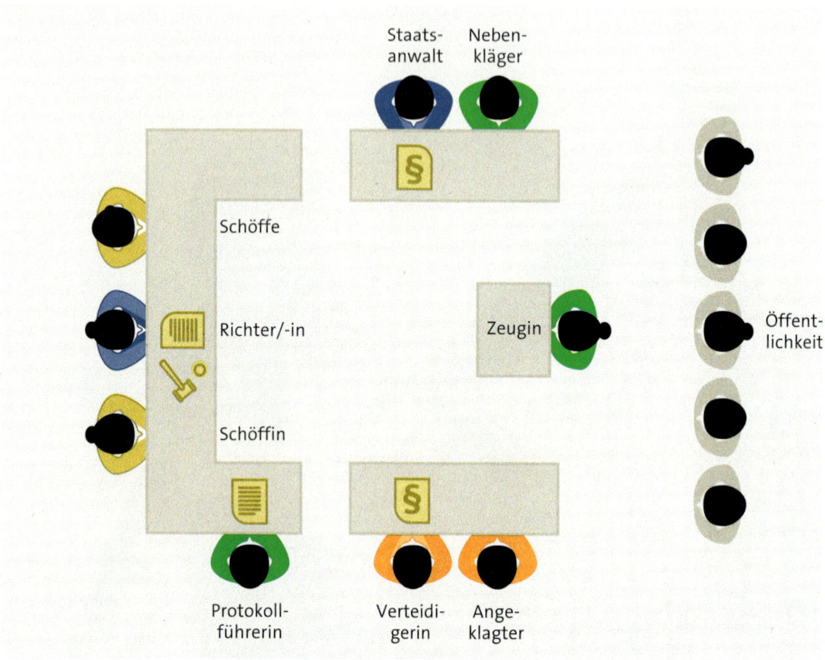

[1] *Eine Gerichtsverhandlung: Sitzordnung in einem Strafverfahren.* Schaubild.

Was ist Gerechtigkeit?
Fragt man verschiedene Menschen zu ihren Vorstellungen von Gerechtigkeit, bekommt man unterschiedliche Antworten. Für den einen ist es gerecht, wenn alle das Gleiche bekommen. Aber was ist, wenn nicht alle das Gleiche brauchen? Ein kleiner Schüler muss sich im Sportunterricht mehr anstrengen, damit er über den Bock springen kann, als ein anderer, der viel größer ist. Ist es gerecht, dass sie dieselbe Note bekommen? Die Antwort ist gar nicht so einfach. Jede Person hat eine eigene Vorstellung von Gerechtigkeit.

2 Was ist für dich gerechtes und ungerechtes Handeln? Beschreibe dies jeweils anhand von Beispielen.

Recht und Gerechtigkeit
Menschen sollen unter gerechten Bedingungen zusammenleben. Sie sollen gleich behandelt werden und die gleichen Chancen erhalten. Wenn es gerecht zugeht, dann entstehen weniger Konflikte. Weil man sich nicht immer einig ist, was gerecht ist, wurden Regeln und Gesetze geschaffen. Diese sollen das Zusammenleben gerechter gestalten.

3 „Um eine gerechte Entscheidung zu treffen, muss man sich vorher Gedanken machen.“ Erkläre dies.

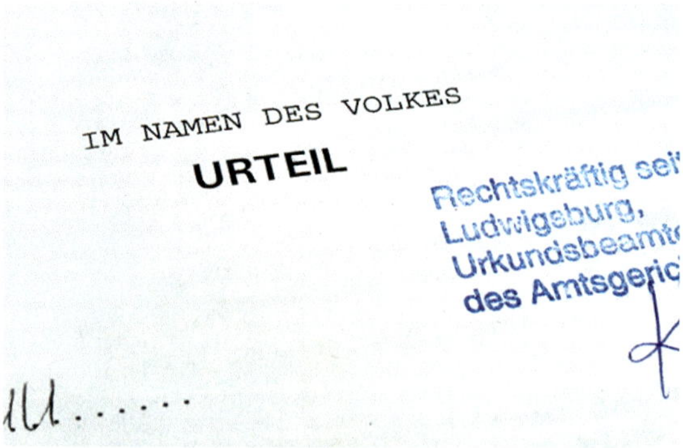

[2] *Ein schriftliches Urteil.* Foto.

Rechtsprechung bei Gericht
Wenn ein Urteil bei Gericht gesprochen wird, leitet die Richterin oder der Richter dies mit dieser Eingangsformel [2] ein: „Im Namen des Volkes ergeht folgendes Urteil ...“.

4 Warum wird diese Eingangsformel genutzt? Begründe dies.

Die Justitia – ein Symbol für Gerechtigkeit

Justitia war in der römischen Mythologie die Göttin der Gerechtigkeit. Die Griechen hatten sogar zwei Göttinnen der Gerechtigkeit – Dike und Themis. Justitia wurde mit den Symbolen Waage und Schwert versehen. Oft trägt sie auch eine Augenbinde und steht auf einem Gesetzbuch.
Die Waage symbolisiert das Abwägen der Rechts- und Sachlage, den Ausgleich der Interessen und die Suche nach dem richtigen Strafmaß. Durch das Schwert deutet sie an, dass der angeklagten Person eine Strafe droht, die konsequent durchgesetzt wird. Die Augenbinde soll zeigen, dass eine gerichtliche Entscheidung ohne Ansehen der Person getroffen wird. Vor dem Recht und der Rechtsprechung sind alle Menschen gleich.

[3] *Eine Justitia.* Foto, 2020.

5 Justitia trägt Augenbinde, Schwert und Waage [3]. Beschreibe die Bedeutungen der Symbole.

Die Justiz – eine Behörde*

Justiz stammt von dem lateinischen Begriff „iusitia“ ab, dies bedeutet Gerechtigkeit. Zur Justiz zählen alle staatlichen Einrichtungen, die mit der Rechtsprechung zu tun haben. Dazu gehören beispielsweise Gerichte, Staatsanwaltschaften und Gefängnisse.

[4] *Das Logo des niedersächsischen Justizministeriums in Hannover.* Foto.

6 Gibt es in der Nähe deiner Schule Stellen der Justiz (Gefängnisse, Gerichte)? Forsche nach.

* *die* **Behörde:** Das ist eine staatliche Einrichtung, die Aufgaben des Staates ausführt. Häufig wird auch der Begriff „Amt“ verwendet, Beispiele: Jugendamt, Wohnungsamt.

Wähle einen der Arbeitsaufträge aus:

- Beschreibe drei Situationen, in denen du dich ungerecht behandelt gefühlt hast. Fällt dir ein, wie es gerechter gewesen wäre?
- In dem Begriff **Gerechtigkeit** steckt das Wort **Recht**. Erkläre ihre Verbindung.
- Die Schulsportmeisterschaften stehen bevor. Jede Klasse spielt gegeneinander. In der Sophie-Scholl-Schule gibt es in jedem Jahrgang eine Sportklasse. Dort sind besonders sportliche Jugendliche. Die anderen Klassen eines Jahrgangs haben gegen sie keine Chance. Ist dies ein fairer Wettkampf? Beurteile die Situation.

Orientierung

[1] *Unsere Schulgemeinschaft besteht aus Menschen, die in der Schule zusammenkommen. Dabei ist jeder unterschiedlich und einzigartig.* Foto.

1 „Wie komme ich mit meinen Mitmenschen gut zurecht?“ Notiere, worauf man im Zusammenleben in der Schule achten sollte.

Zusammenleben in der Gemeinschaft

Menschen leben in verschiedenen Beziehungen zusammen. Familien, Freundinnen, Freunde, Nachbarschaften, Kollegien, eine Gemeinde, die Schülerschaft sind Beispiele, dass wir uns in Gruppen bewegen und unser Verhalten mit ihnen abstimmen müssen.

Ein System, das Sicherheit gibt

Sich in einer Gruppe zu orientieren, ist gar nicht so einfach. In vielen Gruppen gibt es gemeinsame Abmachungen. Einige sind ausgesprochen, einige gelten auch unausgesprochen. Meist werden sie thematisiert, wenn es zu einem Konflikt kommt.

- Was ist wichtig für die Gemeinschaft?
- Welche Regeln gelten in einer Gemeinschaft?
- Wie entstehen sie?
- Was passiert, wenn jemand diese Regeln übertritt?
- Wer greift ein, wenn sich zwei streiten?
- Welche Rolle spielt dabei der Staat?

2 Suche dir einige Fragen aus, die du beantwortest.

3 Beschreibe, was passiert, wenn jemand nicht weiß, wie das Zusammenleben funktioniert.

Gerechtigkeit – ein Grundwert unseres Zusammenlebens

Die Demokratie ist eine Volksherrschaft. Das Volk ist die Gemeinschaft der Menschen. Durch Wahlen werden Vertreterinnen und Vertreter in wichtige Gremien gewählt. Sie beraten dort über Regeln und Gesetze, lassen sich kontrollieren und korrigieren. Politische Entscheidungen werden von den gewählten Volksvertretern und -vertreterinnen gefällt. Die politischen Vertreterinnen und Vertreter müssen dabei immer berücksichtigen und abwägen, dass Gesetze, Regeln und Entscheidungen gerecht sind.

4 Diskutiert, was einer Gemeinschaft droht, wenn es nicht gerecht zugeht.

[2] *Blick über den Zaun.* Illustration.

5 Vergleiche die beiden Bilder „Blick über den Zaun" [2] miteinander. Auf welchem Bild geht es gerechter zu?

Gerechtigkeit bedeutet nicht Gleichbehandlung
Wenn man alle Menschen gleich behandelt, ist es nicht gerecht für alle. Woran liegt das? Jeder Mensch hat eigene Bedürfnisse, Talente, Lebensvoraussetzungen und Interessen. Jeder oder jede von uns ist unterschiedlich und benötigt eine andere Unterstützung, um ein Ziel zu erreichen.

Lin

Anton

Lisa

Leo

[3] *Leo sitzt im Rollstuhl. Anton kann sich kaum Zahlen merken. Lin spricht und versteht noch nicht so gut Deutsch. Lisa fällt das Lernen leicht, ihr ist in der Schule oft langweilig.* Fotos.

6 Überlege, was die vier Jugendlichen [3] in den einzelnen Unterrichtsfächern benötigen, damit sie gut mitarbeiten können und es gerecht für alle ist.

Gerechtigkeit für alle?

Der Rechtsstaat sichert die Menschenrechte

Schützt uns der Rechtsstaat vor Willkür?

[1] *Warteschlange vor einem Schulbus.* Foto, 2020.

1 Beschreibe die Einstiegssituation [1] aus der Perspektive der wartenden Fahrgäste.

Willkür gefährdet das Zusammenleben

Für die Wartenden entsteht eine willkürliche Situation. Die Entscheidung, wen der Busfahrer an diesem Tag mitnimmt, trifft er zufällig. Er nimmt keine Rücksicht auf die Wartenden. Die Wartenden sind von seiner Entscheidung abhängig und kommen vielleicht zu spät zur Schule. Jeder Busfahrer darf natürlich nicht willkürlich entscheiden, wer mitgenommen wird und wer nicht.

Regeln beim Busfahren

Viele Busunternehmen gehören dem öffentlichen Verkehr an und haben selbst Regeln festgelegt. Sie beziehen sich auf ein Gesetz – das Personenbeförderungsgesetz. Demnach dürfen Personen ausgeschlossen werden, die keinen gültigen Fahrschein haben oder die eine Gefahr für die Sicherheit der Mitfahrenden oder die Ordnung des Fahrbetriebs darstellen. Niemand darf aufgrund seines Geschlechts, Aussehens, seiner Religionszugehörigkeit oder Sexualität von der Busfahrt ausgeschlossen werden.

2 „Niemand darf von der Busfahrt einfach ausgeschlossen werden." Begründe, warum uns dies wichtig ist.

Der Rechtsstaat – der Staat sichert Rechte

In einem Rechtsstaat müssen sich alle an Gesetze und Grundrechte halten. Dazu gehören alle Bürgerinnen und Bürger und auch der Staat. Es darf keine Willkür herrschen. Bürgerinnen und Bürger können ihre Rechte vor Gericht einklagen.

Merkmale der Rechtsstaatlichkeit
- Die Gesetzgebung ist an eine Verfassung gebunden.
- Verwaltung und Justiz sind an Recht und Gesetz gebunden.
- Die Menschen werden vor staatlicher Willkür geschützt.
- Grundrechte sind garantiert.
- Die Verfassung sichert die staatliche Ordnung.

[2] *Autorentext.*

3 Nimm die Gegenposition zu den Merkmalen der Rechtsstaatlichkeit ein.

Rechtsstaatlichkeit	Gegenposition
Die Gesetzgebung ist an eine Verfassung gebunden.	Gesetze können ohne Rücksicht von der Regierung bestimmt und umgesetzt werden.
...	...

Sprachspeicher
eine willkürliche Situation • einer Situation ausgeliefert sein • eine Situation nicht einschätzen können

2: Niemand darf von der Busfahrt ausgeschlossen werden, da Grundrechte ...

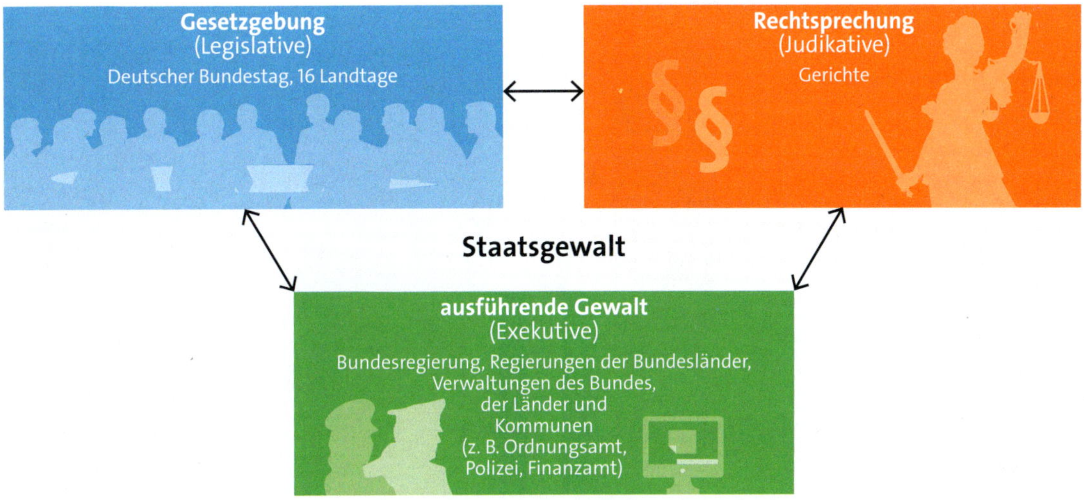

[3] *In einem Rechtsstaat ist die Staatsgewalt auf drei Gewalten aufgeteilt. Sie sind nicht komplett getrennt, sondern haben vielfältige Berührungspunkte. Sie kontrollieren sich gegenseitig und sollen sich im Gleichgewicht halten.* Schaubild.

4 Beschreibe die jeweiligen Aufgaben der drei Gewalten [3].

Kontrolle ist besser als alleinige Macht

In einer Demokratie wird die Macht aufgeteilt. Niemand darf so viel Macht bekommen, dass er jemanden willkürlich unterdrücken und Personen die Menschenrechte nehmen kann. Dies gilt auch für die Staatsgewalt selbst.
Sie ist in drei Bereiche aufgeteilt. Die Parlamente gehören der gesetzgebenden Gewalt an. Die Bundesregierung, die Regierungen der Bundesländer, Polizei, Ämter und Behörden führen die Gesetze aus. Sie gehören zur ausführenden Gewalt, der Exekutiven.
Die Recht sprechende Gewalt, die Judikative, spricht auf der Grundlage der Gesetze Recht. Die drei Gewalten kontrollieren sich gegenseitig. Man kann gegen Entscheidungen des Staates vor Gericht klagen. Stellt beispielsweise die Recht sprechende Gewalt fest, dass ein Gesetz dem Grundgesetz (Verfassung) widerspricht, müssen die Parlamente das Gesetz korrigieren.

5 Begründe, warum es wichtig ist, dass die Macht in einem Staat aufgeteilt ist.

Die Menschenrechte sind das Maß

Vor dem Gesetz sind alle Menschen gleich. Niemand darf aufgrund von Geschlecht, Abstammung, Sexualität, Herkunft, Religion, politischer Anschauung bevorzugt oder benachteiligt werden.

6 Diskutiert, warum der Staat dies sogar für Busse, Bahnen etc. regelt.

7 Schützt der Staat uns vor Willkür? Begründe.

Wähle einen der Arbeitsaufträge aus:

- Warum darf der Busfahrer jemanden nicht einfach wegen falscher Kleidung von einer Fahrt ausschließen? Schreibe eine Begründung.
  Starthilfe: *Lies zuerst dazu die Texte „Willkür gefährdet das Zusammenleben" und „Regeln beim Busfahren" auf der Seite 238. Nutze dazu den Lese-Profi auf der letzten Seite im Buch. Verwende in deiner Begründung die Begriffe „Willkür" und „Rechtsstaat".*
- Im Schulalltag müssen die Menschenrechte gelebt werden. Begründe, warum dies wichtig ist.
- Warum gibt uns der Rechtsstaat im Alltag Sicherheit? Schreibe einen Kommentar.

Sprachspeicher
etwas kontrollieren > eine Person oder Behörde überprüft, ob alles richtig ist • widersprechen > einer Sache nicht zustimmen, gegen etwas Einspruch erheben

5: Wenn die Macht nicht aufgeteilt wäre, dann ...
Tipp: Beachte auch S. 43

Üben

Streit – und was dann?

Wie kann man einen Konflikt regulieren?

Stress zwischen Matti und Celine

Matti und Celine haben Ordnungsdienst. Nach Unterrichtsende lässt Matti immer Celine aufräumen und wartet auf sie ungeduldig. Er selbst hilft allerdings nicht und begründet dies: „Das ist kein Job für Männer!" Celine ist inzwischen ziemlich ärgerlich.

[1] *Celine während ihres Ordnungsdienstes.* Foto.

1 Beschreibe die Situation [1].

Konflikte – eine Chance nicht nur für die Demokratie?

Es ist alltäglich, dass Menschen unterschiedliche Vorstellungen haben. Konflikte werden durch Probleme verursacht. Das sind Aufgaben oder Streitfragen, die gelöst werden müssen. Jeder Mensch nimmt sie unterschiedlich wahr. Dabei ist die Lösung nicht immer einfach. Probleme oder Konflikte können auch eine Chance sein, wenn man sie konstruktiv löst. Dann wächst man gemeinsam daran.

2 Erkläre, warum es eine Chance ist, einen Konflikt für alle sinnvoll zu lösen.

Ein Streit – und nun?

Wenn man bemerkt, dass ein Konflikt entsteht, hat man verschiedene Möglichkeiten darauf zu reagieren. Es können dabei unterschiedliche Wahlmöglichkciten kombiniert werden.

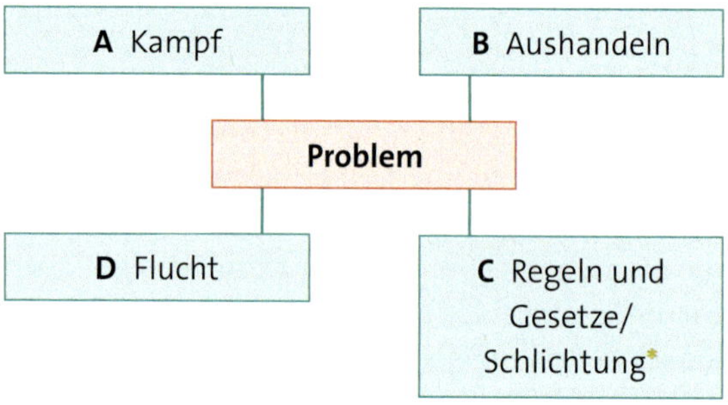

[2] *Verhalten in Konflikten.* Mindmap.

3 Wie kann man sich in einem Konflikt verhalten? Beschreibe die vier Möglichkeiten in eigenen Worten.

4 Wie könnten Matti und Celine den Konflikt lösen [1]? Orientiere dich an den vier Möglichkeiten und wähle eine aus.

* *die* **Schlichtung:** Unbeteiligte Personen vermitteln in einem Streit und versuchen eine Einigung herbeizuführen. (siehe Scite 199)

Sprachspeicher

etwas konstruktiv lösen > eine sinnvolle Lösung finden

3: Überlege bei jeder Möglichkeit, welche Folge sie hätte. Beispiel Kampf: Wenn Celine Matti einen Tritt geben würde, dann ...

[3] *Die Nachbarn A und B streiten sich lautstark. Die Situation droht zu eskalieren und ein unbeteiligter Nachbar (C) ruft die Polizei.* Foto.

5 Beschreibe die Positionen der Nachbarn A, B und C.

Wenn Nachbarn streiten

In Niedersachsen müssen streitende Nachbarn erst einmal versuchen, sich außergerichtlich zu einigen. Es muss eine Streitschlichtung stattfinden. Diese Streitschlichtung wird von ausgebildeten Schiedspersonen durchgeführt. Dies ist keine rechtliche Beratung. Die Schlichtung hat das Ziel, den Streit zu beenden und die Nachbarn wieder im Guten zusammenzubringen. Erst wenn dem Gericht eine Bescheinigung über eine erfolglose Schlichtung vorliegt, darf man seinen Nachbarn vor Gericht verklagen.

Die Rolle der Polizei bei einem Nachbarschaftsstreit

Grundsätzlich ist es nicht Aufgabe der Polizei, private Rechte oder die Durchsetzung von eigenen Interessen zu überprüfen. Die Polizei soll Straftaten oder Ordnungswidrigkeiten verhüten und bereits begonnene Taten unterbinden. Wenn z.B. die Nachtruhe gestört wird, begeht der Verursacher eine Ordnungswidrigkeit* und muss mit einem Bußgeld rechnen.

[4] *Autorentext.*

* *die* **Ordnungswidrigkeit:** Ein leichter Gesetzesverstoß; man kann dafür mit einer Geldstrafe (Bußgeld) belegt werden.

6 Wie kann der Nachbarschaftsstreit [3] gelöst werden? Erkläre die Möglichkeiten.

Wähle einen der Arbeitsaufträge aus:

- Beschreibe Streitigkeiten, in denen die Polizei eingreifen muss. **Starthilfe:** *Lies zuerst den Text „Die Rolle der Polizei bei einem Nachbarschaftsstreit" auf dieser Seite.*
- Schlichter sollen Streitigkeiten zwischen verschiedenen Menschen schlichten, bevor die Gerichte eingreifen. Begründe dies.
- Erläutere, warum die Polizei in einem Nachbarschaftsstreit nicht über Recht und Unrecht entscheiden darf.

Sprachspeicher
schlichten > eine unbeteiligte Person vermittelt zwischen zwei streitenden Parteien und versucht, den Streit zu klären

5: Der Nachbar A findet, dass die Hecke ... Der Nachbar B hingegen ... Den unbeteiligten Nachbarn C stört dies, da ...

Üben

Unsere Regeln und Gesetze

Warum sind Regeln und Gesetze wichtig?

Fall A: Adam (14 Jahre) steht an der Kasse eines Multimediamarktes. Er möchte sich das neue Computerspiel für 75 Euro kaufen. Der Verkäufer verweigert ihm den Kauf.

Fall B: Theo (15 Jahre) entscheidet für sich, dass er nicht mehr zur Schule gehen möchte. Seine Eltern sind dagegen. Er gibt zwar an, dass er morgens in die Schule geht, kommt aber dort nicht an.

Fall C: Lilli (13 Jahre) malt mit einem wasserfesten Stift auf die Schultasche ihres Mitschülers Djamal einen Totenkopf. Mitschüler haben dies gesehen und Djamal berichtet. Er möchte seine Tasche ersetzt bekommen.

Fall D: Mona (15 Jahre) möchte nicht mehr am Religionsunterricht teilnehmen. Sie würde lieber zum Fach Werte und Normen wechseln. Ihre Eltern sind dagegen.

[1] *Vier Fälle aus dem Schulalltag: Darf er oder sie das?* Fotos.

1 Vermute, ob er oder sie das darf [1].

Rechtsfähigkeit

Jeder Mensch hat Rechte und Pflichten. Weil man mit zunehmendem Alter reifer wird und die Folgen des eigenen Handels besser einschätzen kann, nehmen die Stufen der Rechtsfähigkeit mit dem Alter zu. Mit der Geburt beginnt die Rechtsfähigkeit. Jeder Mensch hat ein Recht auf Leben, Schutz, Versorgung und körperliche Unversehrtheit. Wenn Eltern oder Erziehende gegen dieses Recht verstoßen und ihre Kinder beispielsweise schlagen, greift der Staat ein und schützt das Kind. Gewalt in der Erziehung ist verboten.

Kinder können Eigentum erwerben oder erben. Bei Minderjährigen vertreten die Eltern oder Erziehungsberechtigten die Interessen des Kindes. Minderjährige (jünger als 18 Jahre) dürfen keine Schulden machen.

2 Erkläre, warum man Minderjährige vor Schulden schützt.

Sprachspeicher

körperliche Unversehrtheit > niemand darf körperlich oder seelisch verletzt werden

Eigentum > jemanden gehört etwas

2: Kinder und Jugendliche können noch nicht einschätzen, was es bedeutet, Schulden zu haben.

Lebensalter	Rechtsstellung – Rechte und Pflichten
ab Geburt	Kinder haben schon mit der Geburt Grund- und Menschenrechte.
ab 6 Jahren	Die Schulpflicht beginnt. Sie endet grundsätzlich mit dem 18. Lebensjahr oder dem Ende der Ausbildung. Kinder dürfen Kinofilme bis 20 Uhr besuchen.
ab 7 Jahren	Beschränkte Geschäftsfähigkeit
ab 14 Jahre	Jugendliche sind nun beschränkt strafmündig. Das bedeutet: Wenn sie Straftaten begehen, müssen sie sich vor dem Jugendgericht dafür verantworten. Mit 14 Jahren dürfen Jugendliche ihre Religionszugehörigkeit selbst bestimmen und ändern. Das Beschäftigungsverbot endet.
ab 16 Jahren	Man muss einen Personalausweis oder Reisepass besitzen. Man darf bei niedersächsischen Kommunalwahlen (Gemeinde- und Stadtrat) und bei Wahlen zum Europäischen Parlament wählen.
ab 18 Jahren	Mit der Volljährigkeit kann man Entscheidungen ohne seine Erziehungsberechtigten treffen. Man kann einen Autoführerschein machen, wählen (Niedersächsischer Landtag, Bundestag), sich zur Wahl aufstellen lassen, Verträge schließen (z. B. eine Wohnung mieten), Alkohol und Tabak kaufen.
ab 21 Jahren	Volle Strafmündigkeit: Bei Straftaten wird das Erwachsenenstrafrecht angewendet.

[2] *Überblick über die Rechte und Pflichten nach Altersstufen.* Tabelle.

3 Notiere, welche Rechte und Pflichten ihr in eurem Alter habt.

Geschäftsfähigkeit

Kinder bis zum 6. Lebensjahr können noch keine Geschäfte abschließen, sie sind **geschäftsunfähig**. Zwischen dem **7. und 18. Lebensjahr** sind Kinder und Jugendliche beschränkt geschäftsfähig. Sie dürfen sich nur etwas von ihrem Taschengeld* kaufen. Übersteigt der Betrag diese Grenze, kann ihnen der Kauf verwehrt werden. **Mit 18 Jahren** ist man **voll geschäftsfähig**. Nun darf man alle Verträge abschließen.

4 Überprüfe nun die vier Fälle [1]. Darf er oder sie das?

5 Stelle dar, warum Minderjährige sich nicht einfach ein Handy für 600 Euro selbst kaufen können.

* *der* **Taschengeldparagraf:** Kinder ab 7 Jahren dürfen von ihrem Taschengeld Dinge kaufen, ohne ihre Eltern zu fragen. Dies gilt aber nicht für Dinge, deren Kauf die Eltern ausdrücklich verboten haben. Allerdings darf dieser Kauf die Höhe des altersentsprechenden Taschengelds nicht übersteigen. Nicht nur Kaufen ist erlaubt, auch das Tauschen von Dingen. Geregelt ist das alles im § 110 BGB (Taschengeldparagraf).

Wähle einen der Arbeitsaufträge aus:

- Benenne die Rechte und Pflichten aus Tabelle [2] auf dieser Seite, die für dich besonders wichtig sind.
- Wahlrecht ab 16 Jahren? Schreibe ein Pro-und-Kontra-Gespräch dazu auf.
- Aus jedem Recht, ergibt sich auf eine Pflicht für sich oder für andere. Erkläre dies an einem Beispiel.

Sprachspeicher
voll geschäftsfähig sein > man darf Verträge selber abschließen, alleine etwas kaufen oder verkaufen

5: Tipp: Berücksichtige den Taschengeldparagrafen.

Leben in einem Rechtsstaat

Schützt mich die Verfassung vor Willkür?

[1] *Über dem Eingang des Reichstagsgebäudes in Berlin steht die Inschrift „Dem deutschen Volke". In dem Gebäude tagt das deutsche Parlament – der Deutsche Bundestag.* Foto, 2018.

„Dem deutschen Volke"?
Das Reichstagsgebäude [1] wurde bereits 1894 fertiggestellt. Die Inschrift „Dem deutschen Volke" wurde allerdings erst im Dezember 1916 angebracht. Der Satz fordert auf, dass die Rechte und Interessen des Volkes beachtet und dies vom Staat eingehalten werden muss.

1 Beschreibe in eigenen Worten, warum über dem Eingang zum Reichstagsgebäude diese Inschrift steht [1].

Staatliche Willkür gefährdet die Demokratie
In Deutschland darf man seine Meinung offen sagen. Man muss grundsätzlich keine Angst haben, dass man von der Polizei verhaftet und eingesperrt wird. Wenn eine Regierung beginnt, politisch lästige Menschen willkürlich zu verfolgen, dann ist das Leben in einem Staat unsicher. Menschen werden dort unterdrückt. Es entsteht Unsicherheit. Darf jemand kritische Gedanken äußern und ein anderer vielleicht nicht? Da Teile der Bevölkerung unterdrückt werden, ist die Volksherrschaft gefährdet.

2 Max hat im Unterricht geäußert, dass er unser Schulsystem ungerecht findet. Begründe, warum er dafür mit keinen Nachteilen rechnen muss.

Gerichte sprechen Recht
Wenn man einen Streit nicht schlichten kann, dann hat jeder das Recht, dies von einem Gericht klären zu lassen. Dort wird nach der Wahrheit gesucht. Die Gesetze werden gelesen und auf diesen Fall angewandt.

Richten – eine verantwortungsvolle Aufgabe
Richterinnen und Richter entscheiden, was rechtlich richtig oder falsch ist. Sie kennen die Gesetze und verkünden die Urteile. Richterinnen und Richter sind Menschen, die besonders befähigt sind. Sie müssen alle Menschen gleich behandeln, dürfen kein Geld annehmen und niemanden etwas über eine Verhandlung sagen.

3 Jeder hat grundsätzlich das Recht, einen Streit von einem Gericht klären zu lassen. Erkläre dies.

Sprachspeicher
kritisch sein > Bedenken oder sachliche Einwände äußern

2: Es müssen auch kritische Äußerungen gehört werden, da sie berechtigt sein können.

[2] *Die höchsten Richterinnen und Richter sprechen am Bundesverfassungsgericht in Karlsruhe Recht.* Foto, 2022.

4 Erkläre, warum es wichtig ist, dass Richter unabhängig sind und nur nach dem Gesetz entscheiden.

Regeln für den Staat selbst

In der Verfassung sind die Grundsätze des Staates festgehalten:

- Die **Rechtsgleichheit** und **Rechtssicherheit**: Die Gesetze gelten für alle Menschen gleich. Darauf können sie sich verlassen.
- Die **Rechtskontrolle**: Jede Person kann eine Klage an einem Gericht einreichen. Gerichte überwachen, ob der Staat und die zugehörigen Behörden (Verwaltungen, Polizei, Ämter) diese einhalten.
- Die **Gewaltenteilung**: Gesetzgebende Gewalt (Parlamente), ausführende Gewalt (Regierungen und Verwaltungen) und Recht sprechende Gewalt (Gerichte) werden von unterschiedlichen Personen ausgeübt.
- Die **Freiheitssicherung**: Die Freiheit steht jedem Menschen zu. Sie darf nur in Ausnahmen eingeschränkt werden. Der Staat darf sich in bestimmte private Bereiche nicht einmischen. Grund- und Menschenrechte schützen die Menschen. Weder der Staat noch andere Personen dürfen diese einschränken.

* *die* **Willkür:** Missachtung von Gesetzen und Interessen anderer, gesetzloses Verhalten

Art. 20 Grundgesetz

(1) Die Bundesrepublik Deutschland ist ein demokratischer und sozialer Bundesstaat.
(2) Alle Staatsgewalt geht vom Volke aus. Sie wird vom Volke in Wahlen und Abstimmungen und durch besondere Organe der Gesetzgebung, der vollziehenden Gewalt und der Rechtsprechung ausgeübt.
(3) Die Gesetzgebung ist an die verfassungsmäßige Ordnung, die vollziehende Gewalt und die Rechtsprechung sind an Gesetz und Recht gebunden.
(4) Gegen jeden, der es unternimmt, diese Ordnung zu beseitigen, haben alle Deutschen das Recht zum Widerstand, wenn andere Abhilfe nicht möglich ist.

[3] *Artikel 20 Grundgesetz.*

Verfassung schützt vor staatlicher Willkür

Die ersten 20 Artikel des Grundgesetzes garantieren den Bürgerinnen und Bürgern, dass sie in der Bundesrepublik Deutschland sicher und frei leben können. Alle Menschen und der Staat müssen die Grund- und Menschenrechte und Gesetze einhalten und demokratische Grundwerte befolgen. Damit die Bürger und Bürgerinnen vor Missbrauch und Willkür* sicher sind, kontrollieren dies die Gerichte.

5 Warum sind Gerichte für Bürgerinnen und Bürger wichtig? Begründe dies.

Wähle einen der Arbeitsaufträge aus:

- Schreibe auf, welche Eigenschaften man als Richter oder Richterin haben sollte.
- Im Art. 20 Grundgesetz sind die Grundsätze des Staates (Regeln für den Staat) festgehalten. Schreibe dazu drei Regeln in eigenen Worten.
- „Dem deutschen Volke!“, „Alle Staatsgewalt geht vom Volke aus.“ Erkläre den Zusammenhang zwischen der Inschrift über dem Reichstagsgebäude [1] und dem Artikel 20 Abs. 2 Grundgesetz [3].

Sprachspeicher

4: Richter und Richterinnen müssen unabhängig sein ... nach dem Gesetz entscheiden ... Gesetze auf bestimmte Sachverhalte anwenden

5: Tipp: Ohne Gerichte würden Gesetze nicht eingehalten und wären damit nicht mehr für alle verpflichtend.

Üben

Medien berichten unterschiedlich

Wie weit dürfen Proteste für mehr Klimaschutz gehen?

[1] *Eine Schülergruppe diskutiert.* Foto.

1 Berichte, was du über die Proteste der „Letzten Generation" gehört hast.

Medien haben eine Informationspflicht

Medien informieren über Geschehnisse, Meinungen in der Gesellschaft und der Politik. Sie tragen damit zur politischen Meinungsbildung bei. Medien zeigen die Stimmung der Bevölkerung. Medien kontrollieren und kritisieren und können Missstände aufdecken. Sie können allerdings auch skandalisieren und damit Stimmung machen.

2 Nenne die Aufgaben der Medien.

[2] *Mitglieder der „Letzten Generation" sperren in Hannover eine Straße.* Foto, 2023.

Verstöße gegen das Recht

Sie blockieren Straßen oder machen andere verbotene Aktionen, um auf ihre Forderungen aufmerksam zu machen. Die Mitglieder der Gruppe „Letzte Generation" nehmen die Folgen ihrer Taten in Kauf, denn sie wissen, dass sie gegen das Recht verstoßen. Sie sagen, dass die Klimaerwärmung* schnell voranschreitet und die Regierung zu langsam handelt. Der Staat müsse schneller reagieren.

Forderungen der Letzten Generation

1. Ein Tempolimit von 100 km/h! Eine Mehrheit für ein allgemeines Tempolimit gibt es bereits. Ein Tempolimit von 100 km/h würde jährlich mehr als 6,7 Millionen Tonnen CO_2 vermeiden. ... Ein Tempolimit würde sogar hier und jetzt Menschenleben retten, weil es zu weniger Verkehrstoten kommt.
2. Ein dauerhaftes 9-Euro-Ticket! Bezahlbare Bahnen in Zeiten steigender Lebenshaltungskosten sind nur gerecht! Außerdem würde ein 9-Euro-Ticket auch einiges an CO_2 einsparen.

[3] Letzte Generation: Forderungen; https://letzte-generation.org/forderungen/, Zugriff 30.6.2023

3 Beschreibe die Forderungen der „Letzten Generation" [3].

Sprachspeicher

skandalisieren > sich künstlich über etwas aufregen; großen Wirbel um etwas machen.

Lebenshaltungskosten > das Geld, das man für das tägliche Leben wie Wohnen, Kleidung, Essen ausgibt

4 Erkläre, wie die beiden Medien [4, 6] über die Aktionen der „Letzten Generation" berichten.

* *die* **Klimaerwärmung:** Wissenschaftler und Wissenschaftlerinnen beobachten seit Jahrzehnten unser Klima. Sie haben festgestellt, dass sich die Temperatur auf der Erde schnell erhöht. Weil die Erwärmung dramatische Veränderungen der natürlichen Lebensgrundlagen zur Folge hat, haben sich die Staaten der Erde geeinigt, den Temperaturanstieg auf 1,5 Grad zu begrenzen. Als wichtigste Maßnahme soll der CO_2-Ausstoß deutlich reduziert werden. Kohlendioxid (CO_2) ist das wichtigste Gas, das den Temperaturanstieg verursacht. CO_2 entsteht z. B., wenn Kohle, Gas, Erdöl oder Holz verbrannt werden.

BILD schreibt über die „Letzte Generation": Erst mal Schluss mit Straßenblockaden. Der radikale „Sommerplan" der Klima-Chaoten. Wen sie jetzt ins Visier nehmen, was sie noch planen.

Sie blockieren Straßen und nerven normale Autofahrer. Nach zahllosen Anzeigen ändern die Klima-Kleber der „Letzten Generation" ihre Strategie: Sie wollen nicht mehr „alle" ins Visier nehmen, sondern gezielt „die Reichen"! Man wolle ab nächster Woche „an die Symbole des modernen Reichtums gehen" und die „Aufmerksamkeit auf die rücksichtslose Verschwendung der Reichen lenken", heißt es in einem „Sommerplan 2023" der Gruppe ... Die skurrile Begründung: Die Bundesregierung lasse es zu, „dass superreiche Menschen Tag für Tag unsere Lebensgrundlagen zerstören". Die „Klimakatastrophe" werde „in erster Linie von den Reichen" gemacht.

[4] *Bild-Online, 3.6.2023, https://www.bild.de/politik/inland/politik-inland/letzte-generation-hat-neuen-aktionsplan-klima-kleber-legt-neue-strategie-fest-84165394.bild.html*

[5] *Ein von Klimaschutz-Demonstranten der Initiative „Letzte Generation" mit oranger Farbe besprühter Jet.* Foto, 2023.

Die TAZ berichtet über die „Letzte Generation"

Bereits am Dienstag hatten fünf Aktivist:innen der Letzten Generation den Zaun des Flughafens auf der Nordseeinsel Sylt durchschnitten, waren auf das Gelände gelangt und hatten ein Flugzeug fast komplett mit oranger Farbe besprüht. ... Vier Personen klebten sich auf den Tragflächen fest, eine Person auf dem Asphalt vor der Maschine.

„Reichtum und CO_2-Ausstoß geht Hand in Hand", betont die Klimagruppe und verweist darauf, dass ein Prozent der Menschheit, das die reichsten Menschen umfasst, etwa ein Fünftel aller Treibhausgasemissionen verursache. „Wenige Superreiche befeuern die Katastrophe mit ihren Luxusemissionen", kritisierte die Aktivistin Judith Beadle.

[6] *TAZ, 8.6.2023; https://taz.de/Letzte-Generation-protestiert-auf-Sylt/!5939571/*

5 Darf man für einen guten Zweck gegen Rechte verstoßen? Nimm Stellung zu der Frage.

Wähle einen der Arbeitsaufträge aus:

- Notiere zwei Aktionen der „Letzten Generation". **Starthilfe:** *Lies dazu die Texte 4 und 6 und nutze den Lese-Profi.*
- Hinter jedem Zeitungsartikel steht ein Mensch, der darüber schreibt. Lies dir noch mal die zwei Artikel durch. Vermute, wie die Autoren die „Letzte Generation" finden.
- Dürfen Medien skandalisieren? Schreibe dazu einen Kommentar.

Sprachspeicher
skurril > eigenwillig, sonderbar, seltsam

4: sachlich, neutral oder bewertend

Regeln müssen sich anpassen

Welche Bedeutung haben Gesetze?

[1] *Gesetzgebung: der Bundestag.* Foto, 2023.

[2] *Rechtsprechung: Vor einem Amtsgericht.* Foto, 2018.

[3] *Ausführende Gewalt: Polizei und Verwaltung (r.).* Foto, 2023.

1 Parlamente, Gerichte, Polizei und Verwaltungen haben eine gemeinsame Grundlage – die Gesetze. Beschreibe, wie jede Gewalt mit den Gesetzen in Kontakt kommt.

Gesetze verbinden die Gewalten

In einer Demokratie gibt es gemeinsame Regeln. Sie sind in den Gesetzen festgehalten. Die drei Gewalten [1–3] arbeiten auf der Grundlage von Gesetzen. Die Gewalten sind in Deutschland nicht streng getrennt, sie sind eng miteinander verflochten und kontrollieren sich gegenseitig. Zum Beispiel werden die Richter am Bundesverfassungsgericht vom Bundestag und Bundesrat gewählt, also von gesetzgebenden Einrichtungen. Der Bundesrat setzt sich aber aus Mitgliedern der Landesregierungen zusammen und zählt deshalb zur ausführenden Gewalt. Ziel ist es, dass die Bürgerinnen und Bürger davon profitieren, wenn sich die Gewalten gegenseitig kontrollieren und die Macht der einzelnen Gewalt begrenzt ist.

2 Begründe, warum Gesetze wichtig in einem Rechtsstaat sind.

Von Regeln zu Gesetzen

Damit eine Regel ein Gesetz wird, muss es verschiedene Stufen durchlaufen. In den Parlamenten sind gewählte Volksvertreter und -vertreterinnen. Sie schlagen Gesetze vor, diskutieren die Entwürfe und stimmen darüber ab. Der Bundestag beschließt Gesetze für ganz Deutschland. Die Parlamente der Bundesländer beschließen Landesgesetze. Wenn der Bundestag Gesetze beschließt, die die Länder betreffen, dürfen diese im Bundesrat mitbestimmen. Die Gesetze werden mit der Mehrheit der Stimmen im Parlament beschlossen. Der Bundespräsident* prüft, ob die Gesetze mit dem Grundgesetz übereinstimmen.

3 Beschreibe die Schritte, die man gehen muss, damit ein Gesetz entsteht.

* *der* **Bundespräsident:** Er ist das Staatsoberhaupt Deutschlands und gehört nicht zur Regierung.

Sprachspeicher

1: Gesetze sind die Grundlage

2: In einem Rechtsstaat sind Gesetze wichtig, da …

3: Ein Gesetz entsteht …

Containern – Straftat oder Lebensmittelrettung?

Kurz nach Ladenschluss gehen einige junge Leute los und schauen, welche Lebensmittel die Supermärkte in ihren Mülltonnen entsorgen. Abgelaufene Mindesthaltbarkeitsdaten und Druckstellen führen dazu, dass Lebensmittel nicht mehr verkauft werden können. Viele Lebensmittel sind aber noch genießbar. Da die jungen Leute unerlaubt auf das Gelände des Supermarktes gehen, ist dies nach deutschem Recht ein Hausfriedensbruch. Außerdem begehen sie Diebstahl, wenn sie die im Müll entsorgten Lebensmittel mitnehmen.

[4] Autorentext.

4 Ist „Containern" eine Straftat oder Lebensmittelrettung [4]? Nimm Stellung zu der Frage.

Gesetzgebung im Wandel

Viele Gesetze stammen aus dem 19. und 20. Jahrhundert. Damals waren die Lebensumstände anders als heute. Deshalb müssen Gesetze immer wieder angepasst werden. Die Gleichberechtigung der Frau, die gleichgeschlechtliche Ehe oder der Schutz der Umwelt wurden lange nicht in Gesetzen festgehalten.

Frankreich verbietet Supermärkten Lebensmittel wegzuwerfen

Im Jahr 2016 ist ein wichtiges französisches Gesetz (la ‚Loi Garot') in Kraft getreten. Einzelhändlern und Supermärkten ist es verboten, nicht verkaufte Lebensmittel einfach zu entsorgen. Sie sind verpflichtet, unverkäufliche, aber noch genießbare Lebensmittel an eine wohltätige Organisation abzugeben.

[6] Autorentext.

5 Erläutere, wie in Frankreich auf die Entsorgung der Lebensmittel reagiert wurde.

[5] *Viele essbare Lebensmittel werden von Supermärkten entsorgt.* Foto, 2019.

[7] *Lebensmittelretter verteilen weggeworfene Lebensmittel, die sie aus Abfallcontainern geholt haben.* Foto, 2022.

6 Begründe, warum der Staat seine Gesetze immer wieder anpassen muss.

Wähle einen der Arbeitsaufträge aus:

- Erstelle Vorschläge, was Supermärkte mit den Lebensmitteln machen könnten, die sie sonst entsorgen würden.
- Schreibe einen Redebeitrag für die Einführung eines Gesetzes, das Supermärkten verbietet, nicht verkaufte Lebensmittel wegzuwerfen.
- Kann der Staat durch Gesetze Einfluss auf das Verhalten der Menschen nehmen? Verfasse dazu einen Zeitungskommentar.

Sprachspeicher
4: Tipp: Diebstahl ist eine Straftat.

Wahlseite Das Recht am eigenen Bild

1 Lies den Text und fasse die Inhalte der Seite mit deinen Worten zusammen. Arbeite gemeinsam mit deinem Lernpartner oder deiner Lernpartnerin. **Starthilfe:** *Nutze den Lese-Profi auf der letzten Seite im Buch.*

2 Gestalte ein Merkblatt, was beim Fotografieren von Personen zu beachten ist.

[1] *Jugendliche posten ein Foto. Dieses Bild taucht einige Monate später in einer Werbung für alkoholische Mischgetränke auf.* Foto.

Das Recht am eigenen Bild

Dieses Recht gehört zu den allgemeinen **Persönlichkeitsrechten. Jeder Mensch darf selbst bestimmten, ob und in welchem Zusammenhang Fotos und Aufnahmen von ihm veröffentlicht werden.** Dieses Recht steht demjenigen zu, der auf den Fotos oder Videos zu sehen ist.

Wenn Kinder und Jugendliche unter 18 Jahren fotografiert werden sollen, müssen grundsätzlich die Eltern zustimmen. Kinder ab 14 Jahren müssen außerdem noch selbst zustimmen.

Muss die Einwilligung schriftlich erfolgen?

Eine schriftliche Einwilligung muss nicht immer zwingend vorliegen. Die Einwilligung kann auch durch das Verhalten erfolgen. Wenn man sich z. B. in der Fußgängerzone freiwillig filmen lässt, willigt man der Veröffentlichung zu.

Ausnahmen: Verbreitung ohne Einwilligung

- **Bildnisse der Zeitgeschichte**: Wenn du dich auf einem Konzert oder einem besonderen Ereignis befindest und mit vielen Menschen fotografiert wirst, darf dieses Foto veröffentlicht werden.
- **Personen als Beiwerk** neben einer Landschaft oder sonstigen Örtlichkeit: Wenn du dich z. B. auf einer Klassenfahrt nach Berlin am Brandenburger Tor aufhältst und später auf einem Foto des Tores klein am Rand zu sehen bist, dann ist dies zulässig.
- **Bilder von Versammlungen, Aufzügen oder ähnlichen Veranstaltungen**: Du nimmst teil an einer Demonstration für den Frieden oder am Schützenausmarsch deiner Gemeinde: Dann ist es erlaubt, wenn du im Rahmen so einer Veranstaltung als Teil einer Gruppe fotografiert wirst.

Tipps für die Erarbeitung

- Führe gemeinsam mit deinen Mitschülern und Mitschülerinnen ein Gruppenpuzzle durch. Nutzt dazu die anderen Wahlseiten des Kapitels.

Wahlseite Die Altersbeschränkungen

1 Informiere dich auf dieser Seite über die Alterskennzeichnung von Filmen und Computerspielen.

2 Präsentiere dein Ergebnis in geeigneter Form in der Klasse.

[1] *Ein 14-jähriger Junge spielt ein Shooterspiel, das erst ab 18 Jahren freigegeben ist.* Foto.

FSK und USK?
Die Freiwillige Selbstkontrolle der Filmwirtschaft (FSK) gibt zu Filmen eine Altersuntergrenze an, ab die der Film frühestens gesehen werden darf. Die Unterhaltungssoftware Selbstkontrolle (USK) ist eine Einrichtung, die von der Gamesbranche angeregt wurde. Sie ist verantwortlich, eine Alterseinstufung für Computer- und digitale Spiele abzugeben. Auch Apps und Games, die online gekauft werden können, werden eingestuft.

Warum werden Filme, Spiele und Apps gekennzeichnet?
Kinder und Jugendliche sind empfindsam. Damit sie in ihrer seelischen Entwicklung nicht gestört werden, sollen Heranwachsende keine Filme sehen oder Spiele spielen, die sie nicht verarbeiten oder verkraften können. Je mehr Gewalt, Blut, Drogen oder andere verstörende Szenen dabei sind, desto höher ist die Altersbeschränkung.

Ist die Einhaltung der Altersgrenzen Pflicht?
Für den Handel und Kinos ist die Altersvorgabe bindend. Das Jugendschutzgesetz macht nur wenige Ausnahmen. Dieses Gesetz ist auch die rechtliche Grundlage für die Einstufungen.
Zu Hause entscheiden letztlich die Erziehungsberechtigten, welche Spiele und Filme ihre Kinder sehen bzw. spielen dürfen. Allerdings haben sie in ihrer Rolle als Eltern eine Fürsorge- und Sorgfaltspflicht gegenüber ihren Kindern.

[2] *Die Kennzeichnung durch USK und FSK.*

Tipps für die Erarbeitung
- Notiere, warum es eine Alterseinstufung geben muss.
- Überlege, warum diese Einschätzung auch für Eltern wichtig ist.

Tipps für die Präsentation
- Darf der 14-jährige Junge das Spiel spielen?
- Simuliert gemeinsam ein Expertengespräch.

Wahlseite Vandalismus in der Schule

1 Informiere dich auf dieser Seite über Vandalismus in der Schule.

2 Präsentiere dein Ergebnis in geeigneter Form in der Klasse.

[1] *Schultoiletten werden regelmäßig beschädigt, die Wände bemalt.* Foto.

Sachbeschädigungen

Beschmierte Wände, zerstörte Schultische, verdreckte Toiletten, gestohlene Fahrradventile, Müll auf den Fußböden und dem Schulhof, zerbrochene Geodreiecke, vertauschte Tasten oder Kabel im Computerraum. Dies sind einige Bespiele für Vandalismus, die in vielen Schulen häufig vorkommen. Kinder und Jugendliche, die fremde Sachen beschädigen, haben dafür Motive. Dies kann Langeweile sein, eine Mutprobe oder die fehlende Einsicht, fremdes Eigentum zu respektieren. Klar ist, dass sie mit ihren Taten die Schulgemeinschaft treffen. Niemand möchte gerne auf eine verunreinigte und zerstörte Toilette gehen.

Vorsätzliche Schäden in der Schule

Grundsätzlich haftet der Schüler oder die Schülerin für den Schaden, den er oder sie verursacht hat. Erfolgte die Beschädigung vorsätzlich, dann müssen die Eltern dafür aufkommen.

[2] *Absichtlich zerstörte Scheibe in einer Schule.* Foto.

Sachbeschädigung – § 303, Strafgesetzbuch

(1) Wer rechtswidrig eine fremde Sache beschädigt oder zerstört, wird mit Freiheitsstrafe bis zu zwei Jahren oder mit Geldstrafe bestraft.

(2) Ebenso wird bestraft, wer unbefugt das Erscheinungsbild einer fremden Sache nicht nur unerheblich und nicht nur vorübergehend verändert.

(3) Der Versuch ist strafbar.

[3] *Auszug aus dem Strafgesetzbuch.*

Tipps für die Erarbeitung

- Erkläre, was Vandalismus in der Schule ist.
- Nenne Gründe, warum es vielen Schülerinnen und Schülern nicht klar ist, dass sie in der Schule nichts vorsätzlich beschädigen dürfen.

Tipps für die Präsentation

- Diskutiert gemeinsam, wer für absichtlich verursachte Schäden in der Schule aufkommen muss.
- Simuliert ein Expertengespräch.

☒ Wahlseite Illegale Downloads

1 Informiere dich auf dieser Seite über illegale Downloads.

2 Präsentiere deine Ergebnisse in geeigneter Form in der Klasse.

[1] *John (14 Jahre) hat sich eine Datei im Netz heruntergeladen und sie an Mitschüler verkauft.* Foto.

Download von Filmen, Musik, Spielen, Büchern
Im Internet gibt es verschiedene Tauschbörsen und Portale, auf denen man sich verschiedene Medien herunterladen kann. Man kann sich so den Eintritt ins Kino sparen oder Musik von der Lieblingskünstlerin kostenlos anhören. Allerdings verdienen dann die Künstlerin und die Musiker nichts an der Vervielfältigung.

Urheberrecht
Viele Dateien im Internet sind urheberrechtlich geschützt: Texte, Bilder, Musikstücke, Filme oder Software. Das Urheberrecht schützt denjenigen, der das Werk entwickelt und erschaffen hat. Der Fotograf ist der Urheber der Fotografie, der Musiker der Urheber des Songs. Dafür gibt es ein eigenes Gesetz – das Urheberrechtsgesetz.

Verletzung des Urheberrechts
Jede Verwendung eines urheberrechtlich geschützten Werks, die ohne Zustimmung des Urhebers erfolgt, ist strafbar. Auch der Versuch ist strafbar.

Zurückverfolgen von Downloads
Über die IP-Adresse des Computers können Inhaber und Nutzer zurückverfolgt werden. Jeder hinterlässt Spuren im Netz. Es gibt Anwaltskanzleien, die sich auf die Verfolgung von Urheberrechtsverletzungen spezialisiert haben. Sie versenden eine Abmahnung mit der Aufforderung, das illegale Nutzen der Downloads einzustellen, und fordern zusätzlich Schadenersatz. Das kann teuer werden.

§ 106 – Unerlaubte Verwertung urheberrechtlich geschützter Werke
(1) Wer in anderen als den gesetzlich zugelassenen Fällen ohne Einwilligung des Berechtigten ein Werk oder eine Bearbeitung oder Umgestaltung eines Werkes vervielfältigt, verbreitet oder öffentlich wiedergibt, wird mit Freiheitsstrafe bis zu drei Jahren oder mit Geldstrafe bestraft.
(2) Der Versuch ist strafbar.

[2] *Auszug aus dem Gesetz über Urheberrecht und verwandte Schutzrechte.*

Tipps für die Erarbeitung
- Erkläre, was ein illegaler Download ist.
- Begründe, warum Urheber geschützt werden müssen.
- Diskutiert gemeinsam, warum dies oft leichtsinnig missachtet wird.

Tipps für die Präsentation
- Was kann auf John [1] zukommen?
- Simuliert gemeinsam ein Expertengespräch.

Methode Expertenbefragung

Experten oder Expertinnen sind Profis in ihren Bereichen. Sie setzen sich täglich mit ihren Themen auseinander und haben viele Erfahrungen gesammelt. Interessant ist es, wenn man unterschiedliche Experten oder Expertinnen befragt, die mit einem anderen Blickwinkel auf die Fragen sehen.

1 Arbeitet gemeinsam heraus, warum es interessant wäre, verschiedene Gesprächspartnerinnen und -partner zu einem Gespräch einzuladen.

[1] *Währung der Befragung einer Expertin.* Foto.

1. Schritt Entwickeln der Fragestellung

Ermittelt eine gemeinsame Fragestellung, zu der man einen Experten oder eine Expertin befragen kann.

2. Schritt Organisatorische Vorbereitung

- Wer könnte eingeladen werden?
- Nehmt Kontakt auf und fragt einen Termin an.
- Informiert den Experten/die Expertin auch über euch (Alter, Größe und Zusammensetzung der Klasse, euer Vorwissen).
- Plant einen Termin und die Dauer.
- Werden technische Geräte benötigt (z. B. Beamer)?

Sprachliche Formulierungshilfen / Tipps

Sammelt übergeordnete Fragestellungen in der Klasse und einigt euch auf eine gemeinsame Frage. Beispiele:
„Haben alle Jugendlichen die gleichen Chancen in der Schule?“
„Sollten Schulregeln lockerer sein?“
„Sollte Containern erlaubt werden?“

- *Wen könntet ihr zu eurer Fragestellung befragen?*
- *Gibt es die Möglichkeit, zwei verschiedene Experten zusammen oder an zwei Terminen einzuladen?*
- *Besprecht Terminvorschläge und legt fest, wer für die Anfrage verantwortlich ist und den Kontakt in Absprache mit der Politiklehrkraft aufnimmt. Tipp: Denkt daran, das Einladungsschreiben mit eurer Politiklehrkraft abzustimmen.*
- *Sorgt für die benötigten technischen Geräte.*

3. Schritt Inhaltliche Vorbereitung

- Unterteilt eure Klasse in drei Teams
  - Team Moderation
  - Team Fragen an den Experten/die Expertin
  - Team Beobachtung

Team Moderation
- *Zeitplanung*
- *Ihr müsst die Fragen des Fragenteams verstehen und mit ihm abstimmen.*
- *Mit welcher Frage könnt ihr ins Thema einsteigen? In welcher Reihenfolge werden die Fragen gestellt?*
- *Moderatorenkarten schreiben.*

Team Fragen an den Experten/die Expertin
- *Arbeitet euch inhaltlich in das Thema ein und teilt euch in Untergruppen auf, zum Beispiel:*
  - *Auseinandersetzung mit dem Thema/der Fragestellung, allgemeine Fragen zum Thema, rechtliche Grundlagen*
  - *Erfahrungen des Experten/der Expertin zur Fragestellung*
  - *persönliche Haltung des Experten/der Expertin zur Frage*
- *Fragen sammeln und mit dem Team Moderation besprechen.*

Team Beobachtung
- *Überlegt euch sinnvolle Beobachtungsaufträge:*
  - *Antworten auf die Fragen*
  - *Wahrnehmung der Rollen*
  - *Entwickelt einen Beobachtungsbogen*

4. Schritt Durchführung

- Notiert einen Ablauf, der für alle gut sichtbar ist.
- Sitzordnung
- Zeitplanung
- Beobachtungsbögen
- Moderationskarten
- Während des Gesprächs weitere Fragen sammeln

- *Begrüßung und Vorstellung des Experten/der Expertin durch die Moderatoren.*
- *Stellen der Fragen, Reihenfolge beachten*
- *Beobachtungen werden protokolliert.*
- *Gespräch am Ende für alle öffnen.*
- *Verabschiedung des Experten/der Expertin.*

5. Schritt Auswertung

- Befragung kritisch und durchdacht auswerten
- Ergebnisse in einer Struktur zusammentragen.
- Ergebnisse der Befragung mit den anderen Erkenntnissen zu dem Thema verbinden.
- Auswertung der Expertenbefragung

- *Habt ihr neue Informationen erhalten?*
- *Vergleicht diese mit euren bisherigen Kenntnissen zu dem Thema.*
- *Wie wurden die verschiedenen Fragen beantwortet?*
- *Sind noch Fragen offen?*
- *Wurde die Fragestellung beantwortet?*
- *Wie lief die Expertenbefragung ab?*

Das kann ich!

Versuche zunächst, die Aufgaben auf dieser Doppelseite zu lösen, ohne im Kapitel nachzusehen. Wenn du Hilfe brauchst, kannst du bei den Aufgaben nachschlagen. Dort sind in Klammern die Seiten angegeben.

- Die Gesetzgebung ist an eine Verfassung gebunden.
- Verwaltung und Justiz müssen sich an Gesetze halten.
- Schutz vor staatlicher Willkür.
- Grundrechte sind sicher.
- Die Verfassung sichert die staatliche Ordnung.

[1] *Die Merkmale des Rechtsstaats.*

[2] *Wartende vor einem Bus.* Foto.

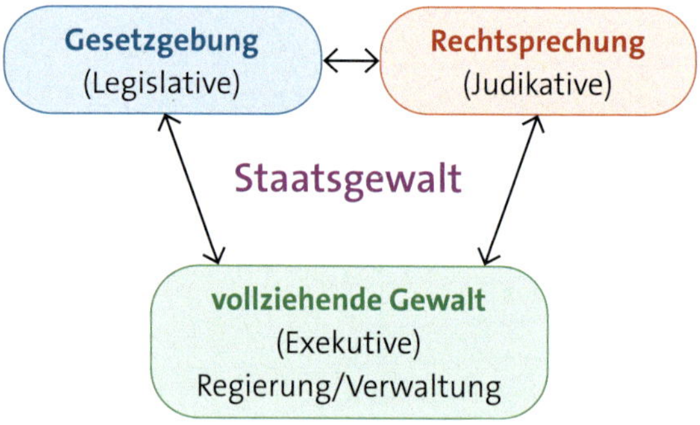

[3] *Gewaltenteilung.* Schaubild.

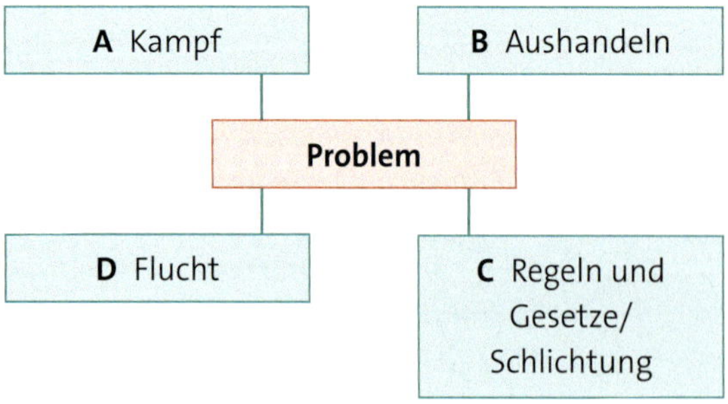

[4] *Wie kann man auf einen Konflikt reagieren?*

Fall A: Rieke (15 Jahre) möchte sich ein E-Bike im Wert von 2000 Euro kaufen.

Fall B: Mehmet (14 Jahre) möchte in eine eigene Wohnung ziehen.

[5] *Wer darf was?*

Die Gesetzgebung ist an die verfassungsmäßige Ordnung, die vollziehende Gewalt und die Rechtsprechung sind an Gesetz und Recht gebunden.

[6] *Art. 20 Abs. 3 Grundgesetz*

[7] *Schülerinnen und Schüler sprechen mit einer Expertin.* Foto.

Sachkompetenz

1 Was kennzeichnet unseren Rechtsstaat? Schreibe aus den Merkmalen [1] einen Antworttext. (S. 238/239)

2 Darf der Busfahrer entscheiden, nur Fahrgäste mit blauen Hosen im Bus mitzunehmen? [2] Nimm Stellung zu der Frage. Begründe dies mit den Merkmalen des Rechtsstaats. (S. 238)

3 Erkläre die Gewaltenteilung mithilfe des Schaubildes [3]. (S. 239)

4 Ein Konflikt – und nun? Beschreibe die Möglichkeiten, die man hat, um auf einen Konflikt zu reagieren [4]. (S. 240)

5 Beantworte die beiden Fälle [5]. Begründe deine Antwort mit der Rechts- und Geschäftsfähigkeit. (S. 242/243)

6 Begründe die im Grundgesetz vorgegebene Verbindung der Gesetze mit den drei Gewalten [6]. (S. 248)

Methodenkompetenz

7 Was kennzeichnet eine gute Expertenbefragung? [7] (S. 254/255)

Urteilskompetenz

8 „Staatliche Willkür gefährdet das Leben in einer Demokratie." Nimm Stellung zu der Aussage. (S. 244/245)

9 Gerechtigkeit für alle? Erkläre, warum dies in einem demokratischen Rechtsstaat ein Grundwert des Zusammenlebens ist. (S. 236/237, 244/245)

10 Zu Beginn der Unterrichtseinheit hast du dir Fragen zu dem Thema „Gerechtigkeit für alle?" notiert. Überprüfe, welche Fragen beantwortet und welche noch offen sind. Sammelt offene Fragen in der Klasse und klärt sie.

Leben, um zu arbeiten, oder arbeiten, um zu leben?

Am Arbeitsplatz

Täglich gehen Millionen Menschen zur Arbeit. Sie verbringen unter der Woche mehr Zeit mit ihren Kollegen am Arbeitsplatz als mit ihren Familien zu Hause. Selbstverständlich verdient man mit seiner Arbeit Geld für den Lebensunterhalt. Arbeit kann aber mehr sein als bloße Existenzsicherung.

1 Beschreibe das Bild.
2 Berichte, was Eltern, Freundinnen oder Freunde von ihrer Arbeit erzählen.
3 Formuliere Fragen zum Thema: „Arbeit und ihre Bedeutung“

Schauplatz Am Arbeitsplatz

Ausbildung, Fortbildungen und dann die Meisterschule: Ich war schon immer ehrgeizig und wollte einen eigenen Betrieb gründen. Jetzt bin ich selbstständig und trage die Verantwortung für meine Beschäftigten. Das treibt mich an.

[1] *Malermeisterin.* Foto.

Meine Arbeit als Bauzeichner ist mir mindestens genauso wichtig wie meine Familie. Ich arbeite seit einiger Zeit zwei Tage pro Woche von zu Hause. Ich teile mir die Aufträge und Termine eigenverantwortlich ein, sodass ich auch tagsüber Zeit für die Kinder habe.

[2] *Bauzeichner.* Foto.

Schon als Kind wollte ich immer anderen helfen. Für jemanden da zu sein, der meine Hilfe braucht, ist ein wunderbares Gefühl. Sicher ist die Arbeit anstrengend und belastend. Schön sind die Momente, wenn sich die Patienten oder Angehörige für unsere Arbeit bedanken.

[3] *Krankenpfleger.* Foto.

Mit den eigenen Händen etwas zu gestalten und zu erschaffen, ist etwas sehr Befriedigendes. Wenn ich weiß, dass meine Möbelstücke jahrelang in Gebrauch sind, dann macht mich das stolz. Dank meiner Arbeit können meine Kunden besser wohnen und leben. Ich habe das Gefühl, dass ich etwas Nützliches mache.

[4] *Tischlerin.* Foto.

1 Beschreibe die Bilder [1–4].

2 Unterscheide die dargestellten Arbeitsplätze voneinander.
Starthilfe: *Die Malermeisterin arbeitet in fremden Wohnungen, um ...*

3 Lies die Aussagen der Menschen [1–4]. Erläutere die unterschiedliche Motivation für ihre Arbeit.

Personen, die tatsächlich den Arbeitgeber wechselten, wünschten sich vor allem …
(Angaben in Prozent)

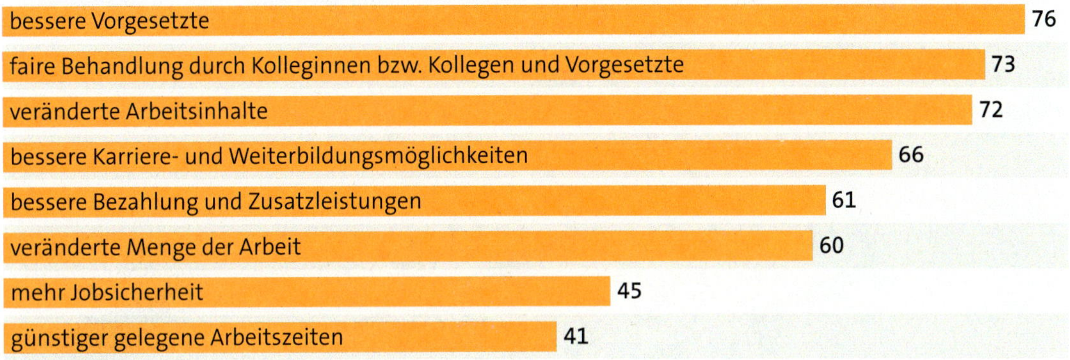

Quelle: Bundesministerium für Arbeit und Soziales (Hg.): Arbeitsqualität und Wirtschaftlicher Erfolg; Berlin 2019, S. 17

[5] *Gründe für einen Wechsel des Arbeitsplatzes.* Grafik.

4 Werte das Schaubild aus:
- Welche Gründe für einen Arbeitsplatzwechsel werden genannt?
- Welche Gründe sind am meisten genannt?
- Überraschen dich manche Ergebnisse? Begründe.

Vielschichtige Gründe für Arbeit

Man arbeitet in erster Linie, um Geld zu verdienen und um seinen Lebensunterhalt zu sichern. Ein gutes Gehalt und berufliche Aufstiegsmöglichkeiten sind vielen Menschen wichtig. Wer seine Arbeit dann aber nicht als notwendiges Übel oder Belastung sieht, der kann sein Leben viel mehr genießen. Am Arbeitsplatz lernt man Kollegen kennen, aus denen möglicherweise Freundinnen oder Freunde werden. Man erfährt hier Anerkennung und Freude, was das Selbstvertrauen und die Lebenszufriedenheit stärkt. Forschende fanden heraus: Wer sich morgens auf den Job und seine Kollegen freut, ist glücklicher im Leben.

Wähle einen der Arbeitsaufträge aus:

- Notiere unterschiedliche Gründe, warum Menschen arbeiten. **Starthilfe:** *Lies den Text „Vielschichtige Gründe für Arbeit" auf dieser Seite. Nutze den Lese-Profi auf der letzten Seite im Buch.*
- Führt zu zweit ein Gespräch zwischen Chefin und Bewerber um eine freie Arbeitsstelle.
- „Karriere um jeden Preis!" Diskutiert diese Aussage in Kleingruppen kritisch.

Arbeit als Stütze im Alltag

Ich lerne am Arbeitsplatz viele Dinge, die mir in allen Bereichen des Lebens helfen. Ich meine Pünktlichkeit, Zuverlässigkeit und eigenverantwortliches Arbeiten. Meinem Chef ist es wichtig, dass man offen zu seinen Fehlern steht und daraus lernt.

Als mein Vater gestorben ist, hat es mir die Füße weggezogen. Meine Arbeit gab mir Halt. Jeden Tag aufstehen und zum Arbeitsplatz gehen war wichtig, Das gab mir Struktur und Ablenkung.

[6] *Was Arbeit auch bewirkt.* Fotos.

5 Begründe, dass Arbeit mehr ist als nur Geldverdienen. **Starthilfe:** *Natürlich arbeitet man, um Geld zu verdienen, aber …*

[1] *Arbeit, Familie und Freizeit – ist alles im Gleichgewicht?* Foto.

1 Beschreibe Abbildung [1] und werte sie aus:
- Welche Wörter sind abgebildet?
- Gibt es einen Zusammenhang zur Arbeit?

Was ist Arbeit?

Bis ins 19. Jahrhundert wurde der Begriff „Arbeit“ mit großer körperlicher Anstrengung oder Not gleichgesetzt. Heute meint Arbeit in erster Linie die berufliche Tätigkeit. Diese kann man auf vier verschiedene Arten unterscheiden:
- Handwerkliche Tätigkeiten wie die eines Fliesenlegers werden als körperlich eingestuft. Jobs im Büro gelten als geistige Arbeit.
- Wer anderen Arbeitsanweisungen gibt, hat eine leitende Arbeit. Wer sie ausführt, leistet eine ausführende Arbeit.
- Unterscheidung nach der Qualifikation: ungelernte, angelernte oder gelernte Arbeit.
- Unterscheidung nach der persönlichen Abhängigkeit: selbstständige Arbeit als Unternehmer oder unselbstständige Arbeit als Beschäftigter eines Arbeitgebers

In unserem Grundgesetz Artikel 12 ist die Arbeit fest verankert: „Alle Deutschen haben das Recht, Beruf, Arbeitsplatz und Ausbildungsstätte frei zu wählen.“

Work-Life-Balance

Wer gleichzeitig Arbeit und Privatleben ohne größere Belastung und Stress miteinander vereinbaren kann und zufrieden ist, der hat einen Idealzustand erreicht. Das ist die sogenannte Work-Life-Balance. Ob man Beruf und Privatleben gut miteinander verbinden kann, hängt von einigen Faktoren ab: die Arbeitszeit und deren Einteilung, die Mitsprache bei der Wahl des Arbeitsortes (Homeoffice, Betrieb, Dienstreisen).

Forschende sind sich einig, dass Wertschätzung die Zufriedenheit mit der eigenen Arbeit zusätzlich positiv beeinflusst. Das kann sowohl Lob der Vorgesetzten und der Kollegen und Kolleginnen sein als auch die Anerkennung der Gesellschaft.

Mitentscheidend für die Work-Life-Balance ist aber das Einkommen: „Überall steigen momentan die Preise. Ohne zusätzliche bezahlte Überstunden könnte ich niemals alles finanzieren.“ (Aussage eines Familienvaters)

2 Erläutere den Begriff „Arbeit“.

3 Erkläre den Begriff „Work-Live-Balance“.
Starthilfe: *Benutze diese Begriffe: Arbeit, Privatleben, Gleichgewicht, Wertschätzung, Einkommen.*

- **10.000 v. Chr.:**
  Menschen bauen Getreide für sich an und züchten für den Eigengebrauch Rinder, Schweine und Ziegen.
- **etwa 8000 v. Chr.:**
  Menschen erfinden Sichel und Pflug. Sie steigern die Ernte und können Vorräte anlegen. Nahrung wird gegen Waren getauscht.
- **ab 5000 v. Chr.:**
  Die Menschen teilen sich die Arbeit auf. Die einen bauen Rohstoffe ab, andere stellen Waffen und Werkzeuge her. Geld als Zahlungsmittel entsteht.

- **ab 1100:**
  Die Menschen im Mittelalter spezialisieren sich und schließen sich zu Gruppen zusammen. Handwerker bilden Zünfte, Kaufleute und Händler Gilden.
- **ab 1769:**
  Die Dampfmaschine wird erfunden. Sie ermöglicht neue Produktions- und Fertigungstechniken.

- **ab 1913:**
  Die Fließbandproduktion entsteht. Arbeiter machen immer dieselben Handgriffe.
- **Ende des 20. Jahrhunderts:**
  Zwei Erfindungen verändern die Arbeitswelt: der Computer und das Internet.

- **Beginn des 21. Jahrhundert:**
  Die Digitalisierung und die künstliche Intelligenz prägen die Arbeitswelt.

Leben, um zu arbeiten, oder arbeiten, um zu leben?

Veränderung der Arbeitswelt

Wie wird die Arbeit in der Zukunft aussehen?

1 Beschreibe die Bilder [1-3]. Was ist Arbeitnehmerinnen und Arbeitnehmern bereits heute wichtig?

[1] *Rund ein Drittel aller Erwerbstätigen würde eine neue Arbeitsstelle annehmen, um Familie und Beruf besser vereinbaren zu können.* Foto.

[2] *Vier von zehn Erwerbstätigen sind gegenwärtig bereit, für eine Vier-Tage-Arbeitswoche auf einen Teil des Gehalts zu verzichten.* Foto.

[3] *Der Großteil der befragten Arbeitnehmerinnen und Arbeitnehmer möchte einen Teil der Arbeit von zu Hause aus erledigen. Rund 80 Prozent können sich nicht mehr vorstellen, alle Arbeitstage nur im Büro zu verbringen.* Foto.

Erwartungen der Beschäftigten

Unternehmen haben erkannt, dass sich die Arbeitswelt verändert. Gründe sind der Fachkräftemangel, neue Technologien und eine sich ändernde Erwartungshaltung der Mitarbeiterinnen und Mitarbeiter. Um herauszufinden, was diesen wichtig ist, gaben Unternehmen Befragungen unter ihren Beschäftigten in Auftrag. Dabei kam heraus, dass Erfolg, ein gutes Gehalt und Karriere noch immer wichtig sind. Aber weitere Faktoren werden für die Zufriedenheit zukünftiger Arbeitnehmer eine große Rolle spielen.

Entwicklungen für die Arbeitswelt der Zukunft

Mitarbeiterinnen und Mitarbeiter erwarten von ihrem Arbeitgeber, dass er sich aktiv mit den Themen Energieverbrauch und Umweltschutz auseinandersetzt. Ein verantwortungsbewusster Umgang mit Energie, Produktionsmaterialien und Abfall am Arbeitsplatz soll durch die Unternehmensführung umgesetzt und ständig verbessert werden. Zudem wird die Nachfrage nach Arbeitsplätzen, die sich mit den Themen Energieverbrauch und Umweltschutz beschäftigen, steigen.

Weiterbildung wird immer wichtiger

In Zukunft werden Unternehmen bei ihren Bewerbern nicht nur Wert auf einen Schulabschluss oder einen guten Notendurchschnitt legen. Bei der Besetzung offener Stellen werden Erfahrungen, Fähigkeiten und die Bereitschaft zur Weiterbildung immer wichtiger. Gerade im Bereich der Digitalisierung werden Unternehmen eigene Fortbildungen für ihre Beschäftigten anbieten. In Zukunft werden die Betriebe sie noch stärker schulen, sodass sie eine bestmögliche Leistung an ihrem Arbeitsplatz bringen können.

2 Begründe, warum sich die Arbeitswelt verändern wird.

3 Gib die Entwicklungen der zukünftigen Arbeitswelt in eigenen Worten wieder.

Sprachspeicher

1: Familie und Beruf, Vier-Tage-Woche, Homeoffice

3: Erfahrungen, Weiterbildung, Digitalisierung

[4] *Die Generation der Zukunft.* Foto.

4 Beschreibe das Bild. Vermute, was jungen Leuten heute wichtig ist.

Mitarbeiterinnen und Mitarbeiter der Zukunft
Geburtsjahrgänge werden in Generationen eingeteilt. Jede Generation hat unterschiedliche Merkmale, Erfahrungen und Lebenseinstellungen. Wie die Arbeit in der Zukunft aussieht, hängt demnach sehr eng mit den Einstellungen der dann arbeitenden Generation zusammen. Dies sind heute junge Menschen, die zwischen den Jahren 1998 und 2010 geboren sind.

Eigenschaften junger Leute heute
Jüngere Menschen sind bereits im Kleinkindalter mit Internet, Smartphone und Tablet in Berührung gekommen. Digitalisierung ist für sie alltäglich. Die Kommunikation in sozialen Medien ist ihnen wichtig. Sie sind politisch interessiert. Ihre Themen sind „Fridays for Future" und Klimapolitik. Deshalb blicken sie auch weniger optimistisch in die Zukunft, denn sie sind mit Problemen wie Erderwärmung und Umweltverschmutzung aufgewachsen. Jüngere sind heute auf der Suche nach Freiheit, Selbstverwirklichung und einem stabilen familiären Umfeld. Sie wollen eine Trennung zwischen Privat- und Berufsleben.

5 Beschreibe die Eigenschaften der Mitarbeiterinnen und Mitarbeiter der Zukunft.
Starthilfe: *Besonders wichtig ...*

Personalchef eines großen Unternehmens:
„Da kommen 25-Jährige zu mir und wollen nur vier Tage pro Woche arbeiten. Sie könnten hier Verantwortung übernehmen, Karriere machen und sich einbringen. Ihnen sind aber nur ihre Work-Life-Balance und die eigenen Interessen wichtig."
Sarah, Jahrgang 1999:
„Ich will nur für ein Unternehmen arbeiten, das umweltverträgliche Produkte herstellt. Es ist mir wichtig, auch mit meiner Arbeit zum Umweltschutz beizutragen."
Führungskraft in einem Unternehmen:
„Wir können die Digitalisierung im Unternehmen viel schneller umsetzen. Die jungen Mitarbeitenden wissen schon sehr viel darüber."

[5] *Drei Meinungen.* Autorentext.

6 Fasse die Einstellungen der unterschiedlichen Personen [5] in eigenen Worten zusammen.

Wähle einen der Arbeitsaufträge aus:

- Notiere Erwartungen, die künftige Mitarbeiter und Mitarbeiterinnen an ihren Arbeitgeber haben. **Starthilfe:** *Lies die Texte „Erwartungen der Beschäftigten" und „Entwicklung für die Arbeitswelt der Zukunft" auf Seite 264. Nutze den Lese-Profi auf der letzten Seite im Buch.*
- Verfasse einen Lexikonartikel über die Generation der Zukunft.
- „Jede Generation hat ihre eigenen Ideen und Einstellungen." Nimm Stellung zu dieser Aussage.

Sprachspeicher
optimistisch > heiter, zuversichtlich
umweltverträglich > nicht die Umwelt belastend

: Erfolg des Unternehmens ▪ gutes Gehalt ▪ Karrieremöglichkeiten ▪ Umweltfreundlichkeit ▪ Homeoffice ▪ gute Arbeitszeiten

Angst vor der Zukunft?

Wie werden die zukünftigen Herausforderungen der Arbeitswelt bewältigt?

Die Arbeit der Pflegekräfte ist verantwortungsvoll, körperlich anstrengend und psychisch belastend. Viele unserer Beschäftigten haben in den letzten Jahren deshalb den Job gewechselt. Aktuell fehlen in Deutschland über 100.000 Pflegekräfte. Das wird sich in Zukunft noch verschärfen, da die Zahl der Pflegebedürftigen weiter ansteigt. Wir müssen den Beruf attraktiver machen: Er muss besser bezahlt und die Arbeitsbedingungen müssen verbessert werden.

[1] *Leiter eines Pflegedienstes.* Foto.

Unsere Arbeit in der Fertigung wird zunehmend komplexer. Viele Maschinen sind voll automatisiert, Fertigungspläne werden uns digital geschickt. Besprechungen mit den Kollegen in anderen Werken finden fast nur noch per Videokonferenz statt. Viele Kolleginnen und Kollegen müssen sich neben ihrer Arbeit fortbilden. Zum Glück haben die meisten Auszubildenden schon in der Schule Erfahrungen mit der digitalen Welt gemacht.

[2] *Facharbeiterin im Maschinenbau.* Foto.

Wir haben im Unternehmen sehr viele unbesetzte Stellen. Gerne würden wir neues Personal einstellen oder junge Menschen ausbilden. Der Mangel an Fachkräften betrifft mittlerweile alle Bereiche des Arbeitsmarktes. Ein Grund ist, dass nun die geburtenschwachen Jahrgänge auf den Arbeitsmarkt kommen. Ich sehe als eine Lösung, dass gezielt ausländische Arbeitskräfte angeworben werden. So könnten wir die offenen Stellen besetzen.*

[3] *Personalchef eines Unternehmens.* Foto.

1 Fasse die unterschiedlichen Aussagen zusammen.

2 Vervollständige die Tabelle mithilfe der Informationen aus dem Text.

Herausforderung der Arbeitswelt	**mögliche Lösung**
• Mangel an Pflegekräften • ...	• bessere Bezahlung • ...

* **geburtenschwacher Jahrgang:** Damit sind Jahre gemeint, in denen nur wenige Kinder im Vergleich zu den Vorjahren geboren wurden.

Sprachspeicher

1: Mangel an Pflegekräften, automatisiert, digitalisiert, fortbilden, Mangel an Fachkräften, ausländische Arbeitskräfte

eine Arbeit ist psychisch belastend • eine Arbeit erzeugt Stress • eine Maschine ist automatisiert • eine Maschine funktioniert automatisch

[4] *Roboter packen in einem Lager selbstständig Pakete. Sieht so die Zukunft aus?* Illustration/Foto.

3 Beschreibe das Bild. Was fällt dir zum Begriff künstliche Intelligenz ein?

Künstliche Intelligenz (KI)

In der Zukunft kann die KI vielleicht eigenständig Antworten finden und selbstständig Probleme lösen. Seit einigen Jahren gibt es die KI bereits in unserem Alltag: Suchmaschinen im Internet, die Gesichtserkennung des Smartphones, Empfehlungen von Internetseiten oder Streaming-Diensten aufgrund des eigenen vergangenen Suchverhaltens, Computer verfassen Wetterberichte oder Sportnachrichten auf der Basis vorhandener Informationen. Studien sagen voraus, dass die KI in einigen Berufen einen Teil der Aufgaben übernehmen wird. Betroffen sind vor allem Verwaltungs- und Büroangestellte, Lageristen oder Journalisten. Experten und Expertinnen gehen davon aus, dass die KI weltweit rund 300 Millionen Arbeitsplätze überflüssig macht.

4 Gib in eigenen Worten wieder, was man unter KI versteht.

A „Ich bin Berufskraftfahrer und habe Angst um meinen Job. Wenn die Lkw selbstständig fahren, dann bin ich doch überflüssig – oder?“

B „Ich arbeite bei einem Paketdienst. Die Arbeit ist kaum zu bewältigen. KI wird uns bei der Sortierung der Pakete helfen. Ich sehe nur Vorteile.“

C „Als Ärztin habe ich große Erwartungen an die KI. Krankheiten können schneller erkannt und behandelt werden.“

D „Als Polizist befürchte ich, dass mit der KI der Diebstahl von Daten oder Hackerangriffe zunehmen werden.“

[5] *Vier Meinungen zur KI.* Autorentext.

5 Stelle die Meinungen [5] über die KI dar.
Starthilfe: *Einerseits ist die KI eine Chance ...*

Wähle einen der Arbeitsaufträge aus:

- Nenne Bereiche, in denen die KI dir weiterhelfen kann. **Starthilfe:** *Wenn ich eine Suchmaschine benutze ...*
- Erstelle eine Mindmap über die Herausforderungen der zukünftigen Arbeitswelt.
- Diskutiert die Vor- und Nachteile der KI.

Sprachspeicher

4: menschliche Intelligenz, KI im Alltag, 300 Millionen Arbeitsplätze

Hacker stehlen Daten • Hacker dringen in Computerprogramme ein • einen Computer hacken

Wahlseite Familienarbeit

1 Lies den Text und fasse die Inhalte der Seite mit deinen Worten zusammen. Arbeite gemeinsam mit deinem Lernpartner oder deiner Lernpartnerin. **Starthilfe:** *Nutze den Lese-Profi auf der letzten Seite im Buch.*

2 Erstelle ein Mindmap zur Familienarbeit. **Starthilfe:** *Zeichne in deiner Mindmap die Zweige Hausarbeit, Erziehungsarbeit, Pflegearbeit und Beziehungsarbeit ein.*

[1] *Gespräche am Familienesstisch.* Foto.

Familienmanagement

Familienarbeit bezeichnet die **Versorgung und Erziehung der Kinder**, die **Pflege von Angehörigen** sowie die **Planung und Organisation** des gesamten Familienlebens. Dazu gehören zahlreiche Termine und Verpflichtungen, für die Eltern **keine Bezahlung** erhalten.

Elternzeit – eine Auszeit von der Arbeit?

Jeder vierte Mann geht aktuell in **Elternzeit**. Sebastian (34) berichtet über seinen Alltag: „Ich habe mir eine **Auszeit von meinem Beruf** genommen und bin für unsere zweijährige Tochter da. Meine Frau ist weiter berufstätig. Nachts muss ich mich kümmern, wenn die Kleine nicht schlafen kann und weint. Tagsüber bin ich auch ziemlich beschäftigt mit ihr. Über fehlende Arbeit kann ich mich nicht beklagen.“

Was ist Elternzeit?	eine Auszeit von der Erwerbsarbeit, um sich um sein Kind zu kümmern
Wer hat Anspruch?	Arbeitnehmerinnen und Arbeitnehmer (Mütter und Väter), die ihr Kind selbst erziehen
Wie lang ist die Elternzeit?	bis zu drei Jahre pro Kind
Darf man arbeiten?	bis zu 32 Stunden in der Woche
Gibt es Lohn in der Elternzeit?	Nein, es sei denn, man arbeitet Teilzeit.
Wie finanziert man die Elternzeit?	Es gibt verschiedene Arten des Elterngeldes.

[2] *Informationen über die Elternzeit.* Tabelle.

Tipps für die Erarbeitung

- Führe gemeinsam mit deinen Mitschülern und Mitschülerinnen ein Gruppenpuzzle durch. Nutzt dazu die anderen Wahlseiten des Kapitels.

Wahlseite Schülerjob

1 Informiere dich auf dieser Seite über Schülerjobs.

2 Präsentiere deine Ergebnisse in geeigneter Form für die Klasse.

Für Klamotten, Kino und Handy reicht mein Taschengeld einfach nicht aus. Deshalb habe ich mir einen Job gesucht. Meine Eltern sind nicht begeistert. Sie haben Angst, dass ich die Schule vernachlässige.

[2] *Eine Schülerin trägt nachmittags Zeitungen aus.* Foto.

Gesetzliche Regelungen

Kinder und Jugendliche können mit kleinen Schülerjobs erste **Erfahrungen in der Berufswelt** sammeln und bessern so ihr Taschengeld auf. Es gilt aber das **Jugendarbeitsschutzgesetz***:

- Kinder ab 13 Jahren dürfen **leichte**, **kurzzeitige Beschäftigungen** annehmen.
- Diese leichte Tätigkeit muss nach der Schule stattfinden, aber nur bis 18 Uhr.
- Die Eltern müssen einverstanden sein.
- Ferienjobs sind erst ab 15 Jahren zulässig.

Daten und Fakten zu Schülerjobs

- Erlaubt sind maximal zwei Arbeitsstunden pro Tag an höchstens fünf Wochentagen.
- Man darf durchschnittlich nicht mehr als 520 Euro pro Monat verdienen
- Jeder dritte Schüler und jede dritte Schülerin jobbt etwa acht Arbeitsstunden pro Woche.

Job	Alter ab	Verdienst in €
Hunde ausführen	13	5 – 10/Std.
Babysitten	13	5 – 10/Std.
Zeitungen/Werbung austragen	13	2 – 4 Cent je Stück
Eis verkaufen	15	60 – 80/Tag
Helfen im Büro	15	40 – 70/Tag
Regale auffüllen	16	25 – 60/Tag
auf dem Bau helfen	16	45 – 70/Tag
Erntehelfer	16	35 – 60/Tag
Verkaufsförderung	18	96 – 120/Tag
Betreuer Ferienlager	18	10/Tag
Fabrikarbeit	18	96 – 120/Tag

[2] *Beispiele für Schülerjobs.* Tabelle.

* *das* **Jugendarbeitsschutzgesetz:** Das Gesetz schützt junge Leute unter 18 Jahren, egal wo sie beschäftigt werden. Wer noch nicht 15 Jahre alt ist, gilt als Kind. Wer zwischen 15 und 18 Jahren alt ist, ist Jugendlicher. Für Jugendliche, die noch vollzeitschulpfichtig sind, gelten dieselben Regeln wie für Kinder.

Tipps für die Erarbeitung
- Erläutere die Gründe, warum Jugendliche jobben.

Tipps für die Präsentation
- Zeige Tabelle [2] und lass die Mitschülerinnen und Mitschüler über ihre möglichen Jobs berichten.

☒ Wahlseite Ehrenamt

1 Informiere dich auf dieser Seite über das ehrenamtliche Engagement von Jugendlichen.

2 Präsentiere deine Ergebnisse in geeigneter Form in der Klasse.

[1] *Ein Schüler betreut einen Bewohner eines Altenheims.* Foto.

Wo sich Jugendliche engagieren

Die Möglichkeiten, sich ehrenamtlich zu engagieren, sind für Jugendliche nicht überall gleich. Im ländlichen Raum bieten meist die freiwilligen Feuerwehren oder die kirchliche Jugendarbeit die einzigen Möglichkeiten. Daneben suchen vor allem Sportvereine, in denen Teenager als Trainer oder Betreuer arbeiten, immer wieder Ehrenamtliche. Seniorenheime, Musikvereine, Schulen und Rettungsdienste sind ebenfalls auf die freiwillige Mithilfe von Heranwachsenden angewiesen. Zu beobachten ist, dass sich Jugendliche, deren Eltern selbst ein Ehrenamt haben, überdurchschnittlich oft in der Freizeit für andere engagieren.

Daten und Fakten

- Etwa 50 Prozent der Jugendlichen investieren rund zwei Stunden pro Woche in ihre Tätigkeit.
- Ab dem 21. Lebensjahr sinkt die Bereitschaft der Heranwachsenden für ehrenamtliches Engagement immer weiter.

Spaß haben	92 %
Mit anderen zusammenkommen	80 %
Etwas Neues lernen	76 %
Gesellschaft mitgestalten	74 %
Mit anderen Generationen zusammenkommen	63 %
Beruflich vorankommen	61 %

[2] *Motive freiwillig engagierter Schüler.* Tabelle. BMFSFJ (Hg.): Freiwilliges Engagement junger Menschen, Berlin 2017, S. 29, gekürzt.

Als Trainerin einer Fußballjugendmannschaft macht es mir viel Spaß, mit den Kindern zu arbeiten. Ihnen etwas Neues zu zeigen, dass sie dann können, macht mich unheimlich stolz.

Wenn wir eine Demo gegen den Klimawandel organisieren, habe ich das Gefühl, etwas zu bewirken.

[3] *Aussagen von engagierten Jugendlichen.* Fotos.

Tipps für die Erarbeitung

- Notiere die Motive für ehrenamtliches Engagement bei Jugendlichen.

Tipps für die Präsentation

- Lass die Klasse die möglichen Motive des Schülers in [1] vermuten.

1 Informiere dich auf dieser Seite über die Hausarbeit.

2 Präsentiere deine Ergebnisse in geeigneter Form in der Klasse.

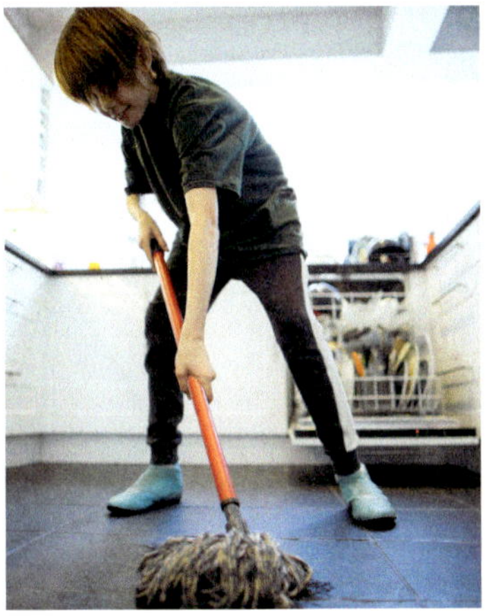

[1] *Pro Woche fallen für einen Haushalt im Durchschnitt etwa 40 Stunden Hausarbeit an.* Fotos.

Unbezahltes Arbeiten

Unter Hausarbeit versteht man die anfallenden täglichen Arbeiten für sich sowie für die im eigenen Haushalt lebenden Personen wie den Partner und die Kinder. Dazu zählen:

- Aufräumen und Putzen
- Wäsche waschen, Geschirr spülen, kleine Reparatur- und Wartungsarbeiten, Rasen mähen und Blumen gießen
- Zubereitung von Mahlzeiten und das Einkaufen der benötigten Lebensmittel
- Versorgen von Haustieren

Übrigens werden bei 72 Prozent der Paare die alltäglichen Hausarbeiten von Frauen erledigt. Außerdem ist im BGB §1619 verankert, dass Kinder bei der Hausarbeit mithelfen müssen.

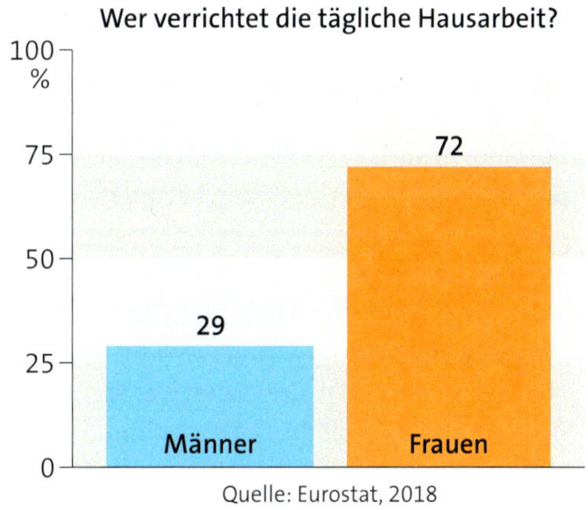

[2] *Verteilung der Hausarbeit.* Grafik.

Ich arbeite jeden Tag hart in meinem Beruf. Mich dann abends um den Haushalt zu kümmern, das schaffe ich nicht. Dazu habe ich auch keine Lust mehr. Ich bezahle lieber eine Haushaltshilfe.

Mein Mann hat einen guten Job und ist voll berufstätig. Ich kümmere mich ausschließlich um unseren Haushalt. Da bin ich die Chefin, das macht mich schon stolz.

[3] *Meinungen zur Hausarbeit.* Fotos.

Tipps für die Erarbeitung

- Nenne die unterschiedlichen Arbeiten im Haushalt.

Tipps für die Präsentation

- Lass die Klasse die Bilder und die Grafik beschreiben.
- Recherchiere den §1619 BGB und lies ihn der Klasse vor. Diskutiert, ob ihr einverstanden seid.

Arm und Reich in Deutschland

Was bedeutet soziale Ungleichheit?

[1] *Rund 40.000 Menschen in Deutschland sind obdachlos, haben also kein Dach über dem Kopf.* Foto.

[2] *Über 1,6 Millionen Menschen in Deutschland besitzen Geld und Vermögen im Wert von über einer Million Euro.* Foto.

1 Beschreibe die Bilder [1–3]. Vermute, was unter „sozialer Ungleichheit" verstanden wird.

Formen von Armut

Es lassen sich verschiedene Formen von Armut unterscheiden:

- **absolute Armut:** Sie bezieht sich auf Personen, die jeden Tag ums Überleben kämpfen müssen, weil sie nichts zu essen und kein Dach über dem Kopf haben. Dies betrifft vor allem arme Menschen in armen Ländern.
- **relative Armut:** Von „relativer Armut" sind Menschen betroffen, die in den reichen Industrieländern leben. In Deutschland gilt als arm, wem weniger als 60 Prozent des Durchschnittseinkommens zur Verfügung stehen. Im Jahr 2021 betrug dies für eine einzelne Person 1251 Euro pro Monat.
- **gefühlte Armut:** Diese Form der Armut lässt sich nicht an der Einkommenshöhe messen. Sie bezieht sich allein auf das persönliche Gefühl, ausgegrenzt zu sein bzw. finanziell nicht mit seinem Umfeld mithalten zu können.

Der Armutsbericht in Deutschland

Regelmäßig erscheint im Auftrag der Bundesregierung der Armutsbericht. Für das Jahr 2021 stellte dieser fest, dass in Deutschland jeder sechste Mensch als arm gilt. Eine vierköpfige Familie lebt in Deutschland demnach unter der Armutsgrenze, wenn ihr weniger als 2625 Euro im Monat zur Verfügung steht. Besonders Kinder sind von Armut betroffen.

2 Beschreibe in eigenen Worten die unterschiedlichen Formen von Armut.

3 Erläutere die Funktion des Armutsberichtes.
Starthilfe: *Der Armutsbericht verfolgt die Absicht, ...*

[3] *In über 1000 Städten und Gemeinden bieten „Die Tafeln" kostenlos übrig gebliebene Lebensmittel an. Täglich nutzen dies Angebot in Deutschland etwa 1,6 Millionen Menschen.* Foto.

Sprachspeicher
2: arme Länder, Durchschnittseinkommens, Angst vor Armut

relativ > im Vergleich zu etwas, du bist ziemlich groß im Vergleich zu deinem Bruder

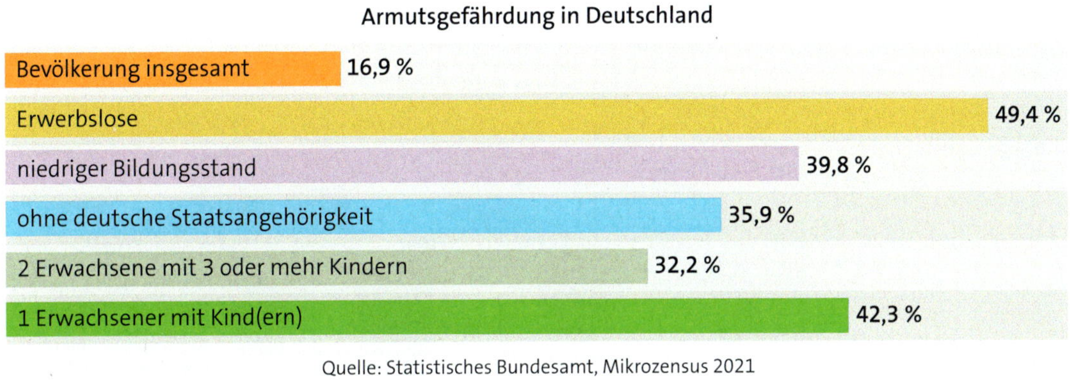

[4] *Armutsgefährdung bestimmter Personengruppen.* Balkendiagramm.

4 Beschreibe die Abbildung [4] und werte sie aus:
- Warum übersteigt die Prozentsumme den Wert 100?
- Welche Personengruppen sind stark durch Armut bedroht?
- Bei welchen gefährdeten Personengruppen sind auch Kinder von Armut betroffen?

Armut in Deutschland

Seit einigen Jahren nimmt in Deutschland die sogenannte „neue Armut" zu. Sie kann alle betreffen, kommt unerwartet und kann auch wieder vorübergehen. Ursachen können der plötzliche Verlust des Arbeitsplatzes, eine längere Erkrankung, eine Ehescheidung oder Schulden sein.

Drei verschiedene Lebenssituationen:

A „Ich habe mich von meinem Mann getrennt. Mit den beiden Kindern bin ich in eine neue Wohnung gezogen. Obwohl mein früherer Mann Unterhalt bezahlt, kann ich die Miete und Lebensmittel kaum bezahlen. An Urlaub ist nicht zu denken."

B „Mit dem Arbeitslosengeld kann ich das Auto nicht finanzieren. Ich habe es verkauft."

C „Ich habe fünf Geschwister. Mit dem Geld, das mein Vater verdient, sind Klassenfahrten oder Nachhilfestunden nicht drin."

[5] *Beispiele für „neue Armut".* Autorentext.

Ungleiche Chancen durch Armut

Armut in Deutschland bedeutet Chancenungleichheit. Betroffene sind häufig übergewichtig und krank, weil an gesunder und ausgewogener Ernährung gespart wird. Kleidung muss unter Umständen so lange getragen werden, bis Geld für eine Neuanschaffung da ist. Eine Einladung zu einer Geburtstagsfeier wird nicht angenommen, weil man sich ein Geschenk nicht leisten kann.

Daten und Fakten zur sozialen Ungleichheit

Ein Zehntel der Menschen in Deutschland verfügt über knapp 60 Prozent aller Geld- und Vermögenswerte. Im Durchschnitt leben Menschen länger, die einer hohen Einkommensgruppe angehören und nie von Armut gefährdet waren. Sozialforscher haben ermittelt, dass wohlhabende Menschen eine rund zehn Jahre längere Lebenszeit haben als arme Menschen.

5 Erläutere den Begriff „neue Armut".

Wähle einen Arbeitsauftrag aus:

- Notiere wichtige Daten und Fakten zur sozialen Ungleichheit in Deutschland. **Starthilfe:** *Betrachte dazu die Bilder [1] bis [3] sowie das Balkendiagramm [4].*
- Sammle Gründe, warum Armut vor allem Kindern Schaden zufügt.

Sprachspeicher
5: unerwartet, Ursachen, Entbehrungen.

Üben

Abgesichert im Alter

Ist die Rente in Zukunft noch sicher?

[1] *Rentnerpaar.* Foto.

1 Beschreibe das Bild. Was weißt du über die Rente?

Der Generationenvertrag

Wer in den Ruhestand geht, bekommt nur einen Teil seines letzten Nettogehalts als Rente ausbezahlt. Dauer und Höhe der Beitragszahlungen für die Rentenversicherung entscheiden, wie viel Rente zu erwarten ist. Faustformel: Je länger und höher eingezahlt wurde, desto besser ist die Rente. Das gesetzliche Rentenalter beträgt gegenwärtig 67 Jahre. Die Rentenversicherung zahlt jedoch auch, wenn jemand krankheitsbedingt früher berufsunfähig wird.

Wer zahlt?

Die Rentenversicherung funktioniert nach folgendem Prinzip: Der Teil der Bevölkerung, der aktuell arbeitet (= die jüngere Generation), versorgt finanziell den Teil, der altersbedingt nicht mehr arbeitet (= die ältere Generation). Bei der Rentenversicherung zahlen Arbeitgeber und Arbeitnehmer monatlich denselben Anteil des Lohnes in die „Rentenkasse" ein. Dieser Betrag wird aber nicht für spätere Zeiten zurückgelegt, sondern sofort für die gegenwärtigen Renten der älteren Generation ausgegeben. Die Renten der momentan Arbeitenden sollen dann später von der nachfolgenden Generation bezahlt werden.

Möglichkeiten der Vorsorge für die Rente

Unsere Gesellschaft wird im Durchschnitt immer älter. Die Rente ist in der Zukunft nach dem bisherigen Modell des Generationenvertrages keineswegs gesichert. Gefordert ist der Staat, aber auch jeder Einzelne. Der Staat könnte die Beiträge für die Rentenversicherung erhöhen. So würde mehr Geld für die Renten zur Verfügung stehen. Zusätzlich könnte das Renteneintrittsalter auf 70 Jahre erhöht werden. Außerdem könnten Kinderlose dazu verpflichtet werden, eine Sonderabgabe zu bezahlen.

Seit Jahren wird geraten, dass jeder für seinen eigenen Ruhestand finanziell vorsorgen muss. Man kann hierfür eine staatlich geförderte Altersvorsorge abschließen. Außerdem kann monatlich etwas gespart werden. Wer sich im Laufe von Jahrzehnten eine eigene Wohnung kauft, wohnt als Rentner mietfrei. Wer in seinem Berufsleben aber wenig verdient, kann privat nicht vorsorgen. Die Gefahr von Altersarmut steigt für Geringverdiener und Menschen, die nur wenig in die „Rentenkasse" einzahlen konnten.

2 Erkläre die Funktion des Generationenvertrages.
Sprachspeicher

3 Nenne staatliche und private Maßnahmen der Vorsorge für die Rente.

Sprachspeicher
in die Rentenkasse einzahlen • in Rente gehen • Rente beziehen • Rente erhalten • im Ruhestand sein • nicht mehr arbeiten müssen

2: jüngere Generation, ältere Generation, Rentenkasse

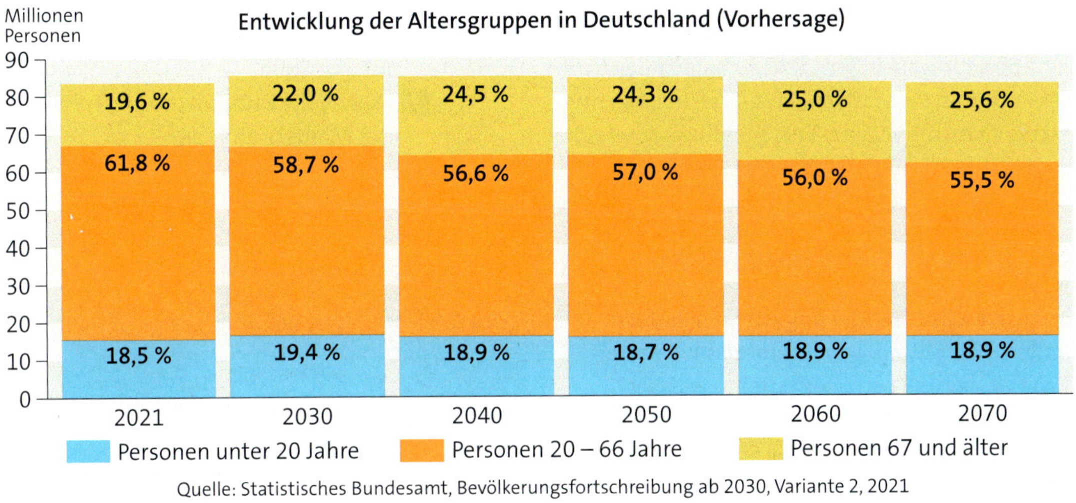

[2] *So könnten sich in Zukunft die Altersgruppen in Deutschland verändern.* Säulendiagramm.

4 Beschreibe das Säulendiagramm und wertet es aus:
- Wie entwickeln sich die Zahlen der Personen unter 20 Jahre bis ins Jahr 2070?
- Wie entwickeln sich die Zahlen der Personen über 60 Jahre bis ins Jahr 2070?

Die Gesellschaft verändert sich

Als Ende der 1950er-Jahre das Modell des Generationenvertrags bei der Rentenversicherung eingeführt wurde, war die Gesellschaft in Deutschland anders aufgebaut. Die Lebenserwartung betrug etwa 70 Jahre. Da die Menschen im Schnitt bis über 65 Jahre arbeiten mussten, bezogen sie ihre Rente nur kurz. Die „Rentenkasse" wurde wenig belastet.

Weniger Geburten, längere Lebenserwartung

Im Laufe der folgenden Jahrzehnte wurden weniger Kinder geboren. Ältere gingen früher in Rente und gleichzeitig stieg die Lebenserwartung. Die Zeitspanne, in der Rente bezogen wurde, verlängerte sich. Die Belastungen für die „Rentenkasse" stiegen. Heute müssen Arbeitnehmer meist bis zum 67. Lebensjahr arbeiten, um die Rente in voller Höhe zu bekommen. Dank gesünderer Lebensführung und medizinischen Fortschritts stieg die Lebenserwartung auf über 80 Jahre. Die Zeitspanne, in der Rente bezogen wird, wird immer länger.

Deutschland wird älter

Es wurde berechnet, dass die Bevölkerungszahl in Zukunft leicht abnehmen wird. Gleichzeitig wird sich die Alterszusammensetzung der Gesellschaft verändern [2]. Die Zahl der Älteren wird steigen, die der Jüngeren sinken. Aus diesem Grund wird Deutschland darauf angewiesen sein, dass Menschen aus dem Ausland zuziehen, um hier zu arbeiten und in die „Rentenkasse" einzuzahlen.

5 Beschreibe stichpunktartig die Veränderungen unserer Gesellschaft. **Sprachspeicher**

6 Erläutere wichtige Entwicklungen der Altersstruktur in Deutschland und deren Folge.

Wähle einen Arbeitsauftrag aus:

- Notiere, wie man sich vor Altersarmut schützen kann. **Starthilfe:** *Lies den Text „Möglichkeiten der Vorsorge für die Rente". Nutze dazu den Lese-Profi auf der letzten Seite im Buch.*
- Ein früherer Arbeitsminister sagte: „Die Rente ist sicher!" Formuliere eine begründete Antwort.

Sprachspeicher
die Lebenserwartung steigt · ein Kind, das heute geboren wird, lebt länger · ein langes Leben haben · *die* Bevölkerungszahl sinkt, weil mehr Menschen sterben als geboren werden

5: Lebenserwartung, „Rentenkasse", medizinischer Fortschritt, Rente mit 67

Methode Die Fallanalyse

Mit der Fallanalyse kannst du wichtige politische Entscheidungen nachvollziehen. Sie hilft dir, eine eigene Meinung zu äußern und zu begründen. Am Ende kannst du eine Entscheidung treffen. Wichtig ist, dass man die eigene Entscheidung am Ende immer mit der tatsächlichen vergleicht.

1 Beschreibe in eigenen Worten die Situation rund um den gesetzlichen Mindestlohn.

2 Wende die Fallanalyse auf das Beispiel des Mindestlohns an.

1. Schritt Informationen über das Problem

- Eine aktuelle Fragestellung oder ein Problem tritt in den Mittelpunkt des Interesses. Beispiel: War es sinnvoll, den Mindestlohn gesetzlich einzuführen?
- Wir informieren uns über die Situation, die zu dieser Fragestellung geführt hat.
- Wir informieren uns anhand des Schulbuchs, von Zeitungen oder des Internets.

2. Schritt Auseinandersetzung

- Wir sammeln unterschiedliche Meinungen und die Interessen der Beteiligten.
- Wir prüfen die gesetzlichen Vorgaben.

Sprachliche Formulierungshilfen / Tipps

War die Einführung des Mindestlohnes richtig?

In vielen Bereichen unseres Arbeitslebens haben die Arbeitgeber und die Gewerkschaften, die die Interessen der Arbeitnehmer vertreten, Vereinbarungen getroffen. Vertraglich werden Arbeitszeit, Anzahl der Urlaubstage oder die Höhe des Stundenlohnes festgelegt. Beide Seiten halten diese Vereinbarungen ein.
Schon immer war es für Arbeitnehmer schwierig, die als Servicekräfte in Restaurants, als Paketzusteller oder als Reinigungskräfte beschäftigt sind. Hier gab es keine Vereinbarungen über die Höhe des Lohnes und die Arbeitgeber zahlten geringe Löhne. Menschen ohne Ausbildung hatten keine Wahl. Sie mussten diese schlecht bezahlten Jobs annehmen und fühlten sich ausgenutzt. Deshalb wurde 2015 der gesetzliche Mindestlohn eingeführt. Er bildet die Untergrenze eines Lohnes.

siehe [1] und eigene Recherchen

siehe z. B. die Aussagen rechts

Mindestlohngesetz: Ab dem 1. Oktober 2022 liegt die Summe, die Arbeitgeber als Bruttostundenlohn bezahlen müssen, bei 12 Euro. Der Mindestlohn gilt grundsätzlich für alle Berufsgruppen. Keinen Anspruch auf den Mindestlohn haben Jugendliche unter 18 Jahren ohne Ausbildung, Auszubildende, Praktikanten und Langzeitarbeitslose.

3. Schritt **Eine Entscheidung treffen**

- Wir erfassen die unterschiedlichen Lösungsmöglichkeiten zur Fragestellung.
  Beispiel:
  - Lösung 1: Die Einführung des Mindestlohnes war sinnvoll, weil ...
  - Lösung 2: Die Einführung des Mindestlohnes war nicht sinnvoll, weil ...
- Wir stimmen in der Klasse über die Lösungsmöglichkeiten ab.
- Wir begründen unsere Entscheidung und benennen Vor- und Nachteile.

Die Einführung des Mindestlohns war sinnvoll, weil ...
Die Einführung des Mindestlohns war nicht sinnvoll, weil ...
individuelle Lösungen

individuelle Lösungen

4. Schritt **Vergleich mit der Wirklichkeit**

- Wir informieren uns über den tatsächlichen Ausgang. Entsteht ein neues Problem?

individuelle Lösungen

Höhe in €	9,35	9,50	9,60	9,82	10,45	12,00	12,41*	12,82*
Datum	1.1.2020	1.1.2021	1.7.2021	1.1.2022	1.7.2022	1.10.2022	1.1.2024	1.1.2025

*Erhöhung geplant

[1] *Entwicklung des Mindestlohns seit 2020.* Tabelle.

Ich arbeite körperlich sehr hart. Die Pakete werden immer schwerer. Meine Arbeitszeit beginnt früh am Morgen und ist sehr lang. Deshalb ist es nur richtig, dass der Stundenlohn auf 12 Euro erhöht wurde.

[2] *Ein Paketzusteller.* Foto.

Da wir jetzt auch den ungelernten Arbeitskräften mehr bezahlen müssen, sinkt unser Gewinn. Vermutlich werden wir Arbeitskräfte entlassen, um Personalkosten zu sparen.

[3] *Eine Unternehmerin.* Foto.

Die Lebenshaltungskosten steigen immer weiter. Jeder muss von seinem Lohn auch etwas sparen können. Deshalb sind 12 Euro als Stundenlohn zu wenig. Wir kämpfen für eine weitere Erhöhung des Mindestlohns.

[4] *Ein Gewerkschaftsvertreter.* Foto.

An unserer Gesellschaft teilhaben

Welche Bedeutung hat Arbeit für die Teilhabe an der Gesellschaft?

[1] *Gedanken von Personen bei der Suche nach Arbeit.* Foto.

1 Lest die Aussagen der Personen mit verteilten Rollen.
- Welche unterschiedlichen Sorgen haben sie?
- Gibt es noch weitere Probleme bei der Suche nach einer geeigneten Arbeitsstelle?

Teilhabe durch Arbeit

Teilhabe bedeutet, dass man die Gesellschaft, in der man lebt, mitgestalten kann. Werden Menschen an den Rand der Gesellschaft gedrängt oder gar ausgeschlossen, dann können sie ihre Bedürfnisse nicht verwirklichen.
Am Arbeitsleben teilzunehmen, ist ein wichtiger Bestandteil sozialer Teilhabe. Der Verlust oder das Nichterlangen eines Arbeitsplatzes bedeutet natürlich einen materiellen Verlust. Man kann die Miete nicht mehr bezahlen, sich den Kinobesuch, die Mitgliedschaft im Sportverein oder einen Urlaub nicht mehr leisten.
Ohne Arbeit verlieren Betroffene aber auch ihre tägliche Routine und gewohnte Struktur. Vielfach klagen Menschen ohne Arbeit darüber, dass sie sich nutzlos und wenig gebraucht fühlen.

Hilfs- und Beratungsangebote

Mit vielen Angeboten und Maßnahmen unterstützen Staat, Unternehmen und Wohlfahrtsverbände Arbeitssuchende in unserer Gesellschaft, um eine passende Arbeit zu finden. Diese soll so bezahlt sein, dass man am gesellschaftlichen Leben teilhaben kann. Diese Angebote gibt es:
- Beratung durch die Agentur für Arbeit
- kostenfreie Umschulung und Fortbildungen
- Ausbau der Betreuungsangebote für Kinder
- Sprachkurse sowie Anerkennung von ausländischen Schul- und Ausbildungsabschlüssen
- Einführung des Mindestlohns
- Förderung der Interessen und Fähigkeiten durch eine Vielfalt an Schulfächern und Ausbildungsmöglichkeiten

2 Begründe, warum man durch die Arbeit am sozialen Leben der Gesellschaft teilnimmt.
Starthilfe: *Wenn man keine Arbeit hat, dann ...*

3 Nenne Angebote zur Suche nach einer passenden und ausreichend bezahlten Arbeit.

Sprachspeicher
teilhaben • ich habe teil • ich bin beteiligt am Erfolg der Mannschaft • ich nehme teil am Unterricht
arbeitssuchend • auf der Suche nach bezahlter Arbeit • eine Stelle suchen • einen Arbeitgeber suchen

[2] *Jugendliche und ihre schulischen Erwartungen.* Foto.

4 Lest die Aussagen der Jugendlichen mit verteilten Rollen. Haben alle in der Schule die gleichen Chancen und Möglichkeiten?

Chancengleichheit unter Jugendlichen

Jeder hat das Recht auf die freie Entfaltung seiner Persönlichkeit. Das gilt unabhängig vom Geschlecht, von der Hautfarbe oder der Religion eines Menschen. So formuliert es unser Grundgesetz (vgl. S.191). Alle Menschen sollen die gleichen Chancen haben, um ihre Ziele zu erreichen. In der Realität sieht es aber anders aus.
Kinder und Jugendliche sollten demnach in der Schule und der Ausbildung gleiche Bildungschancen erhalten, um später einen Beruf ergreifen zu können. Alle sollten so gefördert werden, wie sie es von ihren persönlichen Voraussetzungen her benötigen. Chancengleichheit sollte auch bedeuten, dass Jugendliche, deren Eltern nicht so viel verdienen, nicht benachteiligt werden.

5 Erläutere das Recht auf Chancengleichheit.

Qualität der Schule und Lehrkräfte	92 %
Zuwendung und Unterstützung durch Lehrkräfte	91 %
eigene Motivation	90 %
Bildung der Eltern	69 %

[3] *Umfrage unter Jugendlichen. Welche Faktoren sind für die Bildungschancen verantwortlich?* Tabelle.

6 Beschreibe mithilfe von Tabelle [3], welche Faktoren für die Bildungschancen wichtig sind.

Wähle einen der Arbeitsaufträge aus:

- Betrachte Bild [1] und notiere Personengruppen, die überdurchschnittlich oft Probleme bei der Suche nach Arbeit haben. **Starthilfe:** *Wer nicht gut Deutsch spricht … ; Wenn man Kinder betreuen muss …*
- Erstelle eine Mindmap über die Unterstützungsangebote bei der Suche nach einer passenden Arbeit.
- Verfasse einen Werbeflyer mit der Botschaft: „Arbeit ist wichtig!“

Sprachspeicher
Chancen haben · eine Chance erkennen · eine Chance verpassen · *die* Möglichkeit haben, etwas zu erreichen · eine Chance wahrnehmen

5: freie Entfaltung *der* Persönlichkeit, gleiche Chancen, keine Benachteiligung

Üben

Sich an Entscheidungen beteiligen

Wie kann Politik beeinflusst werden?

Als Unternehmer habe ich großes Interesse daran, dass mir viele Freiheiten gegeben werden. Ich möchte selbst bestimmen, welche Löhne ich bezahle und wie viele Beschäftigte ich einstelle. Ich bin im ständigen Austausch mit den Parteien und Politikern in der Region und mache auf meine Vorstellungen aufmerksam.

[1] *Ein Unternehmer.* Foto.

Als Angestellte in einem großen Unternehmen möchte ich gut verdienen. Natürlich habe ich auch Angst um meinen Arbeitsplatz. Gemeinsam mit den Kolleginnen und Kollegen treffen wir uns regelmäßig mit dem Betriebsrat und machen auf unsere Sorgen aufmerksam. Er gibt das an die Gewerkschaft weiter, die sich dann mit Politikern trifft.

[2] *Eine Angestellte.* Foto.

Ich bin seit längerer Zeit arbeitslos und suche einen Job. Ich bin nur in Kontakt mit der Agentur für Arbeit, die mir bei der Arbeitsplatzsuche hilft. Ich habe nur den Wunsch nach Arbeit. Ich bin Mitglied in einer Partei, die sich sehr für einfache Arbeiter einsetzt.

[3] *Ein Arbeitsloser.* Foto.

Ich habe vor zwei Jahren meine Ausbildung begonnen. Für bessere Arbeitsbedingungen setzt sich unser Betriebsrat ein. An den kann ich mich immer wenden. Ich würde schon gerne eine Partei wählen, die sich besonders für meine Berufsgruppe einsetzt. Leider bin ich aber noch nicht 18 Jahre alt und daher nicht wahlberechtigt.

[4] *Eine Auszubildende.* Foto.

1 Beschreibe die Bilder [1 bis 4].

2 Fasse die unterschiedlichen Ziele und Interessen der Personen zusammen.
Starthilfe: *Dem Unternehmer ist es wichtig, dass …*

3 Erläutere, wie die Personen in Kontakt mit der Politik kommen.

4 Begründe, warum sich ein Erwerbsloser kaum für politische Entscheidungen interessiert.

Sprachspeicher

3: Der Betriebsrat in einem Unternehmen erfährt, dass …

4: keine Arbeit, wenig Geld, wenig Kontakt zu anderen Menschen, einsam, mutlos …

[2] *Demonstranten in Berlin vor dem Bundeskanzleramt.* Foto, 2022.

5 Beschreibe das Bild. Vermute, warum die Menschen auf die Straße gehen und demonstrieren.

Das Bürgergeld

Wer in Deutschland von Armut betroffen ist, weil er mit seinem Job zu wenig verdient oder arbeitslos ist, erhält Unterstützung vom Staat. Diese finanzielle Hilfe gab es schon immer, sie wurde nun aber erhöht. Außerdem müssen Arbeitslose zukünftig nicht mehr jede Beschäftigung annehmen. Sie bekommen Zeit, sich eine geeignete Stelle zu suchen oder an Fortbildungen teilzunehmen. Seit dem 1. Januar 2023 gibt es das Bürgergeld. Zuvor gab es Diskussionen verschiedener Gruppen.

Unterschiedliche Interessen

Arbeitnehmer und Erwerbslose wollten ausreichend Zeit, um sich bei einer möglichen Arbeitslosigkeit einen geeigneten Job suchen zu können. Unternehmen wollten, dass Erwerbslose möglichst schnell wieder eine Arbeitsstelle annehmen. Beide Seiten hatten unterschiedliche Ziele und Vorstellungen.

Verhandlungen und ein Kompromiss

Die Unternehmer sind schon lange in einer Gemeinschaft zusammengeschlossen. Arbeitnehmer und Erwerbslose sind hingegen in sogenannten Gewerkschaften organisiert, die ihre Interessen vertreten. Beide Gruppen dürfen Vertreter zu Politikern und der Regierung schicken, um an Diskussionen teilzunehmen. Gewerkschaften und Unternehmerverbände konnten ihre unterschiedlichen Vorschläge zur Gestaltung des Bürgergelds einbringen. Danach hat die Politik entschieden und einen Kompromiss gefunden.

6 Fasse stichpunktartig die Einführung des Bürgergelds zusammen.

Wähle einen Arbeitsauftrag aus:

- Beschreibe, was das Bürgergeld ist.
- Schreibe einen Lexikonartikel über das Bürgergeld.
- Eine Bekannte beklagt sich, dass sie keinen Einfluss auf die Politik hat. Zeige ihr ihre unterschiedlichen Möglichkeiten auf.

Sprachspeicher

eine Gemeinschaft bilden ▪ gemeinsame Interessen vertreten ▪ für die gemeinsamen Interessen eintreten ▪ in Verhandlungen eine Position vertreten

6: seit 2023, Forderungen unterschiedlicher Gruppen, Arbeitnehmervertretungen gegen Unternehmensvertretungen, Verhandlungen mit Parteien und der Regierung, Kompromiss

Das kann ich!

Versuche zunächst, die Aufgaben auf dieser Doppelseite zu lösen, ohne im Kapitel nachzusehen. Wenn du Hilfe brauchst, kannst du bei den Aufgaben nachschlagen. Dort sind in Klammern die Seiten angegeben.

Bitte nicht ins Buch schreiben!

W	O	R	K	L	I	F	E	B	A	L	A	N	C	E
A	X	C	V	B	N	M	M	R	T	Z	U	I	O	H
S	H	A	U	S	A	R	B	E	I	T	E	R	T	R
W	D	F	G	H	H	O	M	E	O	F	F	I	C	E
E	R	T	G	F	V	B	N	M	C	V	B	N	M	N
A	S	M	I	N	D	E	S	T	L	O	H	N	R	A
Y	X	C	V	B	N	M	F	R	T	Z	U	I	O	M
A	F	A	M	I	L	I	E	N	A	R	B	E	I	T
W	E	R	T	Z	U	V	B	N	M	F	G	H	T	Z
W	C	V	B	N	F	R	T	Z	U	I	O	P	H	J
S	S	C	H	U	E	L	E	R	J	O	B	R	T	Z

[1] Suchsel.

[2] *Demografisches Gleichgewicht*. Karikatur: Nel Ioan Cozacu, 2013.

die relative Armut	Man kämpft in einem armen Land um das Überleben.
die gefühlte Armut	Man lebt in einem Industrieland unterhalb des Durchschnittseinkommens.
die absolute Armut	Man fühlt sich aufgrund seiner wirtschaftlichen Situation gesellschaftlich ausgegrenzt.

[3] Begriffe und ihre Bedeutung.

Die Arbeitswelt verändert sich

Es wird einen Mangel an Fachkräften geben.

Die Work-Life-Balance verliert an Bedeutung.

Die 4-Tage-Woche wird von allen abgelehnt.

Arbeit im Homeoffice wird von vielen gewünscht.

Die Schulabschlüsse verlieren an Bedeutung.

Die Digitalisierung ist abgeschlossen.

Die Vereinbarkeit von Familie und Beruf wird wichtiger.

Die KI wird neue Arbeitsplätze schaffen.

[4] *Richtig oder falsch?*

Drei Fallbeispiele

Melanie, 14 Jahre:
„Ich gehe in die Schule und jobbe nebenbei in einem Biergarten als Bedienung. Der Chef hat mich gefragt, ob ich werktags bereits um 14.00 Uhr beginnen und bis 22.00 Uhr arbeiten kann. Da die Schule um 13.00 Uhr endet, kann ich das annehmen."

Yasim, 24 Jahre:
„Ich arbeite in Vollzeit als Paketzusteller. Mein Chef hat uns jetzt den Stundenlohn auf 11,50 Euro gekürzt. Er meinte, dass auch für ihn alles teurer geworden ist. Bevor er uns entlässt, kürzt er eben den Stundenlohn."

Stefan, 56 Jahre:
„Ich arbeite als Handwerker und lege seit Jahren Geld zurück. Ich habe die Befürchtung, dass die Rente später nicht mehr reicht."

[5] *Fallbeispiele.* Autorentext.

Sachkompetenz

1 Finde im Suchsel [1] sieben Begriffe aus dem Kapitel und schreibe sie in dein Heft.

2 Formuliere für die Begriffe aus [1] aussagekräftige Erklärungen (Beispiel: Mindestlohn: „Ein gesetzlich festgelegter Lohn von 12 Euro pro Stunde muss mindestens bezahlt werden.").

3 Liste wesentliche Dinge auf, die du über die künstliche Intelligenz weißt. (S. 267)

4 Ordne die Begriffe aus [3] in deinem Heft richtig zu. (S. 272)

5 Welche Aussagen von [4] sind richtig? Korrigiere die falschen Aussagen. (S. 261/262, 264–267)

Methodenkompetenz

6 Benenne die Schritte und wichtige Leitfragen der Methode „Fallanalyse". (S. 276/277)

7 Analysiere mithilfe der Methode „Fallanalyse" die Einführung des Bürgergelds. (S. 276/277, 281)

Urteilskompetenz

8 „Deutschland ist ein reiches Land. Hier ist niemand arm und muss Hunger leiden!" – Nimm Stellung zu dieser Aussage. (S. 272/273)

9 Lies die Fallbeispiele [5]. Entscheide jeweils, ob die Personen richtig handeln. Begründe deine Entscheidung und stelle sie ggf. richtig. (S. 269, 276, 274/275)

10 Analysiere die Karikatur [2] und beurteile die Folgen der Alterung der Bevölkerung. (S. 274/275)

Handlungskompetenz

11 Erstelle ein ähnliches Suchsel wie in [1] mit weiteren Begriffen aus dem Kapitel.

12 Skizziere ein Lernplakat zum Thema „KI in der zukünftigen Arbeitswelt". (S. 267)

13 Gestalte einen Hefteintrag zum Thema „Bürger beteiligen sich an politischen Entscheidungen". (S. 280/281 und S. 197)

Lexikon

A

Abgeordneten, *die:* Politiker /Politikerinnen, die im Parlament (z. B. Landtag, Bundestag) sitzen, um dort die Interessen ihrer Partei und der Menschen, die sie gewählt haben, zu vertreten.

Ablass|handel, *der:* Handel, bei dem sich die Menschen im Mittelalter von ihren Sünden freikaufen konnten. Sie gaben der katholischen Kirche Geld und erhielten dafür einen sogenannten Ablassbrief.

Absolutismus, *der:* Die Epoche im 17. und 18. Jahrhundert, in der Ludwig XIV. und seine Regierungsform in Europa als Vorbild galten. Ein Monarch besaß dabei die uneingeschränkte Herrschaftsgewalt.

Adel, *der:* Eine wohlhabende und führende Schicht der Gesellschaft, die eine Reihe von Vorrechten genoss; Adelstitel sind z. B. Fürst, Gräfin, Freiherr usw.

Alliierten, *die:* Verbündete; im Ersten Weltkrieg traten beispielsweise England, die UdSSR, die USA und Frankreich als Alliierte gegen Deutschland auf.

Antisemitismus, *der:* Ein anderer Begriff für Judenfeindschaft.

Arbeit, *die:* Es gibt Erwerbsarbeit, für die man Geld bekommt. Es gibt Nichterwerbsarbeit, wie Hausarbeit, für die man kein Geld erhält. Außerdem gibt es freiwillige Arbeit wie im Sportverein. Dafür bekommt man kein Geld. Man nennt diese Arbeit dann Ehrenamt.

Arbeitslosen, *die:* Personen, die keine Ausbildungs- oder Arbeitsstelle haben, obwohl sie arbeiten wollen, sind arbeitslos.

Aristokratie, *die:* (von griechisch *aristoi* = die Besten und *kratein* = herrschen); Bezeichnung dafür, dass die Herrschaft in einem Staat von Angehörigen des Adels ausgeübt wird.

Aufklärung, *die:* Denkrichtung, die die Vernunft des Menschen und ihren richtigen Gebrauch hervorhebt. Sie prägte das geistige Leben des 18. Jahrhunderts in Europa und Nordamerika.

B

Barock, *der:* Die Kunstepoche Barock folgte auf die Epoche der ▶ Renaissance und dauerte von etwa von 1600 bis 1750. Sie entstand also zur Zeit des ▶ Absolutismus und zeichnete sich durch ihre besonders prunkvolle Architektur etwa bei Schlössern und Kirchen aus.

Barrikade, *die:* Ein Hindernis, das bei Straßenkämpfen errichtet wird und aus allen möglichen Gegenständen gebaut werden kann.

Bastille, *die:* Die Bastille war eine Burg im Osten von Paris und hatte die Funktion eines Stadttores zum Schutz gegen den Angriff englischer Truppen. Seit der Zeit Ludwigs XIII. wurde sie als Gefängnis genutzt und schließlich am 14. Juli 1789 von einer Menschenmenge eingenommen, die gegen den König protestierte.

Bauern|kriege, *die:* Sammelbegriff für viele Aufstände von vorwiegend Bauern im Süden Deutschlands, Thüringen, Österreich und der Schweiz in den Jahren 1524 – 1526. Viele Bauern beriefen sich dabei auf die Ideen der ▶ Reformation.

Beamte, *der:* Beauftragter Verwalter des Königs, später Beauftragter des Staates. Die Aufgabe ist das Erfüllen staatlicher Aufgaben, wie z. B. Steuern einziehen, Gesetze durchsetzen.

Beruf, *der:* So wird eine Tätigkeit benannt, die man dauerhaft und gegen Bezahlung ausübt. Meist wird dazu eine spezielle Ausbildung benötigt.

Berufs|wahl, *die:* Das Grundgesetz garantiert in Art. 12 Abs. 1 die freie Wahl von Beruf, Arbeitsplatz und Ausbildungsstätte.

Bundeskanzler/-in, *der/die:* Regierungschef/-in der Bundesrepublik. Er oder sie wird vom Bundestag gewählt, gibt die Leitlinien der Politik vor und ernennt Ministerinnen und Minister.

Bundesrat, *der:* Die Vertreter/-innen der 16 Bundesländer bilden den Bundesrat. Er ist an der Gesetzgebung beteiligt und bestimmte Gesetze brauchen seine Zustimmung.

Bundestag, *der:* Bezeichnung für das deutsche Parlament mit Sitz in Berlin. Im Bundestag sitzen ▶ Abgeordnete, die den/die ▶ Bundeskanzler/-in wählen über Gesetze abstimmen und die Regierung kontrollieren.

Bürgertum, *das:* Gesellschaftliche Schicht, die sich im Mittelalter bildete. Dies waren Stadtbewohner/-innen, die sich durch ihre Arbeit, ihre Kleidung und ihre Umgangsformen von anderen Teilen der Gesellschaft unterschieden.

D

Dampf|maschine, *die:* Eine Maschine, die durch das Erhitzen von Wasser, Dampf erzeugt. Mit dem Druck des Dampfes wird eine Bewegung erzeugt, mit der verschiedene Maschinen angetrieben werden können, wie z. B. eine Lokomotive.

Demokratie, *die:* (nach griechisch *demos* = Volk und *kratein* = herrschen) Eine Staatsform, in der das Volk über die Politik des Staates bestimmt. Es finden regelmäßig allgemeine, freie und geheime Wahlen statt. Vom Volk gewählte Abgeordnete sitzen im Parlament und vertreten die Interessen ihrer Wählerinnen und Wähler.

Diktatur, *die:* Eine Staatsform, in der eine Person bzw. ein enger Personenkreis über die Politik des Staates bestimmt. Das Parlament ist weitgehend ausgeschaltet.

E

Ehren|amt, *das:* Eine Tätigkeit, die überwiegend ohne Bezahlung ausgeübt wird, bei der gesellschaftliches ▶ Engagement im Vordergrund steht.

Engagement, *das:* Handeln, das auf Freiwilligkeit beruht und einem guten Zweck dienen soll.

Erwerbs|arbeit, *die:* Das ist bezahlte Arbeit in einem Betrieb, einer Behörde oder die von Selbstständigen. Der Erwerbstätige bekommt Geld für seine Arbeit.

Erziehung|berechtigten, *die:* Das sind die Personen, die für ein Kind verantwortlich sind, bis dieses die Volljährigkeit erreicht. Meistens sind dies entweder beide oder ein Elternteil.

Exekutive, *die:* Neben ▶ Judikative und ▶ Legislative eine der drei „Gewalten" im Staat. Sie ist die vollziehende oder ausübende Gewalt. Neben der Bundesregierung gehören alle Behörden des Bundes, der Länder und der Gemeinden zur Exekutive.

F

Faschismus, *der:* Eine Weltanschauung mit extremen rassistischen und fremdenfeindlichen Gedanken. Das eigene Volk wird aufgewertet, andere Völker abgewertet, Minderheiten und Andersdenkende werden verfolgt.

Fege|feuer, *das:* Mittelalterliche Vorstellung in der katholischen Kirche, wonach die Seele, bevor sie in den Himmel aufsteigt, im Fegefeuer landet, bis alle Sünden, die der Mensch zu Lebzeiten begangen hat, „bereinigt" sind.

Frömmigkeit, *die:* Denken und Handeln, bei dem der Glaube an Gott und die Gebote der Kirche das Leben bestimmt.

G

Generation, *die:* Die Zeitspanne, bis Kinder wieder Kinder bekommen, also rund 30 Jahre in Europa.

Geschäfts|fähigkeit, *die:* Jeder Mensch darf Willenserklärungen abgeben oder selbstständig Rechtsgeschäfte tätigen, zum Beispiel Verträge schließen oder kündigen. Begrenzt wird diese Geschäftsfähigkeit durch das Lebensalter: Kinder unter 7 Jahren sind geschäftsunfähig, Kinder und Jugendliche von 7 bis 17 Jahren sind beschränkt geschäftsfähig. Die volle Geschäftsfähigkeit wird mit 18 Jahren erreicht.

Gesetz, *das:* Das ist eine feste, verbindliche Regel, die vom Parlament (Gesetzgeber) beschlossen wird. Es muss von allen, die in einem Staat leben, befolgt werden.

Gewalten|teilung, *die:* Gesetzgebende Gewalt (Parlamente), ausführende Gewalt (Regierungen und Verwaltungen) und Recht sprechende Gewalt (Gerichte) werden von unterschiedlichen Personen ausgeübt. Die Gewalten sind so aufgeteilt, dass sie sich gegenseitig kontrollieren und in der Machtausübung begrenzen.

Gewerkschaft, *die:* Vereinigung von Arbeiterinnen und Arbeitern, um ihre Interessen zu vertreten. Gewerkschaften verhandeln mit Firmen z. B. über mehr Lohn und können Streiks ausrufen.

Gift|gas, *das:* Zum Beispiel Chlorgas, welches im Ersten Weltkrieg als Waffe eingesetzt wurde. Es greift Atemwege und Lunge an und führte oftmals zum Tod.

Grund|gesetz, *das:* Die Verfassung der Bundesrepublik Deutschland. Darin stehen die wichtigsten Gesetze für das Zusammenleben in Deutschland. Es ist in sogenannte Artikel unterteilt. Die Artikel 1–19 sind die Grundrechte, wie zum Beispiel das Recht auf Meinungsfreiheit.

Guillotine, *die:* Eine Maschine mit Fallbeil, die zur Vollstreckung der Todesstrafe durch Enthauptung eingesetzt wurde, benannt nach dem französischen Arzt Joseph-Ignace Guillotin.

H

Hoch|verrat, *der:* Eine Straftat, die auf einen Umsturz der Staatsordnung abzielt und den Staat gegenüber anderen Staaten schwächt.

I

Imperialismus, *der:* (von lat.: imperare = herrschen) Bestreben eines Staates, seine Herrschaft auf andere Länder auszudehnen. Die Zeit, in der europäische Mächte nach 1870 bis 1918 Weltreiche errichten wollten, wird „Zeitalter des Imperialismus" genannt.

Industrialisierung, *die:* Wirtschaftlicher und gesellschaftlicher Wandlungsprozess, der zuerst in England um 1750 und dann auf dem europäischen Kontinent (in Deutschland um 1840) einsetzte. Es kam vermehrt zur Anwendung von Maschinen (z. B. ► Dampfmaschine).

Inflation, *die:* Ein Begriff für Preissteigerungen. Das Geld verliert an Wert, man kann immer weniger Waren für das Geld kaufen.

J

Jakobiner, *die:* Jakobiner waren Mitglieder einer politischen Organisation zur Zeit der Französischen Revolution. Die Jakobiner wollten die Monarchie (Königsherrschaft) abschaffen und mit Gewalt die Gleichheit aller Franzosen durchsetzen. Ihr Name leitet sich von ihrem Versammlungsort ab, dem Kloster Saint-Jacques in Paris.

Judikative, *die:* Die Recht sprechende Gewalt im Staat, also alle Richter und Gerichte. Die Judikative ist eine der drei „Gewalten" neben der ► Exekutive und der ► Legislative.

Jugend|schutz, *der:* Spezielle Regelungen und Maßnahmen des Gesetzgebers, die Kinder und Jugendliche vor gesundheitlichen oder sittlichen Gefahren schützen sollen, z. B. der Verkauf von Zigaretten erst ab 18 Jahren.

K

Kaiser, *der:* Alleinherrscher, König der Könige. Der Name ist von dem ersten Alleinherrscher in Rom, Caesar, abgeleitet.

Kapitulation, *die:* Erklärung einer besiegten Staatsmacht über ihre Niederlage. Sie wird nach dem Ende des Kriegs beschlossen und unterzeichnet.

Karikatur, *die:* Eine Zeichnung, die Menschen, Situationen oder gesellschaftliche Umstände auf komische Weise überzeichnet darstellt. Oft wird damit Kritik an politischen Missständen geübt.

Klerus, *der:* Gesamtheit aller Angehörigen des (katholischen) Priesterstandes; Angehörige des Klerus werden auch als „Kleriker" bezeichnet.

Klima, *das:* Aus dem (durchschnittlichen) Wetter einer längeren Zeit (etwa 30 Jahre) ergibt sich ein für einen Ort üblicher Zustand der Wetterelemente.

Kolonialismus, *der:* Die Beherrschung eines Landes durch ein Volk aus einer anderen Kultur. Die Kolonisierung von weiten Teilen der Welt durch die europäischen Seemächte begann im 15. Jahrhundert. Erst in der zweiten Hälfte des 19. Jahrhunderts endete der Kolonialismus in Afrika.

Kommunismus, *der:* Weltanschauung nach Karl Marx und Friedrich Engels, mit dem Ziel einer herrschaftsfreien und klassenlosen Gesellschaft.

König, *der:* Alleiniger Herrscher eines Landes; seine Herrschaft wurde oft mit der Einsetzung durch einen Gott oder durch Götter begründet.

künstliche Intelligenz, *die:* Ein Computerprogramm erkennt und sortiert selbstständig Informationen. Das Programm lernt dabei durch Wiederholungen dazu. Beispiele sind z. B. Suchmaschinen im Internet, die Gesichtserkennung des Smartphones, Empfehlungen von Internetseiten oder Streamingdiensten aufgrund des eigenen vergangenen Suchverhaltens.

L

Land|tag, *der:* Der Landtag ist die Vertretung des Volkes in den jeweiligen Bundesländern. Er wird von den Bürgerinnen und Bürgern des Bundeslandes meistens für 5 Jahre gewählt.

Legislative, *die:* Die gesetzgebende Gewalt in einem Staat, also das Parlament. Die Legislative ist eine der drei „Gewalten", neben der ► Exekutive und der ► Judikative.

M

Mandat, *das:* Ein politisches Mandat ist der Auftrag, den ► Abgeordnete durch ihre Wahl bekommen.

Massen|medien, *die:* Das sind Medien wie Internet, Fernsehen, Radio, Kino, Zeitungen oder Bücher, die Informationen innerhalb kurzer Zeit an eine große Gruppe von Menschen übermitteln.

Meinungs- und Presse|freiheit, *die:* In einer Demokratie ist es wichtig, dass die Medien unabhängig von der Politik sind und frei berichten können. Nur so können Medien ihren Beitrag zur Meinungsbildung leisten. Die Bürger dürfen in ihrer Meinungsfreiheit nicht beschränkt werden. Die Meinungs- und Pressefreiheit wird in der Bundesrepublik Deutschland durch das Grundgesetz Artikel 5 garantiert.

Menschen|rechte, *die:* Rechte, die jedem Menschen gleichermaßen zustehen. Dazu gehört z. B. das Recht auf Leben, Religionsfreiheit und Meinungsfreiheit. Menschenrechte können nicht verkauft oder abgegeben werden.

Militarismus, *der:* Bezeichnung für eine Politik der Hochrüstung eines Staates, z. B. Deutschlands in der Zeit vor dem Ersten Weltkrieg, bei der alle anderen staatlichen Ausgaben zugunsten der Rüstungsausgaben zurückgestellt werden. Das militärische Denken bestimmt dann auch den Alltag der Menschen.

Minister|präsident/-in, *der/die:* Ein politisches Amt, das in der Bundesrepublik Deutschland den Regierungsvorsitz in einem Bundesland bedeutet.

Monarchie, *die:* (von griech. = Alleinherrschaft). In der Staatsform der Monarchie übt eine einzelne Person, der König / die Königin, die Herrschaft aus.

N

Nationalismus, *der:* Politische Bewegung, die darauf beruht, dass sich die in einem bestimmten Gebiet zusammenlebenden Menschen ihrer Gemeinsamkeiten (z. B. Sprache, Kultur, Geschichte) bewusst werden. Der Nationalismus führte im 19. Jahrhundert zur Bildung der Nationalstaaten.

O

Oktober|revolution, *die:* In der Oktoberrevolution übernahmen die Bolschewiki nach einem kurzen militärischen Aufstand die Macht in Russland und errichteten eine sozialistische Ordnung.

Opposition, *die:* Eine Partei oder eine Gruppe von Parteien, die im Parlament vertreten sind und sich gegen die Regierung stellen.

P

Podcast, *der:* Das sind meistens Hörbeiträge, seltener Videos, die im Internet abrufbar sind.

Produktions|mittel, *die:* Für die Herstellung von Produkten benötigte Dinge wie Maschinen, Gebäude, Grundstücke, Werkzeuge, Rohstoffe etc.

Propaganda, *die:* Die gezielte Beeinflussung der öffentlichen Meinung durch die Verbreitung bestimmter Inhalte, die oft nicht wahr sind.

Q

Quelle, *die:* Ein Zeugnis aus der Vergangenheit. Wir können aus Quellen etwas über unsere Geschichte erfahren. Man unterscheidet zwischen Sachquellen, Bildquellen, Schriftquellen und mündlichen Überlieferungen.

R

Rassismus, *der:* Eine abwertende und verachtende Denkweise über andere Menschen aufgrund ihrer Hautfarbe oder ihrer Herkunft.

Rechtsstaat, *der:* Ein Staat, in dem die Bürger vor Willkür geschützt sind und die Grundrechte gelten. Alle müssen sich an bestehende Gesetze halten – auch Verwaltung und Rechtsprechung. Es gibt eine Gewaltenteilung. Der Gegensatz ist eine ► Diktatur.

Reformation, *die:* (von lat.: reformatio = Wiederherstellung, Erneuerung) Erneuerungsbewegung Martin Luthers; die Reformation bezeichnet heute die kirchlichen Veränderungen, die nach 1517 zur Gründung evangelischer Kirchen in Europa führten.

Reparationen, *die:* Ein Begriff aus dem Völkerrecht. Er bezeichnet die Entschädigungen, die ein Staat nach einer Niederlage im Krieg an den Sieger entrichten muss. Reparationen können in Form von Geld oder Sachlieferungen geleistet werden.

Republik, *die:* (von lat. *res publica* = „öffentliche Sache"); Eine Staatsform, in der das Volk die Macht ausübt.

Revolution, *die:* (von lat.: revolutio = Umdrehung) Der meist gewaltsame Umsturz einer bestehenden politischen und gesellschaftlichen Ordnung.

Rheinbund, *der:* Mitte 1806 gründeten 16 deutsche Fürsten den Rheinbund. Sie schlossen damit einen Bund mit Napoleon an und traten aus dem Heiligen Römischen Reich deutscher Nation aus.

S

Sozial|versicherung, *die:* Eine staatlich geregelte Versicherung für Bürgerund Bürgerinnen gegenüber verschiedenen Risken. In Deutschland entstand sie im Zuge von Otto von Bismarcks Gesetzgebung, die die Lebensbedingungen von Arbeitern verbessern sollte. Sie beinhaltete Kranken-, Unfall- und Altersversicherungen. 1927 wurde die Arbeitslosenversicherung eingeführt, 1995 folgte die Pflegeversicherung.

Staat, *der:* Eine Form des Zusammenlebens, bei der eine Gruppe von Menschen – das Staatsvolk – in einem abgegrenzten Gebiet nach einer bestimmten Ordnung lebt.

Stadt|herr, *der:* Grundherr einer Stadt (Graf, Bischof, Herzog), der die Stadt auf seinem Gebiet gründete.

Stand, *der:* Abgeschlossene Gruppe in einer Gesellschaft; die Mitglieder einer Gruppe bestimmen sich durch Geburt, Vermögen oder unterschiedlicher Rechte.

Stände|gesellschaft, *die:* Bezeichnung für die Ordnung der Gesellschaft im Mittelalter. Der ► Klerus bildete den ersten Stand, der ► Adel den zweiten, die Bürger und Bauern den dritten Stand.

Streik, *der:* Arbeitskampf durch Verweigerung der Arbeit, um Forderungen der Arbeitnehmer durchzusetzen.

T

Terror, *der:* Gewalttat, die Angst verbreiten soll und meist politische oder religiöse Gründe hat.

Toleranz, *die:* Eine Haltung, die Ansichten und Handlungen Andersdenkender anerkennt und gelten lässt.

V

Verfassung, *die:* Sie legt fest, welche Aufgaben und Rechte die Bürger und Bürgerinnen haben und wer den Staat regiert. Sie kann eine geschriebene Verfassung sein, wie etwa das Grundgesetz der Bundesrepublik Deutschland. Geschriebene Verfassungen gibt es erst seit etwa 200 Jahren.

Versailler Vertrag, *der:* Der Friedensvertrag von Versailles (Versailler Vertrag) beendete 1919 den Ersten Weltkrieg zwischen Deutschland und seinen Gegnern. Es wurden Regelungen durchgesetzt, die sich als Belastungen für den neuen Staat erwiesen.

Bildquellenverzeichnis

Titelbild: Bildmitte: Shutterstock.com/Soon Wee hong; unten links: Shutterstock.com/Michael Steden

Kapitel 1 Die Reformation des Glaubens und ihre Folgen
S. 10/11: akg-images; **S. 12|1:** akg-images/Berlin, Sammlung Archiv für Kunst und Geschichte; **S. 13|2:** Bridgeman Images/SZ Photo; **S. 15|m.l.:** akg-images; **S. 15|o.r.:** akg-images; **S. 15|o.l.:** akg-images/Nürnberg, Germanisches Nationalmuseum; **S. 15|u.l.:** akg-images; **S. 16|1:** akg-images/Nürnberg, Germanisches Nationalmuseum; **S. 17|3:** akg-images/Stefan Ziese; **S. 17|4:** akg-images/Stefan Ziese; **S. 18|1:** akg-images; **S. 19|2:** interfoto e.k./fine art images; **S. 20|1:** akg-images/Heritage Images/Fine Art Images; **S. 21|2:** akg-images; **S. 23|2:** stock.adobe.com/Juulijs; **S. 25|2:** Evangelisch-reformierte Kirchengemeinde Celle; **S. 26|1:** interfoto e.k./fine art images; **S. 27|1:** stock.adobe.com/dragan1956; **S. 28|1:** akg-images/Matthaeus Merian; **S. 29|2:** dpa Picture-Alliance/Heritage Images/Fine Art Images; **S. 29|4:** mauritius images/alamy stock photo/GL Archive; **S. 29|3:** Bridgeman Images/Michiel Jansz. van Mierevelt/Rijksmuseum, Amsterdam, The Netherlands; **S. 29|6:** bpk/Gemäldegalerie, SMB/Jörg P. Anders; **S. 29|5:** bpk/RMN - Grand Palais/Gérard Blot; **S. 30|1:** akg-images; **S. 31|3:** dpa Picture-Alliance/Friso Gentsch; **S. 33|4:** akg-images

Kapitel 2 Die Französische Revolution
S. 34/35: akg-images; **S. 36|1:** akg-images; **S. 37|3:** Bridgeman Images/Photo Josse; **S. 37|5:** dpa Picture-Alliance/ASSOCIATED PRESS; **S. 39|m.o.:** Bridgeman Images/Photo Josse; **S. 39|l.u.:** Bridgeman Images; **S. 39|r.o.:** akg-images; **S. 39|m.u.:** akg-images; **S. 39|l.o.:** akg-images/Erich Lessing; **S. 40|2:** akg-images/Marc Deville; **S. 40|1:** akg-images/Erich Lessing; **S. 41|3:** akg-images; **S. 42|1:** akg-images; **S. 45|3:** bpk; **S. 46|1:** akg-images; **S. 48|1:** akg-images/Jacques-Louis David; **S. 49|3:** bpk; **S. 52|2:** akg-images/Karlsruhe, Staatliche Kunsthalle; **S. 52|3:** akg-images/Schweinfurt, Sammlung Georg Schäfer; **S. 53|3:** bpk/Städel Museum; **S. 53|1:** akg-images/Erich Lessing; **S. 54|2:** akg-images/Paris, Bibliothèque Nationale; **S. 54|1:** akg-images/Paris, Bibliothèque Nationale; **S. 55|1:** bpk/RMN - Grand Palais/René-Gabriel Ojéda; **S. 57|m.r.:** mauritius images/alamy stock photo/Archivist; **S. 57|u.l.:** akg-images/Heritage Images/Index; **S. 57|o.l.:** mauritius images/alamy stock photo/Historic Illustrations; **S. 58|1:** akg-images; **S. 59|2:** akg-images/Paris, Bibliothèque Nationale; **S. 61|2:** interfoto e.k./fine art images; **S. 62|1:** Bridgeman Images; **S. 64|1:** akg-images/Paris, Bibliothèque Nationale; **S. 65|4:** dpa Picture-Alliance/NurPhoto/Beata Zawrzel; **S. 66|2:** akg-images/Paris, Musée Carnavalet; **S. 67|4:** bpk/BnF, Dist. RMN-GP

Kapitel 3 Wandel durch Industrialisierung
S. 68/69: interfoto e.k./Sammlung Rauch; **S. 70|1:** akg-images; **S. 71|5:** interfoto e.k./Sammlung Rauch; **S. 71|3:** akg-images; **S. 71|4:** akg-images; **S. 73|m.u.:** akg-images; **S. 73|l.o.:** akg-images; **S. 73|o.r.:** interfoto e.k./Sammlung Rauch; **S. 73|m.o.:** Bridgeman Images; **S. 73|l.u.:** Bridgeman Images/SSPL/Science Museum; **S. 74|2:** akg-images/Heritage-Images/The Print Collector; **S. 74|1:** akg-images/UIG/Universal History Archive; **S. 75|4:** Bridgeman Images/© NPL - DeA Picture Library; **S. 75|3:** Bridgeman Images/Yale University Art Gallery Everett Collection; **S. 76|1:** akg-images; **S. 77|3:** dpa Picture-Alliance/ASSOCIATED PRESS; **S. 77|2:** bpk - Bildagentur für Kunst, Kultur und Geschichte; **S. 78|1:** bpk; **S. 78|2:** Bridgeman Images; **S. 79|3:** stock.adobe.com/holger.l.berlin; **S. 79|4:** akg-images/TT News Agency/SVT; **S. 80|1:** bpk; **S. 81|4:** bpk/Georg Buxenstein Co; **S. 82|1:** Bridgeman Images; **S. 83|2:** mauritius images/alamy stock photo/Arthur Miller; **S. 84|2:** dpa Picture-Alliance/Circa Images/Glasshouse Images; **S. 84|1:** mauritius images/Glasshouse; **S. 85|1:** bpk/Georg Buxenstein Co; **S. 85|2:** bpk/Heinrich Lichte; **S. 86|1:** bpk; **S. 86|2:** interfoto e.k./TV-Yesterday; **S. 87|2:** interfoto e.k./TV-Yesterday; **S. 87|1:** akg-images; **S. 87|3:** mauritius images/Werner Otto; **S. 88|1:** akg-images; **S. 89|2:** dpa Picture-Alliance/Fotoarchiv für Zeitgeschichte; **S. 90|1:** akg-images; **S. 91|3:** akg-images/Berlin, Deutsches Historisches Museum; **S. 91|2:** bpk/Deutsches Historisches Museum/Arne Psille; **S. 92|1:** akg-images; **S. 93|2:** akg-images/Georg Koch; **S. 93|u.l.:** akg-images/MONDADORI PORTFOLIO; **S. 93|u.r.:** akg-images/brandstaetter images; **S. 94|1:** dpa Picture-Alliance/ASSOCIATED PRESS; **S. 95|3:** bpk/Deutsches Historisches Museum/Arne Psille; **S. 96|2:** bpk; **S. 96|1:** interfoto e.k./Sammlung Rauch; **S. 97|3:** mauritius images/Science Source; **S. 97|4:** stock.adobe.com/Panuwat (Balls); **S. 98|2:** bpk

Kapitel 4 Einigkeit und Freiheit? Nationalstaaten im 19. Jahrhundert
S. 100/101: dpa Picture-Alliance/Eibner-Pressefoto; **S. 102|2:** mauritius images/alamy stock photo/Vincenzo Izzo; **S. 102|3:** mauritius images/Haag+Kropp; **S. 102|1:** Shutterstock.com/canadastock; **S. 103|5:** Deutscher Bundestag; **S. 104|2:** dpa Picture-Alliance/imageBROKER/Julie Woodhouse; **S. 104|1:** dpa Picture-Alliance/Schickert/Bildagentur-online; **S. 105|o.r.:** dpa Picture-Alliance/Eibner-Pressefoto; **S. 105|m.l.:** akg-images/Berlin, Sammlung Archiv für Kunst und Geschichte,Fritz Bergen; **S. 105|o.l.:** interfoto e.k./fine art images; **S. 105|u.l.:** dpa Picture-Alliance/Austrian Archives/brandstaetter images; **S. 107|2:** interfoto e.k./fine art images; **S. 108|1:** interfoto e.k./fine art images; **S. 109|2:** bpk; **S. 112|1:** akg-images; **S. 113|2:** akg-images/Robert Kretschmer; **S. 114|1:** akg-images/Berlin, Sammlung Archiv für Kunst und Geschichte; **S. 115|3:** akg-images/Berlin, Sammlung Archiv für Kunst und Geschichte, Fritz Bergen; **S. 116|2:** bpk; **S. 118|1:** akg-images/Woldemar Friedrich; **S. 119|4:** Imago Stock & People GmbH/UIG; **S. 119|3:** interfoto e.k./Sammlung Rauch; **S. 121|1+2:** akg-images/Friedrichsruh, Bismarck-Museum, von Anton von Werner; **S. 122|1:** dpa Picture-Alliance/Austrian Archives/brandstaetter images; **S. 123|2:** interfoto e.k./TV-Yesterday; **S. 124|1:** akg-images/Foto: Gebr. Haeckel; **S. 126|4:** stock.adobe.com/lazyllama; **S. 127|4:** stock.adobe.com/noeh; **S. 128|2:** dpa Picture-Alliance/Bildagentur-online/Sunny Celeste; **S. 128|1:** bpk

Kapitel 5 Vom Imperialismus zum Ersten Weltkrieg
S. 130/131: akg-images/Fotoarchiv für Zeitgeschichte; **S. 132|1:** akg-images/Science Source; **S. 133|2:** akg-images/Science Source; **S. 135|m.l.:** mauritius images/alamy stock photo/The Picture Art Collection; **S. 135|o.r.:** akg-images/Fotoarchiv für Zeitgeschichte; **S. 135|o.l.:** INTERFOTO/Granger, NYC; **S. 135|u.l.:** mauritius images/World Book Inc.; **S. 136|1:** INTERFOTO/Granger, NYC; **S. 137|4:** dpa Picture-Alliance/Leemage/Costa; **S. 138|3:** bpk; **S. 139|4:** bpk/I. M. Santos; **S. 140|2:** interfoto e.k./Mary Evans/Robert Hunt Library; **S. 141|3:** dpa Picture-Alliance/FotoMedienService/Ulrich Zillmann; **S. 141|4:** dpa Picture-Alliance/Jürgen Bätz; **S. 142|1:** mauritius images/alamy stock photo/The Picture Art Collection; **S. 143|4:** bpk/Kunstbibliothek, SMB/Dietmar Katz; **S. 144|1:** akg-images/Foto: Tellgmann; **S. 144|2:** Bridgeman Images/SZ Photo/Scherl; **S. 145|6:** Bridgeman Images/Windmill/Robert Hunt Library/UIG; **S. 146|1:** bpk; **S. 147|1:** akg-images/Sammlung Berliner Verlag/Archiv; **S. 148|1:** akg-images; **S. 148|2:** akg-images/A. Grohs/DRK; **S. 149|1:** akg-images/Fotoarchiv für Zeitgeschichte; **S. 150|1:** mauritius images/Glasshouse; **S. 151|3:** mauritius images/World Book Inc.; **S. 153|5:** Bridgeman Images/SZ Photo; **S. 153|4:** Cornelsen/Carlos Borrell Eiköter; **S. 154|2:** akg-images/Berlin, Sammlung Archiv für Kunst und Geschichte; **S. 155|3:** Imago Stock & People GmbH/Shotshop; **S. 155|4:** bpk

Kapitel 6 Die Weimarer Republik
S. 156/157: Verwertungsgesellschaft Bild-Kunst/Franz Reiss; **S. 158|o.r.:** bpk/Kunstbibliothek, SMB, Photothek Willy Römer; **S. 159|o.l.:** Bridgeman Images/SZ Photo; **S. 159|o.r.:** Bridgeman Images/Universal History Archive/UIG; **S. 160|3:** dpa Picture-Alliance/McPHOTO/blickwinkel/K. Steinkamp; **S. 161|l.o.:** bpk/Kunstbibliothek, SMB, Photothek Willy Römer; **S. 161|m.o.:** mauritius images/Alf Jönsson; **S. 161|l.u.:** interfoto e.k./Friedrich; **S. 161|m.u.:** bpk; **S. 161|r.o.:** Verwertungsgesellschaft Bild-Kunst/Franz Reiss; **S. 164|1:** bpk/Thomas Theodor Heine; **S. 166|1:** akg-images/Dr. Selle & Co. A.G. Berlin; **S. 167|2:** akg-images/Louis Oppenheim; **S. 168|1:** bpk/Kunstbibliothek/SMB/Photothek Willy Römer; **S. 169|3:** mauritius images/Alf Jönsson; **S. 169|2:** akg-images; **S. 170|1:** sciencephotolibrary/US Coast Guard;

S. 171|2: akg-images/TT News Agency/SVT; **S. 171|1:** bpk; **S. 172|1:** bpk; **S. 173|1:** dpa Picture-Alliance/Harro Schweizer; **S. 174|1:** akg-images; **S. 175|3:** interfoto e.k./Friedrich; **S. 175|2:** akg-images/Walter Ballhause; **S. 176|1:** bpk; **S. 177|2:** akg-images/Hans Schweitzer; **S. 178|1:** dpa Picture-Alliance/TT NYHETSBYRÅN/SVT; **S. 181|2:** akg-images/brandstaetter images; **S. 181|3:** dpa Picture-Alliance/ASSOCIATED PRESS; **S. 182|r.o.:** bpk/Kunstbibliothek, SMB, Photothek Willy Römer; **S. 182|m.u.:** bpk; **S. 182|l.o.:** akg-images; **S. 182|l.u.:** interfoto e.k./Friedrich; **S. 182|r.:** akg-images/Dr. Selle & Co. A.G. Berlin; **S. 183|3:** bpk/Deutsches Historisches Museum/Sebastian Ahlers; **S. 183|4:** Bridgeman Images/J. T. Vintage

Kapitel 7 Was ist Politik?
S. 188|u.r.: dpa Picture-Alliance/NurPhoto/Peter Niedung; **S. 188|u.l.:** stock.adobe.com/Halfpoint; **S. 188|o.r.:** dpa Picture-Alliance/Friso Gentsch; **S. 188|o.l.:** (c) Deutscher Bundestag; **S. 189|2:** dpa Picture-Alliance/Hauke-Christian Dittrich; **S. 189|3:** dpa Picture-Alliance/nordphoto GmbH/Hafner; **S. 189|4:** dpa Picture-Alliance/Benjamin Beytekin; **S. 190|1:** Shutterstock.com/nimito; **S. 191|3:** dpa Picture-Alliance/POOL AP/Michael Sohn; **S. 192|2:** Shutterstock.com/wewi-creative; **S. 192|1:** dpa Picture-Alliance/CHROMORANGE; **S. 193|3:** Shutterstock.com/Vlad Teodor; **S. 193|o.r.:** stock.adobe.com/lightpoet; **S. 193|o.l.:** stock.adobe.com/Nina Lawrenson; **S. 194|1:** mauritius images/Cavan Images; **S. 195|4:** Imago Stock&People GmbH/bonn-sequenz; **S. 195|3:** Niedersächsischer Landtag/Foto: Focke Strangmann; **S. 196|2:** mauritius images/Astrakan Images; **S. 198|1:** mauritius images/Pitopia; S. 200|1: dpa Picture-Alliance/Peter Steffen; **S. 201|1:** dpa Picture-Alliance/Michael Matthey; **S. 202|1:** dpa Picture-Alliance/Elmar Stephan; **S. 203|1:** dpa Picture-Alliance/Federico Gambarini; **S. 204|1:** mauritius images/Pitopia; **S. 205|4:** mauritius images/Sabine Voigt; **S. 207|7:** Imago Stock & People GmbH/Marc John; **S. 207|5:** dpa Picture-Alliance/Michael Matthey; **S. 207|6:** dpa Picture-Alliance/Swen Pförtner; **S. 208|2:** Depositphotos; **S. 209|o.l.:** dpa Picture-Alliance/Michael Matthey; **S. 209|m.l.:** dpa Picture-Alliance/Peter Steffen; **S. 209|u.l.:** dpa Picture-Alliance/Benjamin Beytekin

Kapitel 8 Medien machen Meinung
S. 210/211: Imago Stock&People GmbH/Monkey Business Images/Design Pics; **S. 212|1:** Imago Stock & People GmbH/CHROMORANGE; **S. 213|2:** stock.adobe.com/Damian Sobczyk; **S. 214|2 u.r.:** Imago Stock & People GmbH/imagebroker/Oleksandr Latkun; **S. 214|2 o.r.:** Imago Stock & People GmbH/Design Pics/Laurent Davoust; **S. 214|2 o.l.:** Imago Stock&People GmbH/Design Pics/victor iliexxoancea; **S. 214|2 u.l.:** stock.adobe.com/Lumos sp; **S. 215|m.l.:** interfoto e.k./Sammlung Rauch; **S. 215|o.l.:** Imago Stock & People GmbH/epd-bild/Andrea Enderlein; **S. 215|o.r.:** Imago Stock&People GmbH/Monkey Business Images/Design Pics; **S. 215|u.l.:** stock.adobe.com/thawornnurak; **S. 217|2:** dpa Picture-Alliance/dpa-infografik GmbH; **S. 218|1:** stock.adobe.com/IndiaPix; **S. 220|1:** stock.adobe.com/ViDi Studio; **S. 222|1:** mauritius images/Science Photo Library; **S. 223|2:** stock.adobe.com/timothyh; **S. 224|o.l.:** dpa Picture-Alliance/Hauke-Christian Dittrich; **S. 224|o.r.:** dpa Picture-Alliance/TNN/Sven Kaeuler; **S. 224|u.r.:** dpa Picture-Alliance/AFP-POOL/Tobias Schwarz; **S. 224|u.l.:** mauritius images/alamy stock photo/Yevhen Shkolenko; **S. 228|1:** mauritius images/alamy stock photo/Zoonar GmbH; **S. 230|1 m.l.:** Imago Stock & People GmbH/Design Pics/Laurent Davoust; **S. 230|1 m.r.:** Imago Stock & People GmbH/YAY Images; **S. 230|1 r.:** Imago Stock & People GmbH/dmitroz; **S. 230|1 l.:** mauritius images/alamy stock photo/INSADCO Photography; **S. 231|5:** dpa Picture-Alliance/Wolfgang Kumm

Kapitel 9 Gerechtigkeit für alle?
S. 232/233: stock.adobe.com/Kaspars Grinvalds; **S. 234|2:** stock.adobe.com/FM2; **S. 235|3:** Imago Stock & People GmbH/Westend61; **S. 235|4:** dpa Picture-Alliance/Holger Hollemann; **S. 236|1:** stock.adobe.com/highwaystarz; **S. 237|2:** Shutterstock.com/iam-2mai; **S. 237|3 o.l.:** Shutterstock.com/ViDI Studio; **S. 237|3 o.r.:** Shutterstock.com/DmitryStock; **S. 237|3 u.r.:** mauritius images/BSIP; **S. 237|3 u.l.:** Shutterstock.com/ViDI Studio; **S. 237|o.r.:** stock.adobe.com/Kaspars Grinvalds; **S. 238|1:** dpa Picture-Alliance/Eibner-Pressefoto; **S. 240|1:** Shutterstock.com/nimito; **S. 241|3:** Cornelsen/Peter Wirtz; **S. 242|o.r.:** Shutterstock.com/Africa Studio; **S. 242|u.r.:** Shutterstock.com/Krakenimages.com; **S. 242|o.l.:** Shutterstock.com/SpeedKingz; **S. 242|u.l.:** Shutterstock.com/Anfisa Che; **S. 244|1:** Shutterstock.com/papermoon-studio; **S. 245|2:** mauritius images/Chromorange; **S. 246|1:** Cornelsen/Peter Wirtz; **S. 246|2:** dpa Picture-Alliance/Julian Stratenschulte; **S. 247|5:** dpa Picture-Alliance/TNN/Julius Schreiner; **S. 248|u.l.:** dpa Picture-Alliance/Michael Matthey; **S. 248|u.r.:** dpa Picture-Alliance/Friso Gentsch; **S. 248|o.l.:** (c) Deutscher Bundestag; **S. 248|o.r.:** Imago Stock & People GmbH/imago/regios24; **S. 249|5:** dpa Picture-Alliance/Wolfram Steinberg; **S. 249|7:** dpa Picture-Alliance/dpa-Zentralbild/Monika Skolimowska; **S. 250|1:** mauritius images/fStop Images; **S. 251|2:** stock.adobe.com/made_by_nana; **S. 251|1:** stock.adobe.com/Framestock; **S. 252|2:** dpa Picture-Alliance/imageBROKER/Norbert Michalke; **S. 252|1:** dpa Picture-Alliance/Alexander Rüsche; **S. 253|1:** Shutterstock.com/eldeiv; **S. 254|1:** Cornelsen/Peter Wirtz; **S. 256|2:** dpa Picture-Alliance/Eibner-Pressefoto; **S. 256|u.l.:** stock.adobe.com/Valerii Honcharuk; **S. 256|u.r.:** stock.adobe.com/OceanProd; **S. 257|7:** Cornelsen/Peter Wirtz

Kapitel 10 Leben, um zu arbeiten, oder arbeiten, um zu leben?
S. 258/259: mauritius images/Westend61; **S. 260|4:** stock.adobe.com/guruXOX; **S. 260|3:** stock.adobe.com/Flamingo Images; **S. 260|1:** mauritius images/TPG RF; **S. 260|2:** stock.adobe.com/Ģirts Raģelis; **S. 261|m.:** stock.adobe.com/Werner Lerooy; **S. 261|u.:** mauritius images/Johnér; **S. 262|1:** stock.adobe.com/Khakimullin Aleksandr/adam121; **S. 263|m.u.:** bpk; **S. 263|u.l.:** stock.adobe.com/fotomek; **S. 263|m.o.:** Shutterstock.com/Gyuszko-Photo; **S. 263|o.r.:** mauritius images/Westend61; **S. 263|o.l.:** Cornelsen/Michael Teßmer; **S. 264|2:** mauritius images/alamy stock photo/Frank Harms; **S. 264|1:** mauritius images/Tetra Images; **S. 264|3:** mauritius images/Photo Alto; **S. 265|4:** Shutterstock.com/Rawpixel.com; **S. 266|2:** mauritius images/Westend61; **S. 266|1:** Shutterstock.com/goodluz; **S. 266|3:** stock.adobe.com/insta_photos; **S. 267|4:** stock.adobe.com/fotomek; **S. 268|1:** stock.adobe.com/Monkey Business; **S. 269|2:** Cornelsen/Peter Wirtz; **S. 270|u.r.:** Shutterstock.com/morrowlight; **S. 270|u.l.:** mauritius images/Cavan Images; **S. 270|1:** Cornelsen/Peter Wirtz; **S. 271|u.l.:** stock.adobe.com/JackF/Iakov Filimonov; **S. 271|u.r.:** stock.adobe.com/Glebstock; **S. 271|o.l.:** mauritius images/Caia Image; **S. 271|o.r.:** Shutterstock.com/Dmytro Zinkevych; **S. 272|1:** stock.adobe.com/Kara; **S. 272|3:** dpa Picture-Alliance/Arne Dedert; **S. 272|2:** stock.adobe.com/Tiberius Gracchus; **S. 274|1:** Shutterstock.com/Inside Creative House; **S. 277|4:** stock.adobe.com/A Stock Studio; **S. 277|3:** Shutterstock.com/Nadino; **S. 277|2:** mauritius images/Pitopia; **S. 278|1:** dpa Picture-Alliance/Robert Kneschke/Zoonar; **S. 279|2:** Shutterstock.com/oneinchpunch; **S. 280|4:** mauritius images/Westend61; **S. 280|2:** Shutterstock.com/goodluz; **S. 280|1:** Shutterstock.com/El Nariz; **S. 280|3:** Shutterstock.com/Studio Romantic; **S. 281|2:** dpa Picture-Alliance/Paul Zinken; **S. 282|2:** Nel Ioan Cozacu, nelcartoons.de

Illustrationen und Karten:
Cornelsen/Carlos Borrell Eiköter: S. 14|1l.; S. 14|1r.; S. 22|1; S. 31|2; S. 32|2l.; S. 32|2r.; S. 38|1; S. 65|3; S. 72|1; S. 106|1; S. 117|3l.; S. 117|3r.; S. 126|2; S. 126|1; S. 126|3; S. 127|3; S. 127|1; S. 127|2; S. 134|1; S. 138|1; S. 140|1; S. 142|2; S. 142|2 o.r.; S. 152|1; S. 158|l.o.; S. 158|l.m.; S. 158|l.u.; S. 160|1; **Cornelsen/Dieter Stade:** S. 24|1; S. 43|4; S. 43|5; S. 72|2; S. 125|2; S. 125|1; S. 125|3; S. 163|2; S. 165|2; S. 169|4; S. 179|2; S. 196|1; S. 199|2; S. 204|2; S. 214|1; S. 221|2; S. 230|3; S. 239|3; S. 261|5; S. 271|2; S. 273|2; S. 275|2; **Cornelsen/Elisabeth Galas:** S. 56|1; S. 60|1; S. 143|3; **Cornelsen/Joana Stratmann:** S. 44|1; S. 103|4; S. 152|2 o.r.; S. 152|2 u.l.; S. 152|2 o.l.; S. 152|2 u.r.; S. 162|r.u.; S. 162|r.o.; S. 162|l.o.; S. 162|l.u.; **Cornelsen/Klaus Kühner:** S. 63|3; Cornelsen/Markus Kluger: S. 234|1: **Cornelsen/Natascha Welz:** S. 184|/185; S. 186|; S. 187|; S. 189|o.r.; **Cornelsen/Volkhard Binder:** S. 180|1; **Cornelsen/zweiband.media:** S. 216|1: S. 231|4

Hilfen zum Lösen von Aufgaben (Operatoren)

Was ist zu tun?
Hier kannst du nachlesen, was du bei Aufgaben machen sollst, die mit den folgenden Worten beginnen.

Arbeite heraus

Du sollst aus einem Material Informationen entnehmen. Sie werden nicht wörtlich genannt. Du musst sie dir aus dem Zusammenhang erschließen.

Begründe

Du sollst wichtige Gründe nennen, warum eine Sache so oder anders ist. Die Informationen dafür entnimmst du dem Material.

Beschreibe

Du sollst einen Sachverhalt gut geordnet darstellen. Du musst nichts deuten oder bewerten.

Beurteile

Du sollst einen Sachverhalt überprüfen und ein Sachurteil abgeben. Wichtig ist, dass du dein Urteil von der Sache her begründest.

Bewerte

Du sollst ein persönliches Werturteil fällen. Mache klar, wie du zu deiner Bewertung kommst und was deine Wertmaßstäbe sind.

Entwickle

Du sollst für einen Sachverhalt oder ein Problem einen Lösungsvorschlag oder einen Gegenvorschlag formulieren.

Entwirf

Du sollst eine Skizze, also eine grobe Zeichnung, für eine Darstellung machen.

Erkläre

Du sollst einen Sachverhalt im Zusammenhang so darstellen, dass Bedingungen, Ursachen und Zusammenhänge verständlich werden.

Erläutere

Du sollst einen Sachverhalt an Beispielen verdeutlichen. Diese entnimmst du dem genannten Material.

Fasse zusammen

Lies den Text genau, notiere Stichworte und gib den Inhalt wieder.

Fertige an

Du sollst etwas herstellen, z. B. eine Zeichnung.

Finde heraus

Ermittle einen Sachverhalt aus unterschiedlichen Informationsquellen.

Gestalte

Du sollst Informationen übersichtlich und kreativ als Bild und Text zusammenstellen (z. B. als Schaubild, Plakat oder Mindmap).

Gib die Aussagen ... wieder

Lies den Text genau und mache Notizen. Gib die wichtigsten Aussagen (Behauptungen) ohne Kommentar wieder.

Nenne

Du sollst Informationen sammeln und aufschreiben, ohne sie zu kommentieren.

Nimm Stellung

Entspricht „Bewerte".

Überprüfe

Du sollst auf Grundlage deines Wissens oder von Materialien feststellen, ob eine Behauptung richtig ist.

Untersuche

Du gehst einer Sache auf den Grund, indem du Fragen stellst und die Ergebnisse aufschreibst.

Vergleiche

Arbeite aus den Materialien Unterschiede und Gemeinsamkeiten heraus. Lege dafür z. B. eine Tabelle an.